山西省地方志办公室 编

山西民初散记

山西出版传媒集团

山西人民出版社

图书在版编目（CIP）数据

山西民初散记 / 山西省地方志办公室编. —太原：山西
人民出版社，2014.2

ISBN 978-7-203-08471-6

Ⅰ. ①山… Ⅱ. ①山… Ⅲ. ①山西省—地方史—清后
期②山西省—地方史—民国 Ⅳ. ①K292.5

中国版本图书馆 CIP 数据核字（2014）第 022556 号

山西民初散记

编　　者：	山西省地方志办公室
责任编辑：	李　鑫
出 版 者：	山西出版传媒集团·山西人民出版社
地　　址：	太原市建设南路 21 号
邮　　编：	030012
发行营销：	0351-4922220　4955996　4956039
	0351-4922127　（传真）　　4956038（邮购）
E-mail：	sxskcb@163.com　发行部
	sxskcb@126.com　总编室
网　　址：	www.sxskcb.com
经 销 者：	山西出版传媒集团·山西人民出版社
承 印 者：	山西省史志印刷厂
开　　本：	787 mm × 1092 mm　　1/16
印　　张：	32.5
字　　数：	460 千字
印　　数：	1–3000 册
版　　次：	2014 年 2 月　第 1 版
印　　次：	2014 年 2 月　第 1 次印刷
书　　号：	ISBN 978-7-203-08471-6
定　　价：	100.00 元

如有印装质量问题请与本社联系调换

前　言

辛亥革命的硝烟散尽，蓦然回首，往事已百年！

辛亥革命，是中国历史上的一场真正意义上的革命。武昌城头的枪声，喊出了国人的心声，震动了神州大地，惊醒了亿万民众。继武昌之后，湖南、江西、陕西、山西相继举义，革命之火迅速蔓延，不到一月，起义和光复的烈火烧遍了大江南北——云南、上海、苏州、安徽、福建宣告光复，广东、广西、贵州宣布独立，清朝两个半世纪的统治瞬间陷于土崩瓦解的境地。

对于山西同盟会在辛亥革命中的作用和功绩，孙中山先生1912年莅晋考察时赞许有加，他在太原演讲时说："去岁武昌起义，不半载竟告成功，此实山西之力。""前在日本时，当与现任都督阎君谋划，令阎君于南部各省起义时，以晋省遥应。此所以去年晋省闻风响应，一面鼓励各省进行，一面牵制满兵南下，而使革命之势力迅疾造成也。"由此可见，山西对于辛亥革命的贡献不言自明。

论及山西辛亥革命，不能不提到发生起义前的社会背景。从物质条件上讲，当时山西已是全国有名的煤铁之乡，本书收录的发表在《清华大学学报》燕春台的《山西省之煤铁矿》，详细陈述了山西的煤铁资源及其分布情况。从文化条件上讲，山西经过东学西学之争，学校教育已经开启，普及教育已在提倡。发表在《晋阳公报》上的《演说教育儿童新法》和《强迫教育白话》，深刻点评了当时的教育变革。从政治改良上讲，虽然百日维新宣告失败，立宪思想仍在弥漫，爱国精神正在唤醒，宪政思想深入精英阶层。发布在《晋阳公报》上的《改良》、《说中国人心之日下》、《欢迎新选各议员的演说》、《立宪浅说》和《说国民爱国》，反映了当时社会各界的政治思想。从百姓习俗上讲，人们对烟毒的危害认识已经清晰，但禁烟禁毒执行乏力。发表在《晋阳公报》上的《宣讲烟字利害》和《劝戒烟白话歌》，反映了当时知识界对烟毒和戒烟的认知。

从社会背景上说，还不能不提到革命前发轫于1905年的保矿运动和发生在禁烟过程中的"交文惨案"。这两件事看似互不相干，但都为山西的革命运动蕴酿了政治气氛，锻炼了干才。

甲午战争以后，外国侵略势力加快了资本输出的步伐。山西向以煤铁蕴藏丰富而著称天下，西方商人对此垂涎已久，随着外国侵华势力向内地扩展，山西矿产资源日益成为他们觊觎的对象。1898年，在清政府总理各国事务衙门的主持下，山西商务局和英国福公司秘密签订合同，将山西平定、潞泽、平阳矿产六十年的开采权拱手让给注册英国的福公司。1905年，正太铁路通至阳泉，福公司紧锣密鼓筹划圈地开矿，一场声势浩大的群众性"保矿运动"由此爆发。这一运动，经过士绅农工学各界一致努力，最终以保晋矿务公司成立，收回矿权而胜利结束。保矿运动是山西近代史上的一次伟大的爱国运动，是反清革命运动在山西的一次预演。平定，作为保矿运动的重要策源地，在保矿运动中谱写了可歌可泣的篇章。本书首篇收录的景耀月撰写的《祭义士李静斋文》，是一篇纪念李培仁蹈海明志抗议西方商人仗势掠夺中国矿产的祭文，反应了广大知识界的悲伤之情和爱国之念。本书重点收录的《石艾乙巳御英保矿纪闻》，则是平定绅商保矿运动的实录。《纪闻》以日记的形式撰写，共95则，时间跨度从1905年2月18日到1908年5月18日，总计长达三年零三个月，所记内容既包括了1905年保矿运动的酝酿、发起、过程，还重点叙述了运动中发生的重大事件和英雄壮举。作者张士林（1856~1927），字墨卿，平定士绅，山西保矿运动的重要领军人物之一，平定地方保矿运动的支持者和组织者之一。全篇以文言写成，有言："吾民之权何为外人相蹈，意谓何为？白话天下，子龙何在？廉颇老矣，能将食否？皇恩浩深，以报寸心。矿之不存，民将安否？一方何求？吾身为大清国之臣民，焉能任之流乎？虽区区之地苗,实乃吾大清国土,弃能拱手让其雕零于外人之圈。……"字字珠玑,句句铿锵,爱国热情溢于言表,民族责任感力透纸背。

如果我们把保矿运动视为山西革命运动的序曲,那么利用"交文惨案"掀起的倒夏(学津)运动,更是山西辛亥革命的前奏。山西鸦片种植日久。在20世纪初,春天来山西的人会看到一幕奇特的情景,漫川遍野的红罂粟在风中摇曳,诱人的香气传荡在汾河两岸。伴随中国人的渐渐觉醒,许多开明之士不断呼吁全面禁烟,清政府在禁烟的问题上承受越来越大的压力。1906年,清政府即下达禁烟法令。上海万国禁烟会后,人们对禁烟的要求更加强烈。1909年,清政府再次颁布了六年禁绝种烟的命令,同时宣布提前禁绝者,官员受奖。然山西下级官员为保有烟利,谎称批准种烟,百姓不明真相,继以种植。1910年春,时任山西巡抚丁宝铨,为了邀功领赏,不惜出动军队,由协统夏学津率领,强行铲除烟苗,引发了武装冲突,当地民众死伤百余人,演成"文交惨案"。革命党人利用惨案扩大宣传,不仅在《晋阳公报》刊发,而且在《申报》上连载,掀起倒夏运动,促成了军政大权向有利于革命方向转变。案后,清廷觉得丢脸,调离丁抚,革除夏学津帮办职务,黄国樑接任第85标标统,阎锡山接任第86标标统。这正是革命党人所期望的,这一变化在此后的太原起义中发挥了关键性的作用。本书收录的发表在《申报》的《交文两县民变详记》、《交文两县民变续志》、《交城县乱事已平》详尽记录了上述事件的前因后果。

论及山西辛亥革命的过程,不能不提到吴禄贞提议组建的燕晋联军。太原起义后,清政府惊恐万状,即令驻防于保定的第6镇统制吴禄贞进军山西,镇压革命。岂不知吴禄贞素怀革命大志,早有倒袁意向,主动电告阎锡山共组燕晋联军,阻袁北上。阎锡山欣然同意组建联军,并亲到娘子关和吴会晤。会议决定公推吴禄贞为联军大都督兼总司令,阎锡山为副都督兼副总司令,并决定山西民军派两个营赴石家庄归吴指挥,共同执行截断京汉路的任务,然后挥师北上,直捣北京。但是,吴禄贞返回石家庄车站后,却被袁世凯所派刺客暗杀,燕晋联军功败垂成。本书收录的阎锡山《致黎元洪促速麾军北上书》和《通电筹建吴禄贞铜像》文,以及《故燕晋联军大将军吴公之碑》的碑文,反映了革命党人对共同推翻清政府的谋划和期待,以及对吴禄贞将军的悼念之情。

论及山西辛亥革命的结果,不能不提到袁世凯窃取北京政权后山西所面临的复杂处境和阎锡山的坚持坚守。吴禄贞被暗杀后,娘子关附近的山西民军立即受到北洋军的攻击,山西民军不得不兵分南北撤退。阎锡山率部北撤晋北,直至包头,温寿泉率部南撤临汾。全国南北议和后,在孙中山的督促下,袁世凯勉强承认了山西革命省份的地位。1912 年 4 月 4 日阎锡山从包头率部返晋,并发表《通告全国率军回省文》。

1912 年袁世凯为进一步加强中央集权,曾欲废省存道,撤销各省民政长,设巡按使,并派亲信金永任山西巡按使,旨在消除革命党人的势力。此时阎锡山被委任为同武将军(意即掌管大同军队,后无耐又改称同武将军督理山西军务),却没有行政、财政之权。袁世凯的倒行逆施,激起了革命党人的愤慨,许多革命党人公然出面反对。张瑞玑连书《致内阁总理袁项城书》、《再上内阁袁总理书》、《致晋抚张中丞书》、《致卢永祥书》,声讨袁世凯及袁派人物。阎锡山本质上也是反对袁世凯的,但慑于袁的势力,没敢公开声讨,而是通过与南方革命党人往来电报表明自己的政治主张。1912 年 7 月 19 日《复李烈钧中央地方互相监督电》,他明确提出反对中央集权,主张实行"地方分权"。

鉴于沙俄虎视蒙古,鼓动蒙古独立,外蒙古派白彦台吉领兵袭击归化、潜伏库伦等内侵行径,阎锡山从 1912 年 10 月 11 日至 1913 年 9 月 18 日,连续向袁世凯发出十数封电报,要求晋绥军队驻扎绥远镇边固安。他甚至提出"恳大总统俯准锡山亲率马兵一独立旅,步兵一混成旅,先行屯驻萨拉县属之包头镇,相机进取。万一事机决裂,即率所部占据内蒙各盟旗,然后进窥库伦。"但袁世凯始终未允。这些电报有:1912 年 10 月 11 日《致北京大总统国务院陆军部外蒙侵绥电》,1912 年 11 月 13 日《致北京大总统等请率军保内蒙取库伦电》,1913 年 5 月 19 日《致北京参谋部调军援绥电》,1913 年 5 月 20 日《致北京大总统由盐款拨军费以利绥远剿匪电》,1913 年 5 月 27 日《致北京大总统请赴归绥剿蒙匪电》,1913 年 5 月 31 日《复北京大总统六月三日防剿蒙匪电》,1913 年 6 月 3 日《复北京大总统派孔庚赴归绥协防电》。1914 年 7 月 28 日阎锡山又发出《致大总统晋绥划为三驻兵区电》。

孙中山发动二次革命后,阎锡山对袁世凯的态度渐次强硬,1913 年 7 月 7 日阎锡山发《致袁世凯请邀孙、黄二公入都共图国事电》,大论国际局势,一边揭穿日俄虎视中国野心,一边指出袁世凯统治下中国面临的危机,强烈要求袁邀请孙中山、黄兴进京共商国事。他说:"经营年余,险象环生,堂堂神州,倘不亡于清朝而亡于民国诸公之手,则天下后世将谓我大总统何?今者三督解职,足征无他,望我大总统开诚布公,敦请孙、黄二公入都,共图国事,破除党见,一致进行,则内忧潜消,外患自灭。"

1915 年北京政府与日本签定丧权辱国的"二十一条"条约后,阎锡山立即于 1 月 29 日与各省联电反对二十一条。1915 年 7 月,为推动北京政府重视军事强国,阎锡山撰著的《军国主义谭》印送北京政府参阅。《答友人论军事书》是对该书的一个介绍,从中不难窥见他所谓的"军国强国"观。

辛亥革命推翻了清政府,但中国社会并未完全开放,表里山河的山西民间的思想仍很保守,开拓民智仍然是社会建设的重要任务。一批留学归国的学子不断呼吁发展学校教育,放大眼光,拓展思想。孔祥熙 1915 年 9 月《在太谷社交堂向三晋中级以下富有资产者之讲词》中就呼吁:"眼光放大、视线拉长——向娘子关外看、向京津看、向沪宁看、向武汉看、向广州看、向日本看、向欧美看、向全世界看。"《在山西基督教青年会第一届学生夏令会之讲词》中,他又提出"破除孤陋寡闻","集思广益","研讨学术","健全身心","务使德智体三育平行进展"。在《铭贤学校成立十周年纪念日之讲词》中,他还提出"立身行事,须有主义",要求学生"积极从事个人认为有益于社会人群之工作"。

当袁世凯紧锣密鼓拟改变民主政体为君主政体并帝制自为时,孔祥熙公开上书袁世凯反对帝制。1916 年春他发表《为反对帝制上袁世凯书》，指责袁世凯"不图报效，不谋尽责，乃欲推翻共和，自立称帝，丧心病狂"，要求袁世凯立即"悬崖勒马，幡然改图，通电自责，退栖山林"。

袁世凯死后，1917年阎锡山兼任山西省长，从此军、政、财、教大权集于一身，有了施展才能的舞台。他从维护政治统治出发，着力推行水利、种树、蚕桑、禁烟、剪发、天足六项工作，合称"六政"。《六政宣言》是当时实施"六政"的一个纲领性文件，"六政"的目的、意义，以及实施要点无不涉猎。1918年5月25日阎锡山又把六政经办情况及设立六政考核处呈报大总统徐世昌，并获得徐世昌的允认。阎锡山还非常重视社会治理，任省长后先后提出了一系列告谕、手谕、训言、训戒，用以规范社会。随后他又制定了《用民政治大纲》，发表了《用民政治宣言》。

辛亥革命后的社会治理，并没有完全实现革命党人的理想境界，比如民生问题并没有得到很好的改善。由此，也受到了不同阶层的抨击和指责。本书收录的刘大鹏《退想斋日记》（1913年~1920年），反映了失落文人兼商人对社会变革的看法，以及对当时社会生活的描述。

本书在附录中收录了早期同盟会员、坚定的革命者景梅九的回忆性散记《罪案》。他较早投身于民主革命的洪流，无论是组织发动、舆论宣传、军事策划，还是辛亥举义、反袁护法，都义无反顾。景梅九"南响北应"的战略设想曾为同盟会革命总方略的确定提供了重要参照。当山西的革命者在太原城头竖起义旗时，尚在北京主办《国风日报》的景梅九日夜兼程回到山西，参与戎机，出任山西军政府政事部部长。其时正值吴禄贞被刺，强敌压境之际，景梅九向山西都督阎锡山提出"唯有一战，不可退让，胜则长驱北上，败则分兵南北"的战略计划。

本书在附录中还收录了梁上栋受阎锡山和国民党山西支部及国民公会委托，迎接孙中山视察太原的回忆。此回忆较为详尽，也较为客观，系统记述了孙中山1912年视察山西的经过、在山西发表的六次讲话，以及对山西辛亥革命的肯定和赞誉。

辛亥革命毕竟是近代史上开天辟地的大事件，对中国政治、经济、文化都产生了极其深刻的影响。产生于这一时段的山西文作不胜枚举，篇幅所限,本书只选择了其中一些有代表性的,难免挂一漏万。遗珠之憾,以后再版弥补。

李茂盛

2013 年 4 月 30 日

目　录

目

录

祭义士李静斋文

景耀月
1906 年 10 月 29 日

　　黄帝纪元四千六百零四年九月十八日，越义士李君培仁蹈海之旬日，乡人某某等，杓东海之寒波，缀江户之秋菊，羌痛哭以流涕，爰招魂而望祭。其辞曰：

　　三晋无材，矿人失职，戚已贻乎无家，朕已兆于亡国。悲吾乡之人兮，群父老与子女。旋瀯死以沦亡兮，夫沉醉而谁喻。痛大劫之垂临兮，将山倾而地覆。闻海国之有人兮，向神仙而问术。国不可久淹兮，郁郁以适兹土。方冀其必有合兮，安忍长此以终古。幸适逢其所冀兮，方欢颜以笑语。忽反顾以流涕兮，哀矿山之无主将。叩朱门以求援兮，正朝歌而未休。聆志士之妙谛兮，乃始信其无忧。既舌敝而声咽兮，咸掩耳而弗理。羌众口之雌黄兮，独抑郁而谁语。知共济之无人兮，思渺渺而何冀。登三山以望乡兮，痛燕赵之无士。欲返辔以归来兮，终民命之莫挽。羌言旋而地尽兮，将何颜以复返。既遭蜮之含沙兮，又复醉于鸩毒。嗟吾亲爱之人兮，羌何地以栖足。心犹豫而狐疑兮，岂真国运之莫拯。彼贪狼与噬虎兮，向吾穴以嗥鸣。嗟亲戚与故旧兮，将泥首以乞命。终沦陷而为奴兮，怆余怀以悲痛。世路崎岖而坎坷兮，吾族将何所赖也。宁怀沙以自沉兮，不忍为此态也。彼彭咸与灵均兮，既遵道而得路。夫既吾种之云亡兮，胡又临歧而窘步。彼倭人之售吾土兮，岂知其何故也。鲁仲连其久远兮，邈而不可慕也。嗟大劫之当前兮，固生期之有数。一死何区夫后先兮，吾子其导夫前路。

羌徒步以临流兮,依八重而回顾。欲少留以尚羊兮,日忽忽其将暮。呼海若以援吾急兮,竟去去而不视。河伯利人之危兮,反欲肆其吞噬。长太息以掩涕兮,哀国事之方棘。顾波底若有人兮,颜憔悴而寡色。及吾地之未尽兮,时亦犹其未央。彼波兰与天竺兮,纵一死而不芳。忽愁云之四合兮,水呜咽而愤沸。依星台之遗则兮,相追随以永逝。如潜泣夫蛟螭兮,乃痛哭夫夔魖。彼海波之噬人兮,与星台而已两。嗟汝自完其节兮,乃驾轻而就易。贻吾辈之后死兮,益责艰而任巨。死者既有人兮,生者将何以副。羌长此而不改其度兮,将笑人之后汝。君为母之国兮,虽一死亦何伤?哀乡人之未醒兮,怵来日之方长。彼彼歌舞太平兮,走肉以行尸。狌吮血与磨牙兮,夫安知其命之危。君固知无家之为痛兮,悲而不能止也。荃不察夫中情兮,反谓斯可以已也?呜呼哀哉!汝爱汝之国兮,忍长委而去之。情眷眷而怀土兮,羌何从以致之。欲亭亭以望乡兮,痛妖人而蔽之。涉水深与浪阔兮,谈蛟龙而畏之。君胡涉此大水兮,独侨栖而无侣。苟国魂之可招兮,诏海若使涉汝。遣其返夫昆仑兮,路修远而迷离。驾螭龙以西归兮,就黄帝以陈辞。呜呼哀哉!君既恋母之国兮,夫岂无母之地。依所爱之矿山兮,魂徒倚而不去。夫岂无一抔以掩此骨兮,胡为弃于异洲。虽信美而非吾土兮,曾何可以淹留。倾吾乡千山之矿兮,犹填海而莫平。况区区之一身兮,效精卫之孤诚。愿精魂之凝聚兮,大声发于水上。响国门而如诉兮,音激越以悲壮。虽汝身之曰归兮,汝心西悲。路漫漫以不周兮,指河上以为期。忧五丁之凿山兮,叹陆沈其未极。群城狐与社鼠兮,恐国址之不立。独徒倚以怅望兮,哀汝命之不长。览遗书以掩涕兮,沾余襟之浪浪。嗟人间其何世兮,予心孔悲死者不可复生兮,嗟后事其谁为。悲死者之有卒兮,生者尚无已。苟生者不死若兮,生不如死,呜呼哀哉!汝其返母之国兮,悲乡夜之方永,群沉醉以梦梦兮,赖汝神以警醒。汝其返母之国兮,哲人将喵吾处。指千山而万壑兮,赖汝灵以呵护。其返母之国兮,存与亡可亲见。羌吾水与吾山兮,骨委葬而魂宴。汝其返母之国兮,昔也钓游之地!羌一草与一花兮,适游魂之傲寄。呜呼哀哉!望太行以沾襟,涉大河而横涕。羌释奠而一哭,魂仿佛而来莅。

宣讲烟字利害(选稿)

无名氏
1909 年 7 月 3 日

　　烟呀,烟(煙)这个字,左边从火。人人都知道惹火烧身,是万万做不得的事,怎么有一等胆量最大的人,敢将这团火嘘它进口,吞它进腹,全不想那烟的利害?虽不是一团明火,确是一团暗火。你们看那熟的烟,热烘烘的火气、苦些些的火味、黑暗暗的火毒,聚成一团,吸入咽喉,熏入脑筋,窜入鼻孔,引入肠胃,深入骨髓。你们试想想,哪个不是血肉身躯,怎当此火夜夜的烧他,天天的烧他,年年的烧他?面目越烧越干,容颜越烧越败。这是甚么缘故?我有句眼前佐证,请把那瘾客的炮枪取一杆来,当心划破,拿与大家看看,是不是黑得难看,臭得难闻?看这杆枪的颜色的气味,想见吃烟人那喉管、那脏腑,定是一般模样。你们说可怕不可怕?漫说是你们吃烟人怕,就是我不吃烟人,看见他骨瘦如柴,面黑如漆,已替他们担心。担心,担心,甚么担心?是烟(煙)字右半边,有大不好消息,有大不好收场。烟字右边,从西从土。说起这鸦片烟来,路出自西洋,系西方土中所出。它也不错,自西方来,驾起火轮船,走些火轮车,输入中国。每年要进这种火药数万箱,好比那载来炸药一般。以火攻我中国,中国人民酣眠未醒,见不到这万家烟火,要想许多财产,要烧许多生命。纵然说这烟的利害,吃不到唇亡齿寒,终久要到舌蔽唇焦,焦头烂额的时候。唤醒中国同胞,起!起!起!床上睡不得了,西方害人之物来了!火种蔓延,殃及各省,当要想个法子。倘它回西方去,请热心化学家,熔炼西方之金,化为西江之水,将大清国一切烟瘴烟毒洗涤干净,变为一个完完全全的干

净土,大家培补我心田,保全我腹地,务使泽润生民,火不为害,岂不是水能胜火呀!若其不然,吞吞吐吐,熔成一幅热场,结成个大团体,趋炎附势,虚度光阴,千门万户留长日不夜的灯,点竟夕无情的火,朝夕相依,以烟为命,从此烟火因缘越结越深。看!看!看!真阴之水益涸,真阳之火益耗,天庭被它烧黯,印堂被它烧黑,脊梁被它烧弯,丹田被它烧干,命门被它烧倒,一旦日落西山,命归黄土,这便是烟字右边的收场。吃烟人也乐得从此跨鹤登仙,游西天极乐世界,逍逍遥遥,放心作千秋万岁瘾客去了。吃烟人走到这番境界,含笑九泉,中国的禁烟大臣,也把他没法治了。

劝戒烟白话歌

赵 丽 生

1909 年 7 月 3 日

　　宣统爷登大宝运来时转，立宪法通民隐安抚闾阎。首一件除大害禁种鸦片，诸当道奉谕旨严饬百官。为禁烟先免了税银千万，也不过为黎民去祸转安。吸烟人一个个当自思念，哪一个无听过老人传言。想当年无烟时民富钱便，到如今洋烟害世穷难堪。富豪家直吃得拆房卖院，好佳人也吃得如鬼一般。好男儿直吃得面瘦骨软，老年人也吃得百病身缠。说不尽洋烟害千千万万，众父老一个个均各了然。非禁种曾将他一绝后患，中国民待何日得享乐天。我华人受烟害各国共见，因此上笑华民老大不堪。内地种内地吃这还不算，每一年买外国不知几千。银买土土吃了银却不见，土换银银渐少要贫地面。海口上禁烟来不准登岸，外洋人才借口塞他利润。不论强不论懦公法难犯，因此上立下约十年禁完。若十年禁不绝我则理短，出国币万万银是曰赔歉。兹一应天心顺民心无怨，众父老一个个奋力争先。有一等乡下人少闻缺见，只觉得不种烟无土卖钱。究其实众父老挨门计算，哪一家种烟的无人吃烟。割下土吃合卖也算居便，吃下瘾不接时买土卖钱。以十年总合算害大利浅，有　家不受害算是妄谈。况种烟费粪土人工加半，难道说种他物岂无利权。倘若是种桑棉其利非鲜，五谷外有许多丰厚利源。念五谷食为天民生所需，有种粟谁怕它遇遭荒年。众父老明大义互相戒劝，既为人总当有爱国心田。祁县尊亲演说街市多遍，亦不过望百姓早明机关。只恐怕好黎民种烟法犯，皇王爷禁烟例法令若山。

5

论种烟也不过蝇头利见，倘犯了种烟法令家难安。不种烟为良民心广体胖，有瘾人官局戒身去祸恋。从今后洋烟事丝毫不染，人自杰地自灵光华中原。一不负大老爷谆谆相劝，又不负皇王爷圣谕频宣。舆情固众志城百折不变，我国民图自强雄飞天埏。

改　良（选稿）

无名氏
1909 年 7 月 16 日

外洋说我们是老大帝国，其实我们国人亦是有点老大自居。大而一国，小而一家，全是如此。从前不开通的时候，什么笑话全都有，总说我们是文明大国、天朝大邦，人家是偏邦、是小国，极其愚昧野蛮，什么也不懂得，甚至于说人家不识字，腿是直的，摔倒了起不来，反正是样样看不起人。对于本国的人，也说自己是根深叶茂，世代书香，满腹经纶，英明盖世，看别人全是下流愚人，粗鄙不堪。只因为是老大自居，才糟到今日这等地步呢！现今风气渐开，稍微明白一点，可是就知道是我们不如人家。既不如就当择善而从，变法图强，学人家的好处喽，怎么这是一味的固滞敷衍呢？其中亦实在有个缘故：

一由于性情因循。这因循两个字，是容易误大事，凡事看到了就当作，不可支吾，若是愚昧的因循，今天支明天，明天支后天，一天有一个明天，支到何日是个完哪？这因循是吾们人一通病，就当痛快的把它除了去，只要看对了，就去作，不必一天再等一天，这好机会全给错过去啦。

一由于人言可畏。凡是变法学外人的事，顽固人必要说闲话，不说是二毛子，就说是洋奴，然而自己要有个坚忍到底的主意，不必听浮言。要是张三说东你就东，李四说西你就西，有人说好你就进，有人说不好你又退。要像这个样子，一辈子亦办不成了一件事。只要是问心无愧，大可以不惧人言呦。由于说祖宗成法不可变，这个初听之似属有理，细想之实在拘迂。凡事是择善而从，因时制宜，祖宗是什么时代，如今是什么时代？老

7

方子不治新病,时代既不同,可也就不能拘迁旧法啦!譬如有个人,他祖宗本是不认字的,他后人就不念书识字了吗?他祖宗本是个作小生意的,他后人就不须作大买卖了吗?他祖宗是个下流社会中人,未做过正当营业,他后人就不须求上进,学正当营业了吗?天下事不得看死了,总要见机而作,择善而从,祖宗的成法要果然是好,自当效法,不得轻变,如若有不好之处,就得随时改良。果然改的要是实在好,祖宗在九泉之下,看着也是喜欢,谁不盼望着后人好呢?总而言之,当此竞争的时代,与各国比较优胜劣败、强存弱亡的时候,我们要仍是一味的拘迁顽固,将来是越弄越糟,顶到真糟了,再要想着改良,恐怕就不能自由啦!

演说教育儿童新法（节选）

远 东

1909 年 7 月 25 日

　　教育儿童首应注重德育二字。作小学教员的不独要在科学上用意，尤应在道德上时时口讲，指授如忠爱国家，尊敬父母和兄弟，敬长上、信朋友、慈卑幼。在社会上应有的责任，俱要时时刻刻提醒他、教授他，且须以身作则。切不可专于教人如何做官发财，不教育如何修明道德。

　　教育儿童第二就是智育。但是这智育二字要先注重用脑之法，如书授课必先要使他知道用脑之事，凡事皆须以记忆力教之，不可如中国旧时学生专以唱书、背书为事，诗云子曰读了一年还是一个字也不认识，还是一句书也讲解不出。白白错过了光阴，误了儿童一生一世。更不可使学生徒知博取声誉，驰骛功利，总要在一切实业上使他留意。不论他王孙公子、贵官财主，宁可贬了他身分，要他从工艺上入手，不可专门讲究法政一科，预备做官的材料，不预备求生计方法，害了他一生一世。

　　教育儿童第三就是体育。这体育二字不是单单一个体操就可以包括，尤须教以勤劳健康之法。所有校舍之中时时儆戒他洁净之理，不可稍染污秽，不可懒于收拾，久而久之使他变成·种偷堕之习。中国人多半以苟安为主，你但看他居室中之横七竖八、杂乱无章，便知道这人是一个无自治能力的人民，然而这多是在儿童时不讲求体操教育使其勤奋之故。故体育之教必须以"勤奋整饬"四字为其目的。

　　教育儿童当教他改变鄙吝卑污的恶俗为无上上义。大凡浊污鄙吝的人品，已变成为中国的本性。中国人教子弟总以"吝啬"二字为主，不知这吝啬的流弊就是退怯的病根，亡国的祸种。天下事只有进取的，哪里有退守的？"你退守，别家就要进取了，也容不了你退守了。"大家都只知道关了大门怕惹了树叶儿，打开头来的事，个个只知道省吃俭用，布衣粗食，只顾自己的安乐日子，不愿再管世事。若使全国之中家家如此，人人如此，世上哪还有人愿办公益之事及国家的大事呢？所以今日教育儿童之法，尤当注意于此，先寻求这个改变恶俗的方法，为改良人心及改（造）社会的张本。

教育儿童当使他有争竞的志趣，有活泼的气象。作教员的犹如慈母保姆一般，总当注意于起居饮食之中，（告）及运动散郁之法。总要使他身心健康，志趣高尚，不可使他有一毫因陋就简的心思留着脑际。从此以后，这所教育的儿童，方为有用之人，不至于但知道狗苟蝇营的小孩的伎俩，不知龙争虎变的大人的方法，方可把一个寡廉鲜耻的中国国俗唤醒过来。

说中国人心之日下

愿

1909 年 7 月 29 日

据经济学家言，世界愈文明，人的欲望愈增长，所以消耗的量也愈进步，这诚然是不易之理了。但只把这些道理安在我们现在中国上头，可是大大的不然。这是怎么说呢？全由这人心日下，道德心薄弱，不但不能和人家外洋比较高下，就是中国古来也不是如今的样子。记者耳朵里听着，眼孔里看着，实在令人伤心堕泪，今日给大家略表一表，看的以后改良改良罢。

我们中国古来的圣贤自奉常俭、待人常厚，每以博施济众为怀。那些高尚的道德，不但如今中国人看着是可望而不可及的，就是外洋讲道德的也都望而却步咧。谁想，如今成了这个样子呀！论如今的大局，中国一切实业都不发达，凡消耗的款项十有八九是输出外洋的。中国人果有爱国心，此时正当力矫常情，学问求其日上，欲望消耗却不可使其增益，方于中国大局有利无害。万一不能学古圣贤的博施济众，也当学外洋人所讲的两利之法，与自己既有利益，与大家也不要受害，国家也因我们赚个富足的称号。要是如此罢，人心虽然改变也不得叫做日下啦！不料，实地里调查，可是和这些道理正相违背起来了。

记者今日发这一段议论，大家不免疑惑，是故意里说些激烈话？其实不然，试看当今的人罢，最可怜的是学界。平日抵掌而谈时务，侃侃而道，声泪俱下，很像是热心爱国的。每月所得的薪金，又是下馆子，又是逛窑子,还要穿几件顶阔的衣服招摇过市,他这欲望真可谓大大的发达起来了,消耗也可算是增长得多了。若是有一件公益事情求他出几个钱,那才是比抽他的筋还难啦。漫说是问他白要钱罢,就是办些大营业,既与股东有益,又与大众有益的事,你问他张罗也是当作耳边风。像这样的人物,像这样的欲望,消耗恐怕是进步一日,国家一日比一日的可危,还说什么文明野蛮呢?记者说是人心日下,大家看一看到底是不是呢?不料,中国以四千余年的文明古国道德著名,到今堕落成这个状态,安能不令人伤心咧?

再说,学界而外就是商界。古来的以物交易,如今既是不能行的了,但只那饮羊登垄,众所不容。商人固然以营利为目的,他要是害起大家来,那就是害群之马了。总要设法限制他啦。你看,如今的商人并不是从自己营业上寻生利的法子,只求做些盘子和同业们互相倾轧,无论用什么手段把他人的营业坏了,利就全归到自己了,这便是商界的能人。可不知这和古来的饮羊登垄有甚么分别呢?如此倾轧不已,经济界日形恐慌,万民俱病,外人安坐而享渔人之利。以国家的大局计算起来,他一人的所得比较起国家的所失岂止不及百分之一咧?你看人家外国的商人全在国际上竞争,和现在中国的商人相去何远。拿中国商人的这种心附和外国商人。竞争后,事真不堪设想了。不用说不能盼望挽回利权,并现在的这些残局也恐保守不住的。你看这人心日下的影响大不大呢?

总事,今日的人心无非是自奉甚厚,待人甚薄,又不计永远。只管目前这几样坏处,遂把一个文明古国弄成个无道德、无团体、无竞争能力的一个衰弱国了。大家如其天良尚在不欲为亡国之民,今日及早回头把旧日的样子竭力改去,还可以赶得上啦。如其偷取目前的便利,不管国家的存亡,把天良弄掉,那可就难说了。记者虽舌焦唇敝,笔秃墨干也是枉然的。如今新学发明本不当说那旧日的顽固话啦,大家不慕着改去,恐终久免不了那旧日的一句口头禅,说是中国气数使然。

欢迎新选各议员的演说

剑

1909 年 8 月 21 日

前月十五日,为各区复选之期。现在已经把当选的人名,陆续都送到咨议局了。记者到咨议局调查过,见各处所举的人,多系当时硕俊,不禁手舞足蹈,为我山西国民,先道一个大喜。

记者才说了道喜二字,忽然来了一个戴风帽的人,大声喝道:"住了罢,你说所举的尽是硕俊,何以知其尽是硕俊呢?难道说你都认得吗?况且如今世界,全是情面用事,你安知局中职员,将来不入于运动家之手?好人多半安分,自然要落人后。运动家以自私为目的,一得职员到手,便要任意妄为,到那弄得乱七八糟的时候,你断我们山西的人民,还能有幸么?你不替山西人民担忧,反来在这里道喜,岂不可笑!"

哈哈,众位听听,戴风帽的说下这话,岂不大煞风景么?如今议员刚选就,在省外的都还没有来,正式咨议局也未开办,当此沙明水净时代,凭什么说有运动家,又凭什么理由说职员必入于运动家之手?况且将来局中办事,必分两大部,议事有议事之部,干事有干事之部,两部权限,各不相涉,亦各不相侵,纵有运动家阴谋入选,必不能任意行事,何惧有乱七八糟的结果?戴风帽的思虑太过,忧其所不当忧,这个且莫管他,记者既说了道喜的话,再把欢迎各议员的宗旨略微演说演说。

此次被选诸君,不用说就是议员了,将来吾山西人民的生命,都直接放到诸君的身上。诸君上而对于政府,中间对于官吏,下而对于人民,都有正当应负的责任。这责任却非同小可，必有洞达世界的知识，贞固不摇的性质，百折不回的气概，三者兼备，然后方能不失议员的身份与权利。不然，就不够一个议员了。你看我们百姓，苦于专制政体几多年，好容易躲逢圣主，才从那里头逃出来了。此后立宪政体，只要朝野上下，一同好好预备，万没有办不好的。诸君立的地位，介乎君民之间，要是抛弃责任，为政府的走狗，或为一般官吏的家奴，不管百姓的苦愁，惟日以见好政府，逢迎官吏为事，百姓被压不过，势必作极端的反对，君民之间，仍是依旧隔膜。弄到这等地步，诸君不惟上无以对君，下无以对民，简直连自己身子也对不起了。何以言之？诸君既是山西人，不用说先人庐墓也在山西，父兄子孙长养地也在山西。诸君倘若不好好的干，把山西闹坏了，山西人受害，诸君的身家，也未必不跟上受害。求利而反受害，这是为的什么呢？所以，为君计，为民计，为诸君身家计，这议员的责任，是要好好负担的，万不敢有失呀！

记者今天欢迎诸君，不是欢迎诸君的荣位，也不是欢迎诸君的权势，就是欢迎诸君为立宪前途必要之人物。诸君的尽职，宪政就是善政，生民尽被其福，国家就能强盛啦！诸君倘若溺职，那宪政成个什么政？生民福不福，国家是否能强盛，记者就不敢知道了。戴风帽的人还在，不幸到那个时候，记者只好向着人家，拜为先知的师傅了。

强迫教育白话

无名氏

1909 年 8 月 28 日

世间人有许多白眼汉,有多少睁光瞎?要说他没有眼睛,他何尝没有眼睛?有好吃的,他看得见,有好穿的,他看得见,独至于那街上买回的书,家屋里藏有的书,无论大字小字,横看直看,翻过去翻过来,认之不得,叫之不应。一看见那教科书、石印书、活字版、铅字版印的,有图画得好的、有装订得好的,横顺说是外洋人的书,这样何必读它?不读书便是个白火石,如何认得字?认不得字,事事要请问人,字字要求教人,账目也挂不来,信函也念不来,告示也认不来,屏对也看不来,纵然他有些鬼聪明,有些巧技艺,有些好记性,有些好家产,提不起一支笔,看不过一篇书,写不到一封信,真真好像眼内无珠一样,怎么又不伤心?怎么又不受气?从前时代的帝王,惟恐百姓不愚,任随他读书也可,不读书亦可,惟恐百姓们个个都会读书,个个有知识,就会不好管了。所以举行科举,限定学额,三年两考,县中取不到好多秀才。得了秀才又教他做八股,拴倒他的心。费尽多少力,乡试三年,一榜中又中不到好多举人。你们试想想,得这功名,谈何容易?所以读书的人很少很少。因此百姓们知到爱国家人,很少很少。但是如今的皇上,已不像从前办法了,想到国家要望自强,离不得要人人读书,人人开通些智识,方不像那无知动物一般,所以屡降上谕,为办学堂设学部大臣,设各省提学司,设各州县视学官,正是望我中国的人,人人都受几年普及教育。

学部现定《强迫教育章程》十条,通咨各省遵行。第一条,广设劝学所;第二条,省城应设蒙学一百处,学额五千名;第三条,各府州县,须设蒙学四十处,学额二千名;第四条,各村蒙学,至少四十人;第五条,幼童至七岁,须令入学;第六条,绅富热心办学者有奖;第七条,幼童及岁,不令入学堂,罪其父兄;第八条,以学堂多寡,定劝学员功过;第九条,各府厅州县长官,不认真督率办理,查实议处;第十条,各学堂设定后,每二年,提学司考验一次。

以上所说,不但男子家学堂,定要认真推广,就是现在女学堂,皇上都看得很贵重。你们不看见那学部大臣,还订有女师范、女高等、女初等学堂章程,通咨各省照办?近来各省分,办有些女学堂,招收些女学生,年纪虽小,读书不少,识字不少,唱些歌曲,学些科学,又能心算,又能体操,个个讲究人格,学习国文,联络些天足会,在女世界上,添一番尚武的精神,立定足跟,树一帜自强的基础。难道说,女儿家且知如此,居然男子汉,甘心不读书、不识字,巷议街谈,嘲笑这般天足会不晓得包缠那一双脚?哪知道,女界中国民,品评人物,反要鄙薄你,这一群无知识的肚皮。说道这番光景,现今为父母的人,家有子弟,再不肯送入学堂,开开他的茅塞,长长他的智识,这就把自己的后人耽误了,便就把一般男子羞死了。岂不是生男不如生女好?

立 宪 浅 说

光阴过客
1909 年 9 月 10 日

　　诸位都看见过光绪三十二年七月十三日的上谕，立宪不是有了望了吗？好一时贺立宪，颂立宪，议论立宪，演说立宪的，总算已经把立宪二字说透了。至到而今，我又想起了一句书来，孔子说过："无可无不可。"按这句的讲法，就是叫人因时制宜，学古不可泥古。我们中国在海禁未开以先，不立宪原可，就在万国交通以后，立宪也无不可。总而言之，不变法是圣道，凡事合乎理就是圣道，得于止就是圣道。我们就用他的法子，于我有益，并不是叫他们的法子来拘束我们，也不是学他们的法子来拘束我们，也不是学他们就随了他们。请顽固老先生们要明白，国家绝非经常妄动，要知立宪强了国的不止一国两国，无论君主民生，全仗着立宪强国。不过，按他风俗人情，因地而施，欧美的民主立宪，施之我们东亚，是决不行的。就如同法美各国，叫他们行君主立宪，也是万不行的。并且研究立宪的损益，也不是一次两次啦。实行立宪，眼下虽然办不到，皆因人民不够格（各国皆然，没有观立宪马上就能实行的），或七八年，或十数年，终久有个办到的日子，我们也可以眼见国家强富，实作到东亚人的分位，舒一舒这些年所受的奴隶气。到那时，何等的体面，何等的痛快？我今大就先痛快的了不得呢。各国立宪年代稍远，风俗可是不同。先不必说别的，就拿年代最近的、风俗稍同的日本，跟我们中国比较比较，就知道日本变法的那一宗难处，咱们变法，断没有容易处。我今天特把日本的变法，明治下的上谕，演成白话，请诸位看看，可就定的出进步的快慢来了。日本当庆应初年,他们的将军,德川庆喜专权,后来败在江户(就是现在的东京),大政归还朝廷,庆应率他国的臣民,下五大誓诏,改元明治:

一曰(广兴会议)万机决于公论,大开会议、地方会议,所有国事从众人的公论。

二曰(上下一心盛行经论)君臣士庶皆动合群爱国的心,所有国家的公益事,全都极力提倡。

三曰(文武一途,下级庶民,使各遂其志,人心不倦)文武并重,国民资格,无贵贱高低,各人遂各人的志向,都有尚武的精神。

四曰(破历来之陋习,从天地之公道)旧日的习气,全都除去,人人不存私心,就是人道。

五曰(求智识于世界,大振皇基)无论全球各国,凡有长处,都要尽心学习,以开国家万年的事业。

日本宣布大誓诏,特派全权大使、副使大久保利通、木户孝允、伊藤博文等,到欧美各国,考察政治回国,力陈立宪不可再缓。独有加藤宏之倡说,议院不宜早立,附和他的甚少,还是主张立宪的居多。所以在御前会议,决意先开地方会议政礼。

又宣诏,朕践祚之初,曾以五事誓于神明,自是以来,久欲扩充斯意,召全国人民之代议者,凭公论,定法律,务祈上下协和,民情畅达,使全国的人民,各敬其业,知国家重任,皆与有责。今先集各地方官,使代人民协同会议,因颁下议院宪法,各员其遵守之安钦哉! 大各强国,哪一个不受这几个字的福气?至今各国,释他们的书,都争先恐后。欧洲的名人,发明这种学问,费尽一生的力量。不信再看各国的宪法,人民言论自由、思想自由、出版自由、信教自由、结会自由、居转自由、身体自由、财产自由。难道各国宪法不是如此吗? 而今我们中国与各国遇到一处,事事不如人家的原故,皆因人家的人民知道爱国,我们中国人,不知爱国。人家知道爱国原故,人人把国家看作自己的物件,我们不知爱国的原故,人人把国家看作朝廷私有的物件。既是把国家不敢当作自己的,还知道于自己的关系吗?

说国民爱国

无名氏

1909 年 9 月 16 日

诸位呀！咱们大家都得要知道爱国呀！因为这国，并不是人家的，乃是我们大家的；不是皇上他一人一家的私产，乃是国民千百万个人的公产。没有土地，不成为国，没有政治，不成国家。若没有人民，土地也无用，政治也无用，那还能成个国家吗？国家一亡，土地全丧，政治也废了，这些无告的人民，也就无处容身了。你看看波兰国，被邻国瓜分，就有一二志士，想着自立，也是枉然。犹太本是文明古国，无奈国亡种灭，目下仅剩一千一百多万人。像这两国，这不是前车之鉴吗？

大家爱国，国就兴盛，大家不爱国，国就灭亡。国如何爱呢？不过是千百万人，同心协力，有欺负我们的，就出死力去抵抗他。譬如一身，则手足之捍头目；譬如一家，则子弟之卫父兄。能如此爱国，无论有甚么样的内忧外患，也不足为虑。所以国不患不强，就患无人能爱。知爱国的人，血肠自是热的，不知爱国的人，定如冷血一般。本朝的明儒顾林亭先生曾说过"天下存亡，匹夫有责"，人须要晓得这两句话道理。天下虽大，匹夫虽微，可是关系不浅。我在天下，虽是匹夫，而在一国，就是一民，绝不可把自己的身分看低了。无论男女老幼，既是一国之民，都当有爱国的思想。今天且说一段中国女子爱国的故事，给大家听听。

当日鲁国漆室城，有个女子，岁数也有二十多啦，还没出嫁。有一天她自己在家里倚靠着柱子，长吁短叹，被她邻家女子听见，问她说道："你是怎么啦？你莫非是想要嫁丈夫吗？"这漆室女道："你如何知道我的心思？你看现在我们鲁国，君已年老，太子尚幼，如何是好？"那邻家女子说道："你这岂不是杞人忧天？朝廷国家大事，有大臣们管理，你何苦多虑呢？"漆室女说："我与你虽同是女子，然而谋虑总得往久远处打算，若只顾目前，只顾自己，太也无长进了。我还记得去年有一个行路的人，他的马跑在我家菜园里，把种的菜都践踏坏了，叫我家一年也无菜吃。若是鲁国有灾难，一国的人都得受苦，这不是自然的道理吗？"鲁国漆室女爱国的轶事如此。

女子爱国，在文明各国里，本不足为奇。而在中国，不用说女子爱国是难得的，就是男子能爱国的，百人中未必能有一二。无论士农工商，都是各顾身家，得过且过，饮食而外无别的事，妻子而外没有他人，哪还懂得爱群爱国呢？至于作官的呢？正直无私的固然有，而那些只知道贪图富贵，沉昏酒色，不顾公德，不办公益，甚则为卖国之奸，害民之贼，损丧利权，辱失国体，真是诛之不胜其诛，中国如何能好呢！我中国的国民，我爱国的国民，国民既是我们，爱国的还得是我们。大家结团体、合群力，千万不可自暴，亦不可自弃，这便是我中国的幸福啦，更是我们国民的幸福啦！

石艾乙巳御英保矿纪闻

张士林

1910 年 2 月 25 日

　　端濛大荒落①上元②,铸公尚席③白粥氾膏④。叔公硕卿⑤、兄兰溪、弟壬甫、池公子临、周公南园、赵公皋卿、刘公三贤、廉公维斋、孙公雨云⑥、李公慕绅、张公朴斋、葛公乾甫、蔡公莲溪、孙公雨亭⑦、余⑧之茹约十日饮⑨。

　　酒畅,恭饔人⑩。引客,诸公尊容:"胡尹⑪安康。"饔曰:"免礼,布身一介,不可礼也,崇儒称之至幸。麦之溼⑫身难干,草虫⑬一介事无休。今劳诸

---

　　①端濛大荒落:阴历乙巳年,清光绪卅一年(1905)。

　　②上元:上元节,阴历正月十五。

　　③尚席:a 尚席:管理膳食的宫廷官吏。b 尚席,儒席也,文人聚会的筵席。

　　④白粥氾膏:氾(fàn)同泛。白粥泛膏:《荆楚岁时记》载:"正月半宜作白粥泛膏。"白粥泛膏在我国已有 1600 多年的历史。由于是元宵节的传统专门食品,现代俗称为"元宵"。

　　⑤叔公硕卿:黄汝彦,字硕卿,平定城关学门街人。清举人。保艾会会长。黄守渊叔父,本文称叔公。

　　⑥孙公雨云:孙继宗,字雨云。平定绅士。

　　⑦孙公雨亭:名不详,字雨亭。平定绅士。

　　⑧余:我。古人文章中的自称。

　　⑨茹:应为如。如约:按照约定行事。十日饮:喻朋友在一起尽情欢聚。

　　⑩饔人:备办饭菜的人。

　　⑪胡尹:胡聘之(1835~1912),字崇儒。前山西巡抚,保矿运动策划者、组织者、领袖人物。本文称崇儒公、儒公。

　　⑫溼:湿字的古体。

　　⑬草虫:一种能叫的蝗虫。

公议艾①矿，可否耳？"众默。铸公趷②言："大人之矿务乃诇③洋，戏谟而恧④。"

"上谕⑤：可救。时议吾矿，实出可拒之策也。"饗言："洋窥艾乡之苗，是欲食其肉而寝其皮⑥，鼎一脔⑦而全晋焉。上谕：'余之虫，螋洋躯也。'吾乙未⑧抚晋，筹划实业以兴民生。时不岁，被洋戏谟而累⑨祸起。英叚刘⑩窥晋谋矿，吾兴业心切，而未识其瑷瑓刻揣⑪。嗔⑫！嗳⑬！急函世侄，叚亟雔⑭予世之史书。御史⑮被议停呈路矿案⑯，帝曰：'下所司议。'⑰然事与愿违，不得已而为之，犬色不可描也。训政⑱丑罢，缄默护矿以鉴行。三载之际，洋人勘画开路，余心之不甘，携侄究访洋之掬⑲境⑳之图。蹬㉑图竟画艾之乡

---

①艾：平定州简称，平定古为上艾县、石艾县。

②趷(xué)：来回走动。

③诇(jù)：此字应是手抄笔误，"拒"字方合原文意。

④恧(nù)：自愧曰恧。

⑤上谕：上：皇帝。谕：即诏书，是皇帝的命令。也指皇帝用来发布命令的官方文书。

⑥食其肉而寝其皮：杀死吃其肉，剥其皮，做成褥子，睡觉用来铺。

⑦鼎一脔：鼎：煮饭的器皿。脔：肉。

⑧乙未：农历乙未年，光绪廿一年(1895)。

⑨累：连累。

⑩英：英国福公司。叚：同假，借。刘，即刘鹗(1857~1909)，字铁云，候补知府，晋丰公司总办，英国福公司买办，清末文化名人，《老残游记》作者。

⑪瑷瑓(àidài)：昏暗不明。刻揣：刻意隐藏。

⑫嗔(chēn)：怒，生气。

⑬嗳(ài)：叹词，表示懊恼、悔恨。

⑭雔(chóu)：同仇、雠。

⑮清朝设监察御史，隶都察院。

⑯停呈路矿案：不允许御史再上呈关于停止山西修筑铁路和采矿的折子。

⑰下所司议：原手抄文为"下所可议"，查《清实录》光绪帝御批为"下所司议"，今改。"司"负责掌握、处理的意思。

⑱训政：指1898年9月，慈禧政变，光绪被囚，镇压戊戌变法后为训政。

⑲掬(jū)：双手捧为掬。

⑳境：境域，即区域内。

㉑蹬：同登。

路际矿脉之冶①,其歹心可征矣。五日得辛,涂龙治水②,洋人冶矿踵路③。尔等诤④函赵抚⑤,诘⑥难安帅⑦,殚⑧防其戤⑨讦⑩。且置尔护苗⑪,静观其觊觎⑫。去腊⑬得报,洋人欲动。余于雁叫⑭急驰而至,共画护矿之计。然之,罪谬授人以柄,避三舍而谋,以使谢吾罪之身也。仰而涕报皇恩之源哉!"

铸公曰:"今之聚,乃谋护矿之画也。纵论近载之护矿策之,吾等煞寔⑮辛苦,费几盛而事瘉⑯危。虽御史等萃力,纵无解洋人之诡其迫宫之。礼⑰而使吾乡护矿无越都衙于半步。若日后抗之,须以其道还其身也。策之谋,会保艾是也。以益臣⑱侄之产东院驻会焉。其门临街进之有巷,间二或三级而迈矣。巷东之花院乃族产,可作聚众之所,乃容佰仟之人。东临

---

①冶(yě):同野。

②五日得辛,涂龙治水:阴历癸卯年,即光绪廿九年(1903)。

③冶矿踵路:福公司开矿,紧跟着修筑了正太路。

④诤:诤诉、诉讼、诤谏,以直言劝止他人的过失。

⑤赵抚:赵尔巽(1844~1927),字公镶,号次珊,又号无补,清末汉军正蓝旗人,祖籍奉天铁岭。1902年(光绪二十八年)11月,赵由山西布政使奉命护理山西巡抚,后为《清史稿》主编。

⑥诘(jié):谴责。

⑦安帅:张人骏(1847~1927),字千里,号安圃,1905年至1906年任山西巡抚。

⑧殚(dān):极尽也。

⑨戤(gài):假冒。

⑩讦(jié):揭发,揭露。

⑪苗:矿苗。

⑫觊觎(jì yú):企图得到不应该得到的东西。

⑬去腊:去年腊月。

⑭雁叫:胡聘之家乡,湖北天门竟陵镇雁叫街。

⑮寔(shí):同实。

⑯瘉(yù):同愈。

⑰礼:在封建时代,礼维持社会、政治秩序,巩固等级制度,调整人与人之间的各种社会关系和权利义务的规范和准则。礼既是中国古代法律的渊源,也是重要组成部分。这里指由于"礼"的束缚,过去护矿没有和官府交涉。

⑱益臣:黄伯煐(?~1939),字益臣,平定学门街人,著名金融家,黄守渊的侄儿,编辑家黄涛之父亲。

太和之巷①,葛公乾甫兄之'乾元商铺'可通矣。初护今保,乃顺应东流之脉也。众济而辅,以众民趋窥洋人之歹作,谋画抗之,实为策也。"

寅月燕九②,朱委员急铸公函:英洋将徂③郡,揣图印矿苗,佽④尔图乃红毛野鬼⑤路勘附也。朱委员乃千户之裔,正太路⑥与民生计之协画员也。

庚日⑦,密特英⑧累犬猄⑨抵州,平潭洋⑩迎之。

卯月踏青⑪,会⑫急议矿保之策。铸公坐帷⑬,叔为长,余副也,诸公辅尔。待视洋之动矣。

芳春⑭后一日,洋壹拾有余印图,累犬猄于乡。

崇儒草就《晋矿危乎? 晋民生乎? 》,赴外求嘱。

大士祷日⑮,诸公又会。余议:"平潭脖颈牛⑯,以土犬⑰而节洋犬猄,待

_____

①太和之巷:平定州城巷名。

②寅月燕九:阴历正月十九,即 1905 年 2 月 22 日。

③徂(cú):来。

④佽(cì):帮助、资助。

⑤红毛野鬼:这里指当时勘察正太铁路的外国人。

⑥正太路:正定至太原的铁路,1906 年秋修至平定州平潭站,1907 年秋正太路全线建成开通。

⑦庚日:阴历正月廿七,即 1905 年 3 月 2 日。

⑧密特英:文中英国福公司人员的称呼。

⑨猄(jìng):一种像虎豹的兽,状如虎豹而小,有长大食其父之说,也有说始生食其母。

⑩平潭:平定州平潭(今阳泉矿区政府所在地),时为平定桃河北岸最大的集镇,是京城至太原交通要道。平潭洋:居住在平潭的洋人。1903 年,英福公司就在平潭购买民宅,作为住地勘查矿苗。

⑪卯月:阴历二月。二月初二为踏青节。

⑫会:保艾会。

⑬坐帷:旧指坐在帷帐里指挥军队的元帅。

⑭芳春:阴历二月初八为芳春节,即 1905 年 3 月 14 日。

⑮大士祷日:阴历二月十九,即 1905 年 3 月 24 日。

⑯脖颈牛:牛惇隆(1872~1929),小名八斤,平潭人,矿主,保矿的积极参与者。

⑰土犬:本地犬。

之而制其踪,鼓于民而义行。快哉!"铸慎省①度变,诸公纷纷其孳②事也。

丁卯③,累犬獍溺④李祠⑤,钜⑥甚有辱先贤,遭李裔众忿咄伐⑦,怒而龇⑧食娭毑髀⑨,哗湧毙之。拒密特英于圊⑩肥,其眚⑪叩首。平潭洋恧胸⑫,拏⑬银爰娭毑而息之,裔怒而撼州尊。

辰日⑭,王尊为干⑮邀铸公、叔公赴平潭,询密特英之扰民。朱委员左右逢源,未解。

姑洗大昕⑯,持绊⑰密特英揎疵薙⑱鎒⑲于囡⑳,平潭民众持农器围之。州尊得报遣之。密特英佗傺㉑似嘫㉒,趿跋塌㉓而涎㉔奔也,众啸。

---

① 省(xǐng):省视、察看,仔细地注视和观察。
② 孳(zī):滋生。
③ 丁卯:阴历二月廿四,即1905年3月29日。
④ 溺(niào):尿。
⑤ 李祠:李家祠堂。
⑥ 钜(jù):同巨。
⑦ 咄伐:咄叱,呵责,声讨。
⑧ 龇(zī):张开嘴露出牙齿。
⑨ 娭毑(āijiě):祖母,对年老妇女的尊称。髀(bì):大腿。
⑩ 圊(qīng):茅厕。
⑪ 眚(shěng):过,过错。
⑫ 胸(nù):亏缺。
⑬ 拏(ná):今写作拿。
⑭ 辰日:阴历二月廿五,即1905年3月30日。
⑮ 王尊为干:字子梁,浙江杭州人,举人,曾任丹山书院掌教,1905年10月前任平定知州,支持保矿。后多次返平定,为保矿赴京谈判。后任山西巡粮道、山西巡警道。宣统元年八月,被山西巡抚宝棻参,以同知通判降选。著有《仁和王氏族谱》。文中称尊或王公、公。
⑯ 姑洗大昕:阴历三月初一,即1905年4月5日。
⑰ 绊(bàn):绳索。
⑱ 薙(tì):剃字的繁体字,在这里指除草的动作。
⑲ 鎒(nòu):今作耨。
⑳ 囡(nān):小女孩。
㉑ 佗傺:佗字为手抄笔误,应为侘。侘傺(chàchì):失意而神情恍惚。
㉒ 嘫(hǎn):同阚,即吼叫。
㉓ 趿跋塌(xiǎntātā):光着脚不穿袜,穿鞋只套上脚尖,把鞋后帮踩在脚后跟下趿拉着鞋,比喻衣着不整。
㉔ 涎(xián):唾沫、口水。

踏青①，铸公草《矿之不存，民将安否？》：吾乡之矿，乃民生之所系②也。古往今来休戚与荣，苍苍森森，民之权也。仍以其日出而落，起居日常。或乃婚丧寿时，无不赖其耳也。间或某日以其谋生，持银侍父孝母含养子孙焉。今倏③外人来往，无不目显狰狞。前有俄洋测路描图，法人踵其后，继有英人持其图印矿苗。呜呼！吾民之权何为外人相蹈，意谓何也？白话天下，子龙何在？廉颇老矣，能将食否？④皇恩浩深，以报寸心。矿之不存，民将安否？一方何求？吾身为大清国之臣民，焉能任之流乎！虽区区之地苗，实乃吾大清国土，弃⑤能拱手让其雕⑥零于外人之圉⑦。还吾之责，民将婷⑧也。

乙未⑨，上宪谕：王尊至府⑩议矿。

丁酉⑪，尊府议矿遭责，以办恶洋，诘难晋跼⑫。

己亥⑬，铸公急赴府，禀呈《矿之不存，民将安否？》并州之仕绅⑭诸号。

壬寅⑮，洋人路觇⑯汝阳⑰、叔公窑。

---

①踏青：阴历三月初三，即 1905 年 4 月 7 日。

②系(xì)：牵涉、关联。

③倏(shū)：忽然。

④廉颇老矣，能将食否：本句出自辛弃疾《永遇乐·京口北固亭怀古》。廉颇老了，饭量还好吗？揭示廉颇晚年报效国家的愿望。这里展示了黄守渊对大清懦弱的慨叹，抒发他心中故土矿苗被霸的悲愤之情。

⑤弃：此字应为手抄笔误，"岂"字方合原文意。

⑥雕(diāo)：同凋。凋零。

⑦圉(yǔ)：国家。

⑧婷(tíng)：美好。

⑨乙未：阴历三月廿二，即 1905 年 4 月 26 日。

⑩府：太原府，清代太原府隶属山西行省，治所在今阳曲。

⑪丁酉：阴历三月廿四，即 1905 年 4 月 28 日。

⑫跼：局字的异体字。

⑬己亥：阴历三月廿六，即 1905 年 4 月 30 日。

⑭州之仕绅：平定州在太原的商人。

⑮壬寅：阴历三月廿九，即 1905 年 5 月 3 日。

⑯觇(chān)：偷偷地察看。

⑰汝阳：孙汝阳，平定人，矿主。

清和甲辰①，晋抚②大人持以驳英人之诈，以其证③否也，驱之去晋焉。

丁未④，会诸公议矿。铸公揎⑤云："擎⑥迹而言，甚为危乎。虽洋驱去，待日其必返。若等待之，而逝机也，奈何？惟搦地⑦而抗之。"余拟画："卿公檠⑧矿苗之钜细；莲公筹固本会；叔公领各都⑨之矿苗图，以逸待之；慕绅兄纠⑩吾乡之产会，以绗⑪各都之窑，如戈擎境力之源，以抗洋之诡也；平潭脖颈牛，谋纠地玩⑫，以其骠攘挠洋志而去其锋。纵观而论，顺铁洋之路⑬，切切探苗为要务，似汝阳、朱千户之窑，洋之奈何？其事为甚。卿公可予游⑭里之长⑮、民人，或股或银妥之。若洋不日而遇，遍开牡丹而胜。叹谁之书，而妄涂也。"众趋。铸公宏谟⑯，御洋之炆诠⑰。

越日，诸公各行之事，时论探苗之费耳，铸卿公坦言："保艾之费，仅力而资。余予万余以底。段以费资无出，可劝于民先约而探，切切不可拖延甚好。若延，功尽讫。"诸公诵也。乾甫兄充帐矣。

---

①清和甲辰：阴历四月初二，即 1905 年 5 月 5 日。

②晋抚：张曾敫(1852~1920)，直隶南皮(今河北南皮)人，同治七年进士出身，1903 年至 1905 年任山西巡抚。

③证：护照。

④丁未：阴历四月初五，即 1905 年 5 月 8 日。

⑤揎(xuān)：挽袖露臂。

⑥擎(lǎn)：同揽。

⑦搦(nuò)：握，持，拿。搦地：掌握住土地，不卖于福公司。

⑧檠：弓箭校正架。

⑨都(dū)：明清朝地方管理的都甲制的一级机构。县下有乡，乡下有都，都下有甲。平定有十七都。

⑩纠：纠集。

⑪绗(jiǒng)：用麻布做的罩衫。

⑫玩：用不严肃的态度来对待。

⑬铁洋之路：正太铁路。

⑭游：游说。

⑮里之长：古时百姓居住地的名称为乡、村、里等。其管事之人称为乡长、村长、里长。

⑯宏谟(hóngmó)：宏谋。宏图谋略。

⑰炆：用小火炖食物。诠：解释。炆诠：慢慢细心地解释。

甲寅①，王州尊巡会。前，铸公万余以保艾；余叁仟予保艾，叁仟予固本；兰公伍仟，充固本之董；诸公各三伍佰或不可而论。王公叹曰："尔等好之为寔，遄②探甚安。恐洋至而未耘，余亦无力可支也。英戤③矿之讹，非常人之理，适返其匕征矣。"日晤④乡仕绅，刻动谋探矿之事。

甲子、丁卯⑤，保艾、固本州署备案，蓉田、震生理也。钲唑，荆公⑥之号也，城北之巨贾，为事干练，义响郡里。保艾设既定地址。固本设叔公之产，保艾之后院也。巷东花园亦一并施入两会之用矣。

山雨必有风。林钟波斯⑦，孝如翰林⑧驰函："英洋即刻至里，勘矿苗。"翰林者里人孙氏也。汝阳、千户窑乃秉其银捌佰也。

天贶⑨，艾、固举会。探苗者新旧肆佰有余。知者若：汝阳、千户、叔公、兰兄、脖颈牛、蔡公、荆公、李公、同人翰林⑩、伟斋⑪、作楷⑫、澍堂⑬、熙廷、西

---

①甲寅：阴历四月十二，即 1905 年 5 月 15 日。

②遄(kuò)：疾速。

③戤(gài)：冒牌图利。这里指英福公司用山西煤作抵押，借贷给晋丰公司钱来讹诈山西的卑劣行径。

④晤(wù)：会面，见面。

⑤甲子、丁卯：甲子，阴历四月廿二，即 1905 年 5 月 25 日；丁卯，阴历四月廿五，即 1905 年 5 月 28 日。

⑥荆公：荆震生，号钲唑，平定商人，固本会总理。

⑦林钟：阴历六月。波斯：阴历六月初一，即 1905 年 7 月 3 日。

⑧孝如翰林：孙笥经，字孝如，平定城里人，清进士，授翰林、通仪大夫、吏部郎中。文中称孙郎中。

⑨天贶：原文笔误为"祝"字，应为贶(kuàng)，天贶，即农历六月初六，即 1905 年 7 月 8 日。

⑩同人翰林：蔡侗，(1867~1933)字同人，号愚溪，平定东关人。光绪丁酉科中举，次年进士及第，任礼部仪制司同主政、典礼院光禄署长、记名候补道台。民国为省咨议局咨议，撰修《平定县志》，后任山西大学国文教授。

⑪伟斋：郭伟斋，平定人。

⑫作楷：李作楷，平定州西郊村人，光绪辛卯科举人。壬辰进士，江南即用知县。

⑬澍堂：李澍堂，平定人，光绪戊子科举人。

庚①、德荣②、守正③、士彬④、登元⑤、滋荣⑥、联芳⑦、毓琇⑧、铭西⑨云云。惟千户、叔公、兰兄五窑见苗矣。余者日夜兼工甚举，苗将见。

午，英洋慝人⑩叁拾有余，累犬猰嘶涎蹲平潭洋宅。

龙王举会⑪，诸公惕⑫，扒⑬手分工，以静而识，劼⑭窑工未息。

越日，英洋慝人即索又印之旧图，描新且标勘之误。日余未见其不轨也。余忖，铸公慎然："静必动，动则妄。"若魍魉⑮何对也？急急然而未策，无眠矣！

寿昌⑯，晋局委潘⑰，协理英慝人之购地事，至州署。

首秋天清⑱前一日，晋徐委员至查土窑，并知王州尊，应英洋慝人之谓："新窑乃非合约也，请废之。"州尊未否也。

甲申重日⑲，崇儒公飘至黄宅，铸公言别之事，又今州尊知予：英洋慝人约晋局查土窑废之。公嗟然⑳。适此，孝如翰林秘至黄宅，使悉英洋慝人

---

①西庚：王西庚，平定人，光绪丁酉科举人。

②德荣：翟德荣，平定人。

③守正：王守正，平定中庄人，清末秀才，副贡候铨训导。

④士彬：张士彬，平定人，光绪辛卯科举人。

⑤登元：石登元，平定人，光绪戊子科举人。

⑥滋荣：李滋荣，平定人，光绪十五年乙丑科举人。

⑦联芳：苏联芳，平定人，光绪乙酉科举人。

⑧毓琇：李毓琇，平定王家沟人，光绪廿三年丁酉科举人。

⑨铭西：张铭西，平定人，光绪壬寅科举人。

⑩慝(tè)人：存有邪念的恶人。

⑪龙王举会：阴历六月十三，即1905年7月15日。

⑫惕(tì)：小心，谨慎，警惕。

⑬扒(bā)：用手分开。这里指大家分工负责各自的事情。

⑭劼(jié)：谨慎，勤勉。

⑮魍魉(wǎng liǎng)：鬼怪。

⑯寿昌：阴历六月廿一，即1905年7月23日。

⑰潘：即潘礼谚，山西候补知府。后文"上宪潘"亦指潘礼谚。

⑱首秋天清：阴历七月初六，即1905年8月6日。

⑲甲申重日：阴历七月十三，即1905年8月13日。

⑳嗟(jiē)：叹词，表示忧叹。

石艾乙巳御英保矿纪闻

之毒也。翰林之行，觲眉也。良苦之心，铸公、叔公、余知之，而众唾矣。公子①心系郡人之生计，而郡人不知其迹焉。

丁亥②午后，英洋慝人至濛平千户、叔公窑，蚌③嚣息工交苗予耳。然，公等已受铸公之面机而质之烝④。英洋慝人狰狞似噎而持其约在手。嚄⑤！土人之噤噤⑥，觐州尊。

越日早，英洋慝人携翰林，丐状平定州州尊。哺⑦，翰林、王州尊、英洋慝人束塍⑧濛平勘务。余、汝阳公、脖颈牛、董护苗⑨拜见翰林、州尊，敬禀矿事。叔公至，始知英洋慝人禁汝阳公已窑务。州尊持英状而讯。叔公质之："吾等兹土生养，无不寄托于斯焉。然，英洋慝人之词，于天地人相驰⑩也。吾之田，吾之房，寘⑪吾之产。叩天谢地，禀州爷，焉何呼外之允矣？实乃滑天之谈，贻咲⑫古今也。"英洋慝人篡言："丐晋抚准约，专办晋之煤铁之务，或洋或华之人，概未能探也。"余慷曰："专办乃晋局也，何以转为尔等矣？"汝阳公、脖颈牛煞嘎驳斥，英洋慝人擤⑬龈而膺⑭而叹嗌⑮喘。窳⑯以

---

①公子：指孙笋经翰林的儿子孙晋祺。孙晋祺曾在英国剑桥大学留学，学矿业专业。孙笋经的重要信息，是孙晋祺在洋人那里获得后，让父亲秘密转告黄守渊的。

②丁亥：阴历七月十六，即1905年8月16日。

③蚌：挑蚌，寻蚌。

④烝(zhēng)：众多。

⑤嚄(huò)：叹词，表示惊讶。

⑥噤(jìn)：闭口而不言。

⑦哺(bǔ)：申时，哺时，又名日铺、夕食等(15时至17时)。

⑧束塍(shùchéng)：束，限制；塍，界限。

⑨董护苗：负责保护矿苗的平定本地董姓人，名字不详。

⑩天地人：天地人为三才，代表自然规律。相驰：相反，背道而驰。

⑪寘(zhì)：放置。

⑫咲(xiào)：同笑。

⑬擤(xǐng)：擤鼻涕。

⑭膺(yīng)：接受。

⑮嗌(ài)：咽喉堵塞，话语突然中断。

⑯窳(yǔ)：粗劣，败坏。

扬诸公唆窑工数拾人，慊①色戗②怄平潭洋累犬獗。劝慰州尊，不可真也。谓："英人廿四年之抚约，余需查耳。有无禁民探窑也无大碍，民之生息焉能无薪乎？如若禁之，忮③民之狂也，尔等身安乎？"平潭洋曰："所言至幸，吾等欠虑。"翰林左右逢源，始息而散，王州尊归署。

庚寅④，翰林书铸公："英探苗者，上书其主。"

南吕天长⑤，英洋悪主至署议矿。

中秋⑥之夜，铸公、叔公、余赏月，于花院翰林约。英洋悪主上禀晋局，歹"专办即独办"，并谋英使照会外部，一律禁民窑，践约独探。此乃断吾民之生机也。

越日，艾、固举会，议保矿钜细。铸公卯点："南园公学堂哗洋；卿公平潭揽局而说⑦民于钜细；壬甫京都撼廨，并予报知；兰公兄谋画英图矿苗之趋；乾甫兄领脖颈牛，纠地玩挠洋志；莲公赴省洽楚南公⑧，谋晋矿会⑨以击之；慕绅兄都说索窑谋会；叔公驻会迎来送；荆公游仕绅；两会似西改元公司，予英谋冲。诸公有窑似筋，有职则劲，牵一丝而全身，无可懈。保权即保生于机，保艾即保晋民乎，固本即固晋民之根也。"

夜，翰林送函：前予书已急转留倭天昉、恭斋君。外力摧之，俟⑩书予京都，洽史⑪。

---

①慊(qiàn)：恨。

②戗(qiāng)：冲突，故意找茬。

③忮(zhì)：违逆，害，恨。

④庚寅：阴历七月十九，即1905年8月19日。

⑤南吕天长：阴历八月初五，即1905年9月3日。

⑥中秋：阴历八月十五，即1905年9月13日。

⑦说(shuì)：说服。

⑧楚南公：渠本翘(1862~1919)，字楚南，山西祁县城内人，外部司员住日本横滨领事，后为保晋矿务公司总理，近代著名实业家。

⑨晋矿会：山西矿产公会。

⑩俟(sì)：等待。

⑪洽史：和御史联系。

　　长庚①，叔公、铸公、余、南园公、刘公生斗议函册走倭。两司②州案允实。

　　甲子③，英洋慝人累犬猰，沿铁两侧分而勘探描图。扬橥④："大英帝国福公司。"蛆将蝇成，禁民窑也。

　　艾、固急会。铸公、叔公、兰兄、乾甫兄、南园公、莲公、张公、慕绅兄、荆公、生公、石公、廉公、赵公、池公、李公、余谋议。少顷，铸公诵令："礼而不往非也，即刻亦步亦趋。卿公濛平沿铁着里人制桩而行；南园公刻学堂哗洋，并生返里鼓民与行；荆公说绅仕丐状州尊，以索民之生权；乾甫兄揽郡瞽⑤、瘫、偻⑥、翁⑦、姑⑧、矜⑨集平潭洋门，啰唪刻曲；莲溪公再赴省急洽楚南公，举晋矿会，并转呈晋抚，斥英洋慝人之濛平罪也，俟索生之矿权而御之；慕绅兄差都人之窑，详附艾、固并苗地不得售租于洋人；叔公驻会，迎往来之义人。"铸公携余，各输伍佰予乾甫兄，谋所招围门之费，俟后再续。余独资叁仟予叔公之宴费。

　　越日，黄君熹年⑩持铸公秘函，急赴省予崇儒公。诸公谋各事。

　　丁卯⑪，乾甫兄、予、平潭沈⑫、翟⑬二君领瞽、瘫、偻、翁、姑陆拾有余围

---

①长庚：阴历八月十七，即 1905 年 9 月 15 日。

②两司：指保艾和固本两公司。

③甲子：阴历八月廿四，即 1905 年 9 月 22 日。

④扬橥：扬字为手抄笔误。应为楬橥(jié zhū)：标志，植木以作表记、标识。文中为用作标记的木桩或石碑。

⑤瞽(gǔ)：瞎子。

⑥偻(lóu)：脊背弯曲，弯腰驼背的人。

⑦翁(wēng)：老头，老男人。

⑧姑(gū)：老婆婆。

⑨矜(guān)：同鳏。无妻的人。少而无父者谓之孤；老而无子者谓之独；老而无妻者谓之鳏；老而无夫者谓之寡。

⑩黄君熹年：平定城里人。黄守渊族人，保矿烈士。

⑪丁卯：阴历八月廿七，即 1905 年 9 月 25 日。

⑫沈：沈简堂，平潭街人。

⑬翟：翟培源，平潭街人。

洋,哀哦嗷而律五音不有,奈何呛于耳:"吾家的天吾家的地,吾家的矿炭往家移,哪容那强盗胡结记,哪容那强盗来放屁。福公司胡日鬼①,吾家的矿产怎就咽到尔肚里?为了活头咱快点抠,马上尔就成那龁龁嘴,看尔以后还日鬼不日鬼。"适英洋慝人有一歹妇,出入平潭,叽里咕噜嚚泆②驱民。呛一曲而噎之:"高底鞋来细尖尖,走起道来忽颠颠,吣伍喝陆路人闪,紧撒慢泗不敢喘,尔要扑坎③它前头,不高烂兴骂的欢,舔屁眼的④碰倒它,忿魔也倒⑤尔歇心。"

不日,其阵甚为壮大。洋人烦而怒。然,不敢越雷池也。

季商地平天成⑥,黄君熹年持崇儒公秘函返里,经平潭予余。俟后及晋三⑦叔、显庭⑧兄返州。行至南天门⑨,蹲亭憩倚,忽见麑有:"大英帝国福公司",叱喝拽之。突瞬,两恶犬撕喉倒地。晋三叔、显庭兄手足并用,然不得解。呖呼大止,叔喘兄伤,弟卧远处,两洋人伫⑩立而乐。呜呼!黄君叔侄架尔忽归。

铸晓探,然君已人事皆无矣。君伤脑后,而庭兄肆处也,晋三叔恍惚之间矣。

越日,铸公、叔公携族人予晋三叔、庭兄丐状州尊。尊至府验伤,质于

---

①胡日鬼:平定俗语,捣乱破坏的意思。

②嚚泆(yínyì):嚚:愚蠢凶恶。泆:放荡。

③扑坎(pōkǎn):平定方言,意思是走的急,抢在了别人的前面,或表示人能干,称为"能扑坎"。

④舔屁眼的:平定方言,对在别人面前低三下四的人蔑称。

⑤忿魔也倒:应该是疯魔野道,平定方言,指没有谱的胡说八道。

⑥季商地平天成:九月初三,即1905年10月1日。

⑦晋三:黄树侯(1867~1906),字晋三,平定城里人,黄熹年之族叔。因抢救熹年而受伤致死。

⑧显庭:黄名耀(1854~1906),字显庭,平定城里人,黄熹年之族兄。因抢救熹年而受伤致死。

⑨南天门:古时平定州城至平潭的必经之路,在城北古道,今已废。

⑩伫(zhù):长时间站着。

英洋。然英洋拒之曰："犬疯也，毙之曝尸①于户外。"州尊正之："犬疯？人疯？人乎？犬乎？人犬乎？"众怒："堂堂吾之大道，尔等插粪何为？探苗禁埂②，吾等青天行路乎？"英洋詈人恫兜③："晋抚和约，专办乃独办，故平定州皆大英帝国之矿权之地也。"众愤言："晋抚之约乃晋局专办也，而非尔等小人之专办、独办哉！和约之内，可有犬窥苗伤人乎？"英洋詈人面无色而心怒。州尊差人，快杖击余之洋犬于宅、苗之地。

夜，余访会并探君，铸公授言："平潭聚民众，越日鼓瑟，以声熹之状，偿权不可欺，动欲大。"

丙子④，平潭聚众伍佰余，悲切不绝于耳。英洋詈人急丐州尊。署移域，悲切壮⑤，观不可违。州尊着余劝民散，余面众言散。众怒："吾等人民皆赖矿之活，今黄君捍苗瘰卧膏肓，乃义行也，州尊大人孰能无视？不有苗权，吾等生计乎？否也，州尊大人抚以吾等老矣，儿孙又将何也？"州尊哑言归署。

霜序丁丑⑥，莲溪公返乡，余迎平潭，知太原矿公会癸酉⑦抚册开会，楚南公举会长。公返乡前，楚南公与公谋画平定州矿产公会举会概要，并予《太原公会章程》。

夜，州城官学黄宅，铸公、叔公、莲公、余谋会举，忽闻黄君痛逝也。

重九⑧，艾、固举会，诸公吊黄君之仡懿⑨也。

慕绅兄《都窑详案》到；荆公《曰仕绅丐状州尊详案》到；南园公《学堂哗洋案》到；兰兄《谋画英图矿苗之趋案》到；乾甫兄《领案》到；《保艾、固

---

①曝尸（pùshī）：暴露尸骸。

②埂（gèng）：道路。

③恫兜（dòngdōu）：用恐吓的口气兜售自己的强盗逻辑。

④丙子：阴历九月初六，即1905年10月4日。

⑤壮：手写错，应该是"状"方合文意。

⑥霜序丁丑：阴历九月初七，即1905年10月5日。

⑦癸酉：阴历九月初三，即1905年10月1日，太原矿产公会成立。

⑧重九：阴历九月初九，即1905年10月7日。

⑨仡懿：仡（yì）：壮勇，英武；懿：美德。懿德高风，令人景仰。

《本司案》到,案议之象颇观。

铸公主议:矿会总理莲溪公,副理慕绅公、张公诚。诸公各输足银,以充保艾、固本之购矿苗股银。又,铸公输银伍仟余,以纳土人护矿之费;余输银壹仟馀,充纳筵之不足;兰兄输贰仟,以作外赴之费;叔公伍仟,以充零费调充也;慕绅兄纳贰仟余,乃产会日费焉;莲溪公叁仟,赴省杂银也;荆公陆仟,京都撼廯之资焉。

慕绅兄世居州东瓦窑之属邨王家沟,乃上殷①之族。毓蕙其榜贤焉。兄弟:毓琇、毓文、毓海,侄:復、辉、椽、星、燿,平潭协理剧务也。

产会暂举黄氏家庙前院矣。副理慕绅兄、诚公督州之各都产会并窑苗变幻。莲溪公主会之日常来往。保艾、固本两司附会内,一外二费之自主矣。择日开会,议毕,诸公吊君于府矣。

翌日,莲溪公赴州署,册立之于会。

壬午②,平潭沈、翟二君聚众捌佰有余。油糕旦③着恩赐黄马褂,携班赛剧。蔡氏④、史氏⑤皆附耳。东关杜氏⑥着恩赐黄旂,携族人晋、升、恒、元善、和、仲⑦主灶。藿⑧食间以膗⑨,昼夜无间。民众日资廿文,以偿费也。剧多以平定"叁宝板唱社"⑩现拾间以变目也,"拾为板唱社"之变目也,情动于矿权哉。更有甚者,描画黄子像,傍以大拳惟吾心,足踏洋犬,下卧高鼻

---

①上殷:上:大;殷,富实。

②壬午:阴历九月十二,即1905年10月10日。

③油糕旦:葛熙贤(1855~1913),平定州城关大彰化坡人,艺名油糕旦,晋剧名家,进皇宫表演,御赐黄马褂。

④蔡氏:蔡义,字春成,平定巨城水峪人,晋剧名家。

⑤史氏:史凤存(1855~1928),乳名仔寿,平定州燕龛人,晋剧名家,进皇宫表演,御赐黄马褂。

⑥杜谦:平定人,御厨,御赐黄旗。

⑦族人晋、昇、恒、元善、和、仲:分别为杜昇、杜恒、杜元善、杜元和、杜元仲。

⑧藿(huò):豆角谓之荚,其叶谓之藿。这里指素食。

⑨膗(huò):肉食。

⑩叁宝板唱社:"叁宝板唱社"及后者"拾为板唱社",均为当时平定州民间文艺团体。

兰睛之怪也。

甲申[1]，聚众愈仟，洋怒，痛失定感，急赴署曰"保护"，否以上书公使。州尊以民未扰之而拒。

官学吊子，上官下民不绝迹。街之彩棚，皆民众自发予吊耳。

丙戌[2]，平定州之矿产公会[3]，于官学黄氏宗祠前院开会，州尊至禧；副理慕绅主会；张公诚告白会之陈条；总理莲溪公致开辞；叔公详列都窑之情形，并俟都开之分会也；余读击文[4]；楚南告白州之矿会命职；艾、固两司，荆公贺焉。毕，同府吊君。

铸公、叔公日近之矿务。愚溪公持儒公秘函，将行撼廨，并天昉、恭斋君之函，以事驳英洋，索权也。

丁亥[5]，壬甫、毓琇、文、海携文，约愚溪公结行京都，共而各谋撼廨之色。都即以行令：若租售苗者，即以知会，概不予洋人。若弊[6]之，濛平之吾窑遍开。英洋慝人勘紧味浓橐之。民众叚手之快，慝人失犬皆落半，甚怒。

平潭剧中天，英洋慝人叹若黄连入口。油糕旦《老汉圪蹴[7]》最为鲜："老汉老汉捌拾玖，月上叁竿想圪蹴。下炕点灯瞅一瞅，甚时强盗进了厩[8]。叽哩哇啦手比画，好像它也想圪蹴。左手木右手锤[9]，圪蹴还要带伙计。不得了了不得，强盗不让吾圪茅[10]。灶君灶君行行好，猫扑老鼠狗撵兔。吃东拉西尔定的死，列祖列宗圈的地，啥时成了强盗地？了不得不得

---

①甲申：阴历九月十四，即 1905 年 10 月 12 日。

②丙戌：阴历九月十六，即 1905 年 10 月 14 日。

③矿产公会：平定州士绅共同发起成立的保矿组织。下辖保艾和固本两公司。

④击文：击为手抄笔误，檄文方合原文意思。檄文(xíwén)：古代用以征召或声讨的文书。

⑤丁亥：阴历九月十七，即 1905 年 10 月 15 日。

⑥弊(bì)：指欺诈蒙骗的行为。

⑦圪蹴(gē jiū)：平定土话"圪蹴"指在厕所里大便。

⑧厩(jiù)：马厩，养牲口的地方，亦指堆粪便的地方，这里指厕所。

⑨左手木右手锤：此句形容英国人在平定到处用木桩占矿地。

⑩圪茅(gē máo)：平定土话，"圪"是"去"的意思，"茅"指"厕所"。圪茅，指去厕所。

了,强盗还有强盗礼①。不得了了不得,从今往后吾没地,了不得不得了,吾筝镢柄②与它抵,了不得了不得,强盗也还怕死哩,大吼一声滚出去,老汉还要圪茅哩。"

叔公、兰公探询州尊君之后事,尊默抡③。

戊子④,官学黄家族举叔公、兰公赴省禀抚宪:"君之后事何也?"

翌日⑤,晋抚接呈,惊之,速传英洋到案。叔公、兰公又呈以晋局⑥。好事者返于学泮哗哗⑦。汝阳、慕绅并都长廿有贰 ,请会于晋抚:"矿之无,平定州民众之生计若何?"楚公携绅请于上宪:"平定州之矿产绝乎?晋之大不幸也。"

夜,叔公、兰公秘(密)会崇儒公,即速函京都之廨。

壬辰⑧,省泮罢学游于市,仕绅说于署,民众鼓于衙:矿权乎?平定州乎?晋乎?

胳颈牛雇民陆拾有肆擎棺,叁拾有式擎盖,僧道俗乐而随之,代君讼于州署。尊曰:"自君去,其族偿闻于余。然英洋应之:'乃犬疯所为也'。俟后,本署差人快杖毙余洋犬,尔等代其族会于官,何也?"牛禀:"英洋欺吾民之善,其犬立于官道,其叵测也。官之道乃官民之属,何以英犬在此?署以獒,见民拔槊而攻之,意欲何也?恐不至于官道也,为其矿苗哉。若此,吾乡之民安乎?道之何也?乞望州尊为民伸乎,否以民之生计殆矣。尊大人何以行君子仁义之举,将遗也。惟驱英洋,民将安道之行,君子灵上西天。路不平众人铲。今吾代君乞,望州尊明察。"言毕,遂棺抬于君子府,僧道为之唱经护魂,俗乐安灵于礼。

①礼:应为理字,方合原文意。
②镢柄(jué bǐng):镢同钁,农民刨地,翻地的工具。镢柄:钁头的木柄部分。
③抡:应为论字,方合原文意。
④戊子:阴历九月十八,即1905年10月16日。
⑤翌(yì)日:第二天。
⑥晋局:山西商务局。
⑦学泮:学校。哗哗:人多声杂。
⑧壬辰:阴历九月廿二,即1905年10月20日。

平潭聚民两仟余。有居友祷庙寺、祀神佛,妥佑吾乡民众生计,不受外毁。僧道各数拾,日以夤①助民也。英洋悪人见状,质于之壮言:"民不安,吾不安,则神佛不妥,此乃大不敬焉。"稗众使之:"尔等知难而脱,乃万民之幸,吾之幸,神佛亦幸矣。"

沪报、京抄言曰:"平定州之矿,英洋专办,众怒民怨,晋省保矿索权由此起焉。省府学泮哗哗,纷纷下驻平定州间阛阓②,聚众轩宣:吾之生计惟赖矿。讦英谖③吾矿权,断吾之生路,保艾即保晋也。"

前,晋局委员抵州游说英暨④州民。州尊洽之,民众喜则悲⑤。

濛平沿铁矿脉甚紧,民与英相持,尔进悪退。然英洋悪人奸意歹荤⑥。

山一座即一窑,谋拒民山之窑则强檠,民抗换帜。

忽一日,英洋悪人贰拾有余,驱平潭叔公窑,被檠封口,下人不得出。余与叔公率众抗之,脖颈牛领剧者百余人围悪,兰公叱之。悪怯勍⑦众逡巡⑧。

应钟乾明⑨,英洋悪人行于濛,搴⑩帜插檠,民搴再式叁,愤民举欋⑪欲击,悪持刀相迎,适兰公至前平叱悪,即呼众见座于悪面,柱筇⑫击地叱咤悪:"界碑何在?"悪恼掠刃,筇迎。然古稀之体,奈何被列,跌于座而脑亲

---

①夤(yín):深。

②阛阓(huánhuì):阛,古时市区的墙;阓,市区的门。故通称市区为"阛阓",后来常用指市区的店铺。

③谖(xuān):欺诈,欺骗。

④暨(jì):和,及,与。

⑤喜则悲:哭笑不得。

⑥荤(hūn):低级、粗俗。

⑦勍(qíng):强大。

⑧逡(qūn):逡巡,退却。

⑨应钟乾明:阴历十月初七,即1905年11月3日。

⑩搴(qiān):拔取。

⑪欋(qú):农具,四股耙。

⑫筇(qióng):竹拐杖。

地,窍血不醒。怒众櫂击,愍鞦踔逴①。

延庆②,州牧③惶于愍之瞥④,至沟⑤余之宅,谯⑥余伯:"若拒英,将堕业。"伯惧,使知予余,盼归。余婉之曰:"吾之业乃悥⑦于州之民生,虽权险嶬而终极不可逡也。否以愆⑧之,后者将指膂⑨而咒,箭搭弦,惟出也。"

盘古⑩,顺流而下,一泻千里,宏而伟,无以阻。余之"晋艾"、乾甫兄之"晋平"、廉公之"晋恒"、赵公之"晋升"、孙公之"晋裕"、刘公之"晋生"、李公之"晋昌"、郭君之"晋盛"、杜氏之"晋兆"云云,结而为社,各沮铁之线,领一方之首,皆归固本矣。名字不符皆使然,悥之中法权也。

天佑⑪,诸公聚固本,逐一而望,叹,兰公保权之大丈夫也!

会庆⑫,诸公应诺赴署⑬,仗言丈夫之不幸,予以尊,而讨于公⑭。

天符⑮,公率省之名宿⑯探公。呶权⑰而妥币疗疾。俟之后吊君,恤⑱。

后一日,君子出棺,愍之主亲赴府吊,纳币伍仟,不有言,转而,抚以

---

①鞦踔逴(qiū chuō chuō):鞦,同鞧,缩和后退的意思。踔逴:跳跃逃跑。

②延庆:阴历十月十四,即 1905 年 11 月 10 日。

③州牧:姚醉兰,时任平定州州牧。

④瞥(mǐn):强悍。

⑤沟:这里指作者张士林的家乡官沟。

⑥谯:通瞧。

⑦悥(hùn):忧虑。

⑧愆(qiān):罪过。

⑨膂(lǔ):脊梁骨。

⑩盘古:盘古节,阴历十月十六,即 1905 年 11 月 12 日。

⑪天佑:阴历十月十九,即 1905 年 11 月 15 日。

⑫会庆:阴历十月廿二,即 1905 年 11 月 18 日。

⑬署:州署。

⑭公:公道。

⑮天符:阴历十月廿五,即 1905 年 11 月 21 日。

⑯名宿:出名的老前辈。

⑰权:暂且、权且。

⑱恤:抚恤。

公洋药疗其伤。辅币将行,众围之,代公讨言。默以待,州牧至,宛以行。

公吊于圜阓。聚众纷言:矿之不存民将否?余壮言以利矿兴,铸公喑《祭文》以告天灵,诸公趋言兴矿,民众祀君戌①妥灵,距棺出已叁辰②矣。官上民下,倾城而吊。鼎问路祭者不有数,赋或文皆叹:失矿者,失命也!

越日,汝阳、汝蓉③集民众于州署,讨之安也,咒④于英。州牧召黡主以抚民心,准汝阳、汝蓉之求,命黡主赴官学黄府谢过请安。刻,黡主允。至府,叔公主仪,黡主面族长而跪,训毕,行大礼,妥币贰万余。时,叔公应君、公之长,输此银于州矿产会,购地凿矿焉。黡主观此,面如骦⑤偻,傻黰⑥去也。

乾明⑦时,有晋绅商矿务公司董公⑧来郡,拜会铸公。曰:“省府学泮哗英洋之诡,众学子闯堂议事于官、英之面。今晋之绅商自办,以保一方之地利权。”并持晋抚、容庵⑨督抚手函,前以晋见州尊,晓以嘱求于公。俟铸转引固本赵、李、廉叁公助之。蔡、李贰公说众,或几沿铁之线,购苗地者甚矣。

接崇儒公函:晋局业以予应英洋议矿,然一而再,再而三,无欤⑩而散,慎惕黡之诡变。晋群起御英之,丐情系吾矿权不辱古。探苗维民系今之亦然矣,何以外人诬吾之命?京晋仕宦业以呈禀上宪,力就维古法也。留倭之报呼:《危乎!矿之晋也》。呈京都达沪,其亦将效,不日派员抵州查焉。

---

①戌:晚上七点至九点为戌时。

②叁辰:古时一天为十二辰,一辰两个小时,三辰为六小时。

③汝蓉:孙汝蓉,平定人,孙汝阳族弟。

④咒(zhòu):咒骂。

⑤骦(máng):面白的黑马,形容脸色苍白。

⑥傻黰(yǎn):惊奇和可惜黄家将银两捐给矿产会。

⑦乾明:阴历十月初七为乾明节,即1905年11月3日。

⑧董公:董崇仁,字子安,山西定襄人,同济公司总办。

⑨容庵:袁世凯(1859~1916),字慰亭,别号容庵,时任直隶总督兼北洋大臣,辛亥革命后当选为中华民国第一任大总统。

⑩欤:手抄笔误,应为“欢”字方合原文意思。

铸公自元夕①，拾月有余，操之甚劳，迎来往送，撼旋也。今晋府、州仕绅抵州者百式有伍焉。叔公、荆公不亦乐乎。州之集会乃葛公筹画，壬甫旋之也。

吴道宪②至州，铸公迎于府。宪痛切："州之矿权未握，肘受于襟，若肘煖③，则伸自焉，伸者乃不受于外来之力也。肘煖身亦活矣，外人何欲觇④乎？"

天佑⑤，崇儒公至州，晤铸公："自学堂委外，无射⑥吾州晓知矿之民计，惟乎面诘于英洋黩人。然詈⑦躐⑧学，回堂达讯，义诟⑨麇⑩至于府，以至张抚⑪呈宪《矿在晋在，矿亡则晋去焉》。故晋噪哗权，大势也。公之窎⑫识，余叹矣。今之大势，乃余之愚愆⑬也。幸上谕'不开'之恩，逡于旁左，以民驱洋废金⑭，毁险巇而悛⑮。"铸公曰："儒公不瞧今之造势，公之膂所行，卿公辅以日行，吾则上达下焉。俟倘或权归，效西法之大董主权，集新法于窑，以绝外觎金属恬⑯，若旧法则难维权乎？"余曰："保艾、固本一时也，倘以毁日，也难抗外乎。"

---

①元夕：阴历正月十五为上元节，元夕指正月十五夜。

②吴道宪：吴匡（1848~1910），字书年，时任山西冀宁道道员，后任山西布政使。

③煖（nuǎn）：同暖。

④觇（sì）：窥视。

⑤天佑：阴历十月十九。

⑥无射（wú yì）：古十二律之一，位于戌（第九位），故亦指农历九月。

⑦詈（lì）：责骂。

⑧躐（liè）：超越。

⑨诟（gòu）：耻辱。

⑩麇（jūn）：同郡，中国古地方行政区划名，这里指州县的意思。

⑪张抚：山西巡抚张人骏。

⑫窎（diào）：远，深邃。

⑬愚愆：愚蠢的过失。

⑭金（qiān）：古同签。

⑮悛（quān）：停止，更改。

⑯觎恬（tiǎntiǎn）：觎：厚颜无耻；恬：勾取，探取。

越三日,儒公返省,鼓与文征^①、翼若^②、筱渠^③、楚南诸公。

黄钟五色舍利归塔^④,法会云^⑤于平潭,州之佛徒越叁佰有余。佛妥则民安,民安则先生机,安犹如往生也。

大吕承天^⑥,天昉因忧,携恭斋并核矿务归里,弗然议事于保艾:"卿公之作,无射朱文公^⑦刊出。不日电云:响应者甚。今留倭之学会,拟请省抚并外部议矿之务。吾归里观之状,御英先御其锋,再到其芒,则锋钝也,平潭之众甚为可效扰其志。然,铁之沿线齿之咬予以其痛,寒风之机英洋难御。日落之时,其护橐之人未尝亲也,故吾人之妙时。吾人甚众轮以火其锋,时日可殆矣,俟以行之。"

州尊复以上宪:孙公汝阳窑,为吾之古法,无需谓英之意也。

星回^⑧,天昉、恭斋君应上宪之约,邀张公、赵公、李公、廉公、钲公于保艾,越日议矿务。叔公、余、铸公、南公予会。俟转公会晤莲溪公、慕绅公、张公诚诸董叙矿之事。

柔兆敦牂太簇^⑨,子安^⑩公解银拾万,购苗脉予固本。各都委民不怠,持以护苗帜。

平潭,余居辖耳久矣。众民剧不懈,叔公之窑石助薪也。

---

① 文征:崔廷献(1875~1942),字文征,山西寿阳人,清进士。

② 翼若:刘锦训,字翼若,山西潞氏人,清进士。

③ 筱渠:刘笃敬(1848~1920),字缉臣,号筱渠,山西太平县(今襄汾)人,清举人。

④ 黄钟:阴历十一月。五色舍利归塔:阴历十一月初七,即1905年12月3日。

⑤ 云:云集。

⑥ 大吕承天:阴历腊月初二,即1905年12月27日。

⑦ 无射朱文公:无射:农历九月;朱文公:阴历九月十五。阴历九月十五为朱文公诞。

⑧ 星回:阴历腊月十六,即1906年1月10日。

⑨ 柔兆敦牂太簇:光绪卅二年,阴历丙午年正月,即1906年2月。

⑩ 子安:董崇仁,字子安,同济公司负责人。

试灯[1]，始会塔火举于州之塞，赛剧皆为权生乎。嘿人鞔宅而俏[2]。京晋上宪[3]不绝于固艾观剧，皆震。好事者，矿产会前噪众："民之德未可辱，民之计未可断。民之义未可阻，民之愿未可违。"

耗磨[4]，儒公、楚南公至黄宅，赠银贰拾万予铸公，以保艾购脉之需；壹万余予余，解民众集剧之眉费也。

夜，矿会举会，诸集议眼急[5]。铸公举议：壬甫京都撼廯，并倭暨闻达各报之务；慕绅兄李族人沿驿[6]举函；子临公留省责矿议之事；卿公族人沿驿举函；卿公平潭视英洋嘿人之态，董剧之日务；诸公聚心办矿苗之务；天防、恭斋旋倭[7]，鼓帜助力也。

天穿[8]，京沪之报人拾余者，留查平潭之矿事并州之务。访者不一而论，皆曰：还吾矿权并生计。余待之。

仲阳天和[9]，铸公接孙郎中秘函：同济持矿苗以为股，即入英洋嘿人大英帝国福公司。又一魑魅[10]之肇诳焉。

桃浪麦生[11]，都集保艾，铸公诚言："同济立足之初言赅[12]晋矿，必协力，不予畛域[13]速购苗脉，迟则为洋歹之渔，决非空穴所势耳。"郡人颇受，都之纷持其股。今其坐享洋利，同秽即露奸吾之民心。都迅正言，蹾葳[14]其前约，聚民纷呈驱耳。

---

①试灯：阴历正月十三，即 1906 年 2 月 6 日。

②俏(qiào)：方言傻。

③京晋上宪：京城和省府高官。

④耗磨：阴历正月十六，即 1906 年 2 月 9 日。

⑤眼急：眼下急需要解决和处理的事情。

⑥驿：驿站。

⑦旋倭：返回日本。

⑧天穿：阴历正月廿，即 1906 年 2 月 13 日。

⑨仲阳天和：阴历二月廿八，即 1906 年 3 月 22 日。

⑩魑魅(chīmèi)：常喻指坏人或邪恶势力。

⑪桃浪麦生：阴历三月十一，即 1906 年 4 月 4 日。

⑫赅(gāi)：完全。

⑬畛域(zhěnyù)：界限，范围。

⑭蹾葳(dūnchǎn)：蹾，往下放，揪住；葳，解决。

麦序放光日①,都众致函同济废约。余领剧②平潭同济之董张邝宅门,讨之篡,南公领众学援之。

乾会③,余拟文予天昉,铸公、南公、叔公正之。李宅速递京都转倭,以讨同济④之篡。

小分龙⑤,天昉急函留倭同乡会。东京恭斋侃侃荦荦訇言⑥晋平定州保矿之偈⑦,劾⑧之英福歹人胁桀⑨楔⑩剃吾民,并禀尊《留东学界通告晋抚废约自办之公启》。

天休⑪,余、莲溪公、叔公携天昉之函禀州尊,逎愀⑫英慝之猥亵⑬,度呈上宪《留东学界通告晋抚废约自办之公启》。

京晋两函,知近诸报频见吾乡之保矿事务。诸如:崇儒公《上宪奉送吾乡之矿产》;余之《吾乡保矿,上宪予英》;铸公《吾乡矿务者,乃民生也》之类耳。然,见报多未吾之见,乃报编是也,无奈之举身之乎。

林钟太乙朝元⑭,晋绅呈部上议暨平定州都拾有柒长诉斥盛大人⑮之同济,首肯不售,同济止苗。而惟保矿之势,上至京晋之宦,下有吾民之

---

①麦序放光日:阴历四月初三,即 1906 年 4 月 26 日。

②剧:平潭赛剧之人。

③乾会:阴历四月初九为乾会节,即 1906 年 5 月 2 日。

④同济:同济公司。

⑤小分龙:阴历四月廿,即 1906 年 5 月 13 日。

⑥荦荦(luò luò):明显的要点或主要的项目。訇言(hōng yán):大声,大声疾呼和宣传。

⑦偈(jì):勇敢。

⑧劾(hé):揭发罪状。

⑨桀(jié):桀横,凶暴蛮横。

⑩楔(xiē):木楔子。在这里以楔子比喻英国福公司,插进山西,祸害百姓。

⑪天休:阴历四月廿八,即 1906 年 5 月 21 日。

⑫逎愀:逎(qiú),急也;愀(qiǎo),形容神色变得严肃或不愉快。逎愀,表情立刻变得严肃起来。

⑬猥亵(wěi xiè):下流淫秽,鄙陋猥琐。

⑭林钟太乙朝元:阴历六月十三,即 1906 年 8 月 2 日。

⑮盛大人:盛宣怀。

众,省仕绅助耳,外报以噪之,士气颇浓,非歹人之想妄也。

火之日[1],洋之濛平沿铁苗地忽静,矿产会急议。铸公曰:"静乃动之源也。"余曰:"都迅查其因。"

夷则天清[2],都报,慝之徒突窜州之北圈山,持铁脉粲识:"大英帝国福公司之苗铁。"罢[3]矿会,聚署呈控《英洋慝人意欲何为,矿之不济铁之助耳?》

道德[4],州禀上宪阻之,尊斥慝人,不日罢饧[5]。

广圣[6],朱千户秘函:协铜子窑[7],阳为安[8],阴为铁洋[9]之徒,其窑欲予英慝。

永寿[10],州都矿会案,铜子窑安、洋到。莲溪公、叔公斥安。收洋权,然洋之不妥,安之悛意,为铁洋尥[11]之。欲民圂[12]惶之态盗钟也。至署,州牧谕铁洋弃窑。洋心蛇尻[13]黄氏花园,并银伍佰置其窑。叔公急招族长议之,毕,族长割爱,俟后黄氏花园移为安之也。时,叔公、荆公秉铸公之意,呈州尊:黄氏花院不可再使黄氏之名,此院即日起,引女墙以道为界。

菊序重明[14],署州都矿产会。叔公与安契、银两讫。保艾支耗银也。

季商重明[15],京函:留倭李君愤矿蹈海,学泮哗英。

---

①火之日:阴历六月廿八,即1906年8月17日。

②夷则天清:农历七月初六,即1906年8月25日。

③罢:结束,开罢矿会。

④道德:阴历七月初七,即1906年8月26日。

⑤饧(xíng):萎靡不振。

⑥广圣:阴历七月十五,即1906年9月3日。

⑦铜子窑:在今阳泉市区简子沟。

⑧安:安某,本地人。

⑨铁洋:指修建和经营正太铁路的法国人。

⑩永寿:阴历七月廿八,即1906年9月16日。

⑪尥(qiú):逼迫。

⑫圂(hùn):厕所。

⑬尻(dū):人体的臀部。

⑭菊序重明:阴历九月初四,即1906年10月21日。

⑮季商重明:阴历九月初四,即1906年10月21日。

越日,楚南公函:叚吊君之事噪矿权,动大甚安。

越二日,濛平、英洋嚜人处,各置李君灵堂开吊,僧道俗俱全矣。

重九前一日①,留倭李君枢过州,平潭奠之。僧道唱经诵文,俗剧其后。一枢一文两重天,九巷九人万盅奠。英洋嚜人未有出门者。

越日,展重阳②,上宪潘、王奉宪面谕,会商嚜人购地勘矿事务,言舌甚乱。然每刻议矿,都民众聚于会外,适省府学界吾乡鼓话,引燃即即。

越日,天清③。州矿产会之路北,设奠李君。州尊主奠,叔公、余次,荆公、蔡公陪祭。赴吊者逾两千者甚。

省府学界噪众:"苗一寸乃我心,矿一尺乃我躯,心躯相连未有断。"

平潭剧更炽,昼夜相达。甚者燃炮升奠,夜音钜如雷。嚜人急飞函其主求生。

射末④,上宪、诸公、都民聚州矿产会,议商矿务,邀铸公予会。公曰:"索权自采,保矿于艾,即保晋也。虽吾晋民坐苗而未利,乃法不使然。今铁路即行,焉能拱手予尔肉之咽乎?御英洋于门外,须吾等臣民集一心系国之情。保方之计,终显权之回归,实乃民心所望也。上宪秉实回文,据理于民心焉。"铸公造法保艾之初,即言:"索权自采乃护权,断尔小徒之歹心。"今之言甚凝。上宪回省言之:"外传民绅即议之创法。然而,使甚者之中不乏宦之身家性命于无顾。"

疆梧什洽洗长春⑤,京都急函:晋赵大人禀部《请办山西商办全省保晋矿务有限总公司》俟准。

嘉会⑥,上宪准呈前抚准拟晋矿自采也。

---

① 重九前一日:阴历九月初八,即 1906 年 10 月 25 日。

② 展重阳:阴历九月十九,即 1906 年 11 月 5 日。

③ 天清:阴历九月廿四,即 1906 年 11 月 10 日。

④ 射末:阴历九月最后一天,阴历九月廿九,即 1906 年 11 月 15 日。

⑤ 疆梧什洽洗长春:光绪卅三年阴历丁未年二月十六,即 1907 年 3 月 29 日。

⑥ 嘉会:阴历三月廿,即 1907 年 5 月 2 日。

余月浴佛之日①，诸公冠山聚。晋府公司将立，吾等产会、保艾、固本暨窑何也？铸公举曰："今之保矿：平潭剧无可懈怠；窑之用人不可遣也；对英洋匽人之视不可逡鞭。瞻保艾、固本、产会之前明新司之画，固有平定之地耳，吾等如何？"

精阳启圣②前一日，兰溪公被英洋匽人刿疻怛③床叁载，而驾鹤西游。越日，开吊叁月。

南吕④，丁公⑤上宪赴京，涉晋矿务，过州吊兰公。

元成⑥，朱千户秘函："英洋匽主急运洋枪之械，即达平潭。势即下，凶也。"

霜序重九⑦越三，郡王子炤⑧携刘子昌义⑨、段子雨田⑩、范子儒煌⑪，赴官学黄府吊公。俟官学道以西路祭公，神堂噪众暨宾："公乃吾乡御英保矿权之大丈夫也。"并曰："英洋匽人将屠吾乡之窑，其洋枪业已运抵平潭其穴。吾民众欲生计，须先发制于歹！若私苗于匽，则却之。倘英洋匽人持洋枪于窑间，吾民若何？"

平潭剧地亦设公之灵堂，日泣吊者不绝焉。

---

①余月浴佛之日：阴历四月初八，即 1907 年 5 月 19 日。

②精阳启圣：阴历六月廿一，即 1907 年 7 月 30 日。

③刿疻怛：刿（guì），刺伤；疻（zhǐ），殴打致伤；怛（dá），疼痛。

④南吕：阴历八月，即 1907 年 9 月。

⑤丁公：丁宝铨，字衡甫，时任山西布政使，后升任山西巡抚。

⑥元成：阴历八月初九，即 1907 年 9 月 16 日。

⑦霜序重九：阴历九月初九，即 1907 年 10 月 15 日。

⑧王炤：平定人。

⑨刘昌义：平定人。

⑩段雨田：五台人。

⑪范儒煌：阳曲人。

天清之日①，公子丧引②也。州尊与民皆痛也。崇儒公携便③之晋抚④点主撰行述⑤《枢痛不掩丈夫色也》。匾曰："护脉之颍⑥。"蔡公翰林撰墓表⑦；叔公尝述于引前；铸公祭文⑧于后；孙郎中司仪也。诸公纷纷挽对⑨于公之德之义。保艾、固本、矿会炮壮如其丈夫色也。楚南公携请省界全仁，予公之赞谒⑩。州尊拘英洋慝小人，披麻摹衣⑪跪于灵，忏心⑫矣。佛道诵经，梵音⑬绕梁，民之俗乐，阁⑭黄氏祖传秘艺面之，皇璧于枢前。呜呼！哀哉！民众族人趋之，拥于丘⑮，保矿丈夫斯⑯西焉！京晋仕绅不已哀乎与吊。是时，适苗脉之决然也。

越二日，州尊奉宪，驱王子之人于平潭，禁英洋慝人洋枪之械归署。

丑月占城祭天⑰，晋秘函："晋局赴京议矿务者抵京。"

大吕多宝佛之日⑱，京函："晋矿之权以归于肆日前，是时，晋之保矿终见冏⑲。"

---

①天清之日：阴历九月廿四，即 1907 年 10 月 30 日。

②丧引：摔丧引灵。出殡起棺时，孝子摔碎瓦盆称"摔丧"；孝子在灵柩前背拖灵柩麻绳，孙子在前打"幡"为"引灵"。

③携便：顺便携带。

④晋抚：山西巡抚。

⑤行述：生平概略、履历，即行状。

⑥颍（jiǒng）：光明。

⑦墓表：墓碑。因其竖于墓前或墓道内表彰死者，故称。

⑧祭文：祭祀或祭奠时表示哀悼或祷祝的文章。

⑨挽对：挽词对句联。

⑩谒（yè）：拜谒，瞻仰故去的人或者坟墓。

⑪摹（mó）：模仿，效仿。披麻摹衣：模仿着大家的样子，也披麻戴孝。

⑫忏（chàn）：忏悔。

⑬梵音：指读佛经的声音。

⑭阁（gé）：同阁，这里指平定民俗，将面艺上下串起来，排在灵堂贡桌上。

⑮丘（qiū）：墓丘，坟墓。

⑯斯（sī）：此。

⑰丑月占城祭天：阴历腊月十五，即 1908 年 1 月 18 日。

⑱大吕多宝佛之日：阴历腊月廿一，即 1908 年 1 月 24 日。

⑲冏（jiǒng）：光明。

是夜,平潭剧焰社其乎。声彻于晓。焰乃黄氏火铺之输也。铺者,族产也。前因脉失花园,今惟铺、庙可言矣。保艾、固本、矿会夜聚,焰之权归也。

著浧叹①晚春②嘉会③后陆日④,藩司⑤上宪归晋过州,矿产公会小扰。铸公率诸公接之。进州之时,叔公、蔡公暨民众相拥。藩司盛赞:"州人之决心,铸公之窎识,肇始保艾涌保晋,势不可挡焉!今上裁自不易也,吾禀晋抚褒之。"铸公以俸⑥绝辞,乃举予余暨诸公,余效⑦而枉然也。

春余浣花⑧,保晋新司平定州阳泉立分会,并日置碑。念之:

阳　大风起兮云遮月,晋省保矿兮平潭起。

　　群情联兮谋生计,废约自办兮艾固移。

　　大风起兮云飞旸,矿权归来兮保晋嶂。

　　仕绅民兮众向往,吾采吾销兮民自强。

阴　不忘戊戌之议程,谨记乙巳大令⑨率众之窎识。

　　不忘黄公李君之义躯,谨记英洋讹吾晋叁佰万。

晋抚委州匮之保矿,予于余:"翊戴惠里。"⑩诸公不一而旗。晋抚慰之惟铸公隐然也。

不日,平定州矿产公会毕会⑪,都之附焉。保艾即去,随缘也。固本附耳。

---

①著浧叹:阴历戊申年,即 1908 年。

②晚春:阴历三月。

③嘉会:阴历三月廿,即 1908 年 4 月 20 日。

④后陆日:嘉会后六日为阴历三月廿六,即 1908 年 4 月 26 日。

⑤藩司:省布政使司。

⑥俸:俸禄。

⑦效:效仿,效法。

⑧春余浣花:阴历四月十九,即 1908 年 5 月 18 日。

⑨大令:黄守渊。

⑩翊戴蕙里:翊(yì)辅佐;戴,拥戴;惠,实惠;里,乡里。意思辅佐拥戴保艾,使家乡得其实惠。

⑪毕会:宣布解散停止活动。

49

平潭剧移保晋平定州分会乐之，三日而归里焉。

吾乡之仁仕，因矿失而起，因权归而隐，乃义也。

余识谫①而疏②，于上略记，或可慰兰公、黄君之天灵哉。

上章淹茂③正阳耗日④，赴铸公燕毕。茶酬，示众公之愚拙。适天昉扶州尊⑤叔公宅过宴。见之，惊然不语。

俟后，天昉识于府。

余烬以遘言为记，福恚⑥于后，诚行焉，未可知也。

无春旦⑦书

校注　史英豪

①谫（jiǎn）：浅薄。

②疏：稀而少。

③上章淹茂：阴历庚戌年，宣统二年，即1910年。

④正阳耗日：阴历正月十六。

⑤州尊：平定州知州廉庆。

⑥恚（huì）：恨，愤怒。

⑦无春旦：阴历"立春"在前一年，当年没有立春节气，为无春。旦：太阳升起的时候，早上，新年。

申报报道交文惨案三则

山　西

交文两县民变详记
1910 年 4 月 4 日

交城、文水两县初三日，忽因禁烟一事激成民变。闻兵民已经开战。现由咨议局编发传单，谓种烟首祸业被拿获，大局可定，云云。兹将民变原因及当日办理情形详记于下：

民变之原因　交文两县山中地土甚瘠，向来无人耕种。自咸丰年间开垦种烟，所出土浆，几为天下之最。农民因利之所在，纷纷争趋，乃始履亩升科，兼收地亩税，以助国家之用。农民恃种烟为生，早成习惯。迨上年禁烟令下，农民顿时失业，而地方官复暴敛横征，罔知善后。文水刘令反愚弄百姓，嘱其从速完粮，当为转恳上宪，仍准次年种烟，云云。众遂信以为真。比及冬烟发生，则又迫令划拨，且不导以改种杂粮。于是铤而走险，聚众抗禁，至有本月初三日民变之事。

刘令之贪暴　文水县令刘彤光忭极贪暴，笞责平民至少必以千板计，故历任所至，皆称之曰刘一千。去岁奉文禁烟，该令复视为利薮，派遣丁役，下乡勒索。凡无力纳贿者，辄拘案严惩，施以种种非刑。闻农会会员杨增荣曾请于该令，以民间种烟久成习惯，率皆无杂粮籽粒，拟请筹款购备，按亩借给，限令改种，良苗随粮缴还。该令谓将来如有拖欠，势必余受赔累，不如听其自然，较为妥适云。

绅士之演说　祁县绅士孟步云前年咨议局派往文水演说禁烟，刘令见其到境，竭力阻挠，谓禁烟一事现已办妥，次年决无一人私种。孟信以为真，遽赴开栅镇演说数语，即回省垣。近因开栅聚众，奉委复往，以"洋烟不禁中国必危等语"对一般农民宣布，众大哗，谓："我辈生路已绝，何暇管他朝廷之事？"纷纷群起，欲与为难。孟遂奔还县城，投函咨议局，声称烟民梗顽不化，而省中乃决计派兵前往矣。

抚藩之龃龉　丁中丞此次调遣大兵开往交文一带，署藩汪方伯颇不谓然，以为烟民抗禁，必有万不得已之苦情，迫而出此。若遽派兵前往，势必人心汹汹，愈生乱阶，宜先撤退文水县刘令，遴委妥员接署，会同各绅，切实开导，免致更激众怒。中丞不可。汪旋即请假，数日不出。昨中丞欲与筹商此事，由某局送去一说帖。汪以事难办理，仍设辞推托，不肯干预。

粮价之暴涨　交文一带自大兵纷纷抵境后，粮价极为昂贵，刻下白面一斤需钱二百文，其余各粮无不暴涨。而兵丁购买食物，铺商复高抬市价，故意居奇，一时军养拮据，大有受困之势。

兵民之冲击　省中派夏学津带马步炮各队计共五六百名，半驻交城之广兴村，余则悉留文水城内。本月十三日督率各兵进逼开栅，捉获武树福等六人。村民不依，各执枪刀等件，集众追夺。各兵对之开枪，不料村民愈聚愈多，立将各兵四面围住，互相冲击，各有杀伤，仍复对持不下。次日省中得有警报，复添拨兵队，并续运子弹前往矣。

交文两县民变续志
《申报》1910 年 4 月 6 日

交城文水两县因禁烟民变一事，已详志前报。兹得另一访函云，此事先经太原府知府设法劝谕，文水人民皆以大利所在，别无生计为辞，后经再四开导，始允如交城不种，则文水亦可不种。太守回省又派武员夏某至交城开导。夏即带兵数十人赴该县著名之某镇庙中，令传绅耆至。顷之，来三人，见夏欲传众开导，即鸣钟汇众，乃夏所带兵丁见伊等鸣钟，疑为抗拒，即将三人砍死。未几所集之人至约七八十人，夏不问情由，即令开枪，立伤数十人，于是兵等乘机掳掠，甚至见妇女带银镯者，不及取即砍手取之。于是人民大愤，纷纷变乱，一时全镇尽成糜烂，而文水亦闻变起事矣。现闻丁抚已将大致电奏，不知如何了结。

交城县乱事已平
《申报》1910 年 4 月 8 日

　　文水、交城两县因禁烟激成民变，业将详情采志本报。兹闻交城一处业已平靖。前日交城县陈令以地方安谧情形禀报上宪，并请将被诱愚民从宽免究。略云："卑县广兴、营儿、大营三村，附和开栅变乱，卑职督绅劝谕，腹地情形前已禀陈宪鉴，嗣蒙派委曾绅纪纲、张绅士秀来县，迭经卑职派绅会同曾绅先到腹地，次及附和之三村，对众劝导，详陈利害。适值开栅首要已受惩创，该三村居民恍然，违犯禁令，定干严办，皆愿不再附和种烟，并据社首等督同村民出具切结，随绅士来县，恳请转求恩施其三村地亩，间有乘闹偷种，已饬各该社首督令地户星夜犁毁，不留毒种。卑县辖境现已一律肃清，并无另有听诱附和之处。至该三村居民，初虽被诱附和，旋即首先改悔，尚知畏法，应请从宽，免其究办，以广宪恩。"

寄吴岷甫[①]

张 瑞 玑

1911 年 6 月

　　吴郎吴郎,天缺西北隅,地陷东南方。混沌未凿人未生,天浑浑兮地茫茫。西有亚丹,东有娲皇,多事抟人造物成世界,生出种种离合悲欢与死亡。人生大寿不过一百岁,百岁欢乐能几场?上下二万四千年,我有百年寸烛光;纵横十万八千里,我如一粟贮太仓。其微其细已太甚,令我揽镜对影心自伤。出东郭,登北邙,吊周秦,访汉唐。荒碑卧宿草,石马泣夕阳。多少帝王将相名士美人一抔土,谁辨贵贱与彭殇?日日有离别,处处有沧桑。地球行星各世界,泪水多于太平洋。我将与君摆利锁,脱名缰,离苦海,入醉乡。奚奴典骕骦,老妻烹旗枪。稚子团坐摇蒲扇,秃婢爨薪依风箱。醉后乘风凌空行,上天闯入白玉堂。露顶赤双趺,踞坐珊瑚床。床头古墨发奇香,玉版宣纸五千张。任我狂草淋漓随意写,上之帝座当谏章。取我胸中抑郁不平事,帝前一一叩其详。孔孟之学胡不昌?黄农之胄胡不强?既不能锁海口、镇边防,使五洲列国守旧疆,胡不使六经九籍走八荒?胡不使言语衣冠通梯航?胡不使禹皋佐治,尧舜垂裳,地无中与外,种无白与黄,国家无破灭,人民无死丧,大角荧惑藏光芒,普天讴歌乐且康?胡乃东西扰扰,华夷攘攘,宗教纷杂,学说低昂。弱者为奴隶,强者为帝王。

---

　　①据宣统三年五月十五日(1911 年 6 月 11 日)《晙社学潭》第四期载此诗校。该刊题作为《醉后放歌寄吴珉圃孝廉》。吴岷甫,名人达,字岷甫(亦作珉圃,或又作眠甫),号山民,江苏泰兴人,民初任山西督军公署书记官。

鹰瞵虎视不知让,豆剖瓜分不知怆。杀人之器日益良,敛财之方日益长。古者圣人所深恶,今反其道无不祥。视我神州赤子四百兆,贱如牛马与犬羊。前山来猛虎,后山来群狼。虎狼贪狠是本性,新鬼故鬼甘作伥。狮子酣睡唤不醒,拳曲爪牙如尸僵。权利三春冰,法令六月霜。文牍如牛毛,人才如凤凰。衮衮诸公痴且顽,事事小儿捉迷藏。使我国贫民困万物病,九州四海同惶惶。吁嗟乎!地不老,天未荒。物各有血气,人各有肺肠。披我二千余年旧历史,一读一哭泪滂滂。天堂不夜帝不醉,胡为万事尽反常。使我不前不后生今世,些子一官如秕糠,达不登庙廊,穷不投沅湘。四十年华将老矣,笔无锋颖剑无铓。我欲下诏请帝遣力士,神工鬼斧降昊苍,填海水,平高冈,为我开凿别创新世界,河山日月七宝装;又欲再遣阇摩老子走尘世,为人一一治膏肓,涤濯脏腑易肠胃,使我朝野无私官无赃。我言未毕帝大笑:吁!汝下界书生太颠狂,旋乾转坤各有责,敢以醉词渎坐旁。天公日日干预人间事,环球奔走勿乃忙。闻言痛哭再拜出,其亡其亡谁保障。滚滚尘埃塞三界,天无纪兮地无纲。我血盈腔,我泪盈眶,我哭我歌声琅琅,无人闻之独盘桓。吴郎吴郎,百年三万六千日,与君日日且醉三百觞。

致黎元洪促速麾军北上书

阎 锡 山

1911 年 11 月

宋卿大都督麾下：

　　锡山本山右武夫，不识天下大计，惟念炎黄神胄沦于异族，几三百年。古云"胡无百年之运"，兹乃过倍。斯诚汉族男儿之奇耻大辱，无面目以见天下者也。昔在倭岛，与二三同志酒酣耳热，论太平遗事，未尝不痛恨于曾、李诸奴，罔知大义，自戕同胞，而亦叹息于洪、杨诸杰，失雄图远略，死守金陵，无北伐志，为自隳光复之大业也。自时厥后，汉家儿之谋兴复旧物者，断头陷胸，相继流血于赤县神州。今岁广州之役，黄花岗上，长埋七十二雄鬼，实吾党革命以来之最大牺牲也。其在满奴以吾党势力仅能达此粤土，经此败挫，当为不复燃之死灰。不图麾下奖率同志，倡义武汉，克定南疆，旬日之间，天下响应。三晋健儿，闻之鼓舞，于前（九）月八日纠合同志，乘满臣不备，攻陷太原，树汉帜于并州城上，随进兵井陉、获鹿之野，实欲断满师后路，以为我南军之遥援。惟自审军力单薄，未克大举深入，乃与吴帅禄贞谋，将联直军为北上之计。事为旗兵窥破，戕我元戎，引师北遁，吴军亦半溃于中途，图北之策，为之一阻。锡山诚愤懑填胸，拔剑斫地，誓欲联合南北群帅，灭此朝食，以复我同胞大仇也。奈邮电阻绝，谣诼四起，谓麾下已与满臣袁世凯订约休战，且有要求满廷改制共和之说，锡山窃大惑不解。夫汉族与满虏不两立，爱新觉罗之子孙，率孱弱无能，今年恃以抗我义师者，仅袁奴一人，奚足为虑？麾下诚能兴奋三军,长驱北上,则败清师易于摧枯拉朽也。且改制共和,我大汉民族自主之耳,何要求协议之有?休战议和之说,实懈我军心。锡山闻三楚多奇略智能之士,未必无谋至此,特惧千虑一失,故敢贡戆言。为今之计,诚宜水师由海道攻津沽,与齐鲁之众联合,缢其项喉。一师由陆北上,锡山不敏,亦且躬率晋军,偕同秦、豫之师西出燕郊,据其腹膂。务使彼首尾不相顾,则成功直旦夕间事也。用遣一介之使,略陈鄙衷,且问大计。昔人有言:"楚虽三户,亡秦必楚。"天而既厌满德矣,岂能与汉争乎?兵贵神速,亦贵果决,若迟疑不断,则晋孤悬一隅,师久无功,将使中原父老,望断汉家旌旗也。临颖神驰,即祈伟盼!

阎锡山

57

通电筹建吴禄贞铜像

阎 锡 山

1912 年 3 月 20 日

《民立报》鉴:

　　已故吴公禄贞,民党英杰,军界伟人,督师石庄,遣使来晋,据常山,断铁道,绝南下师,共图北伐;乃雄谋甫定,遽遭暗杀,于戏惨矣。前经孙大总统颁布恤典,全国人心,藉以稍慰;惟晋省军民受赐尤深,感慕弥切,拟铸铜像,永祀千古。至吴公一生事迹,俟编印成册,即行呈览,以公诸世。张公世膺,周公维桢,同时死难,功绩咸伟,拟附列传,阐发幽隐。

　　　　　　　　　晋都督阎锡山率民军全体叩号自忻州发

通告全国率军回省文

阎 锡 山

1912 年 4 月 4 日

地球转轴,大海环流。世界日新,民智日辟。交通愈广,竞争愈烈,专制政体,不容于二十世纪,此吾国之见外于列强也。保守性质,独胜二十行省,此吾晋之见轻于通国也。锡山生长边郡,愚戆性成,髫年入塾,窃窥乡先正《瀛环志略》一书,每思航海西渡,考拿破仑、华盛顿之战绩,究卢骚、孟德斯鸠之法理。有志未逮,时事日非。甲午一变,而钜款输,台湾割矣。戊戌一变,而党禁起,言路塞矣。及庚子之变,而四百兆人民之膏髓,罄竭靡遗矣。最可耻者,捐越南屏翰以资强敌,犹策澶渊之勋;开辽沈门户以作战场,且作壁上之观。不惟史册所未有,抑亦环球所稀闻也。于是结合同志,负笈东瀛,矢精卫填海之心,坚愚公移山之志。毕业归国,承乏行伍。习勤运甓,待旦枕戈,思成孙策一旅之师,誓雪齐襄九世之耻;外侮未御,内难方殷,进宏羊言利之臣,铸晁错削藩之错。蜀鄂首事,陕湘继之。逮太原树帜之日,即汉阳激战之时。旧都甫奠于金陵,先轸丧元于获鹿。胜负靡常,难可逆料。否泰倚伏,若循环然。迨自娘子关之役,锡山身在行间,守尾生之小信,中衷甲之狡谋。一人失算,万众蒙耻,愧对我三军,愧对我父老,愧对我表里形胜之山河。兴言及此,肝肠寸裂! 引剑自裁,夫复何惜? 孰意二三同志,责我以大义,勉我以后图,教我以进退攻守之方略,由是反旆晋阳,共定大计,收集旧部,分道扬镳。幸而北军奋翼于包、萨,南军振翮于蒲、解,先谋自立,徐图进取,规画两月余,而共和宣布矣。初心既遂,决志归田。嗟此同胞,不我遐弃。今奉大总统命令,率军回省。睹民凋物敝之形,乃卧薪胆之际,诸凡统一军权,保卫地方,一切建设事宜,在在均关紧要。自顾菲材,时虞陨越。所望桑梓俊人,海内英杰,勤攻吾短,匡予不逮,虽圯桥纳黄石之履,西向隆左军之座,其何敢辞?

山西都督阎锡山谨告

致内阁总理袁项城书^①

张 瑞 玑

1912 年

　　夏间段仙崖过访于临潼,与煮酒论天下之贤豪,以为执事固一世之
枭雄也。及各省军民^②起义,执事出而与天下志士相周旋,天心人事,洞
如观火。执事左右张皇,向背失据,同室操戈,数月不决。悬生灵于一手,
集仇怨于一身,悍然为之不顾其后。于是知执事枭则枭矣,雄则未也。夫
幅员之广,未已遽定,党派之杂,未易遽合,意执事处其间,或别有忧患艰
苦不能以告人者。瑞玑书生耳,不足与言天下事,又安敢据私见责执事
哉?虽然瑞玑晋人也,宦游秦,秦晋民军之内容,瑞玑闻之见之;潼关之
役,娘子关、大同、平阳之役,瑞玑闻之见之。今请与执事先言秦晋。

　　执事之言曰:秦晋土匪也。瑞玑不敢为之辩。晋军薄弱,秦军复杂,瑞
玑亦痛惜之。当其仓猝起事,布置不遑,不免有游民、土匪乘间焚掠,瑞玑
亦痛惜之。然太原旦夕而即定,西安两日而遂靖,彼民军固常治匪以安民
也。自豫军西入潼关,而潼关一隅无完土矣;自北军背约入晋,而晋省财
产无遗漏^③矣。淫杀焚掠,所过成墟。瑞玑盖目睹之而身受之,万不敢造谣
生谤以诬官军并诬执事。今执事一再言之曰:秦晋土匪也。瑞玑诚不敢为
之辩。然奉执事之命令而征土匪者,其为害百倍于土匪。以案情轻重之例

---

①据《文稿》所录此文(题为《上袁内阁总理书》)校。
②"军民",《文稿》作"民军"。
③"遗漏",《文稿》作"遗缕"。

61

较之,不知天下当指官军为何物,并指执事为何人也？使执事自断斯狱,不知当加以何名,治以何罪也？夫兄弟争产,则骨肉皆仇;盗跖劫财,则孔墨皆敌。今之官军本我族类,其勇于杀戮我同胞者,非为满清也,非为执事也,非与我父老子弟有深仇宿怨也,为劫财而已矣。以政治之现象言之,不盗不贼,必非官军;以公共之心理推之,非盗非贼,亦必不乐为官军。执事利用盗贼以树其威,盗贼亦利用执事以饱其欲,是执事一盗魁耳。以盗之道治天下,未有不速其败亡者。使执事随满清以亡,诚不足惜;使中国随执事以亡,则此恨无穷矣。执事汉族之卓著者也,举汉族之生命财产、河山土地,断送于执事一人之手,于执事何益？且执事自思今日所处之地位,见忌于满,见仇于汉,见笑于列国,终且见弃于盗贼。他日革命历史中,执事自为编选①,当以执事为何如人？天下后世,又当以执事为何如人也？逆天下之人心,反而抗之,是树敌也;坐视其无纪无律之将士纵横焚掠而不知禁,是残民也;避南军之锋而专攻秦晋,是示怯也;朝议停战,夕谋进攻,是背盟也。树敌不智,残民不仁,示怯不勇,背盟不信。

瑞玑目盲失鉴,而误以执事为一世之枭雄。今而知执事枭则枭矣,雄则未也。袁公路四世三公冢中枯骨,执事殆有祖风乎？人心未死,士气方张,磨戈抽矢,以待执事。执事不为苍生计,亦当自为计也。下士哓哓,聒耳生厌,执事谅之。

瑞玑上言

---

① "自为编选",《文稿》作"试自力编撰"。

再上内阁袁总理书①

张 瑞 玑

1912 年

去腊卢永祥所过淫掠,惨毒无理,曾上书执事,代我父老子弟一吐冤抑。彼时邮电不通,声息隔绝,乱离文字,声多不平。狂激唐突,罪戾滋多。度岁后,闻共和义成,喜跃三百,为大局庆,为苍生贺,执事功名盖千古矣! 倾阅各报,载有豫省议长协同直豫议局致电南京政府孙大总统,要求认举执事为初任大总统。孙君复函,略谓:共和早成,应即让贤。又载蒙古王公联合会公电致南京政府及各省机关,拟定执事为临时总统,请众赞成。玑掩纸失笑,窃谓不然。夫所谓大总统者,全国人民所公认,非一人一家之私物也,一二人不能私举,亦不能私与之也。直豫议局及蒙古王公,代表其全地全省可也,不能代表全国。孙君人望所归,天下翕然,公举为大总统可也,不能以总统私与人。况南北政府方议取消,各省代表均未与会,而大总统一席已先据旧日政界之势力而私定,其何以示天下告万国也? 当兵连祸结之秋,执事一举足则天下糜烂。执事不忍生灵之涂炭而急为转旋,天下知感矣。以执事才望功业,临时群起而推戴之,或亦意中事也。今二三乡亲私人,顺意承旨,急不能待,惟恐华筵已开,则暴客被逐,博场已散,则赌徒无依。乃预与民军相约曰:必推执事,兵乃息。是乘乱也,是要挟我国民也。又预与各省相约曰:必举执事,事乃济。是树党也,是旧政界之所谓运动也。今日之大总统,·国民之公仆耳,非如专制君主

①据《文稿》所录此文(题为《再上袁内阁总理书》)校。

之尊贵自由,亦非如执事为内阁、为直督之骄横自恣也。乃遣将布阵忙乱若此。如博者呼卢,未落盆而先喝彩;如小儿争饼,未张口而已垂涎。手忙声急,丑态百出。不图新造舞台开场第一剧先演此龌龊戏文。瑞玑为执事羞,为社会哭矣。瑞玑固知以上所言,皆爱执事①,有利于执事者之所为,执事固未尝出而与之也。然窃恐天下后世不能曲谅,而遂指为盛德之累,则执事冤矣。为执事计,以今日之地望②,虽退闲山居,自足千秋,荣于大总统远甚。执事亦何所利而热中若是也? 执事试外观天下,内顾一身,果有此创造世界之手段否耶? 执事政治之经验、外交之声望,瑞玑早见之闻之。在旧日政界中立于荣、庆痴顽之班,诚首屈一指,以拟孙君殊觉不伦。月旦俱在,此非瑞玑一人之私言也。孙君手无寸柄,屡蹶屡起,海外一呼,天下响应。执事北洋数年,门生故吏遍天下,承涎于荣、庆项下伏不敢动,胆识可见矣。孙君奔走岛屿,艰苦坚忍,破家倾产,置不足恤。执事娇妾美姬,列侍成行,纨绔余习概未脱尽,器量可见矣。孙君持其学说,提倡天下,数十年如一日。执事交康、梁而终变,谄荣、庆而不终,品格可见矣。孙君以一布衣号召天下之士,无功名利禄之可羡争,牺牲其生命不以为惜。执事以内阁大臣总握戎机,麾下将士,淫掠焚杀,甚于流寇,而不知禁,才略可见矣。二者相较,孰优孰劣,执事虽顽钝无耻,亦当望旌旗而退三舍也。今二三乡亲私人,汗流奔走,鼓舌游说,欲掩尽天下耳目,乘其乱而收其利,其实利于执事者无几,而害于天下者无穷。瑞玑四万万中一人也,利与害共之。执事果不自量,觍颜而据上座,瑞玑固无力与争,然期期以为不可也,执事图之。

瑞玑顿首上书

---

① 《文稿》此处有"私执事"三字。
② "地望",《文稿》作"才望"。

致晋抚张中丞书^①

张 瑞 玑

1912 年

大中丞麾下：

　　瑞玑耳公名久矣，未获一睹光仪，亲聆教言。私拟一格以绳公而不敢遽定。及公将入晋，读公通谕，痛政治之腐败，笔有余恨，公固居然政党也。莅晋而后，闻公招集士绅议开国民公会，商议进行方策，公又居然民党也。率一万纵横焚掠之暴旅，破千余饷械缺乏之晋军，惟公盛德，不自满溢，而复为是八面圆到之文牍以下告晋人，瑞玑盖钦佩无地矣。瑞玑知公固功名利禄中所谓明达者也，用敢披胆沥肝，冒死直言，以贡所见，愿公俯而察之。瑞玑关中一县令耳，疏狂倔强，不合时宜，关中绅民不以为不肖，而谬相推敬，亚于师儒。继闻晋军告变，河东一带，尚散涣无归，瑞玑恐桑梓之糜烂也，坚辞秦人而东归，将邀会官绅以为和平解决之计。不意于十月二十五日抵赵，装未卸，而城已封。纷纷传言，谓娘子关失守，太原兵溃，四境皇皇，人心不靖。瑞玑焦愤成疾，卧床累月。

　　当是时赵城南乡有杜金莲、李海杰者，晋军新征之义勇队也。未至太原，闻阎、姚已逸，归而招集健儿数百人南下以附河东民军。河东民军于

---

①张中丞，即张锡銮（1843~1922），浙江钱塘（今杭州）人。光绪元年（1875）于奉天讨"马贼"有功，仟奉天通化知县。后任东边道、奉天度支使兼营务处督办等职。宣统三年九月二十五日（1911 年 11 月 15 日）任山西巡抚，遂驱策卢永祥部镇压山西民军。1912 年 1 月 10 日，张锡銮抵太原，旋改任直隶都督。据《文稿》所录此文（题为《致晋抚张锡銮书》）校。

太原告烬之余,燃灰生光,张帜而北,惟仓猝组织,未尽完备。各属催饷员绅,间有少年不更事者,语言意气,动辄取恶,此不能为之讳者也。民军未至时,西山穷民或数人或数十余人,扰及汾西,官置不问,民军至而山民靖。杜金莲、李海杰素以无赖见畏于乡里,然此次起义颇有纪律,不闻抢一钱、焚一物,此不能为之诬者也。时各属守旧绅富商巨贾,不满意于民军者,咸焚香占卜以日祝官军之来。未几,而卢永祥统军果至矣。十二月十一日①,长驱入赵城,倡言于市曰:奉大中丞命,赵城无贵贱老幼皆革党也,剿杀无赦。于是淫掠焚杀,惨无人理。三日后,始饱载而南。其去也,车四百辆,骆驼三百头,骡马数千蹄,负包担囊,相属于道。

瑞玑家亦被抢,十二日出城,长短各衣,均被劫脱。奉老母入山,山人爨薪赠衣,得以稍安。越二日,遣弟归视,城无市,邻无炊烟,鸡犬无声,家无门户窗棂,箱笥无遗缕,盘盂无完缶,书籍图画无整幅,墙壁倾圮,掘地深三尺。无贫无富、无居民商贾,挨门被害,无等次死尸横于道,南街半城灰烬。怆然出城,闻枪声四起,盖官军又下乡抢掠矣。环城三四十里,男携妇,母抱儿,夜行入乱山,踏雪逾沟,山风刺骨,寒齿击战,不敢作声。妇女绝履坐地,泣之以鼻,手掩儿口,使不得哭。狼狈入山,杂类而穴居,冻馁困乏,相抱而泣。泣已,各仰首呼天,不能成一语。时瑞玑家口三十余亦分窜东西各山,析居十余处,居十日后始稍通消息。半月后,南北避乱者,稍有往来。询知由韩岭以至平阳已无完土矣。

一军如是,北洋全军可知。平阳如是,娘子关、大同可知。自有历史以来,不闻有如是之官军;自有官军以来,不闻有如是之焚掠;自有焚掠以来,不闻有如是纤芥无遗者。昔明季有谚曰:贼兵如梳,官兵如篦。今公之所指为贼兵者,尚未见其如梳;公所自称为官军者,直剃鬓削髻,一丝不留,非特如篦而已也。呜呼,惨矣!然而公且为辞以自解曰:吾征土匪也。夫谓民军为土匪,瑞玑不必为之辩。即以土匪论,试问土匪之为害于民也

---

① 卢永祥部陷赵城日,《山西大事记》(山西人民出版社 1987 年版)、《中华民国大事记》(中国文史出版社 1996 年版)等均为辛亥年十二月十二日(1912 年 1 月 30 日)。

何如？公之征土匪为民除害也，试问兵之害民较土匪又何如？天下本无匪也，有害于民者即为匪；匪之名本无定也，其为害深且巨而大且著者即为真匪。凶必有案，盗必有赃，公试执法，平情以断斯狱，公之兵皆民之匪，赃证确凿，案情显著，虽千百辩护士不能脱此罪。以首从之例论之，公又居然匪魁也。当官军之分下四乡也，乡人有以抢报官者，官曰：是土匪也，官军当不如是。呜呼！民军起事，曰之土匪而征之，官军抢民，又委之曰土匪而脱之。不知土匪何在，乃匿迹销声，任人借冒其名号，以残杀掳掠我同胞，不敢出而与之辩真伪分曲直焉。吾恨土匪刺骨矣！或曰：兵之劫掠，公命之也，公无饷以养兵，故遣兵南下以饱其欲，其腰橐已满者逾摩诃岭出东阳关不复西归，皆公神算所及也。或又曰：公夙知官军皆盗贼，畜之肘腋之下，久必不祥，故嫁祸于民，以自求枕席之安。二者之言，近于诬公，瑞玑不敢尽信。

瑞玑知公固功名利禄中所谓明达者也，然终有不能解于公者。公之自诩也，曰戎马半生，曰历膺繁钜。今观公将无道德，兵无纪律，命令无是非，剿抚无方略，肆意杀掳以树威于民，而施恩于兵。意者公所谓半生戎马者皆如是蹂躏乎？所谓历膺繁钜者皆如是荼毒乎？吾民何辜？公与吾民何仇？[①] 千里以内，精华告绝，甚于七年之旱、九年之涝，虽百年生养不能复元，皆公赐也。公何所为而若是也？将以公为清政府之忠臣耶，不特人不能相信，公亦不能自信也。以公为袁内阁之义仆耶，公必不肯自认，瑞玑亦不忍轻诬也。然则公何所为而若是也？瑞玑尝谓天下不患无英雄，而患无脚根立定之英雄；不患有奸雄，而患有事机不熟之奸雄。若袁内阁者，殆脚根未定之英雄，事机不熟之奸雄也。公特内阁之傀儡耳。贪淫亡赖之卢永祥，率其爪牙纵横平阳、霍州一带淫掠如故，公知之乎？数百里内，居民迁徙入山，老者、弱者将死矣，壮者、强者饥寒相迫，势必群聚为盗，以践公土匪之言，公知之乎？兵无斗志携财逃逸，枪械、马匹散无归附，势不为流寇不止，公知之乎？以民为盗，是诬民也；驱盗害民，是纵盗

---

①《文稿》此处有"旌旗所临"四字。

致晋抚张中丞书

也;复迫不盗之民从而为盗,是酿盗以殃民也。不待一年,天下将有盗无民矣。忍哉,何其不仁也!谁主此谋者,以国法论当磔市;以天理论当绝嗣;以人道论当幽囚于荒岛;以《春秋》之大义论书盗书贼书寇当有主名。

公试平心静气思之,当不以瑞玑之言为过当也。瑞玑薄弱书生,肋不足当一拳,血不足膏全斧,以公之威,杀一瑞玑,咄嗟间耳。庖丁游刃则割鸾凤如鸡,屠伯鼓刀则视龙麟若狗,瑞玑敢犯威以取死哉?瑞玑知公固功名利禄中所谓明达者也,瑞玑不言谁复言之。统带营官与兵分赃者也,不肯言;官吏与兵通气者也,不欲言;我父老子弟,公所指为土匪,目为革党者也,延颈待死不敢言,亦不能言。瑞玑再畏死而不言,知必有飞马报捷者曰:匪平矣,民安矣!公且煮酒宴客曰:匪平矣,民安矣!公以为姑射、霍山之间皆奉公为生佛,颂公为救星矣!安知公杯酒论功之日,即吾民死丧无告之时也。恨公耳目不长,不获亲闻之而亲见之。瑞玑胸怀郁积而欲发,拟将亲所闻见者,编辑信录,以备采择,亦野史亭之遗意业。今家业荡然,饥驱寒迫,行将出游,先摄近事以告公。公披而阅之,视力呼吁可也,控诉可也,毁谤亦可也。俟游归晋自谒公待罪,杀之恕之,一惟公命。愿公加餐安眠,善自摄卫,勿念苍生,致劳清梦,幸甚。

瑞玑顿首上书

致卢永祥书①

张 瑞 玑
1912 年

　　前者旌旗扬威,下临敝邑,抱恙闭户,未获远迎。麾下兵丁,奋其武勇,破扉而入,劫掠一空。瑞玑于此日逃难出城,奉老母入山。越二日,询知城内及环城各村,无贫富贵贱,一律被抢,不余一家,不遗一缕,冰雹猛雨,无此遍及,可谓大公无私矣。今闭户坐哭,穷于久荒。足下得意奏凯,载宝而南。窃为敝邑吊,为足下贺也。瑞玑闻足下鲁人也,麾下健儿、步卒除鲁人外以直豫两省为最多。② 今各省人民③ 纷纷起义,独鲁及直豫若死尸干僵④,不闻声息。而以瑞玑所见,则丧心昧良,悍然为汉族敌者,非鲁即直,非直即豫,而又以鲁人为最多。足下为满清奴,为袁氏仆,受嗾噬(使)人其本分也,固不足怪,独怪中国何不幸⑤ 而生足下及一般盗贼也。子弟遗门阀之忧,则同族生耻;骨肉起干戈之变,则路人寒心。足下及三省之人,孰非我黄帝、神农之子孙乎?瑞玑羞愧死矣!日来避兵山居,饥寒交迫,行将橐笔出游,拟将乱离所经,编辑成书,以作信录。若足下,史传中之盗贼,戏剧中之净丑也,不得不纂入尊名,为笔墨生色。愿足下好

①据《文稿》所录此文(题为《致第五混成协协统卢永祥书》)校。
②《文稿》此处有"鲁及直豫皆盗窟也,淫杀焚掠,乃其本业"一句。
③"人民",《文稿》作"民军"。
④"干僵",《文稿》作"干骨"。
⑤《文稿》此处有"而有鲁直豫三省,三省又何不幸"十三字。

69

自为之,为吾书多造资料,但有可采,不敢遗漏,如或志淡千秋,不愿传世,从而夺其笔,杀其人,足下一怒,瑞玑死矣。瑞玑亦笑而甘之。临款唐突,诸维原谅。

瑞玑上言

复李烈钧中央地方互相监督电

阎 锡 山

1912 年 7 月 19 日

南昌李都督勋鉴：

文电啸日悉。地方分权,古今通义,征诸历史,根据甚深。两汉郡守,兼掌兵农。魏晋刺史,递加都督,内外重轻,权衡至当。行省制度,肇自有元。明清两代,均仍其旧。沿袭既久,得失可知。前清之季,政治窳败,独军权财政,授之疆臣。中兴之业,实基于此。逮乎末造,集权中央,义军一起,遂至土崩,覆辙在前,岂可再蹈?且中国省界之大,动逾千里。东瀛府县,西欧州郡,视吾大县,尚不相埒。若似一省,更属无伦。是吾国行省,实为特制。即授以各国地方行政之权,尚觉轻重失当,遑论集权中央?若执各国已成之迹例,使吾新造之邦,削足适履,为害无穷。况当列强环伺,立国之要,重在对外,已成公例。必各省先有团结之力,而后可收竞争之效,大势所趋,岂容反对?锡山不才,荷三军推戴之殷,与邦人付托之重,诚欲尽其器能,冀拯危局。乃自军民分治以来,每有敷施,辄多钳制,谨守范围,虞其放弃;实行干涉,又未免侵权,困难情形已较各省为甚。若再集权中央,迁流所及,求如前清一有权提督而不可得,言念及此,能勿寒心。尊电极言中央集权之非,欲以地方监助政府,不使政府操纵地方,卓识伟论,锡山深表同情。惟锡山尚有请者:现当建设时代,伏莽未靖,军政民政,其权不容分属。为今之计,首应取消军民分治之说,仿中国行省旧制,与各国属地总督之例,授各省都督以行政特权,限以年岁,使其厉行整

理，因循玩愒，届期不举者，严加惩处，使政府与地方互相维持、互相监督，庶政府之野心不萌，而各省亦不至逾权越限。俟国基巩固，然后徐图集权，尚未为晚，拳拳之忱，久欲奉达，诚恐人微言轻，无裨国事。曾于覆广东胡都督电内略陈固陋，兹承明教，益惬鄙怀，敬布区区，用备采择。省官制既已交参议院决议，尚乞迅速主稿，挈衔电京力争，东隅已失，尚望桑榆，临颖神驰，毋任感盼。除分电黔、陕各都督请表同情外，谨覆。

晋都督阎锡山叩效印

致北京大总统
国务院陆军部外蒙侵绥电

阎 锡 山
1912 年 10 月 11 日

北京大总统、国务院钧鉴,陆军部公鉴:

　　据归化潘观察使电称"探闻外蒙古派白彦台吉带胡匪、蒙兵多名潜袭归化土默特,确有候补佐领图森额塔清阿潜往库伦,暗结内应,已禀承将军酌派军队分头防御"等语。查晋省迤北一带,密迩蒙疆,伏莽潜滋,时虞窃发。前清时每届十月,即酌派军队前往朔平、宁武一带,分路驻扎,以资弹压,来春三月撤防回省。民国初建,人心未靖,重以蒙古梗化,自应加意防维。拟援前清成案,酌派陆军两营分扎旧日出防地点,略加变通,化散为聚,剿防兼顾。口外屯驻重兵,该将军当能相机策应,俾保无虞。内边一带,有此两营以为声援,似于边防事务两有裨益。谨电奉闻,以释廑注。

　　　　　　　　　　山西督军阎锡山、民政长谷如墉叩真印

致北京大总统等
请率军保内蒙取库伦电

阎 锡 山
1912 年 11 月 13 日

北京大总统、国务院钧鉴：

参谋部、外交部、陆军部公鉴：

　　奉国务院外交部先后来电"俄助蒙古独立，订定协约，不准中国派官驻兵殖民，逼我政府承认"等因。闻之不胜骇异，伏维中华民国以二十二行省，内外蒙古、西藏、青海为领土，已载在临时约法，环球共知，乃俄人肆其侵略主义，所订协约，直以蒙古为保护国，蔑视公理，夺我主权，凡有血气，能无痛愤？民国肇造，基础未固，虽不肯挑衅强邻，又岂可坐失领土？本省军警绅商政学各界，睹此协约，纷纷开会极端反对，而尤以各军队所主持最为激烈。锡山之愚，以为民气不可摧残，军心尤宜激励。前项协约，现虽由部严词拒绝，据理力争，值此强权时代，无论交涉能否有效，均应以武力为后援。晋省密迩蒙疆，关系尤重。锡山驽钝，忝掌兵符，际国步艰危之会，正武人效命之秋，誓当整率军旅，征讨不庭，断不令数百年列入版图之蒙古，不亡于前清专制之时，而亡于民国告成之日。查口外地势平衍，蒙人习用骑兵，自应合直隶、陕西两省全力编练大枝马队，扫穴犁庭，而以步、炮各军弥其缺。晋虽瘠苦，当悉索敝赋，勉效驰驱，不揣冒昧，拟恳大总统俯准锡山亲率马兵一独立派，步兵一混成旅先行屯驻萨拉县(应该为萨拉齐厅)属之包头镇，相机进取。万一事机决裂，即率所部占据内蒙各盟旗,然后进窥库伦。蒙疆系我完全领土,征伐自有主权,内蒙既得,则兵力、财力胥为我有。俄虽狡猾,然为我国兵力所至之地,当亦无词以难。即或派兵暗助,亦属鞭长莫及。如此筹计,在我既有最后之设备,则彼亦将知难而思退。成败所关,在此一著。临颖驰注,无任悚惶,瞻望旌麾,伏乞赐教。

山西督军阎锡山叩元印

致北京大总统等请率军保内蒙取库伦电

致北京参谋部调军援绥电

阎 锡 山

1913 年 5 月 19 日

北京参谋部、陆军部公鉴：

　　顷据刘旅长廷森急电称"我军在乌兰脑包与蒙匪接仗，兵力单薄，请派兵援剿"等情，当即电请钧部迅饬归绥将军就近速派军队援剿，计蒙察览。兹复据该旅长霰电称"门副官报删日早来匪千余，我军步马炮奋战，匪炮如雨，战十二小时，匪死四十余，夺马两匹，我军子弹净尽，危险万状，十六日早退回佘太，因无车马，失落军装多件，前方迫切，请发枪炮弹，星夜送来"等情前来，除电饬该旅长扼要截剿外，查该匪携有巨炮，声势汹汹，似非寻常小丑可比，虽经我军击毙多名，夺回马匹，卒以子弹净尽，退守佘太，若不迅派军队合力进剿，燎原可虑，万一口外军队少有摇动，关系大局非浅，伏乞钧部迅即电饬归绥将军速行派兵赴援。并请一面电饬晋南镇守使转饬驻扎河东第一团开赴太原，调遣出援，以厚兵力。事机迫切，无任翘待，伏望电覆。

山西都督阎锡山叩效印

致北京大总统
由盐款拨军费以利绥远剿匪电

阎 锡 山

1913 年 5 月 20 日

北京大总统钧鉴：

  窃晋省素号瘠苦，钱粮（田赋）而外，向以河东盐课为收入大宗。自军兴以来，厘税各项收数锐减，钱粮正供缓不济急。前锡山迭经裁汰军队，无非以财政奇绌，不得不节省军费，力求撙节。乃近日迭接绥远张将军及包头刘旅长、大同陈旅长来电，均称蒙匪南犯，分东西两路。东路自西苏尼特王府被蒙匪占据后，滂江军事失利，业经张将军及陈旅长督饬军队赴援，集合陶林以北，相机截剿。西路军队前与蒙匪在乌兰脑包接仗，当经击退。旋蒙匪大股麇集，携有巨炮轰击，我军奋战抵御，现正扼守大佘太防堵。惟以子弹缺乏，兵力单薄，经刘旅长电请接济子弹，并派兵援助前来。查蒙匪蠢动，边防吃紧，前绥远将军电请中央协济军饷，财政部覆以电致晋督随时接济。迭准张将军电商筹拨，而库空如洗，苦无以应。然北边为晋省门户，京畿屏藩，关系全局，万难漠视。绥远军饷积欠，既不得不设法接济。包头军力单弱，更不得不派兵赴援。军需浩紧，刻不容缓，司农仰屋，焦灼万分。锡山等筹议再三，惟有在河东盐款项下暂资拨济二十万，仍由钱粮正款陆续抵还，伏乞大总统俯念晋边紧要，饬由财政部转饬河东盐运使暂由盐款项下拨济军饷，以固边圉，不胜迫切待命之至。

    山西都督阎锡山、护理民政长陈钰叩号印

致北京大总统请赴归绥剿蒙匪电

阎 锡 山

1913 年 5 月 27 日

北京大总统、参谋部、陆军部钧鉴：

近自库(伦)匪分路南犯，迭据张将军、陈旅长、刘旅长、归绥潘观察使电称：该匪枪炮坚利，我军迭次接仗，未能得手。东路库匪已据西苏尼特王府，西路已占大佘太，地方匪氛猖獗，势若燎原，塞上风云，万分紧急。虽经派兵赴援，急切未能应手。且查东路司令部驻包头一带，该处距省甚远，交通不便，文报往来，多需时日，难免贻误戎机，锡山熟思审虑，非亲督各军前赴战地一带，扼要驻扎、相机进剿，无以重晋防而固边围。且锡山督队前往，可与张将军和衷筹画，一致进行。所有府中一切日行公牍，乃寻常军政事，拟委第一师师长孔庚代行代拆，即由该师长代印关防。锡山随带印信，遇有重要事件，飞递行营，裁酌办理。锡山拟带混成一旅，以备调遣援助，即以步兵一团、骑兵一营、炮兵一营留守省垣，资镇镇慑，并拟以参谋长黄国樑随同北上，赞襄筹策。伏查晋南一带，既有赵翼长重兵驻扎，及董镇守使所部军队，足以保卫地方。潞、泽、辽、沁，有王营务处长嗣昌带队驻守，亦堪防范土匪。惟筹饷事宜，最关紧要，应请电令民政长督饬财政司迅筹巨款，源源接济，以重军需。是否有当？迄迅赐电示，以便整理一切，即日出发，毋任企祷。

晋都督阎锡山叩沁印

复北京大总统六月三日防剿蒙匪电

阎 锡 山

1913 年 5 月 31 日

北京大总统钧鉴：

　　卅电敬悉。仰见大总统关注全晋，钦感莫名。惟蒙匪内犯，迭次接仗，未能得手，且内蒙被其煽惑，人心益形摇动，非亲赴战地筹策一切，不足以安抚内蒙，激励士气，事关国防重要，不仅晋边一隅。且素慕张将军雄才伟略，急思觌面妥商，和衷共济，庶边务紧要有所付托。现定于六月三号带队出发，俟到防布置一切后，或再电请以孔师长接替防剿，较为两全。至省城间有谣传，经锡山详切布告，令饬孔师长妥为镇抚，并商明省议会、民政长，均得同意，当可无虞，合肃电闻，伏乞垂察。

山西都督阎锡山世印

复北京大总统派孔庚赴归绥协防电

阎锡山

1913年6月3日

北京大总统、国防院钧鉴:

接国务院东电,奉大总统令,饬锡山照常坐镇,不必出省,至边防军事,可派孔中将庚带队前往,与张将军协商办理等因。锡山前以塞上边氛日急,国中内讧方殷,计大局之安危,察事机之轻重,边防较重于省防,似应亲督各军,出关布置,或可裨益内蒙,潜消隐患,迭电请缨,愿效驰驱。查省中地方情形,颇觉安谧。留守军队,镇慑堪资。间有愚民无知,潜生疑虑,一经剀切布告,当可释然。默察静观,决无可虑。戎装已整,出发有期。惟既奉大总统电令,敢不惟命是从,即饬孔中将统带派定军队,既日成行,与张将军协商办理,以固边圉。并恳令饬张将军俟孔中将到归化,和衷共济,协力筹防,莫名企盼。

晋都督阎锡山叩江印

致袁世凯请邀
孙、黄二公入都共图国事电

阎 锡 山
1913 年 7 月 7 日

北京大总统钧鉴:

　　窃锡山本一介武夫,罔知大计,滥竽民国,毫无建白。自"宋案"发生,适逢借款成立,人心摇动,讹言四起,忧国之士每虑南北水火,演成分裂之势。锡山窃以为中国之患,不在南而在东,南北虽兄弟萧墙,可以理喻。满蒙乃强邻虎视,必以力争。溯武昌起义,各省响应,我大总统置身于两疑之地,忧深虑远,统筹兼顾,津京秩序,得以保持,近卫师团,翕然听从,亲贵财产,不尽落于外人之手。驯至清帝退位,民国告成,兵家所谓全国为尚,我大总统有焉。当事之方急,克强诸公,驰驱战地,危在疆场。我大总统侧身京师,愠于群小,其谋国也同,处忧患也亦同。今以一事之误会,意见之微异,酿成同室之争,但略予疏通,即可涣然冰释。而环观全球,外患业集,积速薪厝火,危不可言,东邻野心,早暗视满洲为己有,彼胜俄之后,犹不敢据领之者,实因俄有以牵之也,不得已与仇俄协约,意在平分。更有迫日本以不容缓图者,即美国巴拿马运河开通是也。菲律宾虽属美之领土,实在日本势力范围之中,而日本所以不敢取之者,以与俄战后之元气未复耳。美亦知其终难和平解决,甚欲乘其元气未复之时,与之一战,惟因巴拿马运河未通,大西洋军舰运输不便,故迟迟未发。日本亦探知巴拿马运河开通之后,彼在东亚势力,美必出而干涉,乘此运河未通,则攫我满土,愈迫不容缓,特无隙可乘耳。今宗社党盘踞东省,与日人以可乘之隙,而日人乘机以接济之。南北风潮叠起,又与宗社党以可乘之隙,而日人又从中推助之。日政府非求好于南,而意实在满也。若堕其奸术,则瓜分立召。东而满洲,将成朝鲜之续。西而新甘一带,多系升允党羽,倘出而号召,援乱堪虞。北则蒙古煽动,中俄协约将成炮影。西藏喇嘛久蓄叛志,英人野心,其欲逐逐,而内地好事喜乱之徒,虽保不乘机窃发,加之我国会匪遍地,群盗满山,教堂林立,洋商麇集,一旦溃决,外人之生命财产将何以保持?势必惹起列强干涉,国之不国,瞬息间耳。言念及此,实堪痛心。推其由来,皆因木腐虫生,疑忌之一念所致。伏思黎副总统倡议武昌,力维大局,我大总统与孙、黄诸公缔造民国,艰苦备尝,推其初心,无非救国,而经营年余,险象环生,堂堂神州,倘不亡于满清而亡于民国诸公之手,则天下后世将谓我大总统何?今者三督解职,足征无他,望我大总统开诚布公,敦请孙、黄二公入都,共图国事,破除党见,一致进行,则内忧潜消,外患自灭。其亡甚亡,系于苞桑。民国幸甚,中国幸甚。

山西都督阎锡山叩阳印

复师长孔庚坚守包头电

阎 锡 山
1913 年 8 月 8 日

包头孔师长鉴:

　　庚电悉。乌拉特,是否在包头西北五百里之处,详查电覆?如在山后,万不可出外攻击,其理由有四:(一)接济困难;(二)住宿不便;(三)地利不熟;(四)胜亦无效,徒败挫吾锐气。有此四端,仍应坚固防御地点,以坚守为要。其坚固之法,即在包头西北通后山之要路、隘口处,建设防御沟垒及房屋。此事已电致萨拉齐、五原两知事帮助兄从速办理,至要。

山齐印

复孔庚等包头妥速设防以御蒙匪电

阎 锡 山
1913 年 9 月 18 日

包头孔师长、张旅长、大同李参谋长、萨拉齐王知事、五原傅知事、东胜银知事(名承业,字绳武,忻县人)鉴:

电悉。蒙匪分三路南犯,系何三路? 人数大约若干名,枪枝何种? 大同方面如何? 请由李参谋长速报。西路之要在包头,前函电屡言之,师长督同旅长、知事等,应在包头妥速设防,希速著手沟垒土台,只兵丁工人即可成功,望勿畏难苟安,盼覆。

都督阎巧印

故燕晋联军大将军吴公之碑

阎 锡 山

1913 年 11 月 7 日

呜呼!自民军建义以来,天下雄骏奇男子,断脰陷胸,以殉其夙昔所抱之义者多矣,其成败或局于一隅,其得失或待乎论定;若夫举足右左,禹域大势随之为转移,虽所事不终,而声势砰磷,足以慑敌胆而夺之气;肘腋折挠,亡形成焉,如绶卿吴公者,其志事尤可悲也!

辛亥九月初八日,晋民军起,锡山被推为都督,与诸君子策攻守方略,佥曰守娘子关最急,是日移偏师驻之。事起仓促,公私赤立扫地,于守事未能善也。当是时,武汉一日战数接,南北汹汹,未有所定。公方为清六镇统制,与滦帅今归绥将军张绍曾谋举义河朔,留滦军中久之,而清廷以公部将吴旅长鸿昌将六镇兵攻晋,辅之以旗军,惧贰也。于是参谋何遂、朱鼎勋来觇军,至乏驴岭,知晋守不固,有主速攻者,遂诡词阻之。遂以六镇军次石家庄。公至自滦军,审晋事,欲只身入京,有所要请。公客周维桢、张世膺曰:"公在滦所图者何事?清廷宁不闻之,是入虎穴也。"乃止行,而使周维桢来议联军事。锡山与维桢约:"吴公果助义师者,当檄旗军攻固关,晋击其前,公击其后;旗军歼,燕晋联军之事,乃可言也。"维桢以报公。公允之,而诡以招抚晋军入告。清廷因疑公不诚,然卒授公巡抚,冀可以爵饵,而公划策覆清益急。会清南征军军火过石家庄,公挥部下径留之,复草疏请正汉口军焚杀之罪,意将坐以困清也。锡山使参谋仇亮促进兵,又以电话谐之曰:"公为巡抚所动耶?"公遽曰:"是何言?行当至关上,

85

与公相见，掬示方寸耳！"九月十四日，公与吴鸿昌、何遂叩关请面锡山，锡山坚持前约。公笑曰："少须之，定不相负也！"呜呼，岂知祸变遂生于意外也哉！虽然，公死而清室已震撼不固，晋军形势既振，清南征亦狼顾惕息焉，首尾衡决，和议之说遂起。然则公之为功于民国者大矣！非特晋事赖公以无败也！

始公以世家子留学日本，庚子唐才常起义汉口，公焚大通应之，事败东走，清大吏名捕公，不能得。文网稍弛，归为清廷筹练新军，又充专使，与日本争间岛，以劳烈授副都统，佩边务大臣印，已而充六镇编制。六镇者，旧武卫右军也。公至军，稍变其营制，又欲易置将弁数人，未得竟施，军中向背各半，故谋公者得因而用之。初，清军咨使良弼，与公相善也，然内实忌公甚，至是以二万金贿公部下阴图公。公驻军石家庄，以车站票房为行辕，夜饮酒醉，与周维桢、张世膺治军书。刺公者突前，以贺简晋抚为言，枪击公，中要害，遂取公元以去，世膺、维桢并死之，时清宣统三年九月十六日夜分，实十七早一钟后也。呜呼，岂不悲哉！公初与锡山约，以晋军六营至石家庄防旗兵为变，锡山檄刘国盛率第一营赴其约，甫至，而公被刺，遂拆毁铁路十余里，收公辎重以西。公部下闻变，悉臂缠白布出与旗军战，久之始定，而燕晋联军之举遂已矣！

公讳禄贞，绶卿其字，湖北云梦人。八九岁诵书史，日可千言；稍长，学剑术，治兵家言，皆深通；溢其余以为诗歌；行草书尤迈往可喜；开朗豁达，视当世蔑如也。始与锡山见，即曰："我老革命家，子不闻耶？"又曰："晋事我具知之，某年某月成几军，某年某月购械弹若干，耗用外，今当存若干。"言之历历，如屈伸指而数庭树，锡山为之瞠也。死时，年仅三十有二。其事状世既多有传者，兹不著。著其关键兴亡者，俾过燕南者，流连故垒，慨然想见公之为人，不独锡山区区抒其私痛已也！

系之铭曰：

有奇男子，起江汉滨，躯干虽小，气压辈伦。侧足焦原，包天者胆，投龟大呼，缚虎笑瞰。再扦文纲，卒应世儒，鬈鬈白皙，专城以居。人亦有言，授人以柄，彼昏不知，日入吾阱。北风胡马，越鸟南枝，炎耶黄耶，惟寐忘之。合燕晋军,拊京师背,指顾之间,天下两戴。志则大矣,命其奈何!飞蓬之间,以身荐瘥。血食万家,曰酬发难,矧公勋伐,固一时冠。峨峨贞石,刻此铭辞,为天下痛,非以其私。来者为谁,敢告一语,失败英雄,独有千古。

故燕晋联军大将军吴公之碑

致大总统晋绥划为三驻兵区电

阎 锡 山

1914 年 7 月 28 日

北京大总统钧鉴：

迭奉电令"以全欧构兵，我国严守中立，凡保护外人，防缉乱党，至关重要"等因，锡山即密饬各军遵照办理在案。惟当多事之秋，军队统系，首贵分明，指挥方能敏活。查晋省南北长二千余里，以天然形势论，平阳以南，应为一驻兵区域。省垣为集中重地，合大同为一驻兵区域。包头为边防重镇，自应另划一驻兵区域。而第九师军队分扎包头、大同、河东等处，南北弯远，呼应不灵，调遣运输，尤需时日。且晋南毗连陕、豫，伏莽潜滋，须将骑、炮各队属之旅部，分驻河东、平阳、潞、泽等处，归晋南镇守使指挥调遣，诸多便利。省垣既设一混成旅，以所属之团营分防大同，亦足兼筹并顾。至包头现驻军队，全数足编为一混成旅，即归晋西镇守使管辖节制，以固边围。锡山再四筹维，拟将晋军所编三混成旅，归陆军部直辖，并请饬由陆军部按照中央混成旅次序定名为第几混成旅，以明统系，仍由锡山督理一切。晋军区分三路，于地势既形便利，于军事亦极敏活，于原定预算一师半之经费，亦毫无出入。如蒙允准，所有现驻平阳步兵第十七旅及分驻河东、潞、泽之马、炮、辎、工各营，连改编为一混成旅，拟请以陆军中将温寿泉为旅长。现驻包头步兵十八旅及马、炮、辎、重、工程各营改编为一混成旅，拟请以陆军少将赵守钰为旅长。现驻省城之混成旅，拟请以陆军少将黄国樑为旅长。是否有当？伏候钧裁。再包头现驻军队，既编为混成旅,仍归晋西镇守使管辖节制。该镇守使孔庚自无庸兼充第九师师长。现陕西改师长为镇守使,已奉命令,故拟援案办理,合并声明。

同武将军督理山西军务阎锡山叩沁印

致大总统晋绥划为三驻兵区电

军国主义谭

阎锡山
1915 年 5 月

问：有史以来，国于大地者，兴废无常；至今环球以上，建国数十，而号强盛者，仅数国焉，究竟强国之意义云何？

答曰：近世政局变迁，宇内国家现象，有二大公例焉：一曰小国不适于生存，故土地兼并，争事扩张；一曰贫国不足以独立，故生计侵略，争图自卫。然则小而贫者之非强，大而富者之为强乎？是又不然。小且贫难于强，苟得其道，则日本可以崛兴；大且富易于强，苟失其道，则印度夷为隶属。盖大小贫富，半属于原质之生成，而强弱则纯关乎政治之作用。今欲论强之定义，当先究国之由来。

国何自始乎？厥初生民，弱肉强食，个人竞争之久，变而为群与群竞，群竞久而治群之法立，是国之雏形也。进而有土地，有人民，有主权，三者俱备而国制以成。自有国而人类争存以此为最高之团体。故国家者，乃此方之人民抵抗他方之人民侵夺自己生命财产，而为一战争之团体也。

英儒斯宾塞有言：古代为军政社会，凡一切产物上施设，皆以为发达军事之补助；今世为产业社会，凡一切军事上施设，皆为保护产业之补助。愚谓以社会产物进化言，由朴而华，由拙而巧，由简而繁，后起者胜，今昔顿殊。故昔以简单之军事立国者，今当以包罗万象之军国主义立国。近世所谓工商政策，殖民政策，关税保护政策，一切产业上之施设，何莫非为军国主义之分子者！故苟欲生存竞争于全世界，舍此主义，绝不能也。然则所谓军国主义者若何？曰：政府之政策，则为军国政策；人民之教育，则为军国教育；社会之组织，则为军国社会；斯足称真正之军国主义耳。不观各国元首之称大元帅乎？夫元首之称大元帅，非第以陆海军大权当归至尊已也；实以国者军国，其下为军国民，则其上为军国民之元首，不特标此大元帅名义，不足以表现国家二字之真性质也。

国性既如上述，治国者反其性而设施之，则国日蹙；顺其性而发挥光大之，则势日昌，此必然之理也。试展近世列强政治史而览之，千头万绪，约言之，不过内政、外交两端。内政皆为军事之根蒂，外交不过军事之先锋；内政者作战之预备，外交者强权之手腕；无事则军容相持，日人所谓武装平和是也；有事则举国以战，德人所谓铁血主义是也。不如是则国权不张，国力不固，国家之经济政策，无可发达，国民之生命财产，亦不可保护矣。

盖自十九世纪以来，地运转移，全球交通，向之视一国为天下世界者，至是而天下世界之真象始显，而一国变为单位焉。彼界此疆，我虞尔诈，于此时代，国界甚严。环球之大同无期，万国之仲裁虚设！所号为强国者，考其程度，乃在半文半野之间：其对内焉，通工惠商，立宪自由，有最文明之法律；其对外焉，连衡合纵，兴兵构怨，有极野蛮之行为。意者，生民当草昧初开，弱肉强食，有如性生，经数千年之递嬗递蜕，至今未能铲除净尽。故以国为人类最高竞争团体，而仍代表其遗传之野蛮性乎？不然，何以国竞剧烈，至于此极也！

明乎此，则立国之道，如专讲人道平等，而为纯粹之文明国，必不适存于现今之世界；专讲黩武穷兵，而为纯粹之野蛮国，亦不适存于现今之世界。其他如永久中立等小国，虽倚均势为护符，而军备限制，被动不能自动，将来世界上亦绝无可以立足之地。甚矣！今之时代，乃国家已进文明，而世界尚在野蛮之时代也！必也采军国主义以备战而止战，以强兵而睦邻；至因国际权利，不得已而决裂，实有战胜他国之资格。然后未强者自能一跃而跻于强国之林，已强者乃可常保其第一等国之声价。愚敢断言曰：所谓强国者，战胜国之代名词也。

问:强国既在战胜,而战胜当操何术?

答曰:战胜无定形,视所遇之敌为何如耳。拿破仑曰:战胜恃有形无形二种。夫有形者物质之谓,无形者精神之谓。以有形者言,例如敌以戈矛,我以弓矢,则我胜而敌败;我以弓矢,敌以枪炮,则敌胜而我败。以无形者言,例如弱者与强者遇,则强者胜;强者与尤强者遇,则尤强者胜。居今日而备战,审时度势,必应取列国现状以为准。普国大兵学家离犹士脱曰:近世之战争,金钱战争也,学术战争也,道德战争也。愚就此三要则而归纳之,仍不外有形无形二者而已。故战胜之要,分为二端:一曰完全之物质,可操战胜权十分之三;一曰良好之精神,可操战胜权十分之七。

问:何为完全之物质?

答曰:物质种类至繁,非顷刻之时间所能数其名,非单简之言词所能举其实,兹姑概略言之。如军学研究,军费储充,凡此皆属于物质也。而其中极重要者,则有二事:

一曰军械制造之进步;二曰征兵制度之实行。

盖今世火器战术,相维而进,日新月异,愈出愈奇而未有已。火器兴而血肉无功,飞行器出而轮轨却步,鱼雷潜艇精而大战舰几失其能。故国家对于军事制造,必当极端以提倡之,特别以奖励之,严格以考试之;果能发明新法,或创造有成,虽酬以勋位,加以优赏,亦不为过。至于征兵制度,各国通行,论其效果,养一兵可得十兵之用,即费一钱可当十钱之用。非但多兵之法,抑亦富国之道。此就形式言之也。若以精神言之,能将向所谓深谋秘计之兵法,藏之于国家素日行政,养成为平平庸庸者所皆能也。

问:征兵为重要物质,既云各国通行,其制度可得闻乎?

答曰:各国征兵,其制不同,难以备述。兹撮大要,约分数端:

(一)依法律规定,以充兵为人民对于国家应尽之天职,非可代替;不受检查者有罚,隐匿逃亡者科罪,无论贵贱贫富,视同一体。是为阶级之化除。

(二)依国民志愿所希望,并酌量其体力,足供劳力之时,定为自若干岁起入兵籍,至若干岁止出兵籍,非可以终身役之也。是为义务之期间。

(三)依本国军队之编制,如德国大别为战役兵与国民兵,俄国大别为常备兵与国民兵,日本亦分常备、后备、补充及国民兵数种。而常备兵复分现役、预备两种,国民兵复分第一、第二两种。是为兵役之区分。

(四)依本国立国方针,与国防计划上所需兵数,及国内户口多寡,财政盈绌,交通便利与否之关系,而定平日养兵数目,以为递征递退标准。是为常备之定额。

(五)依常备定额,规定现役年限。或取增兵主义,而缩短之;或取精练技术主义,而展长之;或取郑重师范及奖励殖民主义,而对于师范毕业,或充小学教员,及办理殖民事业之人民,特将日期减少之。是为现役之期限。

(六)依现役所需人数,分全国为若干征兵区,配定每区应征之数。如此区之壮丁不敷,可由他区借补;人多则以抽签法决定;当签者服役,余则暂免,或退为补充兵,及国民兵役。是为兵区之划分。

(七)依兵区地点,设征兵事务处所,由军官及地方官自治员,会同办理征兵事宜;或并令地方人民,公举妥员参加,以联兵民感情。是为机关之组织。

(八)依兵之种类,而于开征之时,按国民性格、艺能、职业之所长,分别支配,如习水者充海军,善马者充骑兵之类。是为因材之器使。

(九)依国民皆兵之原则,而另定禁止免除之条。如刑伤过犯者,禁其入选,身体残缺者,免其执务;其或中学以上学生,不便辍学,与亲老丁单,私累太重,不便外出,并驻留外国,不便往返者,均可缓其征集,或免其现役,但令服国民兵役。至如意国于宗教僧侣,德国于联邦诸侯世子,有事故者,亦特别免役。是为例外之规定。

(十)依国家之情况,遇有战事,则预备后备、补充等兵,闻召即赴,不足则召国民兵以应后方勤务,保卫地方;在平日则预备后备、补充等兵,均定期校阅,或每年一次,或两年一次,或将补充兵特别训练一次。是为召集之区别。

（十一）各国军制现役期，步兵多取二年退伍制，惟俄奥则取三年制。其人民兵役年限，各有不同，惟波斯为终身服役制。其他如德日俄法等国，多以国民满十七八岁入兵籍，至四十五六岁出兵籍，其间有二十六七年。兹以二年退伍计，二十六年内，计可退十三次，故平时常备军十万，战时则有百万之多，所谓养一兵可得十兵之用者，不益信哉！曩者考查各国兵役年限，列有简表，可一览焉。

各国兵役义务年限表

德意志国　　十七岁至四十五岁

俄罗斯国　　二十一岁至四十三岁

意大利国　　二十一岁至三十九岁

法兰西国　　十八岁至四十六岁

奥匈国　　十九岁至四十二岁

日本国　　十七岁至四十岁

墨西哥国　　十八岁至五十岁

瑞典国　　二十岁至四十岁

丁抹国　　二十岁至三十五岁

西班牙国　　二十岁至三十二岁

葡萄牙国　　十七岁至四十五岁

土耳其国　　二十一岁至四十岁

希腊国　　二十一岁至五十一岁

暹罗国　　十八岁至四十岁

波斯国　　不定年限终身兵役

南美伯利维亚共和国　　二十岁至五十岁

南美亚尔然丁共和国　　二十岁至四十五岁

瑞士联邦共和国　　二十岁至四十八岁

塞尔维亚国　　十七岁至五十岁

勃牙利国　　二十岁至四十六岁

利比利亚共和国　　十六岁至五十岁

南美委讷瑞辣共和国　二十一岁至五十岁

南美巴拉圭共和国　二十岁至三十五岁

中美洪都拉斯共和国　二十一岁至四十岁

南美秘鲁国　十九岁至五十岁

南美智利国　二十岁至四十五岁

欧洲门的尼哥罗国　十七岁至六十岁

中美哥斯德黎加共和国　十八岁至五十岁

南美厄瓜共和国　十八岁至四十四岁

中美尼加拉瓜共和国　十七岁至五十五岁

中美萨瓦多共和国　十八岁至五十岁

伯剌西尔共和国　二十一岁至四十四岁

亚非利加西北摩洛哥国　十六岁至六十岁

南美乌拉圭共和国　十七岁至四十五岁

观上表,则各国通行征兵,可以概见。吾国民不当奋然兴起乎？顾愚尚有说明者二事：

一英美两国,不行强迫征兵制,不失为强之理由。

一其他小国,行义务征兵制,无救于弱之理由。

英为海国,三岛孤悬,其雄视宇内,以海军不以陆军。海军重在战舰,兵卒募之沿海为宜,国内既无陆地防务,无取多兵戍守,但用少数志愿者,便可敷用。考其国陆军编制,分为常备与地方两种：人民十八岁以上,二十五岁以下之志愿者,服常备军；十七岁以上,三十五岁以下者,皆得充地方军。彼本立宪母国,人民爱国心最发达；然募集之时,办事人员,常行军事讲话,军队亦更换新装,导以军乐,旅行于外,俾壮观瞻,凡种种诱导人民当兵之方法,百出不穷。其治印度也,英印人混合成军,印人队亦采志愿制,每当招募新兵,使印人满年出队者,支领旅费,四处劝诱,能得五十人至百人,破格奖励,以将校条例待遇之；似此困难,亦可见志愿制度,不如强迫之易于为力。英人深知此法之多缺点也,故其治澳洲联邦殖民地,已于一千九百七年,改定义务服役法案,而采国民皆兵主义也。

美利坚独处一洲,向守门罗主义。近虽变为帝国主义,欲握大西、太平两洋之主权,而地居于西半球新世界,与欧亚大陆之列强角力者,情形不同。其国内镇压内乱,有少数募兵而已足。顾其军制,虽与纯粹之征兵不同,亦与纯粹之招募有别。其制分常备与民兵二种:常备兵额,经国会议定,至多不得逾十万,以国民年二十一岁以上,三十五岁以下之自愿者编入。其民兵制度,国民年十八岁以上,四十四岁以下之男子,凡堪服兵役者,咸列籍焉。一旦有急,均可征集以应兵役。在平时,民兵分为第一、第二两种:第一则已经团练,而政府编为军队以分驻者;第二则未经政府编制,而自制军服,集资设会,建立武学,以习武事者。其国待兵之优,甲于各国,人咸踊跃争从。遇有内警外患,常备兵之外,复募义勇队;若战事过大,义勇队不足,则下令征集民兵。如南北之役,常备军仅一万八千人,北军且能召集百万之义勇。盖自开国独立,即以义勇队战胜,日人谓其兵制大方针在义勇队,信不虚也!至第二民兵,在一千九百九年时,已达一千四百九十余万人,每遇国家危急,其征集法,仍以各州人口多寡,分配递征,此亦实为国民皆兵制矣。

今世各弱小国之行征兵制,或限于地域,不能扩充;或囿于积习,不能进步;或已受人保护,失其独立,而不能崛兴;固各有特种原因,夫岂征兵之咎!且惟行征兵之国,外虽不足以战胜攻取,内尚可以保守治安,不至自招其亡。总之,征兵特重要物质之一种,非谓有此一种,军事即属万全;然如并此而无之,其尚何所恃以立国乎!愚敢概言曰:今世大陆诸国,容有征兵而不强之国,断无不征兵而能强之国,此其大较然也。

问:他国征兵,已言大概,我国应采何种主义?请一筹之。

答曰:我《中华民国新约法》第十二条,载人民依法律所定,有服兵役之义务。绎其意义,我国必行征兵制焉无疑。征兵必取强迫制,不取志愿焉亦无疑。其余征兵法例,不外采取列强经验之成法,参合五族杂糅之国情,以期变通尽利已耳。余姑抽象言之,厥有二义:

一曰急。

一曰渐。

96

急者何？急其先务之谓也。盖人民服兵役，约法虽有明文，施行尚无期限，鄙意以为必当提前举办。试证诸日本初行征兵之往事，当可见愚言之不谬。考日本明治二十三年，始定宪法，而明治四年，已下令向萨长土三藩征兵十数队，守卫宫阙。至五年复颁全国征兵令，定常备后备四十万大军之计划，其急进为何如乎！令行而后，连年征兵，常不足额。至十年时，全国及岁丁壮，有三十余万人之谱，是年应征定额，止一万余人；乃各兵区彼此分配，尚苦不足，其困难又为何如乎！试溯明治即位维新，距今已四十余年。其内则幕府甫倒，暴徒不靖，揭竿斩木，屡有所闻。西南一役，举国骚然，乱党之害，无异我国。其外则亚东方面，敌患未深，太平洋之潮流稳静，日本幸得闲暇之时，此等征兵创举，可以从容设施，镇静处之，何须急趋，较我国今日所处之地位，所遇之国际情形，实不相同。且日本兵卒，向为藩士专职，四民不知当兵为何事。彼以藩兵改征兵，视我国以募兵变征兵其困难不尤甚乎？当其试办之初，政治家群起反对。有谓中华大国，不闻备此四十万大军，英俄雄邦，亦不能逾海万里，而输送三万以上之军于东洋，何必如此编制者？虽西乡隆盛，亦倡言征兵万不可行。此上流人之阻力若是！至一般社会，疑惑滋众，谤议沸腾。有逃之远方者，有毁其身体者，有故意犯罪者，有伪造文书免征，及诡托户主嗣子，以期免役者。种种狡诈之计，趋避之术，防不胜防。此下之人民程度不足也若是！以视我国今日政学各界，多知提倡征兵，彼实相形见绌。虽我国日后实行征兵之时，民间亦必不免间有疑阻。然以大势推之，日本人口既少，户主嗣子免役之例复宽，是以在明治十年前，户主嗣子免役者，常占丁壮总额十分之七八。我国户口殷繁，假定征额，多至百万，依欧洲征兵，按人口百分之一比例计算，我国四万万人，当可征四百万，此百万仅四分之一耳，国中及岁合格之丁壮，万无不足之虑。况我国初征之时，尚不必百万巨额，则著手较日本当年尤易矣。夫日本当年所遇国内国外之情形，均不需汲汲征兵焉。既如彼，所遇征兵之困难情形又如此，使其从缓行之，谁曰不宜！而彼国大村益次郎、山县有朋诸人独毅然决行，日皇亦亲为裁可者，岂好事哉！盖诚识微见远，知非强军不足以立国，非征兵不足以强军，百政可缓,惟此为先。早行一日,即能早收一日之效,此其所以排众难而直前,一国非之而不顾也。

观其自征兵后,内而戡乱,外而开疆,且有战胜国之荣誉。向非及早筹备,曷克臻此!返观吾华,强邻逼处,国势危迫,实不容讳。譬之居室,外寇已深,其主人不先缮墙垣、守门户,迨大盗排闼直入,胠箧担囊,室家之好,俱非我有,尚有济乎?征兵者,即缮墙垣、守门户之道也。吾国纵不为外竞计,独不为自保计乎?总之,我国今日所遇之东亚大势,外患纷乘,比诸明治维新,其难数倍。我国防上所急需有强大陆军,比诸明治初年,其迫切情形,尤过数倍。彼尚可以有从容展布之暇日,我则日暮途远,兼程并进,犹苦不及。顾彼以一患贫患寡之小国,尚能改良军制,著我先鞭;我有天然凭借之广土众民,亦何难急起直追后发先至乎?愚故特以一字标之曰急。

既曰急矣,何以又曰渐?盖急者主义,而渐者手续也。吾国地兼三带,民杂五族,一旦革新军制,下令征兵,当有完全速成两种计划:完全计划,当用德日两国之制,约计非有筹备十年之时期不易为功。而在十年以内,应将速成办法,分年切实进行,以济时艰。就目前国势论,第一著即在保守政策;然必急行递年增兵之案,方能有确实保守之把握。若因完全之制不易急行,并速成者而缓之,则不可也。愚意本渐进之意,行速成之法,以达急进之目的,十年之内,厥有三要:

一则以地言之,当先采局部主义,而渐期全国一致之通行。

一则以人言之,当先采军税主义,而渐施强迫必任之法令。

一则以兵言之,当先采分军主义,而渐达国军合一之方针。

曷言乎局部主义也?我国幅员广阔,交通不便,如全国同时创办征兵,必多扞格;应先于腹地数省,树之风声,俾为模范;一面分年推广,普及全国,自无欲速不达之弊。方今畿辅重地,迫近强邻,似当于北省先行试办,以便拱卫神京分防朔漠之用。至西北经久防务,宜行特别屯田制,不在普通征兵法律以内。

曷言乎军税主义也?盖纳税代役,西国亦有此例。考葡萄牙法律,国民不充兵役者,缴纳军税;奥匈国凡免现役者,其所纳军税之额,以其本人及其父母所收入之多寡而异;塞尔维亚之免役税额,为一般纳税额十分之一;勃牙利则依其财产额纳之;瑞士凡未达四十岁以前免役者,无论有何理由,均出赔偿金。此数国者,均非欧洲强大之国,彼德俄法等国,则无此通融办法。夫兵役本非可以金钱代替之义务,如以资免,则仕宦之家,素封之子,竞趋此途,是使人民金钱观念重,而国家观念轻也。虽于财政可资补助,实与以民卫国之原理不合。然日本当初行征兵之日,其人民纳资捐免者,亦属不少,明治十二年,尚有四百余人之多。可见此等权宜之法,在行速成制度时代,不妨暂备一格。绳以富者出财,贫者出力之习惯,亦尚有公道存其间焉。

　　曷言乎分军主义也?谓分国防军与国民军而二之也。国防军之职务,在防护全国领土之危险地点;国民军之职务,在平时则保卫地方治安,弹压地方贼匪,在战时则属于陆地之国民军,以防守兵站区域及交通线路为职务;属于江河沿岸之国民军,以援助舰队与要塞炮台为职务。国防军分常备、后备两等,国民军亦分第一、第二两等。凡丁壮国民届二十一岁之合格者,均抽签入伍,择其志愿者编入国防军。如有不敷,由征兵册中挑取列前者充之,其未经国防军挑取者,一律隶于国民军。国防之续备军,每年教练一次,其第一级国民军,初年新兵教练,步辎等队三月,马炮等队四月;第二三年复习教练,以次渐少日期,总以在农工完毕时为标准。其第二级者,教练日期,仍按年递减,所谓分军之大略如是。是说也,我国军事咨议官法人白礼苏常言之。其所著征募条例,言之甚详,甚合于今日暂行之道。顾愚意有与白君不同者。白君谓国民军经费,由地方担任之。愚意国民军系义务兵役,给费可以从轻,而经费必应归中央担任之,方能统一。如委之地方,则各为风气,恐蹈向来团练有名无实之弊。白君又谓服役期限,国防军之常备、续备各三年,国民军之第一级、第二级各三年。愚意则常备军二年,第一国民军亦二年。盖愚一则以增兵为主义,一则以我国人口太众,短期则未能尽征,而义务有负担不均之患。白君又谓征兵当先于边省行之,渐推及于内地。愚意应先于腹省行之,边地当行屯田。

夫屯田本中国旧政，历代行之，无法不备。今世日俄亦施此制。惟愚之所谓屯田者，有应略为说明者二事：

一则非纯然兵屯也。

一则非纯然民屯也。

盖纯以兵屯，则重在省饷，而与用兵之关系浅，其敝焉兵农两荒，终非经久之策。纯以民屯，则重在垦荒，而无兵以卫之，民视边方为畏地，亦必裹足不前。即使保卫能周，人民闻风愿往，而屯民无自卫能力，则所收实边之效，犹未宏也。愚意兵屯与民屯二者当合，非但寓练军于节饷之中，而并能寓征兵于移民之内。如抽拨近边陆军若干营，择西北宜耕之地，划出区域，计口授田，以为世业；每兵一排，设立兵村，建之庐舍，畀以耕牛、籽种、农具之属，督使自耕自获。此种屯兵，定为现役五年，后备役十年。在现役期内，第一年给与全饷，第二三年给与全额三分之二，第四五年给与全额三分之一；后备役期间，概不给饷，惟遇征召，仍给与全额。至所收粮价，在现役期内，储为移居眷属置备器具之资，并使人各马一匹，练习骑术，并于十五年以内，酌收租税，留充建仓修路等需；十五年以后，再行分别升科。如此则屯田之资本较轻，边军之饷力自裕。而以三年之饷，能得十五年之兵，即无异养一兵而得五兵之用，岂非即半征兵之制乎？一举而数善备，固边富国之政，莫切于斯。曩者愚曾呈准以晋军试办，订定详章，并有经费细表，后因区域划分中止之。

问：征兵俨同血税，实行为难。如前所言，我国以渐进手续，达激进主义，其筹备着手之要何在？

答曰：此非军事上之问题，乃政治上之问题也。非军政上之责任，乃民政上之责任也。盖征兵筹备，在军事机关，不外订章程，划区域，设局所，派官司，选合宜之体格，分兵科以编制。但使条例颁布，举而措之，亦自易事，所难者民政机关之筹备耳。愚意民政筹备，其要有五，试略举之：

一曰国民教育之普及。

二曰国民实业之发达。

三曰地方警察之完全。

四曰地方自治之实行。

五曰官吏职任之专一。

所谓国民教育者何也？盖自中学以上之学校，皆以培养国家政治、经济、军事之各种人才也，是曰人才教育。自中学以下之学校，及其他一切社会补助教育，皆所以造就有常识之国民，是谓之国民教育。夫今世民族主义，竞争之烈，名曰国与国竞，实则民与民竞。贫民无富国，愚民无智国，弱民无强国。欧美政治家论国民二字，界说甚严。以为国民乃有爱国思想之民，非谓与国家不关休戚之生民、下民、小民、黎民诸种之意义也。然所以能造成国民者，本乎教育，而征兵之精神，即在乎是。何者？国民皆兵之制，以法律言之，则曰义务焉，强迫焉；以政治言，必当使人民先有爱国之思想，然后始以义务责之；必当使人民先有入伍之心愿，然后始以强迫绳之。此政治与法律不同之要点也。然欲使人民有爱国思想、入伍心愿，则非有国民教育养成民智、民德不可。愚意教育分为二项：

一义务之教育。

一社会之教育。

义务教育者，即强迫小学之教育也。欲行完全强迫征兵制，即当并强迫义务教育制而并行之。虽普及非旦夕之功，而筹办以分年为要。假定征兵法令，以满二十岁者服现役，自某年起，能令十岁以上之儿童，一律就学，比及十年，丁壮无不学之人，即现役无不学之兵矣。试观德意志于新兵入营，由队官先考试一次，如不通书算，即报由陆军部转经教育部，饬问该地方之教员，此非教育对于军政负有责任乎！考德国于一千九百零七年，新兵一万人中，不能作文者，止有二人。日本近年调查就学儿童，百分得九十七分，其征兵中不解文字者，二十人中无一人。可见学校教育者，军队之基本，譬之造林，学校犹林圃，军官则木厂之匠人也。若无学校基本教育，而专待入营训练，是犹林圃就荒，不能以良才输送于工厂，虽有公输之巧，岂能雕朽木而使之成器哉？

社会教育者，速成教育也。盖强迫义务教育，由今行之，恐非十年所能普及。若待强迫教育普及始议征兵,则时不我待可奈何!愚意十年之内,一面行强迫教育,以培青年;一面行特别教育,以唤醒一般国民,皆有尚武精神,发挥所谓中国之武士道者,使人人知亡国之惨,知当兵为荣。如此则征兵不但易行,乃真能有用,非徒曰兵多为贵也。或谓此种特别教育,应设立特别机关以主之,由陆军、教育两部会办,以军学两界中人混合组织,以期急进。如宣讲之事,最易普及,最易动人,尤为救急之不二法门,必应首先举办,以模范设于京师,推及于各省、县、城、镇、乡之间,庶有成效可观。此说似亦近理。愚尚有进者,则凡国内之僧道,均应纳入范围,以为教育之助。昔日本在明治五年,试行征兵令时,将神官寺僧,俱受教导职,属于文部省,约法三章,以爱国为主。德国于新兵入营时,每星期日,由官长率领,游行寺宇,听军僧说法,大旨不外宣讲军人美德等事。尤要在能将军官对于兵丁所不能言之道理,借宗教家以感化之。例如,德人呼队官曰队父,呼下士曰队母;日本兵呼官长曰神使。此种特别敬奉官长之心理,均官长所未便自出诸口者,有军僧以补助之,实为教育上之妙用。此关于征兵筹备者一也。

所谓国民实业之发达者,浅言之似与征兵无关,深言之乃征兵正本清源之道。试观近世列强之兵,多采义务主义,有止给少数月费,不给月饷者,比及退伍,亦无加饷,而兵皆视为固然。我国募兵,平时饷既从优,一旦裁遣,复有恩饷,而尚以不能安分谋生为虑,何相悬之至于如此哉?无他,有业与无业之别也。是故募兵之制,其饷可多而不可少,其人可聚而不可散。即使安插得法,而国家财政亦已耗竭不支,征兵则无是弊矣。顾或谓我国仅此少数募兵,尚苦遣散之难,若令行征兵,年年退伍,岂非制造游民,益使之多乎?曰非也。募兵之制,有业者不肯舍此就彼焉。彼应募者,未为兵时,本为游民,其因焉;既退伍后,仍为游民,其果焉。由因生果,而不可执果为因也。若征兵则其来既为有业之民,其去何至为无业之民?而或者又曰:我国民生凋敝,至今已极,如行征兵,必系按法律所定之年龄,身体合格者用之,非以有业无业为取舍标准;而按法律合格之充兵者,其人多无业焉,可若何?曰:是在平日有以救济之。云救济者,非为兵丁谋生计，乃为国民谋实业耳。夫实业之范围大矣，而独标与国民者，即以一国之中，如在大实业公司工厂之组织，其利益所归，以资本家与经理人为主；至对于一般人民，仅能养少数作工者而已，是不足为国民实业也。必也使各种小实业，随时随地，栉比林立，俾平民生计日裕，斯其利乃普。然则小实业者若何？曰农工商是也，大农大工大商之有益于国无论矣，所患者小农小工小商之不发达耳。农不仅力穑服田，凡森林、畜牧、蚕桑、渔业等项皆是；工不仅机器制造，凡人工、手艺之能改变原料者皆是；商之懋迁有无，而可使增加价值，与农工同为经济生产之要。此三者国民实业之总称，此关于征兵筹备之事又一也。

所谓整顿地方之警察者，于征兵乎何与？盖军人者，国民职务上之代名也，未入伍前为庶民，出伍以后仍为庶民。不特现役兵之追逃捕亡，为地方警察之责任，即平时之教育召集，简阅召集，补缺召集，与战时之动员补充召集，及战事毕而为复员之解除，能否办理完全，亦唯警察之能力是视。且军人召集，事机紧迫，间不容发。故如德日等国，其政令所定，皆不许至召集实行而始有请示事宜之举。所有警察应尽职责，皆于平时计算准备，一闻令下，水到渠成，毫无延滞。其在地方官员，既将召集之日期令状，示知本人；又将彼召集者之受领证书及人名住所，通告警察。而警察则须将被召集者一切情况，不时通报司令官。如有军人因事不能如期以往者，均须得警察确实之证明。凡军用旅舍之设备，召集场所之齐集，旗灯看板之揭悬，水陆行程之防护，及其他必要地点，均派警执务。既与以应召之便宜，且使无转徙之余地，此警察直接关于军人征集之必要也。不惟是也，征兵以国无游民为本，而行政警察，则管理户口，禁止游惰者焉。征兵以民不为匪为先，而保安警察，则防御内乱，限制自由者焉。征兵以人能奉法为要，而司法警察，则搜查罪犯，缉捕逃亡者焉。近世各国，平日治内清匪，纯恃警察，既无一户一人不在警权之下，即其一举一动胥归摄制之中，以故社会安宁，秩序不紊，暴徒乱党，畏罪绝迹，虽极有力之虚无党、社会党，与征兵最相反对者，亦莫施其破坏之力。然则警察不惟内务行政之要目，亦即军务行政之要目也。惟其然也，是以东西各国，于地方警察,设法推广,不遗余力。欧美多采国家监督警政之制,德国各市村长官,皆有办警专责,所需经费,按本地人民,分等税钱,国家不为筹款,但以时稽查而已。惟紧要地方,人数逾一万者,由内务大臣派员经理。俄国全国警政,中央集权,预算由政府定之,经费归地方任之,而无增减抉择之权。日本与地方自治团体,不认其有警察权,凡关于地方警务,皆以国家权力直接行之。我国地方警务,必应采俄日之制,政权统之官厅,款项筹之就地,其有不敷,酌予补助。要使内外相维,脉络贯通,一致进行,方为有效。此关于征兵筹备之事又一也。

　　所谓地方自治之实行者,与征兵乎又何与?曰以一县制区域之大,非一知事所能为理,不由自治机关以佐之,非但地方公益不遑兴举,即征兵户口亦断难清查详确。夫清查户口,为征兵之本,外国所谓调查户口,与户籍法律,二者原自不同。户口调查者,其责在于警察,系为调查住民之身分移动,详察其情形状况,以图警察运用便利起见。有应定时调查者,每若干日,调查全部之谓;有应临时调查者,每因有必要事故,而调查全部或一部之谓。其事由巡士执行之,由警官监察之,约分甲乙丙各号:甲号则官吏公吏,及其他有财产常识,认为身分正确者;乙号则在甲号丙号以外者;丙号则有犯罪行为,与认为性行不良者。甲号约半年一回,乙号约三月一回,丙号约每月数回,随时分别,制簿列表;倘有征募兵丁,隐匿逃避,一警士拘之足矣,此调查户口之效力也。至户籍法者,乃户籍吏之责,日本之充户籍吏者,为市町村长,即自治员也。其法将全国户籍,分为身分登记与户籍二种。身分登记簿,又分本籍人与非本籍人二种,每年一编制之。至户籍簿,则专就本籍者,每户制一本,并另作征兵壮丁名簿,以备征募之用。如德国人生三日,即将生日报之户籍公所,发给生日凭单,为日后征兵呈验之据。每年征兵时,由征兵司令官行文郡长,郡长责之村长,偕同委员,按户籍册,查核其人是否合格?应否免役?编列号次,制签决定,何人入伍?何人补充?造册送之征兵司令处。至战时,召集手续,与此略同。彼郡长者有清查户口之责,而村长则管理户口之公吏,由众选举,三年一任之人也。日本现役,以满二十岁为始。每年自一月一日起,至十二月止,有满二十岁者,自其年一月一日起,至二十一日止,由户主禀明于本籍之市町村长。其市町村长,每年据户籍簿,编制自上年十二月一日至本年十一月三十日征兵及岁之人名簿,汇送于岛司郡长,核转于联队区征兵署。其他一切征兵检验,均有户籍吏列席,以备查询。迨至召集军人之时,地方官受军政官之通知,当将召集令状送交町村长,由町村长交付于应召员,而令其出发,并亲身引率之,至于集合场,交付于军区官。其寻常简阅召集,町村长皆参列其中,补助事务而应执行官之要求。凡在乡军人名簿,及国民兵名簿,均由町村长随时调制订正,于每年十一月三十日,申送于郡长。由前后之说观之,可见户口之事至繁,专恃警察调查,不足为征兵之据,必责成自治机关,分任办理,而官厅与警署监查之,则与民相近,易于周知,相习而安,不劳可理。然则征兵著手,非先注意户口不可。而户口清查,非实行完全地方自治不可,其势有断然者,此关于征兵筹备之事又一也。

以上所陈教育、实业、警察、自治四端,关系军政重要如此,而实行斯四者,唯在县知事。政府出令者也,各省大吏,不过监督考察耳。民政之兴废,视知事之贤否为转移,苟不得人,岂但吏政不修,乃并军政之基础而亦动摇。是故昔之知事事简,今之知事事繁,昔之知事以不扰民为善政,今之知事以实能教养人民,使有军国民之程度为前提,非但捕盗、清讼、催科已也,必于教育、实业、警察、自治诸事,皆能实力办理,促进国民纳税当兵之义务,方为无忝厥职。然则知事既如此之重,则所以待之者自不容轻。优其禄养,专其权责,严其考成,固其保障,尤要必先示以一定之政轨,使之有所遵循;复宽以久任之时期,使之无所诿卸。愚尝见知事通病,大率伺上官意向以为办事之准,因之政令无常。今日重甲事,则乙事不问矣;明日重乙事,则甲事可缓矣;后日重丙事,则甲乙事又均可停办矣。即或一事虽继续进行,而办法则前后或异。举棋不定,游骑无归,实非政治统一之道。是必中央将军国主义之大政方针与分年之进行方法,编列纲目,作为训条,示以准绳,以昭划一。譬诸行路,途径分明,程限了然,既无南辕北辙、背道而驰之弊,亦无日暮途穷、望尘不及之忧。长官虽更,而知事之行政不更,知事虽更,而地方之行政不更;悬一鹄以为的,贤智者固范围不过,其次亦可勉强以几;凡属中人之材,均有报最之望,是之谓一定之政轨。设不胜任,上官劾而去之可也;若其尽职,则驾轻就熟,非可骤易。试思知事之名,以其能知一县之事也,而此百里数百里之大,民之情伪,岂易尽知?不知而行之,则于其中之曲折欠明,虽易人而不易政,措施亦多扞格。盖民之于官,久则信之,不久则不信也;信则从之,不信则弗从也。同此一事,往往有前人易举,而后人难继者,此之故耳。且人情大抵不远,京兆五日,绝无远志。彼既身入仕途,以官为家矣,致身之义,固其所先,治生之事,亦其所急。今易其傅舍官府之心,而为长养子孙之计,尽官吏之私,以奉国家之公,一官既所爱惜,庶政必所尽心。昔汉治号称近古,以二千石久任之故,顾氏亭林且有封建知事之说。今如酌定久任之例,使之加秩进官,不易其职,必于治道多所裨益。或谓如此则仕途人员,无法疏通,可若何?不知官,不事事,而权利独优,则猎官者多。若有一定之政轨,实行考绩,法立令行,知事职责,至重至苦,人不敢徼幸而进矣。昔人所谓才说为官好,便非好官者,此言可深长思也。况夫人贵独立,适者生存,自由竞争,谋生尽有余地,教育实业,无往不可名家,何可群趋于官吏一途,甘受高等流氓之诮哉!此关于征兵筹备之事又一也。

问:战胜之关于物质者,上已言之矣。敢问前所谓战胜之精神者何?

答曰:难言也。人身之有精神,其所以动四肢而主百骸者,非可言传,战胜之精神,亦如人身之精神,未易以言语文字形容也。若欲强言之,则最后之十五分钟者,或可以代表其旨乎。

拿破仑一世曰:战争之胜败,在最后之十五分钟。所谓最后之十五分钟者,能于艰苦困难之中,危险存亡之际,其忍耐力决战心,较敌人延长十五分钟,得此则操胜利之左券矣。

问:养成最后之十五分钟,其责任在民政乎,抑在军政乎?

答曰:在民政者多,在军政者少。何也?譬诸造屋,栋梁之材,匠人斩而小之,匠人之罪也;若其材不足以成栋梁,司林者之罪也。军官之于兵丁,亦犹匠人之于材料,因其材而锻炼之,责在军官,养成其受锻炼之资格,责在民政。昔有难于愚者曰,古人云:"勇将之下无怯卒。"军队之良否,全视军官之能力何如,乃诿之于民政,得毋过乎?愚答以彼一时,此一时也。良否勇怯,系比较之名词,非固定之名词。古人所谓敌者,古之敌也;古人所谓勇者,古之勇也。战争之政,今善于古,亦如战争之具,今巧于昔。养由基百步穿杨,箭术精矣。然与持箭者遇,堪称无敌,与火炮较,不敌一贱卒耳。今所谓最后十五分钟,非勇将之勇,乃国民之勇也。欲明此理,当先推究此最后十五分钟之所由来。夫最后之十五分钟者,由人民忍苦耐劳之体力,与舍生就义之心理,二者组合而成。此二者之锻炼在军中,其所以能受此锻炼,则在行政上能规范国民,使之有良好程度也。何则?盖欲期望忍苦耐劳于战场,则必须锻炼艰苦困乏于平时。平时锻炼愈艰苦,战时忍耐愈坚确。然人情莫不好逸恶劳,好生恶死。愚在军时,常见稍加剧烈之操演,则翌日逃兵报单,积案盈尺,若此者非特最后十五分钟之效果不可得,并此锻炼最后十五分钟之方法,亦不得而施矣。是则欲使其不逃,必须地方自治完全,与警察监视严密,始有以限制之。然即使自治完全,警察严密,能以限制其不逃,而仍非能收此最后十五分钟之完全效果也。欲收最后十五分钟之完全效果,必使于不逃之中,虽受极艰苦困难而至于人情之所不堪,亦不怨恨其长上,而安然处之,其庶几乎。尝见夫日本军队之培植此最后十五分钟也,其练冻也,而一营全数僵死于野者有之;其练热也,而成灼疮者有之;其练跑也,至大多数绝倒于地者有之;其练饥也,至一昼夜之操练而不暇饮食者有之;其他因地因时之训练,均必至人所不能忍受之时而后已。彼岂故为此不近人情之事,以苛待其士卒哉?诚以战者,本极艰苦困难以求胜焉。当夫两军相见,必能忍至敌所不能忍之时,乃能克敌而致果。苟无此最后十五分钟之坚忍性,虽有至精之技术,至利之器械,至险之地利,至充足之军需供给,至完密之作战计划,均无所恃以为争胜之具。而此种坚忍不拔之性,其程度高低,全视锻炼功候浅深以为判。非政治完全,究不能培植成此最高程度也。彼国近年教练,每至疲劳困乏之不胜,有自断其指者,有卧于铁轨之中为火车压死者,究未闻有因不堪其苦而能逃逸者,亦未闻有怨恨其军官而加害者。此种心理,纯系国民武德教育之功效,尊重军人之作用,始有以收此最后十五分钟之完全效果也。

问:所谓武德教育者若何?

答曰:约分二种。

一军国民之精神教育。

一军国社会之精神教育。

问:军国民之精神教育若何?

答曰:军国民教育者,普及国民爱国尚武之精神教育也。盖兵学战术,当有军事专校以讲授,而爱国尚武之精神,则凡普通各种大中小学校均为培育之地,其尤要在先于中小学中注意。诚以人当幼稚之时,天真未漓,易于感受,所谓少成若天性者是也。德自败于法后,将法人无理凌我,割地偿金之耻,编入教本;日于未与俄战十年以前,早已将俄人横暴凌侮,侵略东亚之情形,列为教科,虽盲哑学生,言及俄人无不愤恨。方甲午归远辽东,受俄法德所挟制,因于中小学校中,昌言申教,以激刺生徒之脑。至后满洲撤兵迁延之时,其国中青年会,激昂慷慨,欲决一战。当德之败法也,德相归功于小学校。日之胜俄,其国中与论,亦有斯说,信不虚也。至于中学校,则不专述己国之耻,并盛称外国之长,俾学生知世界富强之原因,武装立国之要义。方日本变法之初,举国醉心欧化主义,盖非取人之长不足以制人,所谓以子之矛攻子之盾也。其各大学中,虽有专业,而当考试毕业未评定甲乙以前,中间之数星期秘密教育,皆讲授维持军国主义之责任,专在上流社会鼓舞其一般人民愿入伍之精神。至国家有对外秘密事件,不能以明令发表,且不便以报纸宣布者,即以教育机关传达之。良以举国无人不学,无地无学,朝令夕达,通国皆知。

问:军国社会之精神教育若何?

答曰:国民者,社会之分子也。无良社会,不能有良国民;无良国民,即不能有良军队。试思国家征兵,妇女去其半,老弱及不堪服役者去其半,现役抽签额满及岁而不能服役者,又去其半之半。例如,日本近年征兵定额,仅占适龄者百分之二十二或二十三而已,其人口总数六千余万,常备兵止二十余万,仅占千分之三十余分而已。然则一国之内,即行举国皆兵之制,其平日充现役兵者,仍居少数。苟徒责此少数者,使有尚武精神,而此外大多数之男妇老幼及退役者,均放弃而不问焉,恐此少数者之精神,反不敌多数者之消磨。惟军国主义之国家,则不但使多数非兵者,不消磨少数者之精神,且助长少数者之精神,以保护多数者之财产性命。即以日本社会之显见者言之:一报馆焉,在都会者尚记载一切政治之事,在地方者,多专载军事,某军人之肖像,则模拟之,某将士之历史,则表彰之,某日之演习,则评论之,某役之战争,则记述之,使阅者耳濡目染,习于军事而不自觉。一戏剧焉,多演战争之事,如割台湾,陷旅顺,大破辽阳,占领奉天等事,使观者有渴饮敌血之心。一童子服饰焉,装著军官制服,成年则禁之,使儿童知军服可贵,引起其长大从军感想。愚曩时在东京,见有游就馆焉,陈列降将所献之军装文物,题曰受降品,并以泥塑陆军与俄战争效死之状。又有国光馆焉,绘中日、日俄战争形状,以光学作用,恍如身在战场。又有菊花人像馆焉,以蜡制人,以菊花结成军服装饰,作围攻旅顺状态,以表其进攻之勇。更有靖国神社焉,为供祀军人之社,内塑猛将驰马奔腾之状,壁悬死士照像,且绘中日日俄战争之状,陈列战时利器,题曰邦国之光。及游其郡市,见居民百家即有体操会,有武德会,凡棍术、剑法、拳技,人民争好尚之,官吏亦奖励之,凡此者,直接以鼓舞社会一般之武勇,即间接以鼓舞在役军人之武勇也。其军人之在乡者,有军人会,凡预备、后备之下士卒,当勤务演习召集之时,赖各地之军人会,有以指导补助之。当日俄战时,大阪一寡妇,捐银十万助饷,横滨某小学生,节缩学费,捐入恤兵会,其他贫民下女,集力资以输将者不可胜述,此日本之军国社会大略情形如是。试再以德国言之,当拿破仑败普之后,一时社会,势处剥肤,恨深切齿,其哲学家及志士,立演说会,创德风会,作爱国之诗歌等,以热血鼓励乎人心。尔时南北日耳曼一体相联,咸怀义愤,虽妇人女子以及贩夫走卒,无不思赴义急公,竭忠报国。嗣至普王誓师报法之日,远近市民,结队成群,欢声雷动,各处高台,无不升旗挂灯,朗耀若昼。七月二十七日,通国士民,持斋禁食,祈祷上天,其商人则群聚而献策于朝,愿输旧舶废舰,以塞波罗的海。而方法之侵入也,其神民则群起而献颂于王,喜报仇之有日。虽凋物力,弃身命,亦罔恤也。其平民无论矣。有素封之家,如富罗连辈,正值合卺临期,适闻征兵令下,慨然从戎,路旁停骖,与新妇执手行礼,匆匆而别,犹以建功国家相勉,无室家私语也。其男子无论矣。有村落女子,强求入伍,经地方官吏再三劝阻,始止也。其国内之人民无论矣。有贸易于英国及印度者,一闻构衅,行者则束装归国,思效命于行间。凡将婚者均致命曰,今毋以家为也。居者则竭资奉公,以治伤亡。有某甲身无长物,止银匙一具,而以举而输之也。当此之时,旅德之英人某,于夕间游行街市,听其言论,父兄诏勉,夫妇敦劝,无非兵事。虽曲巷中之酒家,其男妇私语,亦悉为保疆御敌,有不灭拿破仑誓不息兵罢战之慨,亦壮矣哉!此德意志军国社会之大略情形如是。观于德日两国,益信社会之精神,即军队之精神,非教育何能有此!

问:尊重军人之作用若何?

答曰:军人以己之死,求人之生,极世事之至惨,非常情所乐为。夫人情固莫不好生而恶死,然亦莫不好荣而恶辱。孟子曰:"呼尔而与之,行道之人弗受;蹴尔而与之,乞人不屑也。"使荣其死而辱其生,且使荣甚于生,而辱甚于死,则好荣之心,甚于好生,恶辱之心,甚于恶死,所谓所爱有甚于生,所恶有甚于死者此也。今之列强治军之窍要,溯源于此。是可分国家社会两方面言之:

其属于国家方面者,兵之精神,国之魂也。昔希腊大哲学家伯(柏)拉图以人身喻国家。近世大政治家伯伦知理谓国家为有机体。夫人为有机体最灵之物,国为有机体进化之物。人无魂则行尸走肉,是曰不具之人;国无魂则待毙垂危,是曰病夫之国。国魂之重如是,是国家最可宝贵之物也。顾世界上凡最可宝贵之物,即为最难得之物。以最可宝贵之物而鄙夷视之,有是理乎?以最难得之物而泛常求之,岂能得乎?试思国有名器,所以御世,朝有荣奖,所以酬功。例如,一孝子焉,一义士焉,一贞妇烈女焉,何以必褒扬而崇美之?以其有益于礼教风化,有裨于世道人心也。彼赳桓之聚,干城之选,以身报国,有死无贰,其裨益于国家者,较孝子、义士、贞妇、烈女为大。则国家之褒扬而崇美之者,不当较隆乎?抑国家必尊重孝义,是以有孝子、义士;必尊重贞烈,是以有贞妇、烈女;虽出自天性之真纯,亦实由治化所感召。惟兵亦然。国家惟尊重军人,是以有真正可靠之军人;而不然者,征兵满万,与无人同,非无军人,无其精神也。无精神则与无军人等也。闻之前清涛贝勒游德时,德皇询之曰:"贵国不强,病根安在?"贝勒不能答。德皇又曰:"尊重军人,最为要事。"只此一语,德皇便已道尽治兵之能事,启发军国之秘钥矣。愚游日本时,曾闻某大将之语曰,文武并重,古代为然,今世则重武当过于重文。试以作官比较之,文官不爱钱,便成好官;武官则不爱钱,又须不惜死。其难一。文官做事有商量余地;武官则军情万变,当机立断,间不容发。其难二。文官做事,可曰试办,即或有误,尚可转圜;武官则兵凶战危,计划偶疏,国随之危。譬之持算,一子错则满盘俱乱;有如弈棋,一著输则让我无人。其难三。有此三难,故武为重。某将之言如此。愚意尊重者不仅在官,而在一般之士卒。尊重非空言之谓,其在平日,军纪尊严,而法律平等,无论何人当兵,一体待遇,偶有死伤,优为祀恤,非但例行已也。彼普法战时,普王子带队,亲抚伤兵,王妃择闺阁之同心者,集会施济病卒。一时普京爵绅妻女,及宦门仕族,多创善医会者。日本明治十年,西南之乱,将士伤送病院者,皇后、太子妃亲制锦缎丝赐之。天皇临大阪病院,亲问赐物,其对于伤者尊重为何如乎!阵亡军士,入祠奉祀,血食千秋,遗族养赡,列强率有通例,可无待言。日本当军人出征,必先摄影,战死则悬之国光馆。日俄战后,国人渐有厌兵之感,政府因令军人星期不假,免与社会交通,天皇思念阵亡将卒,夜不成寐,明降谕旨,收集阵亡相片,悬挂卧室,其尊重死者为何如乎!要之:尊重军人,即尊重国魂也。死伤之祀恤,其变;生者之崇尚,其常;养之多年,用之一旦。若至戎马仓皇,而始讲尊重之道,则已晚矣!

至于社会人心之崇尚,全视国家政治为转移。上有好者,下必有甚,上既尊重军人,则其下自习为风气。不观日本乎?明治维新之初,有学者大倡警世新论,谓人之供诸神,为能保护生命财产也,设有外兵压境,侵覆我室家,奴隶我子弟,尔时将急抱佛脚,倚神威以退敌乎?抑将恃兵士折冲御侮,以拥护公共之安宁幸福乎?是不待智者而知,在兵不在神也。然则人尚知敬供心理上保护我之神祇,何可不崇拜事实上真保护我之军人?此论一出,风动全国,道路传闻,咸谓一国财产,神圣保护,军队代行神圣职权,不可不敬。曩游日本宏前,见有军队过市,妇孺合掌,喃喃致祝,状类敬神,盖即此风之流播使然。愚人联队时,秋操演习,一昼夜未息,趾血迸裂,痛不能行,与同伍偕至某町,遇一绅迎而慰之曰:君等为国宣劳,如此其苦,我辈废人,实有愧色。随奉酒食,坚不受值。愚告以系中国人,绅仰思而言曰:吾爱军人,何分国籍?君不尽忠我国,亦当尽忠祖国,总为世界高尚人格,谨具菲酌,聊表微忱云耳。噫!如日本之待军人,可谓神明之骨肉之者矣!此外,社会上之显著者,如商号售货,军人减价;火车座位,军人让先;市场之丝、布、竹、木、金、漆各品物,仿造军人之像,光彩夺目;凡公园、戏院、各名胜游览之所,皆减券价;出征用品,特别贱售;在平日入伍、退伍,尚见到处欢送欢迎,一遇战事,祝捷奏凯,更视为无上之荣。家有从军者,其门楣以木版标"出征军人"四字,邻里戚友,争为光宠,凡此之类,不胜罄述。彼为军人者,受外界之优遇如是,能不忠义奋发乎!倘或畏死幸生,不但社会上指摘鄙弃,引为大辱,即返诸,本人良心上之裁判,亦无能自为宽免矣。尊重军人之作用,岂不大哉!

问:总上所言,强国在乎战胜,战胜在乎物质、精神两端。以军学之研究,军费之充储,军械之制造,征兵之实行为物质,始操战胜权十分之三;以最后十五分钟为精神,反操战胜权十分之七,毋乃偏重于精神乎?

答曰:昔拿破仑一世论战,以四分之三在乎军人心理。所谓军人之心理者,即战争之精神也。夫物质善变者也,制器备械选卒校技,必当相机措置,因时制宜,万不得颛己守常,狃于故习。若夫忠臣戮力,公而忘私,勇士效命,义无返顾,此则万世不变之道,无古今中外而已。此二者轻重异同之大略也。至于科学进化,物质新奇,似乎特难,然为抽象的进步。若破格奖励,风行草偃,一国之内,有少数人才,专精其事,便可登峰造极,媲美前人。若精神者,其道理之平常,如布帛菽粟之无奇,如日月江河之常见,虽妇人女子亦能道著,似乎至易之事,然非国家行政上有具体的进

步,则戛戛乎其难。若徒责诸军政机关之少数人,未能奏效。必实行军国主义,其上有一致进行之政策,其下有一道同风之社会。然后,此种势力蕴之固而发之弥光,其中作用,盖有不能以形容者。譬之冶金,克虏伯厂之葡萄钢,全球称美,其难能可贵之处,则在镕铸时瞬息一点之微妙也。军队亦然。同一器械,同一训练,而优劣判者,即在此精神上之一点耳。试观日俄战争,则精神之价值,更可信矣。俄国自大彼得帝以万乘之尊,杂伍佣卒,游学欧洲,亲习制造,归而改行征兵,创造船械,二百年来,雄踞欧亚两洲之北,其军制、军学、军器,卓然可观,惟其精神不若日本远甚。盖俄国疆土辽阔,种族纷杂,以故一般人民,阶级过严;加以政治之设施,不免有违反民意者;国民之教育不完全,人民怨政府者多。故每致阵前不以战胜为荣,反以俘虏为逸,是以一战而败于日本也。日本维新之初,精神、物质,兼营并进,以有形者而言,日本为欧化后进之邦,其物质上一切之进步,不及俄国远甚。以无形者而言,其大和魂武士道之精神,上下一贯,则驾俄国而上之。观其日俄战纪,大石桥之役,既已血战两昼夜,片刻未休,困惫达于极点,而复率之以行夜袭,收出其不意、攻其无备之奇功。当其攻击二百零三高地之时,悬崖矗立,攀缘莫上,前仆后继,死尸山积,此其为国捐躯,一瞑不视,岂物质所能致哉!

答友人论军事书

阎 锡 山
1915 年 7 月中旬

　　辱承书示前史战法,并引孙子"节短势险"诸说以为奇秘,谓我国善用兵者,师古兵法,不难制胜,当世卓识伟论,称快一时。山不敏,窃期期不敢谓可。山尝谓历史者,人群竞争之进化记也。有史以来,兴废存亡,不知几经变迁,极多少聪明智慧,无非竞图生存,谋制人而不为人制也。故战争之政,今善于古,亦犹战争之具,今巧于昔也。刀石之不能敌弓矢,弓矢之不能敌火炮,亦如招募之不能敌征兵,"自由主义"之不能以御"军国主义"也。居今日之世,而不行乎今之政,无以异于执弓矢以御火炮,不论乎操术之精不精,非其对手也。所谓今日之政者何也? 一言之,将向之所谓"深谋秘计"之兵法,而寄之于国家行政,反为平平庸庸者所皆能也。向尝读吾国史,其统御求如岳忠武之岳家军,其用战求如淮阴侯之背水阵,亦可谓得兵家之秘诀矣。然此等军队,感情在于个人,易人而将,则或不能用矣。此等阵法,因地设险,易地而处,则亦无所施也。今之列强则不然。其统御也,有如军军岳家军;其用战也,有如处处背水阵之妙用也。夫所谓岳家军者,在"万众一心",能用以赴汤蹈火而不辞。推其源,将官之感情使然也。今之列强实行军国政策,其军则为国军,变其局地之观念,而为国家之观念,向之用命于将官者,一变而为效忠于元首矣。故其收效也,横言之,合全国为一家;竖言之,合万众如一人;士卒不因将我者之恩仇,而变其尽忠之义也。所谓背水阵者,如登高而去其梯,进或可以死中

求生,退则必不能幸免也。今之列强,以普及教育,发扬其爱国思想,使之不忍退;尊重军人,激励其自重之心,使之耻于退;地方自治之完全,警吏监视之严密,使之不敢退。余昔游日时,某将官谐曰:"淮阴侯之背水在阵地,阵地无水,则不能背矣。吾国军之背水,在人民之户前,出其门则无处不背水矣。淮阴侯之所背者,水也,无水即不可背;吾国之所背者,法也,守其法则无往不背水矣。"语虽近谐,理实不谬。吾国谈兵者,孙子当称兵圣,其篇中"节短势险",尤为至精微之论,然止用之于战法,而未能藏之于军政也。今之列强,取兵役义务之制,故人民充兵之日短,然其蓄志于充兵之日长;其在兵籍之年多,然其用兵之日短。惟其日短,故其忍耐力亦大,始能使之忍人情之所不能忍,而锻炼成坚忍不拔之性格,以收最后十五分钟之效果也。此正与孙子节短同。今之列强,取举国皆兵之制,明养一兵,暗收十兵之效,即有一钱可当十钱之用,故其养兵少而用兵多。如普鲁士当法人限制兵力之后,能出法国之不料,而一雪其耻,此正与孙子"势险"同。由前数说观之,彼列强能将吾兵法之深谋秘计,寄之于国家行政,故军曰国军,国曰军国。若以非军国之军而与军国之军相遇,纵将如孙、吴,其尚能有幸乎?愿我公更进而有以教之,无任钦迟。

在太谷社交堂向三晋 中级以下富有资产者之讲词

孔祥熙
1915 年 9 月

诸位父老兄弟诸姑姊妹：

余有一建议，今愿提出，请诸位共同商讨、采纳、实行。按此建议，余向数位特别富有资产之"老财"曾讲解多次。惟范围不广，且彼等行动迟缓，故今特邀集诸位于一堂，余认仍有多方建议之必要。余建议，非常简单，即请吾三晋人士，皆将眼光放大、视线拉长——向娘子关外看、向京津看、向沪宁看、向武汉看、向广州看、向日本看、向欧美看、向全世界看。

吾国人尤其三晋同胞，大都患有"近视病"。患"近视病"者，只能看到近处，未能看到远方，如欲看到远方，须先疗治好"近视病"，疗治"近视病"之第一步手续，即为检查病源。然三晋同胞之病源，余早已检查清楚。其病源有二：

一、由于外感。吾山西，四周皆为崇山峻岭：东有太行山脉，西有吕梁山脉，北有五台山脉、云中山脉，南有中条山脉，遍地皆山，无一县无山，除绝无仅有之徐沟县外。即向称富庶之区之祁太平三县，除县城及少数村庄在平原外，余均蛰伏山内。以故多数人之视线皆被崇山峻岭遮断，从来看不到远方，因此目力退化而逐渐变为"近视"。

二、由于内发。山中人虽所见不大，然谋生极易。谋生极易，即为患"近视病"者之本身病源。换言之，"近视病"原为世外桃源之安逸生活所养成。盖生活于世外桃源者，穿衣有粗细麻布、绫罗绸缎，住屋有坚固耐久之高楼大厦，燃料有全世二千年用不竭之石炭，吃荤有猪羊鸡牛，吃素有芹菠萝葡，出行有二马驹轿车。凡衣食住行，皆不必仰求外来，而自可供给有余。所以多数人竟养成"近视病"。

病源既然检查清楚，即可对症下药。余为患"近视病"者所下之药剂：一、劳动；二、外出考查。吾人为根治疾病起见，则不妨多劳动多有几度出娘子关。不过在未出娘子关之前，须有充分准备，如与人多方研讨或看书报等，务使胸有成竹，胸有成竹，则临事不至无所措手足。盖外出考查不仅走马观花赏玩景物而已，务须尽量吸收新文化，多方考查工商业。如此，眼界再不被狭小环境所包围，思想亦不为乡土观念所禁锢，身手更可借新鲜空气而灵动自如。此三点必能作到，余敢保证吾人果能身心健康、思想自由、眼光远大，则自能为人、为己谋幸福。否则本身之苟安生活犹不易久长维持，安能为人、为己谋幸福耶？所谓幸福，绝非指个人之一时享乐，乃指大众永久之福利而言。何谓大众永久之福利？兴办实业：如开采煤矿、如开采铁矿、如纺纱、如织布、如造纸、如制造各种家用什物等。提倡教育：如办小学、如办中学、如办大学、如办职业教育等。改良农业：如选种、如造肥、如开渠、如翻土等。凡此种种，皆余所谓为大众永久谋福利也。惟能言者无力实行，有力实行者又无此知识。所以近十余年来，此种论调虽高唱入云，然徒托空言，无补实际。今此建议，亦知难收实效，然多数"老财"果能多劳动，多外出游历、考查、采访，一旦稍有心得，返来为人、为己谋幸福，或者对国计民生不无小补。

或谓："若干大学毕业生及东西洋留学生，犹不能有何成就，羸弱无能之'老财'又何能为力？"余不作如是想。盖"老财"虽不能作经天纬地之大事业，然也可投资让他人作。假使毫无常识，他愿否投资为一问题，投资能否以应急需又为一问题。今此建议，无非亟欲其增进常识也。此为功用之一。再一功用即为多方送子弟上学堂读书。余尝谓学堂为"人才制造厂"。如能多方送子弟上学堂读书，即可大量造就人才，如能大量造就人才，即可发展百业、振兴国家。诸位必谓："富家子弟并非不读书，但不上学堂读书耳。"请注意，二十世纪之青年，非上学堂读书不可。私塾教育绝不能造就出有用之人才。此吾敢断言。不过，上学堂须尽量上外边之学堂，如北京、如上海、如南京、如武汉等处。中学以下在本省也可。诸位如喜愿送子弟至余办之学堂读书，更为欢迎。但余所办之学堂为洋学堂，诚恐诸位不喜愿。不喜愿无关重要，只要喜愿往外送，皆送至太原省城亦好。余此论调，并非为余所办之学堂多招生徒而广事宣传，盖欲吾太谷、吾山西、吾中国而大量产生人才也。何谓人才？有知识能作事者，皆为人才。能领导能组织多人作事者，更为杰出人才。

仅至京、津、沪、宁等处游历、参观、考查，犹为不足，如能至国外更佳。赴日本花钱不多。凡年过四十、富有资产且不能再上学堂读书者皆当赴日一行，再远即为西洋。西洋各国皆为文明先进国，一切文物制度、民情土俗、工商实业，皆可观察、考查，以资借鉴。

今余讲话不少，就此收止。但不知诸位对余所讲之话是否彻底了解？再总束一句：果欲久长过真正之美满生活，且欲为人群社会谋幸福，第一须将眼光放大、思想拓展。眼光放大、思想拓展之绝妙方法，即为多劳动，多出娘子关外游历、参观、考查。第二为多送子弟上学堂读书。但眼光未放大、思想未拓展之前，多数"老财"大都不肯为。

为反对帝制上袁世凯书

孔 祥 熙
1916 年春

　　顷阅报纸,得悉吾大总统已被伪代行立法院、伪组国民代表决定国体,改变民主政体为君主政体,且推戴吾大总统为皇帝。熙披阅之下,惊慌异常。窃以吾公称帝之表面理由,谓国人程度低浅,知识薄弱,不足以享受民主政治所揭橥之平等自由。如勉强施行,则人心势必涣散而不能团结,社会秩序势必紊乱而不得安宁。民国成立已经四载,而扰攘乱离,杌隉不安者,正以此也。民主政治再过五十年,或一百年,民众经多方训练而德智增长,再为实施,或尚可能。此种论调,骤闻之,似有片面理由,然稍一思索,则知其大谬不然。盖圆颅方趾之人类,皆富有摹仿及前进之本能。今吾国既摹西洋而实行民主政治矣,自由、平等之幸福,同胞亦已粗略享受矣,人类前进、改善之本能,亦已有相当发展矣。为领袖者,再能因利乘便,善为诱导,则吾中华民国,不久可与欧美先进列强并驾齐驱、遥相媲美,岂同胞程度低浅、知识薄弱? 民主政治果无法实行耶? 抑为领袖者,不善诱导,不善作表率也。夫吾公果爱民心切,爱国情挚,即改弦更张,假以威柄,未尝不可。惟夷考吾公改制称帝之动机,原非如此。特欲假借专制政体,钳制同胞口舌,束缚国人思想,以期安作吾公帝王之迷梦。此种昏聩、愚妄之盲目行为,凡稍有常识者,皆知其不可,而吾公竟悍然为之。熙虽不才,岂忍坐视革命先烈之宝血竟付诸东流而不为吾公稍有建白耶?

吾国自海禁大开，欧风东渐以还，国人之学识，日益增加，同胞之思想逐渐发展。而一般青年志士，更醉心于自由、平等之说，形之言动，不可遏止。幸前大总统孙文，致力革命，顺应潮流，融洽舆论，推翻满清，创建民国。同胞庆解倒悬，去其桎梏。如久旱之逢甘霖，如困龙之入深渊，称心快意孰有过于此者？而吾公霹雳一声，改制称帝，倒行逆施，残贤害良，欲以一手掩尽天下人之耳目，以倾覆先烈之功于一旦，计亦左矣。夫日本提出之"二十一条"，显然系亡人国之催命符，而吾公竟不顾国人之非难，公然接受。吾公固非愚者，苟非有交换条件，何至出此？惟皇帝迷梦方酣，只求此梦及早促成，虽牺牲整个国家，亦所不惜，况接受区区"二十一条"哉。假异族之力而鱼肉同胞，此刘豫、张邦昌、秦桧、吴三桂等之所为也。今吾公竟步其后尘，为虎作伥。国人不敏，亦难蒙蔽。三尺童子，亦皆洞晓。所谓"司马昭之心，路人皆见"，吾公将谁欺？欺天乎？！

他人数吾公以十大罪状，或八大罪状，熙不再深责。即以称帝而言，已属罪在不赦，何况其他？尝思吾公之称帝，不是不智，即为不仁。不智不仁，二者必居其一。然一再思索，二者竟兼能有之。此吾公所以为国人所弃绝而誓不两立也。

往者，吾公明达，吾公英武，故国人拥戴为元首。国人期望，不为不殷。国人爱戴，不为不厚。然吾公不图报效，不谋尽责，乃欲推翻共和，自立称帝，丧心病狂，一至如此，尚何言哉？惟事已至此，熙为吾公计，为吾公子孙计，亟应悬崖勒马，幡然改图，通电自责，退栖山林。且将吾公承认之"二十一条"，宣布取消。如此，尚不失为勇于改过之英雄，国人亦必能见原，而与以自新之余地。否则，若执迷不悟，冒天下之大不韪，以断送吾黄帝子孙之大好河山，则身败名裂，在指顾间耳。何假作皇帝迷梦耶？

祸福利钝，略如上述。尚希吾公及早图之，免遗悔恨。古人云，君子爱人以德，小人之爱人也以姑息。愿吾公三复思之。

谨呈

在山西基督教青年会
第一届学生夏令会之讲词

孔 祥 熙

1916 年夏

今聚多数有为青年于一堂,彼此交换知识、研究学术,本人非常感觉愉快。盖兹会原为本人所提倡,且在山西举行为第一次,谁知与会人数如此踊跃,如此热烈,此为本人始料所不及。但本届夏令会,一切筹备皆未周到,尤其讲员,除几位西国朋友而外,仅赵友琴先生及各学堂之一部分教职员得以出席,其他闻人皆未请到,希望下届可及早筹备,及早多方延聘国内外知名之士。

本届以太谷凤凰山之酬泉为集会地点。此地有池塘、有怪石、有茂林、有丛草,原为本人生长、游憩之所,最能怡情悦性引人入胜。今利用假期集多数有为青年于此,研讨学术,据本人观察,可谓再好无以复加。

按三晋名胜之区,亦颇有数处:如晋祠、如绵山、如五台山等处,皆可为举行夏令会之绝好地点。希望由近及远逐渐择地举行,务使一年一度之夏令会得以收获美满之硕果而后已。

可惜多数老先生,不仅未能遍游天下名山大川,即吾晋有数之名胜古迹,亦多未涉足,多未过目。诸君稍一思索,如此求得之学问知识,安能适应社会之需求?安能有补于国计民生?惟有体态龙钟,气韵萎靡,即为其一生读书之代价。诸君都是有为青年,德智体三育须兼程并进,一项不

121

可落后,兼程并进之最妙方法,即利用假期择地活泼身心与多人交换知识是。学问之大敌为孤陋寡闻,知识之良友为集思广益。打退大敌——破除孤陋寡闻,然后学问可以迅速进展。得到良友——集思广益,然后知识自能丰富渊博。然此大敌,何以打退耶?良友,何由而得到耶?不难,不难,不单独钻牛角尖,则可以打退大敌——破除孤陋寡闻。果能与多人接触、多人探讨,则可以集思广益——得到良友。今兹集会原为破除孤陋寡闻以期获得知识之良友而举办也,须知此种场合本为一混合体:有教员、有学生、有军界、有政界。教员有由太原省会来者,也有由大同、临汾等处而来者。其他人员亦然,以此交换知识,以此探讨学术,自然可以精深渊博、包罗万象。惟国内外知名之士,未能多数请到,所以吾人讨论之范围仍属狭小,仍未能冲破雁门关与娘子关之界限。此为本届集会之美中不足。此种缺陷,希望下届填补。

避开个人平日工作处所而择地会集多人研讨学术,此种场合,既不为环境所禁锢,更可以自由而发展:如质疑、如问难,皆可随意提出。问题能解决更好,否则存疑,以待高明。如此才可以获得渊博之知识与健全之学问。惟渊博之知识与健全之学问,须寓于健全之身心方能有为,否则知识学问无法施展,勉强施展,结果绝不能完满。盖发动力弱小故也。须知健全之学问与健全之身心,二者如影随形,相依为命,几须臾不可分离。职此之故,活泼身心与增加知识,二者必须平衡,绝不可有所轻重。所以吾人于研讨学术之余而爬山越岭,浮池沉塘,也为不可或缺之工作也。愿诸君同时努力。

余尝谓:旧日之书生,思想迂缓,行动怠惰,一切表现皆是死气沉沉,此完全为八股教育之产物,诸君绝不可再步其后尘,须要活活泼泼有如孙悟空之行动,然后方能有为。不要误会,余并非教诸君“大闹天宫”去。原是希冀诸君说作就作,说行就行,绝不因体质羸弱而未能参加艰苦工作。吾国已往多数学者,只能坐在家中说(说亦未必能说到中肯处),多未能去到处边行。此吾国衰弱之一大原因也。愿诸君积极振奋迈进,立改此习,务使德智体三育平行进展而后已。

今余于开会之初,略述本人之主张,亦即举行兹会之愿望,余愿与诸君共勉之。

123

铭贤学校成立十周年纪念日之讲词

孔祥熙
1916 年夏

今兹集会,由外返校之同学为数颇多,余因之有所感矣。有何感乎?管子云:"一年之计莫如树谷,过于下年之计莫如树木,终身之计莫如树人。"今余树人,不过十年,十年树木,或可成材,树人诚恐未必。诸生记清,余并非谓诸生尽属臃肿卷曲未能成材,只是距成材尚远。盖诸生大都在学堂读书,或有一二在社会服务,然亦知识有限,经历尚浅,殊不足以负重任。不过,社会为最大之人才制造厂,苟能悉心体验,尽量观摩,皆可以成就有用之材,说到此处,对于立身行事,余应为诸生进一言:

立身行事,须有主义,须有宗教精神,二者缺一不可。有主义,则前后一致,言行不紊,不顾一切,贯彻始终。有宗教精神,则作事不感枯燥,忙碌不觉烦恼。盖由于兴致勃发,衷肠热烈,只知前进,不知后退使然。如此立身行事,事工必有成就,成绩必然可观。历代圣贤豪杰,其成就大都如是。即使事业失败,成绩毫无,吾亦十二分景仰其为人,以其磊磊落落、勤勤恳恳努力为人故也。况有主义、有宗教精神之立身行事,绝少无成就、无成绩可言者。

或谓:"主义与宗教精神,谈何容易?常人,终日维持生计,适应环境,尚感能力不足,何能谈到主义?更何能有宗教精神?"发此言者,盖不知何谓主义、何谓宗教精神也。

何谓主义?有思想、有计划、有步骤、有欲到达之目的地,且时时勤苦

工作，日日努力前进，如此立身行事，吾人则谓之有主义。若左顾右盼，趑趄不前，彷徨歧路，无所适从，且如此长期下去，余敢断定其不论从事任何事工皆不能有所成就，绝无疑义。

何谓宗教精神？宗教精神，即坦白、率真、热烈、奋勇，且能不顾一切而积极从事个人认为有益于社会人群之工作是，绝非专指迷信任何鬼神或信仰任何教主之谓。不过崇拜与信仰之对象，乃为个人之自由，只要出于真诚，任何人不应干涉。盖有所崇拜、有信仰者，不仅较优于见风转舵及与世浮沉之辈为多，简直不可同日而语。余愿诸生皆当富有极热烈之崇拜心与极坚定之信仰心。然不愿信仰鬼神或崇拜他人为偶像时，最好崇拜自己、信仰自己。自己何需崇拜？何需信仰？知世上不崇拜自己、不信仰自己者，为数甚伙，几到处皆有。狂嫖滥赌，戕贼身躯，固步自封，不知进取，卖弄唇舌，消磨岁月，望而却步，畏难中辍，耽玩享乐，苟且偷安，凡此种种，皆余所谓不崇拜自己、不信仰自己者也。信仰自己、崇拜自己者则不然：不畏难、不苟安，能吃苦、能耐劳，人不为者我为之，人不能者我能之，盖平日博闻强识，爱惜时光，振振自励，发奋图强。以此为人，人无不爱。以此行事，事无不成。所谓："舜何人也？禹何人也？有为者亦若是。"诸生果能如此操作、如此存心，则信仰自己、崇拜自己之本分可谓尽矣。换言之，信仰自己、崇拜自己，即操持不苟、努力为人、自尊自贵、不看轻自己之谓。此为余之一贯主张。愿诸生勿负斯言。

山西省之煤铁矿[①]

燕 春 台
1916 年

是篇本山西大学教授虞斯强氏（Nypstrom）所著之《山西省之煤矿及金属矿》（The Coal and Mineral Resources of Shanxi Province）而间参以他书。挂漏之讥，知所不免，译者识。

晋省之地质　晋省地质可分为南北二部。以太原府为分界，南部在太原府南者，地层为始原代石层，再南，则最下层为始原层，其上为石灰石层、煤层及砂石层，更高则东隅缺砂石层，而西隅仅有始原一层；北部可分为东西二区，东区之石层甚幼，为僦拉纪之砂石层，西区之石层极古，康勃利亚纪者，其最幼者也。故北部产煤甚少，而南部则极多。

晋省之煤　晋省煤区广凡三万三千五百方里，煤层平均厚度约四十尺，比重为一五，其全量达六千三百亿吨，故晋省之煤，足供全世界千余年之用，且煤层微斜，于其中凿长数里之导水坑，为事亦易。煤层之上为砂石，故矿坑中无需支柱，采取之易，实所罕见。兹分论其无烟煤及烟煤如左。

无烟煤　晋省之东南部产无烟煤，面积广一万三千五百里。兹将县邑产此之最著者，及数处标本分析之结果，列表如左：

阳城、翼城、浮山、寿阳、盂县、静乐、岳阳、临汾、太平、灵石。

烟煤　晋省西部产烟煤，面积广约二万方里。兹将县邑产此之最著者，及数处标本分析之结果，列表如左：

[①]原载于《清华学校》第二卷第二期。

临汾、大宁、洪洞、临乡、长安、太原、神池。

无烟煤之分析表

物质以百分计算 ＼ 县邑	阳　城	翼　城	浮　山	寿　阳
水　　分	3.34	0.747	1.60	0.467
发散之炭轻气	10.33	6.60	11.81	6.12
发散物之全量	13.67	7.34	13.41	6.58
骸　炭	86.33	92.66	86.59	93.42
灰　　分	7.47	9.25	3.3	7.62
定性之炭素	78.86	33.41	83.29	85.80
硫　黄	0.39	1.4	0.51	0.89
热量之值	8058	7833	8428	7932

烟煤之分析表

物质以百分计算 ＼ 县邑	临　汾	大　宁	洪　洞	临　乡
水　　分	0.91	0.68	0.82	1.05
发散之炭轻气	34.64	27.32	38.70	17.1
发散物之全量	35.55	28.12	39.52	18.15
骸　炭	64.45	71.88	60.48	81.85
灰　　分	4.6	10.20	14.14	4.00
定性之炭素	59.85	61.88	46.34	77.85
硫　黄	0.90	0.82	2.81	1.60
热量之值	7990	7778	6478	8375

晋省之铁矿 晋省铁矿之富,与煤矿埒,其矿石大概为赤铁矿及褐铁矿,藏于石炭纪之页石,或沙石层中,其形或为块状,或为床状,所含之铁量虽低,然有害之混合物则少,且其质粗松,熔冶甚易。据考察所及,二千五百余年前,即已从事开采,逮唐代而益盛。迨至今日,其开采之法,与欧洲数世纪前适用者,殆相伯仲,但铁质则甚纯良,经土法制炼后,不逊瑞典产。平定州所产者,曾经德国克鲁伯(克虏伯)炮厂精炼,所得之钢,称为上上,外人之垂涎非无因也。兹将县邑产铁之最著者及数处分析之结果,列如左:

平定、沁水、宁乡、太原、榆次、临汾、曲沃、翼城、岳阳、汾西、洪洞、吉州、安邑、孝义、阳城、怀仁、绛州、武乡、灵石、盂县、沁源、长治。

物质以 百分计算　县邑	平　定	沁　水	宁　乡
铁	92.16	59.9	56
炭	3.75		
锰	0.60		
硫		0.73	0.4
磷		0.03	

结论 据德人聂诃芬氏(Richthofen)之计算,晋省每年产煤之量约一百七十万吨,铁约一十六万吨,与地下之所藏相较,何啻沧海一粟,其不发达之原因盖有三端:资本不足、人材缺乏、交通不便。

(一)资本缺乏,实为道德之关系,非金钱之关系。盖晋省之富,名闻中外,其富商大贾,外人至方之为犹太,尚何资本不足之忧,但矿务巨大,非一人一家所能举,故聚股之事尚矣,聚则吞蚀之事时闻,商人视之为危途。无怪矣。

(二)吾国矿业学校,尚未全见发达,而留学界之习矿者又鲜,故办矿

者,非商人即官僚。是辈既乏矿业智识,又视外国工程师为机械,营业诸务,不与商榷,而彼辈又以客乡之位,视公司之营业,无关痛痒,故倒行逆施,而亏折之事起矣。

(三)晋省既鲜铁路,又乏江河,故运矿之利器,人力耳,驼马耳,无论蚁背负重,不克及远,其运费之昂.诚所罕睹,故虽数里之遥,而价值悬殊。以此而欲望矿业发达,何可得哉?差可慰者,正太及大同二线,业已告成,同蒲一路,又将继续兴筑,且有将路线向南北延长之议,如然,则晋省之矿务将蒸蒸日上矣。

六 政 宣 言

阎 锡 山

1917 年 10 月 1 日

　　晋民贫苦极矣！贫苦之源，起于生者寡而食者众。曷言之？盖晋民所恃以谋生者，农业而外，向重商业，非但迹遍行省，抑且角逐外藩，人数有二十万之多，岁入在二千万以上，此不仅汇兑一业，执全国金融之牛耳已也。乃一蹶于庚子之乱，再毁于辛亥之役，商人失业，而致岁入归于乌有，向之富者已贫，向之贫者益困，以故正货短少，金融闭塞。观近年来各镇市之周转，现金日益缺乏，纸币日益加多，可谓入不敷出之明证。社会经济，既少来源；国家财政，自形竭蹶；若不为民生筹补救之策，将见公私日益交困，赋税亦难有起色。故欲整顿晋省之财政，当先筹补晋民之生计，而筹补生计之法，不外别辟生利之途，以弥此向来商业之损失，使失业之人日少，游惰之风渐去，此乃根本之计也。比年以来，海内多故，丧乱迭经，地方有司，仅能以维持现状为尽职，而于保育政策，国民经济之所在，或不知其要而视为无关，或明知其要而姑从缓议，驯至共和已将六年，民力毫无进步，此故人民不知竞存之咎，抑亦官斯土者之责也！

　　锡山生长斯邦，见闻较切，怵心怵目，怒焉忧之！尝谓筹补生计多端，大要不外地力与人力二者而已。以晋省地力而论，幅员号称百万方里，其中实在耕种之地，不过五十万余顷，特十万方里之数耳！此十万方里耕种之地亩，水田甚少。旧称霍山以南，田高川下，蓄泄难施；忻代而北，水劲沙浮，涸溢无定。故有水利者，向仅三十八县，而亦兴废无常。近年省北新

开之渠,渐有成效。他如忻县之金山铺,神池之贺职村,榆次之天一渠等处,均拟勘测兴工。此外,清泉浊潦,巨川细流,未及利用者,所在多有。嗣后或浚新河,或疏废渠,或筑蓄水池,或用凿井新法,以补助之。现已选派工徒,赴京传习凿井,使用不患无人。将来水利既兴,劳力增加,收获亦倍,归农之人,自必日多。此水利宜兴者一也。

北方蚕桑甚少,此后世民惰之咎,不得诿为地利不宜也。晋省向只河东、潞、泽,略有蚕织,限于一隅,不知推广。今欲养蚕,必先栽桑;桑多而后蚕丝多;蚕丝多而后商贩多;地方复有蚕桑工厂以收买之,则蚕茧随地可以变价,自必踊跃争趋。锡山前曾自捐薪俸,于全省南、北、中三区,各建一万株桑园,以为提倡。此后广购桑籽,分给各县,实行育苗。现计第一期分各县育苗之数,共种三千余亩,可养成苗一亿二千余万株。成苗之后,发给民间,以每亩植桑八十株计,已可成桑田一百五十万余亩。此项桑田生产,按年推广,以补农业之穷。此蚕桑之宜兴者二也。

晋省官有荒地,五十一万余亩;民有荒地,一百七十余万亩。此项荒地,岂尽不宜林木?现拟将造林、植树,分为两种办法,除荒山、荒地、面积稍大者,令其择宜造林外,凡家宅田园之隙地,或河流道旁之旷土,可容树株者,均令植树。前曾劝导五台人民,选择果实等树,各种一株。近拟通令各县仿办,尚属轻而易举。果能人树一木,利赖无穷!此植树之宜重者三也。

以上三事,系就晋省地方而筹补生计之普及者也。试再以晋省人力而言,全省人口一千万,女子约居半数,多为不事生产之人,男丁五百万,其中十五岁以下,五十五岁以上,待人仰事俯畜者,又约去其半,则中年能事生产之男子,仅二百五十万而已。以每人平均种旱地五十亩计,则五十万顷地,需一百万农人。他如为商贾者约四十万,业工艺者约五万,仕学两途约两万,军警两界约三万,共约百五十万。尚余一百万人,无所归纳,而老弱妇女不与焉。此皆无业游民之坐耗者也。夫既少二千余万之岁入,而复有此一百万闲人之坐耗,其不日趋于穷困焉?有是理乎!今欲使地无遗利,当先使人无遗力。如水利,如植树,皆可趋壮丁而从事者;如养蚕,如采桑,则妇女幼稚者,皆可自食其力焉,是必奖励唐俗勤俭之遗风,施行警戒游惰之政令,振其精神,祛其痼疾;而男子吸烟,女子缠足,尤为人生大害,务期必除。前因禁烟紧要,省公署曾设考核成绩办公处。此后赓续进行,种、运、吸、售四项,均加注重。至于缠足恶习,行动维艰,其害百出,不可胜言。是必实行劝禁,确定办法。此外有与吸烟、缠足连类而及者,则又有剪发之一事。发之剪留,似属无关重轻,然剃发垂辫,前清何以定为必行之令?诚以就形式之改移,定人心之趋向,固有深意存乎其中也!国家以新民为重,岂容此旧染污俗之保存?况既准人民之蓄发,则复辟谬说,易滋误会,一遇有事,会匪乘间以惑其心,奸人投隙以渑其志,于治安前途,关系亦巨,不惟有碍工作也。拟即实行劝禁,必期逐渐剪除净尽而后已。以上皆就人力而筹划生计之进步者也。

凡此兴利除害之六端,实为生众食寡之要政。如期望人民自行举办,如河清难俟!非以官力积极提倡,不足以树风声而资振作,而欲官吏之实心从事,尤非严加考核,不足以定奖罚而促进行。

锡山邀约绅耆寅僚,集会研究,质以六事,佥谓简要可行。爰将前设之考核禁烟成绩处,改组归并,名曰"六政考核处",专司成绩之高下,以定办事之考成,已于十月一日成立。事属本公署内部组织,并非对外另设机关,自与各厅、道、局、处之权限无涉。其处中所需经费,即以锡山兼职之薪俸、公费,悉数拨充,亦与国家行政预算经费支出无碍。一面将"政治研究所",改为"政治实察所",委任候补学习人员四十名,专充政治实察员,分赴各县,实地调查,考核,而他政即不注意焉。凡我寅僚,务欲循名责实!下为人民谋生计,即上为国家图富强。但使官吏多尽一分之心,即可为人民多造一分之福。数年之后,民生稍裕,国计亦增,岂但受赐在民,亦有功于国!愿我诸寅僚共勉之!

致国务院禁烟办法呈

阎 锡 山

1918 年 1 月 15 日

为筹拟禁烟办法,恭呈仰祈钧鉴事:

　　窃查《中英禁烟条约》内载:"民国五年九月至十一月为全国种烟禁绝期,五年十二月至六年三月为全国运烟禁绝期,六年三月至六月为全国吸烟完全禁绝期。"山西禁烟一节,早经呈报肃清,运烟、吸烟,亦各依据条约期限,次第禁绝各在案。惟以向系产烟最旺省份,吸食之户,比较他省尤多,六年六月吸烟禁绝以后,官厅赓续查禁,不遗余力。而前此烟民,因戒后犯病断而复吸,或吞服代用药品者所在多有;又兼以山西北界内蒙,西邻秦地,近数年来盗匪骚动,出没无常,黠民乘机窃种,奸商、无赖,藐法输运,希图渔利;贩运一日未绝,则吸食一日难净。近复以烟价奇昂,由外埠贩运吗啡及含有吗啡之药丸者,实繁有徒,非假借洋商名义,即冒充入口货物,稽查既难,破获非易,纵即发觉,因罪刑甚轻,不足蔽辜,侥幸之心,未能消除。查吗啡之毒:施打,则残毁肢体;吞服,则腐烂肠胃。其害更烈于鸦片。今除一鸦片之害,而复增一吗啡之害,若不设法严禁,其祸将伊于胡底?且山西自有外来鸦片及吗啡之消耗,现金输出,每年约在一千万元以上。民国改建以来,社会经济,入不敷出,各县纸币,到处充斥,不有根本上之救济,流弊必及于省城。各县因无现款,纯用纸币交纳省库,名为收入,其实废纸。迨至省城军政各费,无法应付,势必发行不兑换之纸币,以救燃眉之急。果到此等地步,则全省金融,已现死象,国家地方收入,将归无著,言念及此,不寒而栗!推其所以致此之由,鸦片、吗啡之输入,实为一大原因。综上各情,不得不通盘筹划,另图禁烟方法,以扫除余毒,并为金融上根本之救济。锡山与各厅道等,再四磋商,拟将前此烟民,因戒犯病者,由省派员会同县知事,督率村长副,一律按户调查。非烟民者,令其五家出具互保切结;无互保者,以烟民论,分配药丸,限期治疗。期满后,再经发觉,依刑律及吗啡治罪法,从重处办;于治疗期间内,发觉吸食鸦片、施打吗啡及吞服含有吗啡之药丸者,仍依法分别治罪。至于禁运一节,迭据平阳镇守使,河东道尹,暨荣河、兴县知事,离石驻防连长,及本署密探报告"陕西匪徒,本年大种鸦片,拟运入山西售卖",嗣后如遇大宗贩运鸦片,或贩运吗啡及含有吗啡之药丸者,拟援照滇省禁种烟苗所定军法从事办法,尽法惩治,以绝来源。其小卖者,情节较轻,仍分别依刑律及吗啡治罪法处办。如此办理庶烟毒不日可以廓清,而晋省金融亦可借以维持。

呈大总统筹补山西人民生计，
先办六政，特设考核处
暨办理情形文

阎 锡 山

1918 年 5 月 25 日

为筹补山西人民生计，先办水利、蚕桑、种树、禁烟、天足、剪发等六政，特设考核处暨办理情形，恭陈仰祈钧鉴事：

窃查山西人民生计贫苦，几达于极点。其原因虽有多端，要而言之，一由于生财之事少，而耗财之事多也；一由于分利之人多，而生利之人少也。

曩在前清时代，晋商驰名中外，不但迹遍行省，抑且角逐外藩人数有二十万之多岁，入在二千万以上。乃一蹶于庚子之乱，再毁于辛亥之役，商者失业而归。此项岁入归于乌有。此贫苦原因之一。

晋省物产甚少，专恃农业。然细为考究，幅员虽大，实在耕种之地仅有五十万余顷，且系旱田，收获有限。以每人种地五十亩计，止能容一百万农人。而晋省人口，虽无精密之调查，近年统计实在千万以上。以五十万顷之旱地，养此一千余万之人丁，不待滋生日繁，而已糊口无地。此贫苦原因之二。

且即仅以一千万人口计算，女子半数多无生产能力，男子五百万老幼待人事畜者约去其半，亦无生产能力。其中年能事生产之男丁，除百万归农外,约计商工仕学军警各界,不过五十万人。尚余一百万之壮丁无所归纳,是谓游民,合之老弱妇女,均可谓为耗财之人。此贫苦原因之三。

加以各种工业不兴,一切用品洋货滔滔流入,几如水银泻地。而最可痛心者鸦片、吗啡、金丹等项暗中漏卮,每年亦约在千余万元以上。此贫苦原因之四。

夫暨少二千余万之岁入,而复增此无限制之岁出,既有数百万老弱妇女之不能生产,而复有一百万无所事事之游民以扰之,此等景象安有国民经济之可言乎?所以,正货短少,金融闭塞,各县镇市之周转,半是不能兑换之纸票,加以取缔市面,更难流通,致令公家一切赋税征收,亦因现款缺乏无法报解,大受影响。若不于根本上筹补助之策,将见公私交困现状,亦无以维持。

锡山官晋已久,体察较真。瞻望前途,不寒而栗。窃以欲整顿晋省之财政,当先筹补晋民之生计,而筹补生计类,如农工商矿,其中待举之事项甚多,岂能同时并举?惟有分年计划、节次举行。而第一期之所应提前著手者,仍不外于地力、人力。

先为注意:一曰水利。晋省水利甚少,兴废无常,旧称霍山以南,田高川下,蓄泄难施。忻代而北水净沙浮,涸溢难定。然北之桑干、滹沱,南之清漳、浊漳、沁、涑等水,以及其他清泉浊潦,巨川细流,所在多有,岂竟无可利用?果能设法疏浚或筑池筑井以补助之,使旱田能改为水田,则一人耕种之地,即变为二三人,始能敷用劳力增加收获亦倍归农之人日多,游民之数自少,是为生计之一也。

二曰蚕桑。北方蚕事甚少,此后世民惰之咎,不得诿为地利不宜也。晋省向止河东、潞、泽,略有蚕织,限于一隅,不知推广。若能设法普及,则蚕事既兴,妇女各有织业,虽在老弱幼稚,亦能自食其力,以轻壮丁之负担,并补农事之不足,是又生计之一也。

三曰种树。晋省林木素形缺乏,近年用途愈广,取材无地,几有木荒之象。况晋多山岭,土地硗瘠,虽少农田之利,实为林业之资,如择荒山、荒地面积稍大者,分别造林,其余家宅田园之隙地、河流道旁之旷土凡可

容树株者,一概随地种植,则无用之地化为有用,利赖亦自无穷,是更生计之一也。

以上皆系就积极行政方面,以筹划者。故欲于积极方面,以促其成尤,当于消极方面,以去其害。是必奖励唐俗勤俭之遗风,实行警戒游惰之政令,振其精神、祛其痼疾,而男子吸烟、女子缠足,尤为治生大碍。晋省受此害者,向来较他省为甚。近年禁令虽严,烟犯迄未减少,加以缠足之风相安如故,驯至人口愈少,人体愈弱,人民愈贫,此害不除,一切自强根本政策,均属无从著手。其他有与吸烟缠足连类而及者,则又有剪发一事。发之剪留,似属无关轻重,然剃发垂辫前清何以定为必行之令?诚以就形式之改移,定人心之趋向,固有深意存乎其中也。乃山西自改革以来,蓄发仍旧,此等污俗岂容保存?苟不强迫剪除,奚以作新民而祛恶习。以上又皆就消极行政方面,以筹划者。

凡此兴利除害之六端,实为生众食寡之要政。非以官力积极提倡,不足以树风声而资振作。而欲官吏之实心从事,尤非严加考核不足以定奖罚。而促进行援于本公署内特设六政考核处,于民国六年十月一日成立。其中所需经费即以锡山兼职之薪俸、公费悉数拨充,与行政预算经费支出无碍。此设立六政考核处之缘由也。

自该处成立以来,拟定六政规章,猛厉程功。

其关于水利者,责成委员会同知事详细调查,切实筹办。现计襄陵、汾城、夏县、阳曲等处,新开之渠共增加水田二百余顷;繁峙、保德、榆次、太原、长子等处,已开未竣之渠,可灌地一千五百余顷;其他省北广济、富山各水利公司商办有年,灌域尤广;又广裕公司可灌地八千顷,现正以官力督助,早观厥成。此外,各县实有限于地势不能开浚渠道者,则令其择地凿井、筑池以资补救。一面选派多数工徒传习凿井新法,目下业已毕业,拟即分派各县实地试凿。且晋省地势高亢,十年九旱,设遇大祲,无术挽救,若将此项新法之井,推行全省,再参以区田成法,实备荒唯一善策。是为现在办理水利之大略情形。

其关于蚕桑者,统计上年分全省官民成活桑株共一千二百四十一万

特设考核处暨办理情形文

呈大总统筹补山西人民生计,先办六政,

九千一百余株，复由浙购回桑籽九十九石，派员分送各县督饬技士播种，并饬各县按等租地。一等县四十亩，二等县三十二亩，三等县二十四亩，共租定种桑上地三千一百二十余亩，可养成苗一亿二千余万株。成苗之后发给民间，以每亩植桑八十株计，可成桑田一百五十万余亩。又由浙购回湖桑五万余株，由日本、天津等处购回鲁桑一万余株，先由省城栽植，以备移种。一面调集各县农民实习培养，设立女子蚕桑传习所，讲授技能；一面向各县收买蚕茧，诱起人民趋利之心，并于省城创设蚕业工厂，实行纺织，以开风气。其文水、垣曲二县俱以榉叶饲养野蚕，设有场所，他县人民亦多有闻风兴起制丝呈验者。是为现在办理蚕桑之大略情形。

其关于种树者，前由五台县提倡种树。上年曾令各县仿行。嗣经委员实地督察，计全省成活树二百五十二万有奇。复订专章，自民国七年起以每人各种一株为主，其各县来省大道，亦令一律种树。相距以二丈及四丈为谱。本年三月间，躬率僚属开筹备种树大会，集合商民人等，演说种植利益。限定省垣各界先植五万株，以为各县之倡。至植树节举行典礼，锡山偕军民各官长手植一千七百余株。现据各县报告植树之数，已达一千万株以上，与人各一株之标准尚属相符。至保护方法，责令警察及村长副分担责任，实力奉行，并筹设苗圃林区另文呈报，重在减除水患。多种逐年生利等树，预计明年采秧必可敷用。是为现在办理种树之大略情形。

其关于禁烟者，考核知事成绩格外从严，将前设之考核禁烟成绩处改组归并。禁种则按月出具切结，委员协同搜查。禁吸、禁售，则限令各县设立烟瘾鉴定所、烟后病所，凡查获烟民勒令戒除，并治以罪。一面特定星期报告表，凡烟案均按周报告。其运送、贩卖吗啡及含有吗啡之药丸等犯，依吗啡治罪条例从重处断。禁运一项关津局卡人员，均负稽查之责，并与正太铁路局、邮务管理局协商搜检为职务上之补助。半载以来，成绩似已显著。而实际考查烟犯之未查获者尚多。加以邻疆匪扰边境绵长，贩运尤难杜绝。现拟另筹根本廓清之法，必期实际。一无烟犯而后已。容俟筹定另文呈报。是为现在办理禁烟之大略情形。

其关于天足者，先令各县设立天足会，凡县属各机关职员及村长副，均有充会员之义务。首先禁戒，以为入手之第一步。现计全省设立天足会一百零五处，共有会员二万余人。复编制简明布告，定立规条，颁发镇村，自本年六月一日起，凡十岁以下女子不许再缠，违者酌予惩罚。十一岁以上十五岁以下已缠之女子，及十六岁以上者，分别劝令解放，为此入手之第二步。并特制天足奖品、彩画十余万张，奖给放足女子，兼以为通俗教育之助。是为现在办理天足之大略情形。

其关于剪发者，自去年十一月起，限定官界一月，学界二月，商界三月，普通人民其初劝诫，其后强迫，定于本年二月底为各县考成之期。现据实察报告其官学商各界发辫均已剪尽，至普通人民除省北各县，因防疫停顿间有未报竣者外，其余各县确已剪除净尽。是为现在办理剪发之大略情形。

总之，六政比较，种树似易，水利、蚕桑则不易，剪发稍难，天足、禁烟则大难。然非经此困难，别无救助之策。所幸绅耆一致协助，官民翕然相从，颇不棘手。而得力之处，尚有三层：一为印刷物。每办一政，先体贴人民心理，手拟白话告谕，印刷十余万张，广散村镇，俾众周知，故情易通。二为各村皆立定村制，举有村长副，为执行机关，故事易举。三为各县皆派有专员实地督察，一扫空文遮饰之弊，故效易见。至于六政以外，若植棉、制糖、养鸡、牧羊、制造骨粉肥料等事，亦经著手试办，成效尚未可知。此后，惟有赓续进行，恪尽职务，必使人民生计渐裕，庶几国家财政有起色。此则祈响所在，责任所在，而无容或已者也。所有特设六政考核处暨办理情形，各缘由，除分咨查照外，理合具呈。

伏乞钧鉴训示。

谨呈七年五月二十五日。巳奉　指令

附：中华民国七年五月二十五日奉大总统指令第九百三十一号

呈悉。所陈筹办事项，兴利除害，大裨民生。且捐拨公费极意提倡，深堪嘉尚。著即按切地方情形，循序进行，期收实效。交内务农商两部查照此令。

139

特设考核处暨办理情形文
呈大总统筹补山西人民生计，先办六政，

山西督军兼省长告谕人民八条

阎 锡 山

（一）当兵、纳税、受教育，为国民之三大义务，不可不知。

（二）身体不壮，为人生之大不幸，不可不知。

（三）尚武为国民必要之精神，不可不知。

（四）人能有所发明才算真本领，不可不知。

（五）卫国以武，备战以财，不可不知。

（六）亡国之民不如丧家之狗，不可不知。

（七）治病要在人未死之前努力，救国要在国未亡之前努力，不可不知。

（八）军官能力的军队，抵不住政治能力的军队，不可不知。

山西督军兼省长立身要言六则

阎 锡 山

（一）公道为社会精神、国家元气,故主张公道为国民之天职。

（二）桀骜不驯,为野蛮人之特性。

（三）真血性男子,脑筋中有国家两字。

（四）欲自立,先从不依赖人起。

（五）欲自由,先从不碍人自由起。

（六）能忠于职务者,才是真正爱国。

山西督军兼省长手谕人民十四条

阎 锡 山

（一）继母虐待前妻子女，婆婆虐待媳妇，是今日最可恨、最可惨的二件事，责成家长、村长、副闾长严行禁止，亲族邻居切实劝诫。

（二）举手打人，开口骂人，真是野蛮人民。余在外国数年，没有见打架吵嘴的人，这就是文明国样子。你们如遇有打架吵嘴的人，要尽力劝诫他。

（三）要想教自己的儿子好，教他上学校。

（四）最可恨的二件事，男子吃鸦片、女子缠足，真是亡国败家的根源，均应快快的改了。

（五）衣服要朴素整齐，尤要干净。

（六）不说理，好占便宜，中国的上等人最犯此病。要知道这就是不公道。

（七）禽兽也晓得亲爱自己的儿子，若人只晓得亲爱自己的儿子，不能亲爱他人的儿子，就和禽兽一样。

（八）传教的是为教人学好，入教的是为学个好人。不入教的人不可仇视入教的人，入教的人不可借教无理横行。如要犯了法，不问在教不在教一样的问罪。

（九）外国有一种羊，名叫美利奴羊。每只每年能剪绒毛十余斤，每一斤能卖大洋一元上下，利大的很。现在已经从外洋买来一千头，请的外国技师办理牧羊的事。你们一家喂养十头，一年就有一百五十元的毛，生下

的羔子还没有算。百姓应该早点预备。

（十）溺女的一件事残忍的很，亦罪大的很，从此以后再不可有。

（十一）冬天患咳嗽病（俗名冬病）是煤炭火呛下的，所以男人得的少。要防此病，应该改良火炉或勤开窗户。

（十二）父母爱儿子占人的小便宜，真是害他不浅。

（十三）补习国民教育是教人学好，并教人学本领，万不可不上补习学校，再耽误了自己。

（十四）君主是皇上作主，皇上不好，人民就苦了。共和是人民举的议员作主，议员不好，人民也就苦了。想教议员好，举的时候不可卖票子，谁好举谁。举下以后要常打听他的主张行为，如有不好处，就要干涉他，质问他，万不可举下以后再不管了。

训诫学生四则

阎 锡 山

（一）吾国今日之大敌，即在吾国人心理上之利己观念。舍了这个，说傍的皆是病。以外之治疗法，终无效果。诸生欲做真正爱国爱群、活活泼泼的好青年，必须从降伏自己之利己观念做起。否则，若大本领埋没于利己观念陷坑中，到死时随脑髓而化为腐朽，何等可惜！阎锡山手谕。（右谕寄省内外高小以上官私立各学校，责成校长及国文教员于奉到手谕之本星期内与全校学生明白讲解。）

（二）中国最可耻辱的事，无论大小事件，没有不作弊的。驼炭的是骡夫，寄炭拉灰的是车夫，偷灰商人则买货作弊、卖货作弊。即放羊放牛之牧夫，无不从牛羊所吃的草料上作弊。此尚就社会事说若。公家事其弊更大。是以国事日非，社会日坏。国人之耻莫此为甚。诸生欲雪此耻，须以自己不作弊为起点，更以不让人作弊为归宿。阎锡山手谕。（右谕寄省内外高小以上官私立各学校，由校印发各学生每人一张，或写在黑板上令学生抄录，责任校长及国文教员于奉到手谕之本星期内与全校学生明白讲解。）

（三）告谕全省各学生，十八丈高的楼房，根基在地皮下，人却看不见。古人轰轰烈烈的事业，作工夫全在独居自省时，人也看不见。今日欧美先进诸国登峰造极之富强文明，皆由于这。做好人有饭吃，极平常的政治。累上去的人，也不容易看见。是以摹仿盖楼房的，多摹仿表面之华美，而忽略其根基。摹仿古人的，多摹仿其功业之陈迹，而不求其工夫。摹仿

欧美的,亦多摹仿富强文明之成样,而不寻其阶梯。这真是舍本逐末,终无效果。诸生当深以为戒。阎锡山手谕。(右谕寄省内外高小以上官私立各学校,由校印发各学生每人一张,或写在黑板上令学生抄录后,责任校长及国文教员于奉到手谕之本星期内与全校学生明白讲解。)

(四)据本省长所闻,外县国民学校教员,因村人有求写婚帖事,该教员不谙体裁,未能照写,翌日竟潜逃而去。足见充当乡间教职员须了解社会上普通需要事件,方能见信于社会。且人间之所需,即为学校之所学。若学生不能办社会上之普通事件,所学为何? 仰各种师范及中高小各学校,均应各自就地调查,如婚丧各帖、典卖契约及社会上一切应用之文帖信函,将其程式编为课本,抽暇教授,使将来毕业后均能效力于社会,是为至嘱。阎锡山手谕。

复晋南指挥官张培梅养电

阎 锡 山
1918 年 2 月 22 日

（衔略）现在大局纷扰，我省自卫政策，在"保境安民"四字，然必须与邻省联络，使能不为我患，或竟邻疆乐与合作，进而为我用，代我御侮，而后民始可安，非漫无区画，仅用闭关政策可以自卫也。凡事当计其远者大者，毋仅顾目前，希筹画报核。

山养印

附：

张培梅二月二十一日马电

太原督军阎：

职受命保安晋南，而邻省兵匪不分，为患堪虞。拟恳增调部队，隔河布防，断绝交通，以防侵扰，请示。

职培梅叩马

训言三十四条

阎 锡 山

（一）轻于牺牲公理，即是促人群短命。

（二）肉体上之佚乐，精神上之鸩毒也。

（三）欲决胜于疆场，必先决胜于学校。

（四）好国民要留好样于社会。

（五）公德薄弱之国民，不能有个好旅馆，况人群幸福乎？

（六）惟以自己之脑汁血汗换得之金钱，可以祀上帝，祭祖宗，奉父母。

（七）公道为恶毒之堤防，非坚固不可。

（八）私心为人类之蟊贼，非先洗净不可。

（九）贪官、污吏、劣绅、土棍，为人群之大害，依法律手续，非除尽不可。

（十）民生三害：是鸦片、缠足、赌博。

（十一）公道森严的社会，就是天堂。

（十二）教育为人群的生命。

（十二）懒就是堕落的起点。

（十四）国民知识为民主立宪的根本，非教育普及不可。

（十五）不适时之理想言动，愈觉着好，坏事愈大。

（十六）轻浮浅薄，决非有益于国家之国民。

（十七）忧深虑远，为纵横时代之必要。

（十八）公道森严，驾富强而上之。

（十九）天下具万能之力者，其为秩序乎？

（二十）公道为社会精神，国家元气，故主张公道为国民之天职。

（二十一）桀骜不驯，为野蛮人之特性。

（二十二）真血性男子，脑筋中有国家两字。

（二十三）爱国不以其道，适足以误国。

（二十四）欲自立，先从不依赖人起。

（二十五）欲自由，先从不碍人自由起。

（二十六）能忠于职务者，才是真爱国。

（二十七）当兵、纳税、受教育，为国民之三大义务。

（二十八）身体不壮，为人生之大不幸。

（二十九）尚武为国民必要之精神。

（三十）人能有所发明才算真本领。

（三十一）卫国以武，备战以财。

（三十二）亡国之民不如丧家之狗。

（三十三）治病要在人未死之前努力，救国要在国未亡之前努力。

（三十四）军官能力的军队，抵不住政治能力的军队。（注：其后又加："政治能力的军队，抵不住主义能力的军队"一条。）

用民政治宣言（节选）

阎 锡 山

1918 年 4 月 20 日

　　鄙人尝谓，我国后世政治，止求安民，不求用民。其善者以无事不扰为主，其不善者则与民为敌，愚之柔之。故其民知依人，而不知自立；知保守，而不知进取；知爱身家，而不知爱群。以此为国，是曰无人。非无人焉，无有用之人焉。如是，则用民政治者，反乎安民之政治也，此其一。

　　用民政治为新政治，反乎新者则为旧。所谓旧也，新也，非美与恶之分，乃适与不适之分也。何谓适不适，譬之衣服，夏之于葛，冬之于裘，裘葛相较，并无所谓美恶，特适与不适而已。如其适也，乃能保身体之健康。若冬葛而夏裘，非痴则妄耳。夫用裘葛而不适，则不能保身体；用政治而不适，则必亡其国家。鄙人之用民政治，亦在求其适而已。如是，则用民政治者，又适时之政治也，此其二。

　　能于此二者而领悟之，则于用民政治之意思过半矣。阎督之所谓适者，细绎之，又有两义，一对于外而求其适；二对于内而求其适。当欧战方酣之际，公理与强权之胜负未决，而德意志军国主义之气焰正炽。故虽素以放任自由为政之英吉利情见势绌，亦渐扩大其国家权限，有日倾于干涉主义之概。欧战中若保护主义，若国民经济之自给主义，且为英国一般经济政策之根底，盖安于弱小无以自保。而欲张公理之帜，以打灭强权，尤非择取相当之手段不可。此所谓对于外而求其适也。夫举一政令而欲其推行无阻，且行之而有效，一在人民有相当之知识，尤在人民有相当之道德。知识道德，程度问题也。故善为政者，每视人民程度，而定施政之标准。夫在今日，吾国人民程度之卑下，岂容讳言。山西偏处西北，山岭绵亘，风气比较闭塞，又属势所必至。则欲拯我数千年横沉于专制坑内惰眠之人民，欲群趋之以赴于自用自治之途，又非执有相当之方术不能。此所谓对内而求其适也。

……

用民政治之真精神，鄙人尝研究得一确当语。厥语维何，则曰不亏负。此三字谓为用民政治之精神可，即谓为欧美列强人材发达之原动力，亦无不可。何以言之，譬之于炭。炭在中国，办供蒸饭燃烧之用；一至欧美则以之供蒸汽之用若干，供化学之用又若干，屈指计之，可至七八十种之多。是同一物也，在中国则用途寥寥，在外国则需用甚多，是中国亏负此炭，外国不亏负此炭也。其他如同一土地，在外国与中国之收获比较，相悬不止倍蓰。一废物也，如鸟兽之毛，腐朽之骨，在中国则狼藉满前，适为交通卫生之障碍；在外国一利用之，则为美丽之绒缎与精致之器具。此皆为彼遇事不亏负之铁证，然此尚言夫物也，即以人论之，人生在中国，社会方面有不良之习惯，国家方面有不良之政治，一经陶冶，非野蛮即为暴民。以中国人之聪明才力，并不逊于外人，而在外国之人，等而上者，未尝不可多所发明。即下焉者，亦尚不失为完全人格之国民。乃吾中国之人，类皆无所成就，甚且沉溺于赌博、鸦片，日流于过恶而不自知。是国家之政治，与社会之习惯，有亏负于人民也。然欲不亏负物之质力以期极端之发达，必须人人不亏负其才智，以求日进于高明。果能如是，始有政治可言，而国家亦未有不富、不强、不文明者。吾故曰不亏负三字为用民政治之精神也。

……

民德、民智、民财三者，皆用民政治之实质也。民无德则为顽民，其弊则野蛮不化；民无智则为愚民，其弊则椎鲁劣钝；民无财则为贫民，其弊则救死不赡。是故欲去其弊而群趋之于自用之途，必须先从此三者着手，然后能用之而有效。至此三者之细目，则民德所应注意者，为信、实、进

取、爱群；民智所应注意者，为国民教育、职业教育、人才教育、社会教育各项；民财所应注意者，为农、工、商、矿四项。

……

用民政治之构造，鄙人亦有一语足以概括之，则行政网是也。大凡世界各国，其行政网愈密者，其政治愈良好、愈进步。中国汉初其政令极单简，故史有漏网吞舟之喻。此为中国行政网最疏之证。至今日欧美各国，其网之密，可以不漏一个人之财产事业与身份，此其极则矣。至不漏云者，国家对于个人，关于其财产、事业、身份，无不调查精确；关于其动作行为，无不照料得当。所谓一切均能看得住也。如政令要禁烟，要禁赌，真能使全国之人，无一人吃烟，无一人赌博；政令行征兵，则无一人不入伍；政令要普及教育，则无一人不入学校。此欧美行政网之程度也。反观我国，不漏一人与不漏一家，暂时尚说不到。就现在观之，不过仅能在表面上不漏一县而已。至于能否在精神上不漏一县，尚不敢说。何则行一政令，无论何等边远县份，准能达到。若说知事个人之行为，任事之勤惰，未必能真正考察明晰。此所谓只能在表面上不漏一县，至于精神上不漏一县，尚不敢说也。等一行政网，外国与中国比较，其疏密之程度，外国至于不漏一人，中国则仅及于一县，其优劣尚待问耶。故欲期政治得良好之结果，须先从做极密之行政网起。鄙人现在亟亟于编村制，意欲由行政网不漏一村入手，一村不能漏然后再做到不漏一家而一人。网能密到此处，方有政治可言。

附:山西用民政治实行大纲

民德	信		于国民学校师范养成所注意此 于国民学校课本及补习国民学校课本中注意此 于社会教育各事中注意此 于街村长副须知人民须知中注意此
	实		于宣讲时注意此 于奖励国民人格时注意此 于各学校之校风注意此 于传习掾属区长助理员各所注意此 于传习师范生警察各所注意此
	进取		于各种报章上注意此 于各种印刷品上注意此 于洗心社之讲演时注意此 于自省堂之自省时注意此
	爱群		于演唱戏剧时注意此 于官公各机关人员注意此 于发布文告时注意此 于行政处分时注意此 于判决词讼时注意此
民智	国民教育	以普及为主	扩充原有男女师范学校 添设可容二千四百人之国民师范学校 添设各属男女师范学校 创设可容一千五百人之模范示教养成所 添设可容二千五百人之师范讲学所 各县均设师范讲习所 调查学龄儿童筹款设学每次以五个月为限 劝导入学实行强迫每次以一个月为限 第一次省城至七年九月普及 第二次各县城至八年二月普及 第三次各县乡镇及三百家以上村庄至八年八月普及 第四次二百家以上村庄至九年二月普及 第五次百家以上村庄至九年八月普及 第六次十家以上村庄至十年二月普及 整顿各县教育会 整顿各县劝学所

民智	国民教育	以普及为主	特别创设贫民学校七处 创办童子军讲习所 各县均办童子军 编定颁布国民学校课本 广设注音字母传习所并发课本
	职业教育	以发展国民经济为主	于甲乙种实业学校筹划改良办法 于普通教育教材注意此 于职业补习学校筹划改良办法 于安插游民收集贫民注意此 创办蚕业工厂分期招收工徒 推广农桑总局（附设农民传习所由各县区分送学生） 设立女子甲乙二种蚕桑传习所（由各县区分送学生） 扩充工业试验所 选送学生赴日各工艺厂实习 选送留法勤工学生二百名并先传习若干日 省城及各县均设商业传习所 整理平民工厂 设立农学编辑会 设立中医改进研究会
	人才教育	以供给适应时代之行政自治及社会高等事业之用为主	设育才馆 设行政研究所养成县承政承审主计视学宣讲技士人员 设地方行政讲习所养成各县区长助理员 设政治研究会 设学术研究会 设涉外事项讨论会 设法令编审会 设区行政讨论会 设警官讲习所 整顿省城警察传习所 设容二千四百人之区警传习所 设容一千从之保安警察传习所 整顿大学高等专门普通各学校 规定留学贷金章程分年增加留学欧美学额 各县保送留日学生设立预备学校 加送北京、南京、武昌三处高等师范学生 选送本国所立各外国学校学生 创设外国言文学校

民智	社会教育	以改良风俗开通知识为主	设改良戏剧社
			奖励通俗报章
			设立图书馆
			分期普及注音字母
			戏园加讲人民须知
			设立半日学校
			设立冬春学校
			实行周行宣讲
			颁发街村长副须知
			颁发人民须知
			颁发家庭须知
			颁发商人通识
			颁发刑律及刑律讲义
			颁发社会补习教育课本
			印散星期附刊及司法附刊
			印散农业浅说
			实行十五岁以上廿五岁以下失学人民分期补习国民教育
			商请议员组织视察团并讲演开通民智
			设立选民通信机关
			组织年假、暑假全省学生讲演团
			设立女子家庭教育研究会
			组织女学生劝导团
			设立全省各学校夏期讲演会
			设立全省街村长副传习所
			设立省城洗心社,各县均设分社
			设立各学校及公众之自省堂
			制给天足奖品彩画二十万张
			制给办理禁烟、剪发奖章、褒彰
			规定人民读人民须知条例
			禁止妇女佩带银器
			实行人民早起规则
			限制文武官吏纳妾
			实行禁赌条例
			实行取缔乞丐规则
			实行稽查贫民规则
			实行禁止早婚条例
			实行奖励各县正绅加给名誉职

民	农	以增加生产为主	水利(蓄水池、开渠、凿井)规定贷款办法 畜牧(养鸡、改良羊种、设模范牧场) 蚕桑——规定十年进行案 种树——每年至少一株 植棉——特定奖励金分年普及 造林——规定大小林区十年进行案 草帽辫——提倡推广编制 特用作物(种各种果木、种蓝、种甜菜、种花生、种麻、种烟) 编制各村土地 各县设农桑分局 设立蚕业工厂 设立中南北万桑园 各县设官苗圃 各村设公苗圃
财	工	以制熟土货仿造外货为主	制烟 制肥料 酿造 制糖 制皮 造纸 造玻璃 设机器厂 纺织 电气 建筑 道路 水利工程 造针 油脂 卤水 苏打 窑业

民	商	以提倡输出限制输入发展金融为主	筹设纺纱厂 设铜元兑换所 设省银行 整理货币 划一度量衡 修理道路便利运输 整顿商会 奖励产业组合 恢复西北商务	
财	矿	以开发地宝利用投资为主	煤—— 铁—— 磺—— 矾—— 铜—— 其他五金各类	保护小煤窑 创设矿务管理局 调查矿质 改良土法 整顿公司 奖励远销 设立铁厂 创设铁业公司

呈报晋省旱灾及救济办法函

阎 锡 山
1920 年 9 月 20 日

　　窃锡山猥以轻材，仰邀殊遇，忝膺疆寄，无补民生，灾厉迭乘，弥增惶悚。前因晋省亢旱成灾，业于宥谏两日，先后电呈。伏查山右地瘠民贫，素鲜盖藏，本年复雨泽愆期，夏麦歉收，秋禾枯槁，粮价飞涨，民食艰难，加以环境四邻，流亡麇集，哀鸿嗷嗷，惨不忍闻！锡山职任抚绥，责无旁贷，迭经召集官绅，妥为筹议。救荒之法，首先调查，略仿昔人厘户五等之意，参酌变通，区别村民，以家资充裕者为一等，以力能自给者为二等，以稍贫而有产可资者为三等，以次贫而无工可作者为四等，以极贫而茕独无依者为五等。等级既别，分筹救济，邻派员绅，分赴外埠，采购米粮，设局平粜，此为救济之一。官私各工，集资兴作，容纳饥民，以工代赈，此为救济之二。至极贫之户，则须施放钱米，预备冬赈春抚，以资救济。并分设地产抵押局、官当局，抵价宜高，取利宜小，以为贫民暂时周转之计。再以平剂粮价，便利交通，以维持现状；奖励掘井，劝种区田，保持牲畜，以预备将来。本古圣不患寡而患不均，不患贫而患不安之义，尤以调剂粮食，维持秩序为要策。参证古法，斟酌现情，均经分别编订规章，通行各属筹办。经纬万端，非款莫举，设法筹措，尤为必要。除停止不急之务，酌量减发官俸，劝办绅富捐输外，并拟劝募本省公债，发行有奖义券，现已拟具条例，提交省会议决，再行咨部核办。连日旅晋中外人士，筹备救荒，已于本月十七日成立山西旱灾救济会，当场捐助，约计十万余元。杯水车薪，无济于事,仁浆义粟,具有同情。所幸近日得雨,虽于秋收无甚补益,宿麦尚可赶种,人心藉以稍安,而毗连直、鲁、陕、豫灾区之广,言之心悸!民生困苦,待拯方殷,锡山勉力筹维,夙夜祗惧,谨托田副议长应璜晋谒,代陈下悃,备述灾情,仰恳俯赐训诲,俾资遵守,普济灾黎,无任叩祷!

本年山西秋冬之省政,以赈灾为主,成立全省赈务处,大总统派参院副议长为会办,先生指派帮办,经办救灾业务。先生以山西自丁丑、戊寅(清光绪三年、四年)大祲以后,此次旱灾最为严重,必倾全力济助。订定全省赈务规程、赈务实施大纲、放赈办法、监督放赈委员注意事项、救灾实施规则、平粜局组织规程、平粜办法、各县抵产局简章、赈灾借款办法、以工代赈办法、安置逃荒难民办法,分别实行。并号召教会及慈善团体协助救灾。于救灾之中同时防乱、防疫。并指示调查灾情勿滥勿漏,设厂放粥不如计口授粮。令各县知事对借灾为名抢夺粮食者,严密查禁,犯者报请严惩,并布造周知。又令未被灾各县办理村社积谷,以备荒年。此后,村社谷仓普遍设立,每年换新,对十年九旱之山西,建立起荒年免于死亡之保障。

惟此次旱灾地区,达七十县之广,灾民约八十万人,可以工代赈之壮丁二十万人,每人月入四元,以四个月计需三二〇银元。个人自费之外,余可供养一人,所余老弱妇女四十万人,每人月以一元救济,七个月需二八〇万银,两项合计六〇〇万银元,连同急赈、贷赈、平粜、购粮等,所费甚巨,筹措维艰,以工代赈,效果甚著。以工代赈之主要项目为修筑省公路,南北总长一四八〇里。自忻县城南至介休城北段,长四四〇里,桥一一〇座,涵洞一二四个,用土五六万余方丈,用石六三九九方丈。介休城南至运城段,计长六二五里,桥六二座,涵洞八九个,用土六六万余方丈,用石一二·五万丈。忻县城北至大同段,计长四一五里,桥七五座,涵洞九二个,用土五二万方十,用石六·五万方丈,又石洞一二〇丈。

退想斋日记（1913年—1920年）[①]

刘大鹏 著

大清宣统五年〔民国二年，1913 年〕

正月初三日〔2 月 8 日〕

自变乱以来，一切新党竞袭洋夷之皮毛，不但遵行外洋之政治，改阴历为阳历，即服色亦效洋式，而外洋各国之夷蚕食鲸吞，日甚一日。……新党虽推倒大清夺其政柄，号令天下，而对于外交，终无妙策足以控制洋夷，……又况财政奇绌，内则剥削群民脂膏，敲骨吸髓，亦不足以供其用。日向洋商借款，经年未成，其将何以立国乎？

来拜年者五十余人，皆系便衣便帽，无一顶戴之人，间有洋帽之人，较上年之情形迥然不同。

正月初三日〔2 月 8 日〕

来拜者十余人。

正月初四日〔2 月 9 日〕

来拜者十数人。

---

①根据乔志强先生标注 1990 年 6 月版《退想斋日记》节录。

正月初六日〔2月11日〕

里中朝即鸣锣示众禁止赌博，此昔年旧规不容废弃，迄今仍遵行勿怠也。

今日本县有人请予赴县，不知所为何，遣人致问，乃系本县之议会去冬解散，现又行成立。

正月初七日〔2月12日〕

晋祠商家翌日开市，今日演剧，此旧年之事，仍然遵行。惟去年正月因乱未曾演剧，而开市者亦寥寥无几，今岁如此，仍作太平世界观也。

晚间张君九常、李君生英、杜君恒来家言：县议会于去腊二十四日〔1913年1月30日〕投票，选举议员二十人。今日同到县投票选举议长，业经选成，前来邀请到会充当议长，予辞不赴，聊且应承，翌日再议，三君方才告退。

正月初八日〔2月13日〕

阖邑之人仍推予充本县议会之议长，……凡来请者均系素日交好之人，……若峻辞不往势必失邑人之望，一应其请久必招众之怨，新政不能不害民也。……予恐众怒难犯，不得已偕行抵县，……峻辞不获。未几县长亦到，当面劝予允充。众又言君若不允必起风潮，予不得已而应允。遂互选张君九常为副议长。

正月初九日〔2月14日〕

上年业经公推予议长，予因被贼剪发，力辞其职，今又公推予长此会，阖邑之人望予甚深，予则恐之焉、惴惴焉不胜其任，畏负邑人之望也。

正月初十日〔2月15日〕

吾里接壤最近之乡为晋祠镇，系本县西南区各村庄之首，商号可数十家。……上年因乱，正月未曾一律同日开市。……今岁仍照往昔，正月

山西民初散记

SHANXIMINCHUSANJI

160

八日开市,而闭门未开之号颇多,气象大觉萧疏。一由年荒世乱生意为难,一由民穷财尽资本多亏,各省商业大局业经破坏,何况此穷乡之小商务乎?

正月十三日〔2月18日〕

辛亥大变以来,伦常全行破坏,风气亦更奢靡,礼仪(义)廉耻望谁讲究,孝弟忠信,何人实行,世变日亟,岌岌乎其可危!

新年以来粮价大涨,斗麦涨钱三四百文,斤面涨钱十二三文,岁底斗麦一千一百余,现一千五百余,斤面四十二文,现五十三文。

正月十四日〔2月19日〕

屈生玉文,本邑老秀才,穷困无聊,凭借舌耕度日,岁修仅得二三十千钱,捉襟肘见,纳履踵决,专来寻我曰:近日教育科员令其本月二十二日到县考试,若不合格即不准设帐授徒,势必生路告绝,请予庇护,声泪俱下。予已应承为之调停。嗟乎! 新政害人可谓甚矣。

正月十六日〔2月21日〕

里解杨九锡前在晋祠钱局经商,去年钱局倒闭,在家赋闲,其人朴实可靠,予知之深,近荐于石门窑管账,今日上工,命瑄儿送之入山到柜。

正月二十一日〔2月26日〕

自元宵前二日以至小添仓日(二十日),吾里父老子弟皆在各社点灯山,张敔乐,砌煤火于街巷,祀三官于社前,且有儿童弄龙灯游行闾里。此亦小民之乐事,足以鼓舞其精神,浑忘斯世之变乱,以为太平也。

正月二十八日〔3月5日〕

议会虽然成立,仍无款项为各议员月给薪水,此诚为难之事,不足以维系议员也。

凡办一事莫不以桑梓之人民为念，寸衷所抱，欲将有害于民之事痛行革除。然处此新党狂獗之时，深恐所行之事不能达所抱之志也，亦惟竭一己之心力，勇往直前，能进一步则再求进一步而已。

正月二十九日〔3月6日〕

县署一切公事纷乱如麻，至财政尤甚，概不能清理。知事一味糊涂，对于财政漠不关心，所有钱粮米豆系国家正供，且不催缴，何况指定各项之款乎？查上年遗漏者甚多，未缴者亦巨，此所以事皆掣肘莫能推行尽利也。

二月初三日〔3月10日〕

世乱以来新党不信鬼神，谓世间本无鬼神，何必尊崇土偶木偶乎？遂将一切祭祀全行罢止，即孔庙圣贤亦无一块冷肉之可享，于今二年矣。

二月初七日〔3月14日〕

昨日予在石门窑有二人导引入窑，到取煤之处。……一人在窑中挖取，用牛驼运载出窑，或用人挽抬，不啻在鼠穴中作生涯也。

二月初八日〔3月15日〕

县署财政至今仍未清理，本会议员皆欲糊涂任事，惟予坚持以清理为宗旨，此所以与众不合也。

二月初十日〔3月17日〕

晋祠商务会会长杨君在夏闻予辞议长之信而来，言本月初五日在城招集小店镇、北格镇、南堰镇、晋祠镇商务会各会长会员开会，议决数案，内有予辞议长以后，五区商务会全行解散，予闻之不胜惶恐。自问毫无才德，而商界之人均倾心向予，此大可畏惧者也。

二月十二日〔3月19日〕

昨拟峻辞，因本会中人老少各存意见，老者皆欲糊涂任事，少者视予行止，予一辞谢议长之席，少者皆从予辞，老者若或不辞，必挥拳殴打不辞之人，予临行时乃知其故，暂行告归，待后再行评议。

二月十三日〔3月20日〕

议会成立月余，财政仍莫能清理，似此情形，其中必有弊窦，若必穷追，难免急生反噬之忧，故生退志。

二月二十日〔3月27日〕

自变乱以后，学堂之内禁读经书，只令学生读教科书，则圣贤之道将由是而泯焉。吾恐不久学界必更有一场大惨剧演出于世也。

二月二十三日〔3月30日〕

变乱以来民气不靖，打架斗殴之案层见叠出，只因刑罚太轻，民不畏法，而杀人命案日见其多。凶犯一经逃脱，日久无人缉获，官亦视为固然。草野人民皆谓上既无君，吾等皆可横行矣。杀人者多不偿命，何用怀刑乎！

三月初九日（4月15日〕

省议会所定薪水每一议员一月百元，闭会给半。较前咨议局费用更巨。议员为人民代表，只是贪得公费，不念民膏民脂，似此办理焉望治安。

三月十二日〔4月18日〕

各县设立议会，原为兴利除弊起见，讵料会中一切人员竟无此等观念，乃借议会名义肆其私心，而本县人民非特莫能沾其利益，而反受其扰害，怨声载道，其在斯乎？

三月十五日〔4 月 21 日〕

予充晋祠蒙养小学堂教习业经一月,系遵新章办理。

晋祠学堂教习二人,予外尚有一人,系晋祠毕业生,教算学、图书、体操等事。予教国文、修身。凡学堂经费必用公款,此项系用磨捐,仍然不足,尚需学生摊派。民间最恶学堂,乃今之设立学堂,更为紧逼,则是好人之所恶,恶人之所好,而欲其不因此而大起风潮也势必不能。

三月十六日〔4 月 22 日〕

吾太原一邑近号顽固腐败之区,不及邻邑之维新然。

三月二十三日〔4 月 29 日〕

予充晋祠蒙养小学校教员,日日晤对小学生,口讲指画,以四书五经为本而教科书为末,倒觉消闲,无他闲事足以累我身心也。

三月二十四日〔4 月 30 日〕

上年夏,东庄等二十村左右均被汾水之灾。

三月二十八日〔5 月 4 日〕

近来民间传言刑法减轻,杀人者多不抵命,惟监禁数年即行开释,是以命案纷纷,到处皆是。……新政推行日坏一日,虽欲治安,得乎?

三月二十九日〔5 月 5 日〕

贼臣袁世凯推倒本朝政府,幽困皇上于深宫,身充大总统,号令天下,改为民国,一年有余,现又重举大总统,袁贼恐举他人,联络其党向外洋借款二千五百万磅(每磅十三两),作为军饷,意在据中国为己有,而不容他人之攘夺也。

四月初三日〔5月8日〕

上年五月被贼剪发半截,恨贼为乱难当,莫能食其肉而寝其皮,为此生之大憾。今将一年,发长颇高。

诣索村观剧,其村有前七、八月被杀之尸棺敛而未掩埋。唐知事视此案不经心,故为村人贻守之害,每日费钱一千也,日久则费更多,官之不善,民害必深。噫!

四月初八日〔5月13日〕

顷闻人言各村董事人等,无论绅学农商莫不借执村事从中渔利,且往往霸公产为己产,肥己身家。村人多陋劣,敢怒不敢言。其中有狡黠之辈,非入其党即与抗争,往往大起衅端,赴县构讼。官又以若辈办公,且为祖庇。

四月十四日〔5月19日〕

晋祠人演剧酬神,又献柔毛一头①,执事人等祭毕,而宴请予。

四月十五日〔5月20日〕

晋祠演剧,观者如堵,自乱以来一有歌唱之处,聚观人民较前众多,是盖忘世之大变也。

四月十八日〔5月23日〕

玠儿充应本县高等学校之教员,四男珽充其学生,三男珦充应张村蒙养小学校之教员,惟星期日乃可言旋。次男瑄久病呆癫,不能事事,亦听之而已。

---

①指羊。

四月十九日〔5月24日〕

光绪季年设立学堂以来，学变为新，吾道非特不行，而且为之大晦耳。亲闻有毁谤圣人者，谓圣人毒害世人，历久远近乃不以圣人为准则方为大幸事。

四月二十一日〔5月26日〕

宣统年间有人倡行印花赋，各省抵抗，其税遂寝。近日又行印花税，已颁行各州县，饬令遵行。

四月二十四日〔5月29日〕

中国财政困难已极，自乱以来搜掘一空，现又因蒙古起兵大举进征，用军防杜，需饷甚钜，仍向吾处起派，竭勒令供给军需，而各处公款变乱之时搜索罄尽，不得不取之于民，而百姓困苦已极，将于何处供其军需乎？

四月二十九日〔6月3日〕

晋祠于每月二十九日商号施舍贫穷，每人大口二十文钱，小口十文。为此地善举，历年久远，终未一废。

五月初二日〔6月6日〕

今岁予充晋祠蒙养小学校教员，无暇远游，亦无暇编辑各书，以学生人数众多，功课之繁，有教授不及之势。

五月初五（6月9日〕

旧历为端午节。闾阎百姓仍然编艾虎饮雄黄酒，互相馈送角黍，为之庆贺蒲节。

五月十三日〔6月17日〕

雇人种谷已毕。

五月十五日〔6月19日〕

吾邑在城商务会因其商务不盛，忌妒西南区之商务，发陈〔呈〕请建议于县议会，禁止西南区周行杂帖、卜兑银钱，而议员不察，即照陈〔呈〕请书，公〔共〕同议决，陈〔呈〕请县长公布施行，县长遂张告示，西南区商务会接此告示，以其破坏地方商务，不敢张贴，延请绅界人等公同会〔商〕，莫不谓为扰害地方，予亦以为然。商会人员恐独力难支，遂组织联合会抵御中区商会及议会。似此议会非徒无益，而又害之也。

晋泉源新开市酬客，午备二十席，予早午俱在座。

五月二十二日〔6月26日〕

省兵于午刻尖在晋祠，人问向往，答赴永宁州征土匪，其五十名，系马队，均荷洋枪。

五月二十三日〔6月27日〕

省视学到县一日，今日来晋祠查学校，仅许办理新学，不准诵读经书，移时乃去。

五月二十六日〔6月30日〕

朝赴车㞭督佣拔麦，移时而返。

六月初七日〔7月10日〕

阖邑学堂均以今日为暑假期。

六月十九日〔7月22日〕

粮价日涨，于今三日矣，以久不雨故也。

六月二十二日〔7月25日〕

里人亦乘夜登山祈雨，砌石为塔，插柳枝挑水两桶挥洒塔上，挂云

退想斋日记（1913年—1920年）

塔,亦鸣一锣。

六月二十四日〔7月27日〕
玠、珦、琏三儿偕里人赴天龙山祈雨。

七月初三日〔8月4日〕
吾乡近日以晋祠赛会,城内抬搁迎神,一二十村庄皆过佳节,迎戚待朋,此数百年之习惯也。

七月初四日〔8月5日〕
城人抬搁赴晋祠迎请圣母,……此多年之旧俗也,传言自明洪武年已行此俗,迄于今日。予自少时至今,二次停止。光绪庚子(二十六年)义和拳乱停止一年,上年壬子叛乱又停止一次,今岁又行。

七月十一日〔8月12日〕
予已有四男、二女、二孙男、二孙女,今妾又产一男,添成五子。
张君绳业邀予赴晋祠为人解纷。

七月十二日〔8月13日〕
吾家男妇大小十六口,男五、孙二及予共八口,妾及吾妇三女二孙女二共八口,每日米面所食甚多,费用亦巨。此所以常受紧逼莫能宽裕也。

七月十五日〔8月16日〕
今日为中元节。
乡俗家家恭诣先茔祭祀于中元节,予家亦然。

七月二十二日〔8月23日〕
去日登山远望,晋阳一川被水之处甚多,除吾邑汾河东西均遭水灾至七八十村外,阳曲、榆次、徐沟、祁县皆被水灾,均系数十村庄。一望汪洋中仅有树木而已,予生平初见此等大灾,黎民遭灾尚不知其数。

八月初一日〔9月1日〕
万义和(在太谷)号中一伙系东柳林庄人,在家被水灾,家人坐困,昨日午后来,予赈济留宿于家,因其凫水而渡,方才到此,今日付钱数千令归。

言新县长王庚命役到被灾之村,给散蒸馍,每民半斤,共定七八千斤,虽云无济,不无小补,抑亦知事之仁心也。予恨自己贫穷无银米赈济灾黎作此善举也。

八月初四日〔9月4日〕
予充晋祠小学校之教员半年,其束脩并未送来,予因无款辞谢其任,谋再办别物以求糊口之资。

八月二十一日〔9月21日〕
晋祠成立太原县西南区联合会,予恐众人选我为会长,予于投票之前先行报告不承会长之职。

八月二十三日〔9月23日〕
吾邑一百余村庄而被水灾者九十余村,其灾尤甚,田庐毁者四五十村,人民浮水啼号,无人拯救,知事视之无睹,议会议员均属聋瞆,直同傀儡,未曾呈报灾情,而知事计严法迫比钱粮于水淹之日,议会亦不闻问。

九月初三日〔10月2日〕
昨在县城闻人皆骂议会之人无廉无耻,无益于邑人,而且于县贻害。幸予今春告辞议长,脱离议会,未与若辈同事,得免□□□□。

九月初五日〔10月4日〕

晋祠赛会,天将送晓,售货物者肩挑推运由吾门而经过,纷纷不绝。

九月十二日〔10月11日〕

种麦一日,雇人数名,予亦作老农未曾少歇。

九月十六日〔10月15日〕

予现以农为业,秋收事忙,夙夜无休。

九月二十九日〔10月28日〕

晚,至省议会,杜子诚充议长,留予夜饮。

教场演女剧庆贺叛贼起事之日。

十月初一日〔10月29日〕

初夜作提灯会以为庆贺之举动。

十月初二日〔10月30日〕

在义售生早餐,乘车出省,……申刻抵本县城。

十月初五日〔11月2日〕

晋祠初等小学校之款粗能指定,来请予赴校教授,聊借此以糊口,度此乱世耳。

十月十三日〔11月10日〕

京都今岁已开国会,分设参议院、众议院,其中议员东西洋学生最居多数,故所以之政皆据东西洋之法,其所立之法尚欲有益于人民,势必不能。

十月十五日〔11 月 12 日〕

疾恶之心予不免太甚。当此叛逆之世，其不叛逆者亦皆以叛逆为是，纷纷附和，竟成民主立宪之中华。予虽不能诛此叛逆之辈，而心恶若辈为不共戴天之仇敌，弗禁口诛笔伐于暗处，若对他人亦惟危行言逊而已。

十一月初二日〔11 月 29 日〕

袁世凯仇视其君，假借乱党勒逼朝廷下共和之诏，推位让国。又用奸谋诡计身登九五之位，其本心之良泯没殆尽，因为万世之罪人矣。所可恨者如徐世昌、李经羲、荫昌、宝熙等，位极人臣，亦出而佐助逆臣袁世凯耳。

十一月初三〔11 月 30 日〕

有媒妁来，为玠儿执伐娶继室。

十一月初八〔12 月 5 日〕

近友人荐王郭村张氏之女年二十岁，说合可成，今日行纳吉之礼，此不得已之事也。

十一月初九日〔12 月 6 日〕

崔翰章武孝廉由县亲来请予到其家，为昆弟分居不能解决，祈为公断，因宿其家。

十一月十一日〔12 月 8 日〕

自乱以来，吾邑更换知事已经三次，唐知事既劣，王知事更坏，吾邑之政不堪言状。……但当乱事，贤才必潜身草野，不为叛逆作爪牙耳，今之出而仕者，非痞棍恶徒即无廉无耻之辈。

晋祠商务会请早、午两餐。

十一月十五日〔12 月 12 日〕

玠儿新聘一妻,予拟于嫁女之日为之婚配,一则可以省钱,一则可以省事。

十一月二十五日〔12 月 22 日〕

今办婚事,业经预备一切,而邻里乡党多来助托,予亦为之酬应不已,今日来者二十余人。

十一月二十六日〔12 月 23 日〕

来助婚事者又加二十余人。

瑄儿妇病益加重,岌岌乎可危。

十一月二十八日〔12 月 25 日〕

来贺喜者均设席相待。

共二十七席。

十一月二十九日〔12 月 26 日〕

今日有人报告瑄妇已于二十七日未刻溘逝,予不禁哀恸情生,泪涔涔然下矣。

十二月初一日〔12 月 27 日〕

时已国会解散,即各省议会亦多解散,所有各县议会莫不从此解散,则自治之政渐归消灭矣。

十二月初六日〔1914 年 1 月 1 日〕

今日为阳历一号,凡有叛逆之心者均于今日庆贺新年。

十二月初十日〔1914 年 1 月 5 日〕

长女归宁,兼请婿来。命拜送食仪之邻里乡党。此俗相衍已久,不得不从也。

十二月十三日〔1914 年 1 月 8 日〕

长妇云亡又娶一妇,次妇又亡,且嫁一女,婚丧之事即俭亦不能无费,此所以积债不少也。

十二月十五日〔1914 年 1 月 10 日〕

今年予之束修二百千钱,现收一百缗,尚有一半未曾交吾,其中款项尚有交涉。

十二月三十日〔1914 年 1 月 25 日〕

至晋祠催讨束修,至二鼓归,尚未清还。

民国三年〔1914 年〕

正月初一〔1 月 26 日〕

叛逆逼民遵行新历而民皆置若罔闻,仍行旧历而以今日为元旦,民情不顺逆,亦可概见。

正月初八日〔2 月 2 日〕

里中商号,今日开市,晋祠商家亦然,向晓张灯结彩,爆柏迎神,放炮迎吉,商贾互相贺喜,自五更至午,纷纷扰扰,亦太平之气象也,晋祠商号亦且演剧以贺。

正月十一日〔2月5日〕

人之一生，皆有恒业以养身家，予借舌耕为恒业垂二十年，乃因新学之兴，予之恒业即莫能依靠，将有穷困不可支撑之势，遂另图生计，度此乱世。

正月十七日〔2月11日〕

管子曰："礼义廉耻，国之四维，四维不张，国乃灭亡。"光绪末宣统初，目前尽是无义无礼、寡廉鲜耻之人，世遂大乱，迄今仍然，何能望世之治安。

正月十八日〔2月12日〕

关帝庙演剧，庆祝共和。

正月二十七日〔2月21日〕

吾里趁此天阴，邀北瓦窑村之社伙歌舞春光，亦里人之一快乐事也。乡村之人，本无其他知识，亦于时事纷乱，茫茫然莫知其所以，亦惟乐其所乐而已。

二月初三日〔2月27日〕

晋祠文昌社今日祭祀，入社者每人摊钱百伍十文即行入席，予往与祭，席罢而归。

二月初五日〔2月29日〕

予因穷，厄于乡，无一求食之处，不得已而就煤窑之生涯，故常常入山整理其事，处于乱世，所学不行，聊借一业，以藏其身，中庸谓居易以俟命也。

二月二十七日〔3月23日〕

有人言：旧东之商号破坏甚多，亏累之款巨万，本村商号亦倒闭数家，剧累亦多，浮存借贷一切款项莫能偿还，村中气象十分萧疏，众口同词，此因时势大变之故也。

三月初一日〔3月27日〕

今日为先母忌辰。

忌日不饮酒、不食肉、不宴会，即为终身之丧，予遵此礼，誓终身不间断，行之至今尚不违背，足以鸣哀。

三月初五日〔3月31日〕

平阳府有为乱者陈彩章，聚众甚多，业经二载，顷闻与河南为乱者自承永外号，近已勾〔沟〕通，大肆猖獗，省城□警，发兵赴南防杜，本月初三日，兵由小店镇经过。

三月初十日〔4月5日〕

吾乡以清明前两日为"一百五"，凡有丧未逾三年者，名曰新坟，均于清明前两日上坟祭烧，遗俗久远，不自今日始。

三月十三日〔4月8日〕

本村兰若寺演剧，今日起，有客数十人。

二月十四日〔4月9日〕

里中演剧，今日又放烟火，未晓即行嘈〔吵〕闹，是贺太平景象者。吾甚悯斯人之蚩蚩，不知时局之危险至于此极也，兵马纷纭，南北交驰，而吾里之人皆昏然不闻，可谓愚矣。

三月十五日〔4月10日〕

里中演戏，系造作草纸之家敬奉造纸之蔡侯，今日第三天，来观者十分众多，昨日约数万人，予家驻客七八人，他家皆有此等无益之费，民皆情愿也。

有客二三十人，均午餐。

四月十六日〔5月10日〕

世乱纷如之际，流俗只以胜败视之，并不知其顺逆，如自变乱以来，叛逆多居要津，所到之处，人多谓叛逆之才能而钦之敬之，殊令人慷慨不平。

四月二十一日〔5月15日〕

张资深因清源高白镇粮店倒闭，亏累五六千吊之债，被债主于本月十八日清源会场诱到县署控押，署中请予来此保释，仍转求旧友，秦润堂入署关说，立即递进保状开释出来，遂于午后偕归王郭村。

五月初一日〔5月25日〕

里中本社演傀儡戏，俗呼"猴儿"，今日为古来之期，多历年所谓不唱演神不我佑，流俗相延已久，牢不可破。

五月十二日〔6月5日〕

里人刘君容寿年六十有二，今日祝嘏，设二十席以待贺客，予亦往祝。

五月十五日〔6月8日〕

闻省城于本月十一日，兵几变乱，商民恐慌，城门早闭迟开者数日于兹矣。

闰五月十八日〔7月10日〕

雨后农急,非但刈麦,尤须拣谷,一切佣工之人莫不高抬工资,农务所以益迫也。

闰五月二十日〔7月12日〕

获春麦今岁种田六亩,获麦共四石八斗,足供家中数月之食,然亦费艰难矣。

六月十五日〔7月29日〕

晋祠、练桥、纸房、三村渠甲演剧,酬神宴会于同乐亭,今日为正日,请予同乐焉,此亦里巷之盛事也。

六月二十三日〔8月6日〕

吾邑财政茫然一片,新知事履任月余,勒令佐治财政人员,逐件清理,仍无头绪,乃请予到署致询一切,予言不得其法则难清理,一经得法自迎刃而解矣。

六月二十四日〔8月15日〕

孙女喜谦之婿张世安,本县城中张仲书之侄,张万育(已故)之子,年一十有八岁,少喜谦一岁,今日结婚。

六月二十八日〔8月19日〕

次孙女喜鸾年十有四岁,亦字于本县西街王可凤(名堪)之子骏声,其年十有三岁,今日来行约征礼。

七月初四日〔8月24日〕

晨光熹微之际,起阅六月二十五日(8月16日)《申报》,欧洲之战,各国纷如,将波及于我国,虽云英、法、日本谋攻青岛,而中国必大受损伤,洋人互相攻击,生命财产必大损,天盖甚恶洋人之暴虐,使其相争以毙命也。

本县城中,每岁今日抬搁抵晋祠,迎请广惠显灵昭济泽翊化圣母到县南关龙天庙祭祀,县西南一路各村庄人民,莫不待客过节,中国现无战事,村人亦不知洋人构衅,是以坐享太平抬搁行乐也。

七月十五日〔9月4日〕

今日为中元节,家家上坟祭祀祖先,遗风如此,亦秋霜渐至之意也。

七月二十日〔9月9日〕

欧战风云愈传愈厉,中国因此影响,则银钱日紧,不得疏通,银价日益加涨,吾乡每两银易钱二千二百余文,较今春高五百余文,可谓之暴价矣。

七月二十四日〔9月13日〕

银价大涨,每两易钱二千二三百文,闻各处皆昂,银钱莫不奇绌,此世之大患也。

吾邑知事催纳钱粮,十分紧急,用严刑责催办户头而小民怨声载道,民心之失,此其一端也。

八月初七日〔9月25日〕

稻已刈毕,均登于场,农言收获较上年丰穰,其米价亦昂,软者每斗易钱一千九百余文,硬者每斗易钱一千六百余文,凡种稻之家无不欣喜。

八月初八日〔9月26日〕

翌日为丁祀之期,宗圣会于前数日发知单,知会阖会人员,予亦在会,拟今晚赴县,住宿文庙中,以备翌晨随众叩拜孔圣及一切先圣先贤。

八月初九日〔9 月 28 日〕

今朝丁祀，孔庙宗圣会已人可百名，此变乱以后之创举也。乱党灭祀吾道业经数年，今年尊崇孔子，吾道可望一线之延，安得从而祀之。

八月十四日〔10 月 3 日〕

今日从政者，清廷臣工十居八九，想系家无儋石之储，不得已而作二代之臣也，口腹之累，致使失节败名而亦莫能之顾矣，吁！可概也已。

八月十七日〔10 月 6 日〕

当此之时，民因未苏而加捐加税层出不穷，现又勒令民出内国公债，吾晋派一百五十万元，吾邑派二万一千元，近三二日差役四出，持票拿人，应允者释放，抗违者拘留，此治世之行为乎？蚩蚩者氓心何以结。

八月十九日〔10 月 8 日〕

家家务农，家家雇人，刈谷刈黍而外，播种宿麦，此所以夙夜劬劳，不遑安处也。

雇农之人，现在甚少，觅之殊难，今日助者两人，雇者两人，一日仅种宿麦一亩。

八月二十二日〔10 月 11 日〕

晋祠集义公粮店今日开市，设宴待贺客，予往贺之，客有三百余人，凡五六十席。

八月二十六日〔10 月 15 日〕

获谷又一石四斗，共四石余谷，不敷一年之食。

谷不丰收。

八月二十七日〔10月26日〕

今日为孔子圣诞,同人知会祭祀,予于今朝而往,其祭品系县署备办,羊一豕一。

八月二十八日〔10月27日〕

钱粮米豆,近有加征之公文到县,已出示宣布,令民遵行矣。每粮银一两较前加钱一千有奇,米豆亦加数百,均以大银元完纳。此一政也,小民必受无穷之害,而呼吁无门将于何所控告。民见此示,虽经骇哗而亦无可如何矣。

九月十三日〔10月31日〕

近因财政奇绌,行内国公债之事,现在吾邑之官举行此政,勒逼民间出款,差役纷纷四出,持票传人,凡家稍裕者,莫不逼令出资,闻足二万一千元之谱乃已,呜呼! 民处此时穷困已极,而又加此意外之需索,亦良可哀也。

家中人均往晋祠等村观看抬搁,予在家守。

九月十五日〔11月2日〕

予之幼时,即有万里封侯之志,既冠,而读兵书,及至中年被困场屋,屡战屡踬,乃叹自己志大而才疏,不堪以肩大任,年垂四十,身虽登科,终无机会风云,不得已而舌耕度日。光绪季年国家变法维新,吾道将就渐灭,迄宣统三年,革命党起,纷扰中华,国遂沦亡,予即无舌耕之地,困厄于乡已数年矣,年垂六十,遭逢世乱,无由恢复中原,不才孰甚焉,俨具七尺之躯,毫无补于时艰,不亦虚生矣,予惭仄曷极。

九月十九日〔11月6日〕

张资深之粮店亏累外债甚多,除还浮存往来凭帖数千吊外,尚歉借贷一千六百金、一千五百吊钱,请予调剂……

九月二十二日〔11 月 9 日〕

清源一县共派内国公债八千元,官绅现派六千元,商界派三千元,社会派三千元,现在纷纷派摊,非用勒逼手段未易派齐嗟乎! 民之脂膏剥之殆尽矣。

九月二十七日〔11 月 14 日〕

近因摊派内国公债,吾邑商人互相控告,纷纷不已,知事无法可施,饬差延请绅士排解,而各商均以取巧为心,各执一词,不能解决。

十月初一日〔11 月 17 日〕

今年正月初一日壬子为阳历一月二十六日,至十月初一日戊申为阳历十一月十八日〔按:此处有误,1914 年旧历十月初一丁未,是阳历的 11 月 17 日〕,阳历阴历,月日分歧,民间只记旧历,而对于新历并不过问,以其时序之不符也,民不遵行新历,当道亦不迫胁,今改民国之年,而予称年号仍系宣统,以予系大清之人,非民国之人耳,各行其志不能强,维新人所谓之自由是也。

十月初七日〔11 月 23 日〕

清源于壬子年〔即 1912 年〕始改为县,添设知事,新修县署,形式多系洋人之样,可概也已。

十月十七日〔12 月 3 日〕

拟于来月初八日为琏儿成室,预先备办一切婚事之物,须费其多,不免太苦。

十月二十日〔12 月 6 日〕

吾邑知事奉上公文,逼民出钱,日甚一日,初系公债阖邑共出二万一千元,现又增加酒税三四千元,而验契一役,近又急迫,挨门查验,民不聊生，以至于此间又有门捐，每一街门月征钱四十文，充本邑之警费，民何不幸而生于此时耶，又何不幸而遭此事，负担益重耶！？

本月十月十二日《大共和日报》政府筹办新税，有婚证税一条，计分三级，第一级者二元，第二级者一元，第三级者半元，收括至斯，其政亦苛矣。《檀弓》所谓，苛政猛于虎者是也。

十月二十四日〔12月10日〕

四男琏年一十八岁，聘南屯村牛畅三之长女二十岁，兹定于本年十一月初八日完婚，现已预备一切物件及婚事所用之款项，值此时局，筹划殊难，而且百物腾贵，食用更非常之大价，酒肉为婚事必需之物，其价亦较前为倍，今冬婚事所以寥寥无几也，已穷已极，亦可见矣。

十一月初四日〔12月20日〕

琏男成室，婚期在即。长男玠自县归，筹备一切婚事之物，费用浩繁，以当时物价之腾贵较平时涨高一倍，如酒向日每斤七八十文，现涨至百三四十文，其余食用物品，莫不若斯，此所以人民益困也。

来助婚事者五人。

十一月初八日〔12月24日〕

今日为季男儿婚，助忙者通宵未寝，予于寅初即起，晨鸡初唱于埘也，摒挡一切事件，呼唤助忙之人，预备早餐，以待天晓，喜轿早行诣南屯亲迎。

南屯村虽系本县之村，然距吾里之遥却是三十里，又值昼短夜长，故必早起，催督喜轿先行，预备拟日出即行启程，前往南屯行奠雁之礼。

辰刻，往南屯行奠雁之礼，亥刻乃归，灯烛辉煌，时至通宵。

凡四十三席，午二十七席，夜十三席。

十一月初九日〔12月25日〕

贺琎儿成室之喜者颇多,自朝至午,设席待客,莫能停止喜声,此亦好消也。

凡四十有四席。

十一月初十日

昨日敬待贺客四十余席,客去者多,留者盖寡,今日酬谢助忙之戚族邻里也。

今日又设二十席酬人。

十一月十一日〔12月27日〕

留助忙者二十余人,送贺礼之食,又蒸一二百斤面之馍,以贺礼二百余份也。

共收贺礼钱一百四十二千四百文,共坐一百五席,此次婚事费钱甚多,不堪其虑也。

婚事尚未完竣。

十一月十二日〔12月28日〕

助忙之人尚有七八人,赴远村送食,往返至五十里而遥,晋祠为近。南至固驿村,北至大王村,东南至南格、北格等村,东至孙家寨,东北至小店镇。

所借家具,尚未送毕。

十一月十三日〔12月29日〕

今日助忙者尚有五人,送家具并借家具之食,并为冰人送酒席,以谢媒妁,又忙一日,方才完毕。予亦忙急一旬有余矣,以尽为父之道也。

十一月十六日〔1915 年 1 月 1 日〕

在官之人，皆以今日为民国四年之元旦，挂红结彩，休假致贺。而民间不知也，即有知之者亦不以为意，甚至有诅咒之者，谓为不顺舆情耳。

十一月十八日〔1915 年 1 月 3 日〕

琏男成室，日已盈旬，俗者十日归宁，三日、四日归宁者，琏妇母家距吾里可三十里，向订于今日来请，吾家备办酒席以待来人，敬谨支应。予于鸡初鸣时，即行起来，到厨看火，并督率家人预先造饭，早为之餐，好行待客。

支应来请新妇者，男女各一席，男系新妇之弟，女系新妇之妹，共两席。另设一餐以待车夫。

十一月二十六日〔1915 年 1 月 11 日〕

男人卢克慎今日嫁女，予往助婚，午共二十席，邻里助婚者三四十人。

十一月二十九日〔1915 年 1 月 14 日〕

前五日县知事李桐轩遣人来约于今日到县会议事宜，予不欲往，里人皆行劝，骂曰："处此乱世，不可过于执拘以贾要人之怨恶。"试往应酬可也，看事而行。

十二月初五日〔1915 年 1 月 15 日〕

夜半车马纷纷入山载运煤炭，将晓麇集窑口，人声鼎沸，运煤上车，至晓乃行，亦山中一景况也。

十二月初八日〔1915 年 1 月 22 日〕

今朝山人皆云今日为腊八，家家户户都吃腊八粥，山人惟知旧历，并不知有新历也。

十二月十四日〔1915 年 1 月 28 日〕

予驻山中,窑首催交公债,适值窑伙杨九锡因事旋里,乃逼予交应摊大洋二十元左右,每元须行钱一千五百文有奇,不得已而出山周转。

十二月十六日〔1915 年 1 月 30 日〕

凌晨阅《大共和日报》(本月初九日〔1915 年 1 月 22 日〕报),北京电报,政府实行再发行内国公债二千四百万元,债期八年,折扣九十,并以常关税收四百九十万元为担保,拟四月开收,五日截止(新历),呜呼!内国公债已办一次,来年又办,尚不知凡几,民膏民脂将有不堪其剥削之势,而怨咨其难已矣。

十二月十八日〔1915 年 2 月 1 日〕

山中窑户均备祭品以祀窑神,谓今日为窑神之诞期也,燃炮之声,山鸣谷应,而香烟散布于岩岫之间,如云缭绕,穿出前林,更觉有趣。

十二月十九日〔1915 年 2 月 2 日〕

今岁予租一煤窑,借贷资本做此生涯,盖亦谋生之一术也,然究之妄矣,曷胜仄歉。

十二月三十日〔1915 年 2 月 13 日〕

未晓起来,载煤之车已集窑口,喧闹弗休,岁已告除,而仍连夜入山运煤炭,亦云苦矣。

民国四年〔1915 年〕

正月初一日〔2 月 14 日〕

民国四年以甲寅十一月十六日为岁首,而民皆不遵,仍行旧历,以今日为元旦,家家户户莫不庆贺新年,各处官长亦皆无如之何,听民之仍旧度年也。上月十八日为阳历二月一号,今日为二月十四号,闾阎黎庶祇知今日为乙卯年之元旦,安知为阳历之二月十四号乎?正朔之改,不协舆情,虽云改正朔犹之乎未改也。

鸡鸣而起,爆柏焚香,张灯结彩,迎神迓祖,虔诚祭祀,灯光火光互相掩映,不啻白昼,家庭气象肃肃雍雍,尚符先父先母在堂之日也。区区寸心,殊为欣慰。

官途中人均以今日为二月十四日,不以为今日元旦也。午餐既毕,予启罪出视,见里门有驼轿一、架窝一、骑马之兵四,肩均荷枪,系护坐轿之人。自省出来向南而行,必系赴任之官,但坐轿中未见其人矣。

正月初二日〔2 月 15 日〕
来拜年者八十八人,午餐者三人。

正月初三日〔2 月 16 日〕
来拜年者二十余人。
玢、珣、琏等男亦俱出门拜贺新年,俗使之然也,亦古道之遗矣。

正月初五日〔2 月 18 日〕
天初送晓,即行入山,进峪里许,骑骆驼至明仙村,日高三丈,抵石门窑,是晚驻宿。

正月初六日〔2 月 19 日〕
夜半之时,车辚马嘶,声满山沟,系载煤之人乘夜入山以便地冻好行也。

正月初七日〔2 月 20 日〕
晋祠翌日开市,今日演剧。

正月初八日〔2月21日〕

鸡再唱时,里中纸炮声喧,乃系商家随晋祠开市。将晓,启扉出现,则街上开市者六七家,烛光灿烂,爆柏焚柴之声布满街市,似尚有发达之气象。

正月十五日〔2月28日〕

今日为元宵佳节,乡村人民仍旧锣鼓喧天,点灯山放花火贺祝新春,虽在山中,亦系如此。城乡大镇又加社伙,穿街度巷以鼓舞人心者,以为太平气象。蚩蚩之氓,安知中国大局危险以〔已〕极,不啻燕雀之处堂乎!

正月十七日〔3月2日〕

阅本月初旬之大《共和日报》,倭人要索南满东蒙之地及山东福建安徽江南之利权……

杨九锡言:郝村闻有敬道者能治瑄儿之病,今日引来数人,乃谓令余先入其道,后乃治病,至病之能否痊与否,尚未敢必,予听其言支离,仅予一餐而去。

正月二十三日〔3月8日〕

昨日临出阳邑村,经杜氏宗祠,入内游览,系前云南巡抚杜公署联致仕归里所建者,匾额甚多,将其一生仕迹、历官之省全行悬挂祠中。闻其似〔嗣〕续不繁,仅有一孙在京。出村里许即杜鹤田先生之坟,周绕以垣,墓表有碑,其前有石人、石羊、石鹿、石马,又有石坊三为门,一见而知为人家之坟也。

正月二十四日〔3月9日〕

予来李满庄住宿两宵……

此村楼阁亭台甲于太谷,村庄亦大,昔有数千家,现今破坏已甚,拆毁者十分之七八,村中瓦砾乱抛,举目皆凋零气象。富者皆贫,铺号亦大减,户口不及昔年之半,人皆叹近年税敛日加,无法可以应付也。

正月二十六日〔3月11日〕

南席村演剧,第三日又放烟火,且抬搁五乘,又有背棍八个及高跷十四个,观者纷纷。

正月二十七日〔3月12日〕

予来此处,东家之铺号倒闭甚多,村中气象萧疏亦甚,而花费仍巨,故较昔日大减。

正月二十八日〔3月13日〕

前三年壬子〔1912年〕冬,予寓此处数日,街上生意尚多,富室无恙。今来此地,大生意倒闭数家,小生意亦减,富室全无,竟成日不聊生之家,民间穷困若斯,大局恐将不支矣。

正月二十九日〔3月14日〕

抵太谷城,入门要车捐二十文,询系上年创兴者,除省城外惟太谷有此,可慨也夫。进城下车,谦益亨午餐后即上街游览,气象十分萧疏,人多垂头丧气。世局之非亦可概见,目不忍睹矣。

二月初一日〔3月16日〕

予驻太谷,见太谷人民亦皆遵行旧历而不知新历之月日也。

太谷城中商务繁盛,为三晋之巨擘,业经多年,不料辛亥变乱以来,巨商大贾在外省经营亏折太甚,因将老号拖累不堪,多行倒闭,致令商人纷纷失业,坐困于家,此其太谷商号去其大半,富家亦皆成贫户也。

此邑催办学堂,勒令各商号输将学费,而商界之人虽恨学务人员,亦不敢抗违,只得俯首而已。

二月初二日〔3月17日〕

予来太谷侨寓谦益亨于今四日。此处商号倒闭甚多，所留者大半空虚，一号之中，人数寥寥无几，多归家坐困，太谷商人此一大厄也。

商号以票庄为最，自辛亥以来纷纷倒闭，日多一日，败莫能振，太谷仅留一号，传言债务甚多，平遥、祁县亦皆就颓，且被封锁者数号，盛经之故也。

二月初三日〔3月18日〕

太谷现行印花税票，官用强迫手段又起门捐，民皆嗟怨。曰：税敛重叠，交纳有不暇之势。此邑若斯，他邑当必不异于斯也，民何幸而生于此时也耶？

太谷东里乔氏之铺号，上月凭帖拥挤，倒闭十数号，市面因之湿滞，致碍周行，由民穷之故也。

一见旧友辄云大局危险，银钱异常缺乏，百千闾阎异常凋敝，商务破坏莫能收拾，而新税新捐有加无已，穷困百姓何以堪此，予亦不免唏吁。

二月初四日〔3月19日〕

予至太谷高等小学校参观，教员五人，学生七八十人。询问书记〔文书〕校内功课如何，答云：将来〔方言，指"刚来"之意〕学生多为不识字之人，何望其学问之成乎？教员皆是学堂毕业生，仅学得新学的皮毛，其作人师亦不过以其所学者教人而已。

又携张贤甫参观太谷官立女学堂。该校设在文庙后，遂入文庙游览，又出南门外游美国设立之医院。

二月初九日〔3月24日〕

加征加税日甚一日，小民之脂膏剥削殆尽。今年戏捐，吾邑分上、中、下三等，上等戏每一次抽钱二十四千，中等十六千，下等八千。又拉煤车，每套加钱五文，共四十文。小民之脂膏有限，虐政之诛求不已，宜乎天愁若斯也。

二月十二日〔3月27日〕

里人播种春麦,予亦率佣于彼东亩将麦播种。

晋祠圣母殿之献殿将就倾圮,现已歪斜,若不修葺,势必大坏。上年议修,布施未募,因而中止。住持觉子,现请阖镇绅士及予议修,今日第二次议定募化布施,将工抱〔包〕出,订工料价钱四百六十千文,午后即在本镇商号募化百余千文。

二月十八日〔4月2日〕

日来因晋祠绅士邀予助募布施,业经六日,募化布施已写六七百千文之谱。先由本镇商号民户,次由四河磨碾,其四河渠甲尚未募化,提倡者凡一十八人。赤桥村惟予,纸房村则崔君有仁也。其余均晋祠镇人。

二月二十日〔4月4日〕

本月二十二日为清明节,前一日为"一百五"。吾乡以前二日为"一百五",有新丧三年者即于"一百五"上坟祭烧,俗尚如此,即欲矫之而不能。人皆知冬至百六是清明,其前一日为"一百五",而俗必于前二日为"一百五",所由来者渐矣。

率儿孙辈敬诣祖茔祭烧。

二月二十五日〔4月9日〕

加征加税日甚一日,百姓咨怨亦日深一日,所到之处民皆痛恨,有"时日曷丧子及汝偕亡"之势。

三月初一日〔4月14日〕

今日为先母之忌辰。

每逢二亲忌辰,一日不饮酒食肉,为先慈忌辰禁止酒肉入口以赎前

日不孝之罪也。

三月初二日〔4月15日〕
偕张介眉、杜匡九、贾汉卿、刘玉峰、贾干卿等进城,谒见本县知事李桐轩畴锡,募化布施。桐轩慨然写助一百元,并请知事充修祠工程局总监管,亦慨然应允。

三月初四日〔4月17日〕
前月二十五日《申报》,四川荒旱成灾,粮价大涨,竟有杀子而食,妻缢夫亡之事,可悯也矣。

三月十二日〔4月25日〕
凌晨,挑灯阅本月初六日《申报》及《大共和日报》,欧洲各国仍然剧战……

三月十四日〔4月27日〕
印花税票官厅强迫行使,无论何等约据及一切账簿货摺,均须贴票,无则重罚。商民莫不惊骇,怨声载道。

三月二十日〔5月2日〕
晋祠赛会且演秧歌班。

三月二十一日〔5月3日〕
锦丰当局请午餐。

三月二十六日〔5月9日〕
初晓起来即命家人造饭,以待客人。里中演剧,每岁三月一次,家家待客,吾家亦必随俗而行。

兰若寺演剧,今日观听者蜂屯蚁聚,不可胜数。

三月二十七日〔5月10日〕

里中演剧,家家待客,一切食物,价皆昂贵。白面每斤钱六十文,每斤肉二百文,每斤酒五百十文,每斤油二百二十文,每斗谷米千三百文,稻米二千六百文,黍米千四百五十文,每斗粮九百文,每斗菜豆千三百四五十文,黑豆千文。凡入口之物,无一不贵,而人民穷困至此,值粮价高涨,何以为生,幸里人所造之草纸价亦昂贵耳。

仍须预备待客之饭,午又八桌,男女共三四十人。

三月二十八日〔5月11日〕

村乡演剧酬神,家家户户莫不备饭,此俗相沿历年已久,非止一日,予自幼亦是。

午后诣县晤崔雪田,请其到晋祠估工,以其熟悉补修庙宇之工程也。

三月二十九日〔5月12日〕

晋祠庙宇多年未修,剥落残破者多,住持本祥于二十年前,即行邀请本镇绅耆提倡重修,乃因绅耆退缩不前,又加素失信用,莫得募化布施,以致木工难兴,提倡六七次,仍未有效。本祥不得已而加请他村之人,亦仍无效。上年请予助办,而晋祠绅耆退缩不前,本祥亦死,事遂未成。今年正月初旬,予诣晋祠,目睹献殿大欹较前更甚,乃命本祥之徒觉保、觉志,邀请晋祠镇人再行提倡,而觉志谓非设席莫能邀到。因备酒馔,邀集十数人,方才提倡重修。予自太谷归,即邀帮助,用使贪使诈之法募化布施,始行开工补葺献殿,而经理人中即有借此渔利者,一月有奇,饭钱已用七十余千矣,予尝面阻而不听,廉耻道丧一至此,殊可浩叹,非用法不能除蠹。

四月初四日〔5月17日〕

山西公报另纸呈报中日交涉和平解决,但未详何以解决。

明仙峪村演傀儡戏第二日,予于夜观之。

四月初五日〔5月18日〕
明仙村系一峪之大村,然仅十数家,丁口寥寥,演傀儡戏第三日,家家待客亦如山外川民之俗也。
煤黑子皆不下窑,以村中演小戏也。

四月初七日〔5月20日〕
里人闻有草纸按斤加税之政,莫不惶然惊骇,谓阖村之人借造草纸为生计,一旦于旧税之外加增十倍,则纸价必减,生计焉得不受窘困。世代既更,宜好处而反莫若前代之佳耶?

四月初八日〔5月21日〕
省城测绘学校奉上级官厅命令,来晋祠驻扎,俾六十学生在晋祠左近立标测量绘图,以资习学焉。然该校各员以及学生、差役、护兵扰害闾阎,自二月初旬迄今两月有奇,民受其害,敢怒而不敢言,新政如此,殊可慨叹。

四月初十日〔5月23日〕
补修兰若寺工已告成,今日阖村之人集寺行落成礼,且备饭餐,共相欢饮,予亦与焉。

四月十三日〔5月26日〕
昨诣柳子峪,系借观剧名实则调查铁矿、磺矿也。窑头两处铁厂只能制铁未曾造器。下石村一处铁厂业经制器用,系初试验,皆云未曾获利,现尚亏累,幸铁矿苗尚旺,惟硫磺之矿其苗不旺,该厂日日制造,所得硫矿不偿工本之费开,亦亏累不少,均试验第三年矣。

四月二十七日〔6月9日〕

先妻母来,偕内人史竹楼及次女,往西寨村看视长女红英。生产周月,早往晚归,俗所谓做满月也。抬食盒两架,内有蒸馍赶麦及小儿之衣物等,费钱十数缗。凡女头产,俗必如此,惟贫穷人家无力办此举耳。

四月二十八日〔6月10日〕

里中第二日演剧系按田亩摊钱,每亩二百一十文。

五月初一日〔6月13日〕

上月所行百物之税均加倍蓗,又有婚证税、所得税、割头税勒逼行之。民之憔悴于虐政未有甚于此时也。

近岁百物皆贵,今年更高,……一由外洋之战,洋货输入者大减,一由政府加税毫无遗漏,蚩蚩小民敢怒而不敢言,深恐自此以后百姓益困而国家亦将不支矣。

山人言自去秋派钱,每户出数十文或百文不等,至税敛之加亦不能免,山中贫瘠甚何以堪。

五月初四日〔6月16日〕

文水王少鲁学曾、代州张小琴友桐(光绪丁酉科第二名举人)、榆次常子祥〔襄〕赞春(壬寅科第三名举人)自京来函。少鲁(光绪癸巳科解元)等言其与同志诸君在京南城下斜街云山别墅设立山西文献征存总局,并于省城省议会故地设立分局,征求本省文献,请予将本县诸先儒著述悉数搜求,所有独行、孝义、孝贤、烈女,素有传说可考者,亦为延访具书寄局。……予于今日赴县,谒见李桐轩,言王少鲁另函寄托与予办理此事。县长亦言此事可办,改日再议。

五月初五日〔6月17日〕

民国改行阳历,与阴历大差,而见民间习惯久远,莫能遵行阳历,仍

旧而行,不得已乃名阴历元旦为春节,端午为夏节,中秋为秋节,冬至为冬节,以顺时序而协舆情。

五月初十日〔6月22日〕

客中闲集云,冬至、夏至谚语,与今南北俗传不一,兹揭其二。冬至:一九、二九行人不出手,三九二十七,篱头吹篥栗,四九三十六,方才冻得熟,五九四十五,穷汉街头舞,六九五十四,乞儿争志气,七九六十三,破衲足头担,八九七十二,猫狗寻阳地。九九八十一,犁耙一齐出。夏至:一九、二九扇子不离手,三九二十七,吃水甜如蜜,四九三十六,争向露天宿,五九四十五,树头秋叶舞,六九五十四,乘凉不入寺,七九六十三,床头寻被单,八九七十二,夜眠添夹被,九九八十一,家家打炭坡。俗语只传冬至不传夏至,读冯黎罔《月令广义》,因得见此俗谈巷语必有来历。渐岸赵吉士恒夫:《寄园寄所寄》獭寄祭寄卷中亦载此。

五月十一日〔6月23日〕

省城街市被毁之房屋,修葺聿新,均系洋式,一意务极华美,成为洋人之气象而后已。弃旧图新,今日人心莫不如斯。

省城之人均因税敛苛虐怨恨声成……

五月十七日〔6月29日〕

风峪、柳子峪各窑户来家商议窑户受害等事,欲结团体以扫将来之害,来十数人,午餐者三人。

五月二十八日〔7月10日〕

赴县成立煤矿事务公所,九峪窑户到城西街窑神庙者四十余人,公举正所长一人,副所长一人,办事员九人,凡十有一人,办理九峪煤窑事务。

退想斋日记(1913年—1920年)

六月初五日〔7月16日〕

阎修五佩礼近在都考取知事,分发河南,今日偕其二弟来辞行。

午后,偕牛一清赴县谒见知事,因有北大寺村人借修祠布施而渔利,破坏其余布施也。

六月初八日〔7月19日〕

今日阳历七月十九号,去日赴县系成立选举立法院议员调查会,本县分五区,每区二人。

六月十六日〔7月27日〕

赴县办煤矿公所事件。

煤矿公所之简章十五条,系玠儿手定,于本月十三日递禀并附简章,在县呈请立案,而李县长桐轩即日批云:据禀悉,该绅等拟组织煤矿公所,维持实利,殊堪嘉许,察〔查〕阅简章亦尚周妥,应准如禀立案仍将组织成立日期具,报此批。

六月二十日〔7月31日〕

印花税票行于商界,自今春始迄今数月,加增数次,拖累商家已不能安。本月初旬勒逼商家购其四年内国公债共四五千,现又逼迫每月加印花票钱二百元大洋,商家受此苛虐,其款必向民间起派。苛政猛于虎,此其是也。

六月二十二日〔8月2日〕

省城自经变乱以来,土木大兴,东羊市街东至红市牌楼街长二三里之房屋,造为洋式者十之七八。

六月二十三日〔8月3日〕

赴太原监狱参观,即昔之模范监狱也。监长许绍远伯华,年三十三,

精明强干,招待殷勤,导予游览,罪犯分科工作,有木工、铁工、染工及缝纫、纺织、刷印、医药等科,十分齐整,此外有病室、澡堂、刑事堂、了望楼。两时许乃告别。

六月二十八日〔8月8日〕
申初,由榆乘火车返省,仍驻义集生号中。

七月初一日〔8月11日〕
吾邑知事李锡畴用强硬手段逼勒商人多用印花,而商会人员进省上诉,尚未解决。

七月初四日〔8月14日〕
年年今日,县民抬搁到晋祠迎请广惠显灵昭济沛泽翊化圣母至,故俗称大时节。

七月十一日〔8月21日〕
在晋祠朝阳洞,召集本区各村董事商议调查资格之办法。

七月十五日〔8月25日〕
今日为中元佳节,人皆诣茔祭祀。

八月初四日〔9月12日〕
申刻,李知事请予到本县商会,正、副会长商董会员凡四十人,公推予为特别会董,帮办会长办理商会事件。辞之再三,官及商会人员皆不允许,不得已而承认。

八月初五日〔9月13日〕
清晨偕牛畅三恭诣文庙,敬祀孔圣以及先贤先儒,李知事桐轩主祭,牛一、羊四、豕三、鸡二,其余祭品莫不简略,亦见祭祀之不诚也,可为一叹。

变乱以后,文庙之祭无人举行,去秋方才有官致祭,圣贤之血食几乎断绝,殊令人扼腕不平。

八月初八日〔9月16日〕
今日袁总统世凯之诞期,本县李知事演剧以祝嘏。

八月初九日〔9月17日〕
近年赋闲于家,不无窘困,现充调查会人员,稍得公费作为补助费,顷又充本县商会特别会董,则此事颇不闲矣,差堪稍济我困,此亦天助之厚贶耳。

予之乡望尚可告孚,以予不贪财、不失信、不自是之故也,行此三者非一日矣,商界亦皆信之。

八月十一日〔9月19日〕
进县与李县长裴孟坚审查选举、被选举之资格,毕业相当者,举人、进士而外,仅留恩、拔、副、岁、优五贡,所有廪、增、附贡及监贡全行取消,共六十余人。

八月三十日〔10月8日〕
调查会既完,即接办本县商会事,予则无闲工夫矣,此亦为贫而然也。

九月初一日〔10月9日〕
婚证书一道,男女两家均贴印花税各一元大洋,自上年十一月起至今年八月底均以一元贴之。上月二十五日,予因调查会谒见李桐轩知事,言至其事,予以章程系四角请之,李知事慨然应允,遂于是月二十八日实

198

行,阖邑之人均受李知事之福矣。

九月初二日〔10月10日〕

请王星臣充商会文牍兼书记,系张吉甫、李藻航推荐,每月八千钱薪水,以九月初一日为始。

九峪窑首户到县请求商会转达县长,愿将窑务事务附设商会,会长及会董与县长言其事,不允。予乃为之言其理由及其一切利害,李桐轩方才应允。

九月初三日〔10月11日〕

为实业学校助办添设商业夜班,其学生系各商号选充,予到各商号为之演说其教法。

九月初八日〔10月16日〕

前数日晋祠等村议抬搁送神,纸房村执意不从,为省费而免一番滋扰也。乃一般无意识之徒,群焉非之,责备纸房村之违众,且出多人从中调剂,纸房村人不得已而应之,亦从众村,于本月十六、七、八等日办理。俗之侈靡亦可见矣。俭德之风俗不知何日乃能复之也。

九月初九日〔10月17日〕

煤窑之户近受窑首及衙役之害甚大,近又被其破坏,煤矿公所乃与县长交涉将煤矿公所附设本县商会,今日九峪干事均到商会开议办法。

九月十一日〔10月19日〕

午刻又赴县,翌日投票选举国民会议议员,今日先开选举会,预备翌日正式选举。

九月十二日〔10 月 20 日〕

辰正,到城隍庙即行投票选举国民会议议员,至午正乃毕,未刻开柜拆票,予为当选第一人,予外又有二人,其余五人为候补人,玠儿在其列。

九月十九日〔10 月 27 日〕

偕王、齐二君赴筹办国民代表大会事务所,人甚寥落,报到者亦寡。

九月二十一日〔10 月 29 日〕

今朝辰刻,偕王、齐二君赴前谘议局投国民代表票,将军、巡按使均到场监督。

九月二十二日〔10 月 30 日〕

全国〔疑为全省〕举国民代表一百二十人,昨日投票,予竟充代表中人,但未知代表何事耳。

九月二十三日〔10 月 31 日〕

全省代表一百二人,于巳刻到同武将军行署,即前巡抚部院之署也,巡按使亦到,代表投票解决国体,其票为君主立宪下书赞成二字,人皆一致,无一写他字者,此系官界中人指示代表所书者也,人皆茫然,予亦昏昧。

十月十六日〔11 月 22 日〕

吾晋南北之人因投票来省者三四百人,多属旧儒耆硕,无事因困顿而作此一举也。

十月二十日〔11 月 26 日〕

李桐轩不通商务,只以奉上宪公文办事,并不顾及地面利害,故促起拥挤凭帖之风潮。

十月二十四日〔11月30日〕

李桐轩知事向奉上宪公文查封晋祠万慎兴钱局,差役晋局,即起拥挤钱帖之风潮,幸商会保护,得以保全。

十月二十八日〔12月4日〕

来省之人运动投票者纷纷,只因得一议员而行运动,可谓无耻之极矣,成何世界。

十月二十九日〔12月5日〕

纷华靡丽惟省城为甚,东羊市街俨然为洋国形式矣。看其表面生意似为茂盛,其实获利之号寥寥无几,莫不咨嗟慨叹,怨担负税敛之重叠也。

十月三十日〔12月6日〕

运动议员

谁云选举法平均,满眼全为运动人。
非但寡廉并鲜耻,乞求写票奉如神。
只为希图得议员,邀求大众肆开筵。
旁观窃笑都忘避,惟向同人乞我怜。
不知时局不知羞,为得议员摇尾求。
拜托旁人勤说项,天天在馆献嘉馐。

十 ·月初六日〔12月12日〕

偕杨君在夏诣王郭村为白俊美兄弟排解事件,业经解决,二鼓乃归。

十一月初八日〔12月14日〕

各衙署及各铺号均悬旗结彩庆贺君主立宪告成,系中央来电所示,而省城遵行之。

十一月十二日〔12 月 18 日〕

晚见黄少齐旅长,请其为修晋祠募化布施之款。黄当应允先付三二百。

十一月十四日〔12 月 20 日〕

今晚竟有以酬报金钱贿吾投票者,予严拒之。

十一月十五日〔12 月 21 日〕

国民会议复选举监督金永一任,在省谋得议员之要人,上下其手,今日张挂被选举之人仅列二十七名,均系与金有关系者,令人大抱不平。

十一月十六日〔12 月 22 日〕

午前,巡按使署内开柜拆票,正额足数九名,业经足数选出,其中未免有弊,令人生欺〔疑〕处甚多,选出之人均系先行运动廉耻毫无者,安望有益于国计民生耶?

十一月十七日〔12 月 23 日〕

国民会议候补议员九名,今日又行投票选举,予及王、齐二票均写清源陈乙和受中。

省城庆贺帝国成立,□园通观演女戏,三皇庙唱男剧,系山西教育总会商务总会提倡。

十一月十八日〔12 月 24 日〕

庆祝帝国三日,今日为中,满城商号住户均行悬灯结彩以贺之。初夜举行提灯会以申贺忱。

十一月二十九日〔1916 年 1 月 4 日〕

贾禹臣之侄不守家规,谋与叔析产异居,禹臣无奈禀官讯办,官竟委

予办理,今日在贾家一日,尚无头绪。

十二月初五日〔1916 年 1 月 9 日〕
牛一清请予为其母点主,早往晚归。

十二月初八日〔1916 年 1 月 12 日〕
玠儿自省言归,传说云南不服改民国为帝国。

十二月十二日〔1916 年 1 月 16 日〕
近年以来,税敛迭增,人民凋敝,不堪其虐,中央政府倡行此议者其罪固大,至各处承办税务之人借此需索贻害地方,致失民心,有伤国本,厥罪尤深。

十二月十七日〔1916 年 1 月 21 日〕
孙女于归为期将届,不得不备些须装奁以及婚期之食用。予欲改俗而俗弊太深,莫能革除,聊且徇俗以行,一切事件总以俭约为主。

十二月二十四日〔1916 年 1 月 28 日〕
孙女于归,县长李桐轩送来大洋四元为奁仪,予于昨日赴县璧谢,而桐轩概不准璧。

十二月二十六日〔1916 年 1 月 30 日〕
郭光德充高等小学校校长,因年假在即,学生均告假而归。李桐轩为各学校监督,责郭不守定章,郭遂负气将校长之委任状缴于县长李桐轩之手。昨晚偕胡海峰、王景文、齐廷献、牛敬甫代为说项,乃将校长之委任状由县署讨出,仍旧令郭光德充当校长。

十二月二十八日〔1916年2月1日〕

今日进县办理驼捐附加捐，事先缴附加捐钱四百千文，尚欠一千二百吊，天黑乃归。

民国五年（洪宪元年）①〔1916年〕

正月元旦〔2月3日〕

今日元旦，只闻寺庙敲钟报晓，庆贺新年，不闻街市纸炮之声，由于省城警察厅致各县公文，禁止民间燃放纸炮以及一切枪炮也。

正月初二日〔2月4日〕

来拜年者八十余，午餐者二人，自朝至午，未曾少暇，此吾乡之俗，莫能改易也。

正月初八日〔2月10日〕

吾里商家皆随晋祠同日开市，今日主要鸣锣告众早起拈香。又闻燃放纸炮，而贺喜祝庆之声往来不绝街市，又悬灯结彩，且有鼓乐导吹以讨喜钱者。

晋祠商家演剧开市，李桐轩县长赴晋祠商会事务所之请，午刻抵镇，观剧已，乃称觞于晋泉源钱庄，陈剑秋、狄慕唐、牛一清及予充陪客，桐轩以外有科员贾庆和兆民、警佐杨在田献贵均同席共饮，天黑乃散。

正月初十日〔2月12日〕

风峪窑户被厘卡人员压制重罚，因之不为该卡代写票据，代收钱项，煤厘局员无策可施，乃求县专勒令该峪窑户仍然代写厘钱票据，代收厘钱，许除窑户之害及一切赔累，刻下尚无消息，此昨日事也。

---

①原文如此写。

正月十二日〔2月14日〕

百姓受官吏之害,往往无所控告,现今归化、绥远一带干戈纷扰,皆因抽税苛刻,贼匪蜂起,不得遽灭,中央政府派员驰赴该处,严加查办,诚恐查办之员不实呈报也。

正月十三日〔2月15日〕

阖城商家今日开市,五更炮声如雷,通街张灯不啻白昼,商人互相庆贺,至晓未已,亦热闹事也。

演剧于关帝庙,以贺开市。

正月十六日〔2月18日〕

前与牛玉鉴约开祠西旧路,今日开工,系按户起夫,不向民派钱,即有工费,商界甘心出资,予故早起,餐毕,赴晋祠办理此事,以尽此义务,为塞北有贼纷扰故也。

正月十七日〔2月19日〕

晋祠堡西之旧路,多年闭塞不通,由于镇人无桑梓之观念,虑不及斯,故不谋重行开辟,宣统三年变乱之日,堡中为通衢,已受往来逃兵之扰累,予即提倡开辟此路,以便南北往来之行人,而镇人置若罔闻,予甚悯之。上年秋,阖邑商人公举予充商会特别会□□□□会事务,迨至腊月,雁门关北贼匪扰乱,警耗日至,予与□□□□开路修堡之事,仍然漠不关心,乃于晋祠商界言之,无一人不赞成,因请县长李桐轩提倡监督,亦概然应允。遂于木月初三日,商会事务所开会,公请县长于开市日〔正月初八日〕到晋祠观剧称觞,席设晋泉源钱庄。又于十一日商会开会议定开会,商号担任经费并出夫卯,而驻户仅出夫卯,请镇人协办,十三日动土,十六日开工,予必亲往倡率。

早到晋祠督修路工,每户出夫一名,共赴二百余夫,一日未辍,均系易修之工。

正月二十一日〔2月23日〕

里中有人凑钱，邀来他村社伙在里门演唱，似乎歌舞太平，未知□□□麻也，村人无知识，宜乎行此愚志耳。

正月二十六日〔2月28日〕

又，《字林报》二月七日兴化府（福建）通讯云，此间明白事理之士，晤谈时辄以国体为言，但表面上未有非常事变之象。民国二、三年间，因禁罂粟，大受蹂躏，盗匪乘机抢掠，害民特甚，然较今催征员之敲索，则民视昔盗贼横行为安乐时代也。悲夫！"盗匪如梳，官吏如篦"，今日之通行语矣。民国三年，地方虽患盗，然至年底，犹可乘债过年，利率亦不昂贵，至去年阴历十二月，利率倍于寻常，亦苦告贷无门，小康之家金银多为官吏吸去，民处重负之下，方呻吟之不暇，其于共和、帝制固无足计，惟以今日时局之坏已至极点，无以复加，苟有改革，总可较此为强，故对于反抗政府者默表同情焉。

二月初七日〔3月10日〕

新年以来，为花塔渠长清官每亩旧有二十六文钱又加五十文钱，数百年之害，一旦扫除，此一善事也。又提倡开晋祠镇西之旧路，保护堡城，此一善事也。

二月十四日〔3月17日〕

自光绪庚子以后，改设学堂，不数年停止科考，并派学生出洋留学以学洋夷之学，留学日本者至数万人之多，赴西洋各国之学生数亦不少，均系官费，其自费者不过百分之一。洋学既盛，孔孟之学遂无人讲，中国人士均尚西学，则父子之亲、君臣之义、夫妇之别、长幼之序，朋友之信皆置诸如何有之乡，遂养成许多叛逆，未越十年，即行返国，凭据要津，至宣统三年，突然蜂起，革我清之命，改称民国，号曰共和，而乱臣贼子乘势行其素志，窃据神器，号令天下，暴敛横征，民不堪命。民国四年，改民主为君主,此举一行,而乱党又借口弄兵,宣告独立,犹民不安,则是以贼攻贼,以暴易暴,民不聊生,无治安之日也,岂非孔孟之学不行而洋学是尚之所致乎?吁!可畏也已。

二月十八日〔3月21日〕

无知无识之人,做事只顾目前,并不虑及于远,如本县商家行使钱票,现皆信服,用则于商务大有利益,推行尽力,阻碍毫无,乃会长崔象峰及在会董协谋整顿,钱票中有商会戳记者,始得周行,若无戳记之票,即限期不准周行。业经议定本月初十日鸣锣,十五日截止。予闻是议,力行阻拦,谓一不行无商会戳记之票,势必凭票取钱,纷纷拥挤倒闭,非只一家,始议缓办。嗣行调查有商会戳记之钱票,县城各号通共四万八千余缗,其无戳记者,越过有戳记之钱票,非止数千。一不周行,必至大起风潮,而会长仍执迷不悟,谓予阻拦之非。噫!商人程度不可言状,宜乎受官之蹂躏而无所措手足也。

二月廿六日〔3月29日〕

予年六十,仍未免为乡人,家中食指繁多,值此物价异常昂贵之时,寻常受窘,往往告贷以度春秋,此可见龌龊无能,空生于世而愧悔弥深者矣。

三月初一日〔4月3日〕

吾乡以清明前二日为寒食节,上墓祭烧者多,今日即是寒食节,家中敬备祭品,恭诣先茔遵礼祭烧以为追源报本之情,抑亦从俗而行也。

三月初六日〔4月8日〕

贾禹臣(映毕)亲翁因其侄要求分产异爨,不得已同亲族乡邻为其办理,予以戚谊辞之不获,今日初晓,即遣人来请予,早餐后分其家,先为劝谕仍然同居,但未知听予言否。

三月初八日〔4月10日〕

吾邑向称商务分会,近奉大总统命令,改称商会,拟定翌日改组,重举正、副会长,旧会长崔象峰乘此改组之期,宣告辞职,故开大会选举。

三月十五日〔4月17日〕

省城一切人等,缄口不言时事,以大局已极危险,官厅出禁,严禁捏造谣言,如言时事被官厅侦探查悉,拿获到案,立即枪毙敌也。

三月十六日〔4月18日〕

珽儿在省阳兴十二中学校肄业,因省不靖,随予而归,盖恐省城亦生乱事也。

三月二十二日〔4月24日〕

商会会董三四人主持,撤销本城各号无商会戳记之凭帖,限至四月初一日不容周行,是去日所议者,商人敢怒而不敢言抗,只是说,必起拥挤倒闭之风潮,阖城哄然,予乃禀知县长重行开议,将出帖之家招集商会共四十余人,乃议递减之法,以十日为一期,每期撤销十分之一,予倡此议,而众皆赞成,一日始毕。县长又派代表一人监督议场,其议遂定。

三月二十三日〔4月25日〕

传言陕西、山东等省又有独立消息,吾晋亦皆不稳,省城有危险之象,吾邑密迩省城,不免恐惶〔慌〕,李桐轩与予密商,招集四路绅士会商,防患之策乃定,本月二十五日到县会议,予之宗旨效古之保甲法参以新法。

四月初十日〔5月11日〕

柳子峪谦德顺窑伙在谷讨收煤钱,寄存万合荣二百二十余千,又有谦泰源、丰泰亨六百余,万合荣于本月初三日闭门歇业,不付此款,予与倬人来此交涉。

四月十三日〔5月14日〕

商家皆言,生意不畅由于世局大乱,买卖阻滞,惟钱行现做钱盘,尚觉少为活动。

山东长山县周村系一小码头,太谷商于该村者颇不乏人,本月初三日被抢,商人恐惶〔慌〕,影响于太谷,凡出外行商者均不敢动身,惟坐以待平靖而已。

四月十四日〔5月15日〕

商家得四路之电,消息不佳,虽莫敢言世局之乱,而禁银钱不许汇于外省,可见时事之危险矣。

四月二十五日〔5月26日〕

本县东街今日大放烟火,以上月中旬东街之警兵遇有鬼行街上也。

五月初一日〔6月1日〕

徐沟高活村之车夫在和尚运煤,告卖煤之人云:上月二十九日平遥县有乱事,焚抢二事皆有,但未知何贼,省城陆军运载木车马路经平遥,其马被抢去者七辆。

五月初三日〔6月3日〕

里中演傀儡戏数日矣,观者不知大乱,仍是太平之心,可谓蚩蚩之氓不识不知矣。

有人言平遥县之乱,系哥老会劫狱。……

五月初六日〔6月6日〕

凡有演剧之处,无不热闹异常,男男女女,结伴往观,风俗侈靡于〔此〕可见一斑矣。

五月十五日〔6月15日〕

太谷商贾生意不旺，乃作虎盘流通生意业经半年，近日邻邑商人多乘是邦作此生意，买空卖空，一朝至二三百万两之多，赔赚甚巨，半月为一期，闻有赔二三百万两银之家者，虎盘遂坏，由今日始只是买卖现银矣。

五月十六日〔6月16日〕

讨债一事，大费周折，上月来此驻宿半月，八百余吊之款仅收一百千有奇，此次又来六日矣，尚无眉目，交涉数次，只是一味推诿，只得守候而已。

五月十七日〔6月17日〕

太谷商务为山西之最，铺户可一二千户，自改为民国以来，大商铺倒闭者多，富户因以不支，商人坐困十之八九，现在大资本家寥寥无几矣。

五月二十日〔6月20日〕

讨债一事，千难万难，前一次驻此半月仅讨百余吊，此次又驻此一旬，尚未讨得一文钱，可谓难矣，该号设局骗人，干犯商律，望谁声其罪而诛之？

五月二十四日〔6月24日〕

有陕西溃兵渡河（黄河）而东，吾晋收之，由碛口而来，北往省城，一抵晋祠，即行驻宿，次早乃行，今已第三日矣，第一次过二百余兵，去日四五百兵，今日又有五六百兵驻晋祠，翌日到省，均从吾里门经过，里人不知世乱之极，多立里门看兵。

五月二十五日〔6月25日〕

晋祠堡西之路，开辟多日，自正月十六日起，至五月初告成，商会费

钱二百余吊,商民出夫二百余名,其间开山、修桥费工颇巨。若责商会办理,费钱必不止此。

五月二十七日〔6月27日〕

本县城隍庙赛会,有班戏演唱,往观者纷纷,里人更多,县长禁止夜戏,只令白昼演唱也。

六月初二日〔7月1日〕

日来收麦处处登场,觅人非易,佣工之人不知归于何处,现在天旱,他处田多无苗,惟吾邑潆河水灌之田尚多,而人之缺乏至于若斯,亦气运使然也。

获麦一场,二亩三分田得麦二石四斗。

六月初三日〔7月2日〕

工资太昂,刈麦一日,除三餐而外,尚给工资一百七八十文,且有二百文有奇者,大旱之时,仍然如此,若得甘霖之后,其每日工资必再行增多也。

六月初四日〔7月3日〕

又获麦一场二石有奇。

粮价日涨,无雨之故,人心大为恐惶〔慌〕也。

六月初六日〔7月5日〕

阅上月二十八日〔6月28日〕《申报》,四川犹有战事,滇、黔独立仍未取消,大局岌岌可危,各省人心多不安稳。

六月初七日〔7月6日〕

天初送晓,里人喧哗,予出视之,父老子弟皆云:大旱至此,县长到晋

祠祈雨,传来村中预备祈祷之事,沿门安置香桌插柳备水,人皆恐惶矣。

六月初九日〔7月8日〕
罗城村人赴天龙山祈雨,初夜经里门而过,自北向南。

六月十四日〔7月13日〕
晋祠于今日演剧起,远村人多来观听。

六月十六日〔7月15日〕
县长李桐轩请予赴县,业经四五次,不知有何公事,予于天黑启行赴县。

六月十九日〔7月18日〕
粮价大涨,人心恐惶〔慌〕,伏日无雨,年已吉凶,情形危迫有不可终日之势。

六月二十日〔7月19日〕
祈雨者满城〔指省城太原〕。

六月二十一日〔7月20日〕
大旱又一日,粮价又涨,人心恐惶〔慌〕。

六月二十二日〔7月21日〕
吾邑知事新委查积甫厚基,系浙江海宁州人,初任知事,不日即到吾邑履任。

六月二十五日〔7月24日〕
祈雨之处,非止一处,人心恐惶〔慌〕已甚,有岌岌不可终日之势,人

人忧旱,馈寝不安矣。

里中儿童,夙夜哀号乞〔祈〕雨,其声入耳,心不免为之惨然。

六月二十八日〔7月27日〕

吾家食指颇多,所获之粟不敷一年之口食,又无余粟补其不足,现在大旱,饥馑荐臻、斗米价至二千文有奇,斗麦亦已二千文矣,此予所以忧心殷殷也。

六月三十日〔7月29日〕

朝仍下雨。

予偕商会会长崔秀山象峰以商会名义回拜查县长。

七月初一日〔7月30日〕

城区商会会董有把持一切情形,无论何事视镇区会董等于儿童,常用压制手段侵侮镇区会董,故三镇皆恨城区会董,不愿同会办事。

上月底得饱雨,粮价不涨,民心安稳,在城人民乃定本月初四日抬搁到晋祠迎神。

晋祠今日演剧起,由于赛会故也,岁以七月初二祭祀晋祠圣母,赛会凡三四日,历有年矣。

七月初二日〔7月31日〕

晋祠赛会不甚热闹,亢旱以后之情形仍见,人心不甚安稳也,虽前数日得饱雨,而终难望年之大有矣。

七月初五日〔8月3日〕

每岁自本月初一至初五日,晋祠赛会,县人抬搁,远近观者甚多,其间一带村庄,家家户户安排酒饭以待戚友,妇孺均换新衣,俗谓之过大时节也。

七月初七日〔8月5日〕

教育会今日开全体大会,到会者三十四人,予充付〔副〕会长,且请县长查积甫临会,先开欢迎新知事会,次乃议事。

七月十一日〔8月9日〕

初晓,有兵数百从吾门过,系黄旅长之兵野操,已毕,由县城之路归于省城。

七月十七日〔8月15日〕

花塔村第二日演剧酬神谢雨,往观者踵相接。

七月二十日〔8月18日〕

前著《晋祠志》四十二卷,为数太繁,业经十数年矣,现又翻阅,拟欲改之,删繁就简,先由第一卷着手,中元节抄录,仍不改其体例,如录副本而已。

七月二十一日〔8月19日〕

玭儿自暑假归来,业经四旬,现已假满开学上课,故各学生皆赴省,玭儿今日偕数学生而行。

七月二十五日〔8月23日〕

小店镇因求雨如愿以偿,抬搁酬神,今日在本镇游行,观者如堵,众至数万,车至数千辆。

七月二十八日〔8月26日〕

小店镇祈雨有应,将一阅月而谢雨酬神,抬搁社伙前后共四日,该镇费钱数千缗之多,所有待客之费尚不在此数,此一大浮费也。

小店镇南北十六村,均备大膳敬献新龙王,每村有每社备膳者十有

六村,共费钱亦多。

汾水太小,深仅尺余。

八月初四日〔9月1日〕

重修晋祠庙工程,此次系予负担,晋祠商会经管钱项,又延出六七人襄办工程,此任人则逸之法也,予不解工程事而请出解工程者欣助之。

予意办此工程不枉费一钱,亦无一人侵蚀布施,凡事皆与商会以及请出之人协议而行。

八月十三日〔9月10日〕

重修晋祠庙宇,上年经理,人多良莠不齐,致将布施枉费,或至暗行侵蚀之数约有数百缗之谱,此等行为由于自己不善办理之咎,何敢尤人,凌晓思之,未免心悸。

现在受黄旅长之托,又行动工,邀请素日公正之人为之臂助,庶可望工之有济。

八月二十四日〔9月21日〕

黄少斋旅长来函(本月十七日者),言:先由官钱局拨大洋五百元交付晋祠镇晋泉源钱铺,则修葺晋祠之款可以继之不至缺乏矣。予意有款乃敢兴工,无则停止。

九月初五日〔10月1日〕

今日吾晋省城省议会开幕。

晋祠演剧赛会起。

九月初九日〔10月5日〕

三更乃寝,因誊写《晋祠志》故也。

九月十五日〔10 月 11 日〕

家有谷田数亩,尚未刈之,先行灌溉以备刈谷以后即种宿麦,由于晋水之便也。

九月二十日〔10 月 16 日〕

播种宿麦二亩,雇工八名。

十月初七日〔11 月 2 日〕

因父忌辰,一日未曾出门,亦不饮酒食肉,以有哀恸之情,不忍犯此也。

十月二十四日〔11 月 19 日〕

晋祠工程因冬令已来,未便工作,业经停止,定于今日在朝阳洞清算经费,商会管账目,经理布施凡十号,监工者六人,不便枉费布施,予备酒馔待众,凡三桌,此项花费,系予所出。

十一月初十日〔12 月 4 日〕

吾县查知事厚基撤任,阖邑人民欢声雷动,继任者系榆次县知事葛尚德,调署不日,即当到任。

十一月十三日〔12 月 7 日〕

余住山中,见运煤之人不及往年十分之一,采煤之家莫不大生愁象,以煤不得出售故也。

十一月十四日〔12 月 8 日〕

一峪之中,运煤车马寥寥无几,则由山窑采出之煤无由出售矣,此九峪窑户之灾也。

十一月二十一日〔12 月 15 日〕

中央政府议定,收买制钱铸铜元,且与倭人伙办,官厅皆有公文,此风一播,市面莫不恐慌,谓各处制钱无多,不足周行,辅以钱票尚能流通,一买制钱,则钱票皆不敢出矣,现在周行钱行十分湿滞,商人大受窘困。

十一月二十七日〔12 月 21 日〕

本省议会议员张玉麟献亭来函云:本会议决清查各县财政,委员由本会推举,咨请省长选用,大县四人,中县三人,不日公布在案。贵县在省人员寥寥无几,他人未便代举,敬请二君会同城乡士绅□一大会,公推三四人,速行报告本会,以便咨请委任,是为至要云云,二君者予及秦宝镜也。

十二月初八日〔1917 年 1 月 1 日〕

运煤车马,日来始多,而亦逊于上年,煤之销路,概不畅旺,则窑户之灾也。

十二月十二日〔1917 年 1 月 5 日〕

瘟疫之行,业经两月,不但卧病者到处皆有,即因此而死亡者亦复不少,天灾流行,人之不善所致也。

十二月十四日〔1917 年 1 月 7 日〕

整理《晋祠志》,自秋七月初起,至本月初止,凡五阅月而毕,原为十有五门、四十二卷,重行整理,减去三门,留十二门,其卷亦大减,只留十有六卷。删繁就简,意在刷印,价廉而工省也,予本贫穷,无力刷印,拟醵金以刷印,未知能否办到。

十二月二十二日〔1917 年 1 月 15 日〕

瘟疫甚〔盛〕行,到处皆有染者,而因疫死亡者所在皆有,此固人情风俗之不善有以致之也，人须为善，以驱逐瘟气耳。

十二月二十九日〔1917年1月22日〕

□□□□倍往年倍蓰，故家中所用衣食，虽仍如常，而价则倍之，故债务之多有应接不暇之势。

民国六年〔1917年〕

正月十二日〔2月3日〕

自治促进会开议，到会者六十余人，议决数条：请求停止亩捐；变通屠宰办法；整顿钱法；弹劾警佐；恢复煤矿事务所；组织清查财政公所；组织公款局。

夜初，谒知事葛书骧，言煤矿事务所旧事毕，踏月而归。

正月十五日〔2月6日〕

二鼓后归，有歌舞社伙穿街越巷而去。

正月十七日〔2月8日〕

元宵佳节，山人亦知庆贺，峪中人民亦祀三官，山村亦皆点灯放火，俗使然也。

正月十八日〔2月9日〕

村庄人民骑竹马，坐龙船，装男扮女，歌舞太平，不知世局大变。

正月十九日〔2月10日〕

瘟疫流行晋祠，因瘟疫而亡者不辍。

正月二十五日〔2月16日〕

葛知事来宰太原,尽反前任查积甫之政,阖邑人民歌诵〔颂〕不休,均惜到任方垂两月即行告病而去,太原人民即欲挽之亦莫能留。处此时局,好官任不久,亦大不幸也。

正月二十九日〔2月20日〕

瘟疫流行,邻村亦盛,因疫而死者不少。前二日晋祠延僧诵经拉船以逐瘟,夜点路灯又放河灯,费钱四五十缗,纸房村亦唱秧歌以祭之。

正月三十日〔2月21日〕

清查财政公所现已成立,推牛锡纯天章、陈效房致良作公所人员,清查公署财政。此系一邑第一要政也,办理妥适则阖邑百姓自不受官厅之害矣。

二月初一日〔2月22日〕

粮价又涨,人民困苦无克苏之日矣。

二月初五日〔2月26日〕

回拜新知事丁乃昌。

丁知事乃昌字吉甫,贵州贵阳县人,系庚子、己〔辛〕丑并科举人,与玠为同年,其年四十一岁。

二月初六日〔2月27日〕

粮价又涨,天旱日久无雨雪之故也。

二月十六日〔3月9日〕

葛知事解组,今日去任,昨已辞行,巳刻出城,祖饯者纷如,予亦送之城外。

二月十八日〔3月11日〕

未刻,偕任协和赴县,到文庙开植树之会,夜宿晋裕隆。

二月十九日〔3月12日〕

清查财政公所之事,日日办理,国家款项尚未查清,可见这事不易为也。

二月二十二日〔3月15日〕

辰刻赴县,四路绅士投票选举公款局之正副经理,予得为正,牛灿三为副,予当即力辞而众不应允,丁知事乃昌监督投票,在自治促进会办理。

闰二月初一日〔3月23日〕

昨日由阳邑来李满庄,宿万义和木店。此村为昔日菁华荟萃之区,富室林立,……自光绪年间,富家渐败,迄今贫穷,住宅无人购买,竟拆毁全宅零星出卖砖瓦木石于远村,年复一年,已拆十之七八,村庄破坏,气象异常凋敝,令人目不忍睹,所见之人贫不聊生矣。昔年村有数千户,现仅三百余户,上等社会之人亦寥寥无几,可慨也已。

上年此处概无收成,故贫困益甚,村人无一有生机者,商人亦多困在家,田皆旱田,无水可灌,村中所以益穷也。

闰二月初二日〔3月24日〕

万义和木店系先父设立,自光绪十年十月开市,迄今三十有年,此村人家日渐稀少,生意不多,铺伙因之招予来此,商量整顿铺事以祈〔期〕进行。

闰二月初五日〔3月27日〕

驻榆次县调查一切事件,偕牛灿三至各学校、劝学所,清查财政公所公款。

午餐于榆次县高等小学校,李仙洲充教员,校长系崞县之曾心镜洛

沂也。

榆次旧友颇多，今日多晤面。

闰二月初十日〔4月1日〕
丁知事将地方公款于昨日缴来公款局，今日各机关凭知事核准之领状照数发给，一日尚未完竣。

闰二月十六日〔4月4日〕
当此之时，税敛重叠，虐政诛求，小民已不堪命，日不聊生矣。此皆由于办理新政人员只顾贪利不恤民困之故耳。予是以恒见恶于惟新之人也。

闰二月十九日〔4月10日〕
粮价又涨，食益昂贵，百姓何以为生也。斗麦一千九百文左右，斗米一千七百文左右，绿豆每斗二千四百六七十文，每斤绿豆面九十余文，食物价昂可谓极矣。

闰二月二十七日〔4月18日〕
实业学校考毕业学生，以予充教育会副会长请午餐焉。

三月初三日〔4月23日〕
清查一事限期已满，乃因县署账簿被前任李知事卸任时携去，无从着手，遂至停顿，又上公事呈请省长展限，并催李知事速交账簿以便清查。

三月初四日〔4月24日〕
清算煤矿事务账目，由上年驼捐未缴齐，迟延至今，仍莫能归结也。

三月初十日〔4月3日〕

省长孙公发绪于去日到晋祠游览,丁县长备席支应。

丁知事吉甫请馔,玠儿亦与焉。日落入席,至夜乃罢。

三月十九日〔5月9日〕

算清公款局之账目,缮具一月之清册并一榜,送丁知事盖印张挂。

三月二十三日〔5月13日〕

日来清查缓征之册,所有各村之缓征册二百余本,本本皆有浮冒,弊端甚多,令人不可思议。

三月二十四日〔5月14日〕

牛式钦侵匿学款基本金六百两,任意出入,不自以为弊而反控告郭某(高等小学校长),何其惑之甚耶?

三月二十九日〔5月19日〕

清查财政一役,前任知事暨县属一切员役莫不痛恨,而图谋破坏,本所副所长牛式钦来所数次,后即不来,不料其呈控于省长,谓予宕延含混,有侵匿等事,请委来查,意在回〔维〕护前任李知事之短与其充县视学之时所舞弊端也。

四月初一日〔5月21日〕

各村乡约仍照旧遵照朔望点卯,并缴一切捐款,公款局一日忙急,共收四百千文。

四月初六日〔5月26日〕

清查财政一事业经三月有余。

贪官污吏对此清查一役大不相宜,暗中运动破坏此事,意欲逍遥法

外,不追其侵吞之赃款。

四月初七日〔5月27日〕

现在烟禁甚为严厉,凡在办公之人员均须出互保甘结,若犯吸烟之禁,有人告发必科以罪,而吸烟之人莫不谓此政之酷虐,恨之而又畏之也。

四月初十日〔5月30日〕

上天下雨,人心惶恐,以致粮价日增,食物腾贵,那得不令人浩然长叹。

四月十七日〔6月6日〕

日来大局纷纷,独立之省不少,中央政府亦皆束手无策,惶惶然不知何以措手也。

山西省长孙发绪已于本月十五日……上火车赴京矣,盖恐晋亦独立,致乱大生,先行逃脱以避患难也。

四月二十一日〔6月10日〕

吾晋亦出戒严公布,省垣出兵戍守各关隘,民心闻之莫不恐惶〔慌〕,盖畏土匪之乘势蜂起耳。

四月二十五日〔6月14日〕

近因本省独立与他省一致进行,人心恐悼〔慌〕日甚一甚〔日〕,市面亦皆湿滞,又值天旱,粮价异常昂贵。

五月初一日〔6月19日〕

各村乡约来局交款。

退想斋日记(1913年—1920年)

五月初二日〔6月20日〕

予以公款局务办理棘手,昨缮辞呈今日递入县署,又缮一辞职公函于自治促进会。

丁知事性极和平,无威可畏,宜缴之公款莫不延缓,差役亦以知事之无魄力不肯尽力从公,所办之政多不能进行。

五月初十日〔6月28日〕

本月初二日,予已呈请辞谢公款局正经理之职,而丁县长一意挽留,不准辞退,……予乃仍旧迁就。自治促进会中人亦皆挽留,因之暂行在局,不作久远之计。

五月十一日〔6月29日〕

阅本月初九日〔6月27日〕《顺天时报》,猗氏县景蔚文搴树义旗攻击山西督军阎西〔锡〕山,共八县,景为总司令,已电中央请撤阎任,即行罢兵,否则直捣太原。

五月十三日〔7月1日〕

里中祀神祭羊,每羊肉一斤带骨价三百文市钱,里人分而食之,每一份四百三十五文。

五月十四日〔7月2日〕

此次之雨为今年第一次之饱雨,而人心方才安妥。

五月十五日〔7月3日〕

城中北街关帝庙演剧起。

五月十六日〔7月4日〕

午后言旋,一路之人闻宣统复辟,欣欣然色喜而相谓曰:"今中国之

大权仍归旧主矣,何幸?"

五月十八日〔7月6日〕
晋祠北门外赛会,不啻在吾里门也。麦秋正忙,售货物者多,而购买货物者少。
儿辈为予祝嘏,以吾年登花甲也。

五月十九日〔7月7日〕
山西督军兼省长阎锡山,复辟以来不受山西巡抚之命,而反发兵出晋赴京讨张勋,指张勋为叛逆,抑何悖谬若此耶?

五月二十四日〔7月12日〕
公款局只留成效方一人,而牛灿三、牛锡纯、樊守琳均归,以时正麦秋故也。
有人自省归者,言省城近日人心慌恐太甚,商号潜移银钱出省,运往他处弃藏。

五月二十六日〔7月14日〕
佣工受苦之人异常短少,现在麦秋之际,需人甚殷,雇人者多,而被雇者寡,工资所以太高,每日三餐以外,尚须工资三百余文,每工至四百文有奇,此亦年岁使然也。

六月十四日〔8月1日〕
人心不正,邪说波行之甚,由于停止科考,设立学堂并遣学生游学外洋之所致也。
申刻,赴晋祠观剧。

退想斋日记(1913年—1920年)

六月十九日〔8 月 6 日〕

《晋阳日报》本月十七〔8 月 4 日〕，晋南土匪猖獗，洪洞、安泽（即岳阳县）、赵城、汾西等县均经扰乱云云。

六月二十四日〔8 月 11 日〕

清查财政一役迄今未完，现命人写公文填注表册，拟一二日竣事，而牛、成二人均行归去。

六月二十六日〔8 月 13 日〕

朱子青延选翌日葬其祖母，请予题主，今日家祭并延僧诵经，予往吊之，与礼生同席饮馔。

六月二十七日〔8 月 14 日〕

清查财政公所，列表呈报公文，共成四分，今日均递，省公署一分，省议会一分，财政厅一分，县公□一分，公所由此撤销矣。

六月二十八日〔8 月 15 日〕

丁吉甫县长与予商，赈济被水灾处刻不能举火之人民，暂用公款以济眉急。

六月三十日〔8 月 17 日〕

前日暴雨迥异，被水成灾之处不可枚举，即未被灾之处房舍倾塌者亦多。

七月初一日〔8 月 18 日〕

丁知事与予及段勋臣会商赈济灾黎事，由公款局先行垫款以济眉急。

查灾委员业来县，丁知事偕行下乡勘验去矣。

七月初二日〔8月19日〕

今日晋祠赛会，人皆争趋晋祠，惟因近有水灾，晋南又土匪扰害，则气象殊觉萧条。

七月初四日〔8月21日〕

县人抬搁迎神，乘未雨之时出城赴晋祠，甫抵吾里雨又大来，众遂星散。（丁知事欲止抬搁未成）

七月初八日〔8月25日〕

新知事任丽田于昨日初夜入城，今朝接篆视事后，即诣各庙拈香行跪礼拜礼，仍是旧官僚之行为也。字亦音，系本省大同府属天镇县人，由庚子、辛丑并科举人出身，非新派一流人，可望其布泽于民也。

七月二十一日〔9月7日〕

城中房舍家家皆漏，倾塌者亦多，至各村庄被水成灾之处更不堪以指数。

七月二十九日〔9月15日〕

前数日〔本月二十六日〕省兵由南返省，路经晋祠，土人亲见该兵有臂满银镯者，且有妇女物件者，系在隰州、永和等处所掠，土匪先抢，官兵继掠，该处人民受祸非浅。

八月二十三日〔10月8日〕

吾邑水灾较邻邑重大，……任知事下车伊始，即赈济为心，特本县仓储空空如洗，筹款又艰，而遣段廷英及王建岐赴省请谷，……允许开大盈仓输谷千石运来吾邑，急赈黎民。

八月二十四日〔10月9日〕

雇工甚缺,乃雇夜工割谷,初夜动工夜半止,每亩工资钱四百文,共十余人割谷,督工者一人。

八月二十七日〔10月12日〕

今日为孔子生日,宗圣会来函,系祭祀仪文,祭品羊一、猪一,不跪拜而三鞠躬。

恭诣文庙祭祀孔子,任县长丽田亲诣行礼。

九月初一日〔10月16日〕

清晨来县公款局收款,局员一日忙迫,共收四百二十余千钱。

九月初六日〔10月21日〕

当此之时,物价异常腾贵,……士、农、工、商失业者十居八九,而风俗反益纷华,盖不遵守勤俭旧规,世风所以日窘一日也。

斗米价一千五六百文,斗麦一千八九百文,斗豆一千七八百文,斗荞九百余文。肉每斤二百二三十文,酒每斤二百二三十文,油每斤三百一二十文,盐每斤六七十文,醋每斤四五十文,布每尺六七十文,花每斤八九百文。

晋祠赛会甚为热闹,由有演唱女戏之消息也。任知事于本月再吩咐晋祠乡不准唱戏,恐累赈务。

九月十一日〔10月24日〕

去日为先慈诞期,予因有事在县,晚乃言旋,致误祭祀,今日方才补行祭礼,不孝孰甚焉。

九月十四日〔10月27日〕

三男珦失妻,图谋续弦,有媒指一大姓之女为之婚配,今日暗往验

视,遇之于戏场,遥见颈项有瘤,恐系大病,天黑归来言其情状,遂作罢论。

十月初十日〔11月24日〕

天初送晓,予即提灯入窑,查看开采之煤炭。坎煤者六人,轮煤者十三人,牛轮十三具,巡窑者一人,做工修窑者二人,修理巷道者一人,每人提灯一盏,自初夜入窑工作,至次日东山日出高三竿出窑罢工。予与巡窑者偕行而出,往返可六里,时可三点钟。

三男珣议续弦于西草寨樊家之次女,年十有七,其父樊国顺商而农也,今日行纳征礼。

十月十三日〔11月27日〕

日垂出城,赴小站村观剧。天黑小憩于孟先生宝桢馆,又观夜剧。

十月二十五日〔12月9日〕

杨卓人为侄完婚,请予充娶客。

卢占魁纠众数百,横行晋北、归化城一带,奸淫焚掠,无所不为。初名"独立队",陆军至则散处山谷,退则任意滋扰,民受其害,已觉不堪。今春就抚,现又哗变,改名为"靖国军",攻打包头镇等处,声势猖獗,锐不可当,将有窥我晋鄙之消息。日来省城发兵向北,防杜北鄙之关隘。

十月二十六日〔12月10日〕

募兵一役,各县皆有省兵办理,募集二三十人即送至省,凑成一营遂遣戍北,赴北扼守晋北紧要关隘,防杜卢占魁之兵窜入晋北也。但所募之兵多系贫穷,恐不济事耳。

十月二十九日〔12月13日〕

官遣马队来请为省城提款事,遂于巳刻进县。

十一月初一日〔12 月 14 日〕

在局收款四百吊有零。

十一月初九日〔12 月 22 日〕

办理交代清查财政公所事,夜宿劝学所。

十一月初十日〔12 月 23 日〕

今日将清查财政公所一切文件并木质钤记一颗,长戳记一个,既结存大洋一十八元零七分八厘交新正所长陈畏三,副所长接受矣,此责既卸,可以自如也。

十一月十三日〔12 月 26 日〕

轮煤一役通宵不息,山人莫不业此,初夜入窑,季明出窑,所谓夜作昼息者是也。

运煤车马夜半即到煤窑,纷纷扰扰沟内皆满,窑户售煤亦通宵不息也。

山人之生涯冬日为重,当此之时,天寒地冻,车能载重,故川人入山运煤必于隆冬也。

十一月十九日〔1918 年 1 月 1 日〕

今日为阳历七年之元旦,官厅及各局所、学校互相庆贺,亦只送名片而已,人不往来虚与周旋也,民不致贺。

十一月二十日〔1918 年 1 月 2 日〕

粮价之高,业经数岁,今年更涨,至秋亦然,日来价又增高,则无一粟尽借购粮而食者不亦仰屋而嗟乎?

十一月二十三日〔1918 年 1 月 5 日〕

珊儿生一丈夫子,殆将五旬,妇家于翌日来,俗名"做满月",备席以待。

十一月三十日〔1918 年 1 月 12 日〕

石门窑载煤之车至七十余辆,售煤四百五十轮,一峪之车通共一百二十辆左右,而石门窑占其多辆数。

十二月初二日〔1918 年 1 月 14 日〕

公款局中款项不能充裕,往往入不敷出,予辞数次而不得脱离其关,抑亦令人为难矣。

今日与任县长约于本月初四日邀集四路绅耆到公款局清算新历元旦以前之账目。

十二月初四日〔1918 年 1 月 16 日〕

来局查账者本城三人,东北路二人,东南路一人,西南路一人,西北路一人。

十二月初五日〔1918 年 1 月 17 日〕

雁门关北瘟疫流行,群黎百姓死亡枕藉,现在省城官厅筹备防疫之法,效洋人之所为。

十二月初六日〔1918 年 1 月 18 日〕

吾邑实行剪发一月有奇,警佐下乡,警兵到村,莫不剪人之发。任知事闻阳曲县知事玩视六政撤任,悚然恐惧,亦于去日亲自下乡剪发,而吾邑人民之发存留者无几矣。哀哉! 发辫何以不幸遭此灾殃哉! 夫发辫为清家之国粹,清室倾覆于今六年矣,而发辫尤存,到今被剪也固宜,呜呼! 皮之不存,毛将焉附? 此亦天意使然,于人乎何尤?

十二月初八日〔1918 年 1 月 20 日〕

今日腊八，家中于未晓时即造腊八粥以待旦。

粮价又涨，斗粟又高二三百钱矣。

十二月初九日〔1918 年 1 月 21 日〕

日落归时面请任知事委他人经理公款局事，业经俞允，予可预备交待矣。

十二月十五日〔1918 年 1 月 27 日〕

谒城隍神，祈求彰善瘅恶，显以示警，俾人知神之有灵也。

十二月十六日〔1918 年 1 月 28 日〕

省城防疫十分戒严，凡入城内者只准由北门而进，余不准入。凡入城内之人必须写一券，注其姓名籍贯，现办何事，稍涉疑似，即不准入城。

十二月二十日〔1918 年 2 月 1 日〕

岁事云暮，商民各界结束一年之事，银钱累逼，流通湿滞，已受异常之窘困，乃又加以纷乱之消息，人心恐惶〔慌〕，夫岂能免？天意茫茫，殊不可测。

十二月二十五日〔1918 年 2 月 6 日〕

省城气象十分萧条，而商家因岁晚结束账目未便出入，大受窘困，莫不见恐惶〔慌〕之象。

剃发匠言：今冬剪发令严，乡村人民剪之殆尽，而生意因之大减，所得工资已不足糊口矣。年关已到，外债已逼，工活窘迫，债莫能偿，何以卒岁？闻之不禁怆然。

十二月二十七日〔1918 年 2 月 8 日〕

予处乡间,日来未曾出门,犹闻大局危险,有不可支撑之势。中国人民望谁保护耶? 念及此不禁怆然矣。

十二月二十八日〔1918 年 2 月 9 日〕

本县城帖日来逼迫,以昨日东街一铺,以凭帖挤拥闭门,牵动全局也。闻该铺凭帖甚多,内早空虚,年关已到,无钱不得过去。凭帖取钱莫能应付,遂至闭门以待后日开销,一铺若斯,其他空虚之铺遂受其影响也。

十二月二十九日〔1918 年 2 月 10 日〕

人民窘困之情形日之一日,较之去年更为紧迫,盖以百物腾贵,不止倍蓰也。

商家讨债异常为难,灯烛辉煌,穿街越巷,通宵不断,可见债不易讨,而民益困窘不支也。

民国七年〔1918 年〕

正月初二日〔2 月 12 日〕

来拜者一百一十余人,此乡俗也。

正月初四日〔2 月 14 日〕

予住梁君王璞家,通宵闻人声不歇,由于亲友闹喜房而俾新男新妇不得安寝也。

正月初九日〔2 月 19 日〕

赴晋祠观剧,黄昏予赴街中,有本镇龙灯一伙游行街市,又有北大寺村龙灯一伙,龙船二只,灯马六匹,鼓乐喧嗔,亦到晋祠游街,从者甚多。

退想斋日记(1913 年—1920 年)

正月十二日〔2月22日〕

近年以来百物腾贵，迥异寻常，去年物价更高数倍，为生平所未经。较光绪三、四等年大祲之灾更甚十倍。大祲时粮价澎涨〔膨胀〕仅二年之久，所有衣物器具等件，此价皆廉。此次自民国以来，日渐如臻，多至倍蓰，而国因之大困，民因之大穷，历年又久，且无可苏之日矣。

正月十三日〔2月4日〕

省城戒严声浪益历〔厉〕，有人赴省不得其门而入，因此返回大门，此信心益惶恐。

正月十四日〔2月5日〕

省城戒严，借名防疫，断绝交通，致使物价腾贵，每斤葫麻油至四百余文之多，粮价又涨，斤面至百文钱。

正月二十日〔3月2日〕

天未送晓，残月照耀如同白昼，里中即有做工活者往来闾巷，可谓勤矣。予出外视之，有运稻秸到水池者，有在潢池潮草纸者，有造饭而食晓即到山前晒草纸者，里人谋生如此其辛苦，而日用所需并口中所食，价俱腾贵至于若斯，往往赡养有不给之势，殊令人慨叹不置也。

今日为添仓节，五府营之高跷社伙于午后来村游行一周，天黑手持灯烛又行一周，愚民不知时局危险，竟作升平之乐，异矣，抑何蚩蚩若斯耶。

临寝之时又有南大寺村之社伙来游。

正月二十五日〔3月7日〕

今日为老添仓节，初夜纸房村龙灯来里，穿街越巷而过。

二月初一日〔3月13日〕

今日为阳历三月十三日,本月二十日为阳历四月一日。

予来柳子峪信宿数日,登峰越岭,开拓眼界,别有一个世情,不禁怡然,焕然心殆浩浩。

窑头村演唱秧歌曾经三日,由于山民之充裕,家皆有余粟不忧饥馁也。

二月十三日〔3月25日〕

晋祠演唱女剧,今日已第四天矣。当此危急存亡之日,而人民愦愦若斯,不亦可怜乎?

二月十六日〔3月28日〕

里人有为其母祝七十寿者,设馔待人,昨日开筵四十席,合人二百四十名,费钱可一二百千。里人多跻堂献寿,非敬其母子有功德也,徒哺啜也。

二月十八日〔3月30日〕

五台县人在里中造纸者甚多,上年腊月言归者,只因防疫,石岭关不便往来,迄今,前二日乃来三二人。

二月二十二日〔4月3日〕

吾家于今日上坟,予率子若孙前半日恭诣祖茔,敬谨祭祀,陈郁醑酒,焚化纸币,临午乃毕。

二月二十四日〔4月5日〕

今日为清明节。

外家自舅氏亡后,即无嗣续之人,香烟已断,每届清明节,予率儿孙往祭。今日敬备祭品祀外祖、舅氏,亦以仰体我母之遗训也。

退想斋日记(1913年—1920年)

本族先人有绝嗣者,茔在兰若寺北,亦于今日往祭。

二月二十五日〔4月6日〕
予于午后诣北大寺村观剧。

二月二十九日〔4月10日〕
防疫之事业于本月二十日〔即阳历四月一日〕作罢,始令人民往来,交通乃得便利,省城各门乃令人入。

三月初一日〔4月11日〕
时物价昂贵异常,尺布八十文,每斤棉花八百四十文,洋布每尺二百余文。食物尤贵,每斤猪羊肉四百文,每斤酒二百四十文,每斤葫麻油四百文,每斤麦面八十八文,绿面一百文,荍子面六十文,莜麦面八十文,每斗麦二千五百文,菜豆二千八百文,草大麦一千六百文,谷米一千八九百文,稻米三千二百文,江米三千六百文,每斤白菜三十文,每斤藕六十文,每斤豆腐三十文,每斤绿豆芽二十文,每斤土盐八十文,每斤醋四十五文。凡入口之食物,无一不贵;凡人身之衣物,无一不昂。举凡一切器具,未有不三、四、五倍者,年岁之荒至于若斯,亦可畏矣。

三月初五日〔4月15日〕
本县任知事奉上官之命令阖邑人民栽植树木,每人一株,予家亦栽二十余株,里中所栽甚多,官厅遣人督催,日来紧迫之至。

三月初九日〔4月19日〕
里人生涯资耕作者十之一,资造草纸者十之九,凡造草纸之家,岁以暮春之月演剧报赛,祭祀汉之蔡伦于兰若寺,向于本月朔定议。现在里人因物价腾贵,迥异寻常,悚然恐惧,已将演剧一事作为罢论。

三月十四日〔4 月 24 日〕

予对于时事十分淡泊,看得眼前之人无一不愚,主今之为政者更愚
之至也,何足挂予齿颊。

三月二十日〔4 月 30 日〕

每斤豆腐三十文,较前加三倍,每斤绿豆芽二十文,较前亦加三倍,
每斤肉四百文,油四百文,每斤面九十文,每斤白菜三十文。

三月二十五日〔5 月 5 日〕

早餐后赴田种豆。

四月初四日〔5 月 13 日〕

予在田补种玉茭。

四月初六日〔5 月 15 日〕

里中有寡妇二十余岁,于前数日再醮,姑家得钱三百二十千文,娘家
得钱一百千文,此外村礼、社礼、媒妁等钱又费数十千文,合共出五百千
有奇。妇人之贵至于若斯,诚恐不日有意外之灾也,此非吉兆。

四月初八日〔5 月 17 日〕

上月下旬迅雷大震,后三日传言吾里东南汾河一带雷诛一大蝎虎,
其长二三尺许,谓已成妖而害人,被天诛殛也。上天能诛虫妖,何以不诛
人妖也?

四月十二日〔5 月 21 日〕

巳刻,赴县午餐于晋裕隆,午后在县署开评议会。

退想斋日记（1913 年—1920 年）

237

四月十四日〔5月23日〕

参议院议员之选民,本县凡十二人。今日又到一人,共到六人,不得已而六人投票,王惠得三票为当选,予得三票为候补,谓之备选。

四月十八日〔5月27日〕

本县挑濬城濠,于本月十八日动工,今日第二天,按阖邑都中所纳钱粮之数出夫,予家雇一夫往应此役。当此农忙之时,而乃兴大役,本县官绅何其愦愦如此不体民情耶?

四月二十日〔5月29日〕

里中演剧今日起翌日止,凡演二日,为省摊派钱也。

四月二十六日〔6月4日〕

现时银钱紧迫,流转不易,杨元甫来函言其吉升厂用款甚急,请予代借,予即辞谢。

四月二十八日〔6月6日〕

予与倬人偕来仁村,向贾研农讨民国五年之债二百八十余缗。研农现无钱还债,推于后日,乃不得已不允其缓期。

五月初一日〔6月9日〕

补葺驻房又半日。

琏儿于前三日赴县应考,由省视学到县检定,教员分两班,今日考一班,隔日再考。

现有时疫病者甚多,家中染时疫三四人,均经服药数剂,到处皆有,非止吾乡也。

五月初四日〔6月.12日〕

陈剑秋自省归,言省城市面十分萧疏,商民因当道苛敛,怨声载道,晋人将来有不能安枕而卧之日。现在督军府大兴土木,将府旁民庐号步云街全行圈入其内,款项不足搜刮民财,近日之政如是,言之痛心。

又言各衙署局所人员之薪水数月不能支领,每月仅支领纸币二成,惟军队月饷则不敢缺乏。财政厅长因财政奇绌不敷所用,现行辞职。

五月初五日〔6月13日〕

晋祠演剧,往观者甚多。

五月初六日〔6月14日〕

吾邑办理天足,现派妇女下乡,挨户查女人之足,分四路查办,今日到吾里,百姓莫不怨恨。

五月初七日〔6月15日〕

予为老农,常在田耘草。

五月初八日〔6月16日〕

多日未曾入山,今日有人相邀,予遂乘兴而往。

五月初十日〔6月18日〕

现在吾晋禁烟十分严厉,或卖或吃犯则罪之,民已不堪其扰,而西邻陕西普种洋烟,售卖烟土,毫无避忌,且饬兵来晋卖烟。

五月十二日〔6月20日〕

瘟疫流行,医家甚忙。而目前皆庸医不能治病,且能借医牟利,无钱即不往医,何尝有济世活人之念哉!

五月十五日〔6 月 23 日〕

本县查足一政，近日借以扰民。凡查办人役回县报告某家妇女其足未改，即唤到县科罚大洋，初则一元、二元，继则三元、五元，现则十元、二十元矣。无钱穷民即行管押，缴钱始放，此等苛政不亦猛于虎乎！

五月二十二日〔6 月 30 日〕

日来病痢腹者甚多，所在皆是。

五月二十三日〔7 月 1 日〕

日来村人皆割宿麦，雇工每日钱二百文，且有三餐，人缺之故也。

五月二十五日〔7 月 2 日〕

农人甚缺，每日雇之甚艰。

五月二十九日〔7 月 7 日〕

予现已充老农，日日在田培植禾嫁，无暇他事，菜蔬不缺矣。

六月初一日〔7 月 8 日〕

吾晋阎西〔应为锡字，此处作者系蔑称〕山独踞，现重自治，剪发、放足、禁烟三项为当时要政，扰民太甚，闾巷不安，洵属乱世之所为。

六月初八日〔7 月 15 日〕

农事正忙而佣工者亦多，里中豫让桥为佣工之市，凡佣工皆在其上，每当日出之时均集于斯，今朝有二百余人被西镇、花塔、硬底等村农家雇去，未留一人。

六月初九日〔7 月 16 日〕

家有旱田三四亩。

六月十五日〔7月22日〕

晋祠演剧酬神，观者甚多。

六月二十一日〔7月28日〕

雇工二人种菜。

六月二十五日〔8月1日〕

罗城村农苦旱太甚，昨日上山赴天龙请龙王神，今朝下山。

六月二十六日〔8月2日〕

予赴晋祠督工扶立重修晋祠碑二通。

六月二十七日〔8月3日〕

通宵下雨淙淙。

六月三十日〔8月6日〕

粮价亦减。

七月初一日〔8月7日〕

诣晋祠与杨倬人、朱子春、郝六吉、郭仰翼、杨小山、王晋祥等会议结束重修晋祠工程事。

七月初三日〔8月9日〕

鬼神之说圣贤而不能无。今之新学家不说鬼神，谓世原无鬼神，凡说鬼神者无非迷信之徒，予因此而搜葺鬼神之说，各分其类，拟葺成篇，而又冠以己所亲历之实迹，名曰《迷信丛话》，初行着笔，尚未定为几篇几卷。

七月初七日〔8 月 13 日〕

上月选举省议会议员,仍用投票法,而一切奸人宵小,莫不钻营运动,凡多钱之人皆占优胜,似此选举尚能得贤才乎?

七月十五日〔8 月 21 日〕

今日为中元节,敬备祭品上坟祭祖。

七月十六日〔8 月 22 日〕

辰刻,赴县午餐于劝学所。

七月二十九日〔9 月 4 日〕

吾邑有编间委员二人,驻县一旬有奇,与任知事意见不合,揭呈知事于上峰,乃委冀宁道尹徐公启于前三日来原,驻节县署,传〔谕〕阖邑人民联村编间,而各村董事日日在城听命而行,人民受扰十分不堪。

八月初一日〔9 月 5 日〕

日垂落,赴晋祠监视画匠收拾对越坊①,天黑归。

八月十二日〔9 月 16 日〕

遣人购买电灯。

八月二十日〔9 月 24 日〕

里中所演之剧原属下等之戏,而观者之众,殆不啻乎上等戏也,风俗之奢华此见一端。

---

①对越坊乃晋祠庙中献殿前牌坊,上题"对越"二字。

八月二十五日〔9月29日〕

雇工二人担粪、种麦。

八月三十日〔10月4日〕

雇工三人拔谷三亩,每日每人工资一百五十文,人工甚紧,欲多雇而无人,可谓缺之至矣。

九月十四日〔10月18日〕

珦儿于前日自省归,言重修晋祠之事,《山西公报》无暇登录,乃登于《并州新报》,系本月十二、三、四等三日,只携回十二日之报,其二日之报尚未取归,刊报之费十二元大洋。

九月十五日〔10月19日〕

现时瘟疫又行。

九月十七日〔10月21日〕

现在瘟疫盛行,全晋皆有,非止吾乡一带也。

九月二十三日〔10月27日〕

辰,往县会任知事,言除孙家沟水患事,天黑归。

九月二十五日〔10月29日〕

家运艰屯,屡遭不幸,而长媳张氏染疫卧病十日有奇,医药罔效,竟于昨夜二鼓溘然逝矣。呜呼哀哉!

张氏既亡,遗四龄之幼女一,龄稚男一,呱呱而啼,令我五内崩裂,恸媳之逝矣。

今日道上往来之人带〔戴〕孝帽者络绎不绝,则因疫而亡者想必不少也。

退想斋日记(1913年—1920年)

九月二十七日〔10 月 31 日〕

古城营演剧报赛，观者甚多，予亦随众而往，系由直隶而来之戏，与本处之戏不同，故人皆希〔稀〕罕，而观者甚多，班中且有女优，足以惹愚民之好也。

九月三十日〔11 月 3 日〕

予遭长媳之丧，心绪无聊，盖觉世事皆空，无一不幻。

切菜一日以备冬餐之佐。

十月二十四日〔11 月 27 日〕

县役查办所验之契，名曰"登记"，已来吾里，驻宿庙上，于今四日，用戳查契。

十一月初六日〔12 月 8 日〕

采煤之人甚缺，工资又涨，每日所得每人四五百文，有一人每日得千文者，故煤价大涨。

十一月十一日〔12 月 13 日〕

四男珽于上月底赴省，应本县知事之荐到师范讲习所充当学生，上课应讲矣。所有本村国民学校之教员，系三男珦接充，珦或他出，予为代教，此亦权宜之计也。

十一月二十一日〔12 月 23 日〕

今日冬至佳节，家家庆贺，人人饮酒。

十一月二十二日〔12 月 24 日〕

任知事派宣讲员武鸿逵于今日到晋祠清查工程局之账簿，已于昨日通知同事诸人，今日均行到祠候查。

十一月二十五日〔12 月 27 日〕

正供之银,民国以来每两银定为大洋二元五角,今年因分区设立区长之费,二元五角外又加一角,每银一两通共纳二元六角。现在大洋一元折市价一千八百二三十文、每两正供纳市钱四千七八百文,较清时加倍,民亦苦矣。

里中村长马骥因事被革,任知事请予充应,予赴城辞谢。

十一月二十八日〔12 月 30 日〕

任知事借上之令搜刮民财,不遗余力,淘民之贼也。

十一月二十九日〔12 月 31 日〕

现在,省令各县查验契据,名曰"登记"。未验之契勒令速验。他县不知何如,吾邑之验契费今秋已解八九千元大洋,近又解一万八千余元大元〔洋〕。知事抽其十成之一。此皆民膏民脂,只是供官吏啮噬,民亦苦矣。

十二月初六日〔1919 年 1 月 7 日〕

晋祠谦益永钱局方城竹战,业经多日,乃于昨日午刻被警捉获,晚间到县管押黑房,今日午前过堂,审讯,该局科罚一千元,赌犯四人每人罚八百元,尚未决定。

赌犯四人中有里人武锡珍,北邵城村张巨珍,晋源隆之东某,均素称有钱者也,惟晋祠李景秀贫。吁!赌为当时所严禁,乃竟敢干犯,罚之固宜。

十二月初七日〔1919 年 1 月 8 日〕

里人延僧祭神,俗谓"祭白雨",饭素无酒,延予共餐。

十二月十三日〔1919 年 1 月 14 日〕

里人武锡珍在谦益永钱局打麻雀,被警拿获,管押班房八日,罚大洋共二千五百元,五人分摊,方才放还。

十二月十九日〔1919 年 1 月 20 日〕
予自编辑书篇以来,数十年于兹矣。但所编之册,只可供自己之好,原不足以人阅,兹将所编者写出:《晋祠志》十六卷,《醒梦庐文集》八卷,《晋水志》十三卷,《卧虎山房诗集》二十三卷(七千五百余首),《潜园琐记》六卷,《唾壶草》四卷,《乙未公车日记》四卷,《刘氏家谱》三卷,《戊戌公车日记》六卷,《梦醒子年谱》四卷,《桥梓公车日记》四卷,《砭愚录》四卷,《游绵山记》二卷,《衔恤录》十卷,《藜照堂家刻》二卷,《寄慨录》十二卷,《遁庵随笔》二卷,《重修晋祠杂记》二卷,《随意录》(未成),《迷信丛话》现成二卷。

十二月二十四日〔1919 年 1 月 25 日〕
予家穷困日甚一日,自民国以来屡遭厄穷,无一日之穷舒。……
今春为珣男继娶一妇,费钱数百吊,至秋遭瘟疫之流行,长媳又亡,费钱又一百余吊,兼之费用浩繁,一岁之费,以物价腾贵,计较前三年增加三倍。则来项有限,而费用无穷,所以至于此年之穷迫无聊也。

民国八年〔1919 年〕

正月初一日〔2 月 1 日〕
旧历元旦为中华民国八年二月十一日,官厅于是日庆贺春节,而民则庆贺新年,处处饮酒宴乐,一日未已,亦不做一件事,商皆闭户不市,民情不忘旧不知新也。徐世昌为大总统,钱能训为内阁总理,徐、钱二人均系我清之臣,则君臣一伦已不讲矣。南北仍然分为两橛,莫能统一,中国人民均不堪命,有"欲与之偕亡"之想。外洋各国停战半年,尚未议和,时局之糜烂,未有甚于此时者也。

五更各庙鸣钟，惊醒世人早起迎神，里中放炮接连不断，此其新年也。上年十一月三十日所过阳历之新年，百姓皆不以为然，惟官厅庆贺，民皆睨而视之，且谓是彼等之年，非吾之新年耳，民情大可见矣。

朝到晋祠参神贺年。

《晋祠志》第一卷，自上月十八日起抄写，至今日二更将《祠宇》一门已毕，盖重行收拾也。

正月初二日〔2月2日〕

来拜者九十有三人，旧历之年不易改也。

《晋祠志》第二卷为《亭榭》，由今日动笔抄录为始。

正月初三日〔2月3日〕

来拜者二十余人，午餐者三人。

珊儿今日赴省上课。

正月初八日〔2月8日〕

晨鸡初唱之时，里中炮声连天，人声鼎沸，又有鸣锣之人吆喝，请人到庙拈香，而炮声益繁，爆柏焚柴以迎喜神，各商号门市贸易也。

晋祠商号凡百余家，皆于今日开市，且于昨日演剧，吾里商号十数家亦随之开市。

时局纷乱，人民被扰不堪，现晋实行"六政"，查办洋烟，十分紧迫。有人言：于除夕，省城放出马队五十名，前往清源，即于除夜搜查人民之烟土，将一家火炕刨毁，搜出白银五百两，洋烟大枪①一枝，其余搜烟具者尚有四五家，其被搜之家甚多，但未知何以惩办。噫，民不堪命已。

来拜者孙女及婿而外又有数人。

---

①鸦片用具。

退想斋日记（1913年—1920年）

正月初十日〔2月10日〕

黄旅长①之夫人贾氏到晋祠,驻于朝阳洞,相偕之妇女五六人,随从其兄贾云符锦并仆役又数人,予于昨日邀请来家吃饭,当即力辞,言其今日即行旋省。

正月十一日〔2月11日〕

来拜年者三人。

里中有扮高跷、社伙者,鼓乐导前,游行街巷,太平景象也,村愚之一乐事也。

正月十二日〔2月12日〕

现在行医之人多无业游民,粗识文字,仅记几个药房,并未知夫医学,亦未通情达理,乌能治病?即间或疗治一二病人,亦是冒遇而然也,谁其信之!

查办妇女放足之事,今日益紧迫,沿街公布告示曰:"妇人女子足,千万不要缠,委员查看见,加倍罚大洋。"此外又鸣锣示众,勒令放足,此是我晋紧要之政,不容宽松者也,现闻省城罚辫之事,纷纷不辍也。

正月十五日〔2月15日〕

晋祠商号,夜皆挂灯放火,门口纳高火,满街照彻通红。元宵佳节,有此气象,庆贺升平,亦人民之一乐也。

里中亦挂灯结彩,庆贺元宵,且有扮社伙者,亦见人民之歌舞太平矣。

正月十八日〔2月18日〕

日来为元宵佳节,乡村人民闹社伙者甚多,每日午后,沿村有锣鼓之

---

①指晋军旅长黄国樑。

声,歌舞太平,此其是也。

有人自省归言:省城于元宵节,街市商号,张灯结彩,互相争胜,不惜费钱,务极华美,即衙署公所,亦皆艳丽争华,以求其极。至所有社伙甚多,所到之处均得赏赐数元至数十元之多,政界、商界挥金如土,如是者三日。夜游览之人如云之集,满城几不能容。在省老商言其数十年来之热闹,此当首屈一指也,人皆忻羡其胜,以为世局升平至于若斯不可得矣,然予却以为忧焉……

正月十九日〔2月19日〕

人情之坏,风俗之靡,日甚一日,卒难挽回,宜乎世局纷乱不可收,而乱臣贼子遍于国中,致使伦常大坏,人皆干犯法纪,究无所忌惮,洵堪为世道之忧也。

正月二十一日〔2月21日〕

妇女放足之令,吾晋严密,并不稍宽,里中寻常鸣锣告众,若仍不放,必行重罚,隔二三日即鸣锣一次,现时所行之政,莫此为要。噫,殊令人难解也。

任知事奉省长之令,委予及胡子青经理,改修孙家沟之沙堤,以除其患害。晚间邀集里人到庙会议办法。

二月初一日〔3月2日〕

时徐世昌为中华民国大总统,南北停战,在上海议和,西洋各国亦正在议和之时。吾晋平靖,惟物价异常腾贵,人民负担甚重,有十室九空之状耳。

里人资造纸为生,现在百物腾贵,惟草纸不贵,凡造草纸之家,晚间均到庙会议增价,乃于每刀三十四文外又加三文,并加一文作为学费。

二月初四日〔3月5日〕

当此之时,世局纷纭,人民受困已不堪言,今日加征,翌日加税,苛虐之政,不堪枚举。凡在政界者名曰为民兴利除害,实则未曾兴,害未曾除,而小民被扰已有日不聊生之势矣。民既困苦,而欲安居乐业得乎?殊可概叹!

二月初十日〔3月11日〕

牛皆被瘟,现已疫病者十数头,已愈大半,每日灌谷米细粥,俱见效验矣。

二月十三日〔3月14日〕

现在官厅所行之政,无一不扰民,无一不害民,而民受官吏之苛虐无所申诉,上天无路,入地无门,惟是互相嗟怨,痛恨我生之不辰而已。

二月十四日〔3月15日〕

珽儿于昨晚归来。珽自上年冬十月下旬赴省到督军署附设之师范讲习所上课,三月毕业,已给毕业证书,又给委任状,充各县之师范传习所之教员,一班学员共二百一十余名,毕业者一百九十余名,未毕业者二十余名。

二月十七日〔3月18日〕

现今鬼神之事,人皆不言,凡言鬼神者,众皆指为迷信……

二月十九日〔3月20日〕

晋祠南门外演剧赛会,而道上之人纷纷不绝,闻说演唱者是上戏也,故往观之人极多。

二月二十日〔3月21日〕

琎儿在省师范讲习所毕业后,已委任为榆次县师范传习所教员也。

农事初动,即无佣工之人。

二月二十四日〔3月25日〕

种麦工钱太大,每人一日三餐外尚须二百工钱。

二月三十日〔3月31日〕

本县知事勒令各村栽树木,每户一株,违者罚大洋数元。

三月初一日〔4月1日〕

大总统为徐世昌,阎锡山为山西督军兼省长。时局阽危,民不聊生,晋政苛虐,日甚一日,草野百姓,十室九空,而风俗奢华,人心不古,迁流日下,不知伊于胡底矣。民何不幸而生于斯时耶,予何不幸而目睹此时局耶。

三月初二日〔4月2日〕

佣工之人到处皆缺,工资虽大,而觅工不易,务农一事,现形艰难,苦力人皆当兵故也。

三月初四日〔4月4日〕

见山人上坟者多,山半且有妇人啼哭之声,俗以今日为寒食节也。

恭诣舅氏之茔敬谨致祭,舅氏无后,无人祭烧,每岁予率诸男往祭,盖恐舅氏不血食也。

三月初六日〔4月6日〕

清明。家家户户肩抬提壶往彼墓田祭祀祖先,予亦率儿孙恭诣祖茔敬谨祭烧。

三月十一日〔4月11日〕

山中演剧，另有一番风味，是故结伴往观。

三月十四日〔4月14日〕

现又起房租捐，此等虐政行之本县，而本县之并行此政者，罪恶之大，擢发难数矣。

三月十五日〔4月15日〕

官厅差役查办妇女之足，无论已放未放，纷纷科罚大洋，查者逆情报告，官即逆情出票传人到县，认罚则放归，无钱即拘留。此等虐政，何以若斯之厉哉？官也，吏也，天良丧失殆尽，宜乎鱼肉百姓，至于如此之极也。

本县又起市房之捐，矧办此事者，其殆犯民之怒，将来不得免夫天谴也。捐税重叠，日加一日，官如虎，吏如狼，而充虎狼之爪牙者绅董耳。

三月十六日〔4月16日〕

山中风俗俭朴厚纯，明仙峪演小戏，观者不过一二十人，今日已末一日矣。

三月十七日〔4月17日〕

有洋人自省来游晋祠，县官饬警雇逼各村修筑道路，用水洒街，以媚洋人，不怕扰民也。噫！

四月初一日〔4月30日〕

剪发之令又严，虽无发辫，而凡人头上留有寸发者必须剃成秃头始已，否则科罚大洋。

天足亦系要政，吏役借此扰民，科罚大洋，草野人民，已不堪其虐矣，吾邑更甚。

四月初五日〔5月4日〕

晋省"六政"，兴利者三，曰水利、曰森林、曰蚕桑。除弊者三，曰禁烟、曰剪发、曰天足。自民国六年设立六政考核处，而实查委员纷纷四出办理六政，行之二年，则所兴之利非惟无效，而民且被此政之害矣。所除之弊，烟终未除，而剪发、天足二政，扰民尤甚！晋民之怨于今大起，初意非不善，乃奉行不善之所致也，六政之害，抑亦大矣！

四月初七日〔5月6日〕

近日官吏下乡查办民产、庙产、商号资本，勒令家家列表呈报……

四月十二日〔5月11日〕

珦儿自省归言：省城各学校之学生，各执小旗，书"讨卖国贼"等字，奔走呼号，向督军府而行。询系留东（日本）学生因驻日公使章忠宣〔宗祥〕将青岛私卖于日本，追章返国至天津，用炮击章，而步军统领捉拿一十九人下狱，议治该留学生之罪，都中各校一齐罢课，以救在狱之学生，吾晋省城亦然。

四月十四日〔5月13日〕

今日为纯阳吕祖圣诞，晋祠演剧赛会，而且有女优演唱，俗之大敝，至斯极矣，可为一叹。

四月二十八日〔5月27日〕

官吏查办民产田亩若干，房屋若干，勒令各户开载详细，均登册籍，缴于衙署。扰民之政，酷虐至斯，已臻其极矣，宜乎怨声载道矣。

四月二十九日〔5月28日〕

里人多早起造作草纸，而务农者寡，早起晒纸，趁日之光，晚则莫能多做也。

五月初一日〔5 月 29 日〕

……百物腾贵,迥异寻常。女人更贵,一寡妇而再嫁,必须身价七八百吊,一十五六之闺女,能聘礼三四百吊,则贫寒之人均无力娶妇矣,世变至此,殊足骇人听闻。

五月初三日〔5 月 31 日〕

里人王剑自省归言:省城各学校学生均行停课,每日分班在街市演说,现在官吏皆为卖国贼,以将山东、青岛私卖于日本也,北京学校如此,各省学校亦皆如此。这个风潮不小,深恐此大起乱事耳。

五月初四日〔6 月 1 日〕

晋祠演剧,庆贺端午。

五月初五日〔6 月 2 日〕

晋祠演剧,庆贺端阳,往观之人异常众多,而所演之戏较前加倍,风俗奢华,年甚一年矣。

五月初六日〔6 月 3 日〕

昨日晋祠有省城模范示教之学生数十人登台演说,中国政府人员均为卖国贼,已将山东之青岛偷卖于日本,并说日本之害中国为日已久,望国人抵制日货,不与日本通商等语。又言:通国学生已结团体矣,且插一白旗,上书"模范示教讲演团",此等风潮,中国皆有,则是一乱机也。

五月十二日〔6 月 9 日〕

山人自省归言:省城学生,沿街演说政府人员卖国事,劝人抵制日货,并指责阎都督之苛虐政令,各街皆有,其风甚炽,阎督军不敢严禁。

五月十七日〔6月14日〕

有人自省来言,省城起犬捐,每犬一头每月捐铜圆一枚,犬各带一官牌,若牌失落,罚大洋十元。晋政之苛虐至于若此,昔日之秦法亦不过耳。

五月十八日〔6月15日〕

省城教导团二三百人于前三日到晋祠驻,今日模范小学童子军亦到晋祠。

五月十九日〔6月16日〕

现在中国学生甚多,各省学校林立,意在强国之基即由此而筑,而国势屡强〔弱〕,仍然如前,未见其强乃反困。学费太宏,致使民生日益凋敝也,岂非民不富而徒事教之意乎?

吾邑亦设立童子军百名,制办军装即费千元大洋,平日操演之费尚不在内,此亦民之膏脂也。充此军者系由高等小校,实业学校,模范小校之学生耳。

五月二十一日〔6月18日〕

受苦之人十分缺少,予欲雇拣谷之人即雇不来,此由少壮者多当兵,而粗笨者充工人,现在省城大兴土木,所需工匠甚多,耕田之人故形缺乏。

五月二十六日〔6月23日〕

今岁宿麦较往年早熟十日。

五月二十七日〔6月24日〕

雇工六人收拾钩谷兼拣山地之谷,每人工资二百文并三餐。

五月二十九日〔6月26日〕

婿阎佩书于昨日来,予止宿焉。婿在大学堂肄业,于上月即行罢课,学生散归,盖因政府允许青岛与日本也。学生散布各处,告人抵制日货,此事一月有余,尚未止歇。

田工一日工资又涨,人缺故也。

六月初一日〔6月28日〕

煤厘局人入山,到各窑户催缴厘票,言现有公事,布、煤又加厘,每百斤制钱七文,其余一切货物亦皆加税,山人闻之,莫不惊慌失措,则政苛虐甚也。

六月初七日〔7月4日〕

雇工五人刈麦,今日完毕,每人工资二百八十文满钱,为从来未有之大价。阖家皆忙。

六月初九日〔7月6日〕

雇人获麦二亩余,人得一石四斗。

六月初十日〔7月7日〕

雇工五人拣〔间〕谷苗,每人工资二百文。

七月十五日〔8月10日〕

田中皆挂花纸,系祈雨淋也。

今日中元节,率子及孙敬诣先茔祭祀先人,行报本追源之礼,祭品有瓜果等类。

闰七月十三日〔9月6日〕

里中演剧报赛。

闰七月十五日〔9月8日〕

今日为闰中元节，未曾上坟祭烧，仅备祭品陈设于神主之前……

闰七月十七日〔9月10日〕

有人言：张家口市面大坏，商号倒闭者纷如，亏空甚巨，不可言状。祁县、太谷商号多受其累，每号有多至几十万金者。东口为中国蒙古之咽喉要隘，商号数千家，商贾云集，车马辐辏，系直隶西北之一大码头，近过秋标，忽生此患，何故哉？良由商人纷华靡丽之极故耳。

八月初九日〔10月2日〕

南四峪窑户因上官令各窑注册，每窑执照费二百元，请予为调查员，力辞不获，乃暂应允。

八月十五日〔10月8日〕

中秋节仍然如旧，家家庆贺，到夜玩月，举杯酬唱，以写雅怀，抑亦一时之快乐也。

八月十六日〔10月9日〕

玠儿丧妻业经一载，有友作伐，为荐一女以作继妻，今日往西峰村看视该女，二鼓乃归。

八月二十日〔10月13日〕

秋既高矣，天气渐寒，人身之衣亦渐增加，而花布腾贵迥异往日，斤花前须钱二百文，今则七八百文，尺布前须二三十文，今则八九十文，民度日所以益穷不支也，凡物皆贵，非仅花布等物耳。噫！

八月二十七日〔10月20日〕

省城现象一味浮华，只是铺张门面，并不讲求实际，若是令人可慨。

八月二十八日〔10月21日〕

省文庙中设立图书馆,大成门外各亭充置图书之处,庙宇全行重修,焕然一新,较前壮丽,中驻办理图书馆之人员甚多,而庙宇因之整齐,不似从前之疲废也。

晋省官吏现又尊崇孔圣,昨日之祭是因孔子之圣诞,有太牢少牢之祭品。呜呼!孔子之道,频〔濒〕于废弃者,业经数载,祭祀不举行者亦屡矣,今何幸有此举也……

八月三十日〔10月23日〕

省城学校,日益加添,贡院西北之文昌庙改为贫民第一小学校……

现在学校林立,皆动工改头换面,经费甚巨,竭力务其宏壮,以为山西之形势较甚于他省也。

九月初三日〔10月26日〕

昧爽即起,偕杨之甫出旅……亲看保晋公司之煤窑,系用机器采煤为平窑,其一口系人力肩抬,而出工人千许,再西一甬窑有机器而未采,言窑被水所侵,不能采,现在停工。

九月初六日〔10月29日〕

宗艾一镇商号二十余家,巨商数十家,为寿阳菁华荟萃之区,今日赶集,每逢二、六、十、节日,即行赶集,即吾里之赶会也,尚属可观。

九月初七日〔10月30日〕

在永聚义早餐,偕聂君洪志步行十里,赴陈家河村游览保晋公司设立煤厂,窑中之水用机器吸出,用人力采煤,每斤煤价一分四厘。公司左近土人采取者甚多,惟公司之矿区绘图注册,土人之矿区尚未注册,已奉官催二次矣。

九月初九日〔11月1日〕

……到火车站购票。

购到榆次之票大洋一元。

十一月十一日〔1920年1月1日〕

阳历民国九年一月一号矣。衙署皆贺新年,惟民间仍以十一月十一日度之,并无一家庆贺新岁者,舆情不遵新历之家,于此可见矣。

十一月二十日〔1920年1月10日〕

去冬煤之销路十分畅旺,各窑莫能停滞,今春正月更形异常之快,煤皆不留,至冬则销不畅矣,各窑之煤均见停滞,上次极快,现在极迟,此理之常理也。

十一月二十四日〔1920年1月11日〕

日来运煤之车甚少,车夫皆言火车载粮出省,为数甚巨,车马皆载粮到火车栈(在榆次县),则运煤者则因此不多。嗟夫!米粟出境为晋大害,粮价日增,职此之故。自秋迄今,天不下雨,旱干已甚,再年春再不雨,势必有饥荒之灾,亦可畏也。

十二月初一日〔1920年1月21日〕

……吾晋人民,穷困日甚,十室九空,官界推行新政勇猛异常,加征加税十分苛虐,不恤民艰,不顾民怨,米粟由火车运往直隶,自九月至今,滔滔不断,致使粮价大涨,每斗涨二三百文,官厅亦置不问……

十二月初二日〔1920年1月22日〕

明仙峪中今岁小窑多加十数家,出煤甚多,而运煤之车较上年减少大半。上年一峪车至二百数十辆,现才百十辆,故各窑之煤皆不能畅销,且非明仙峪之煤销莫能畅,其他各峪亦皆车少煤多,亦气运使然也。

县役持票传谕各窑户,须遵商会按账收轮捐。

十二月初八日〔1920 年 1 月 28 日〕

今日腊八,家家户户啜红粥,名曰"腊八粥",佛氏所遗之俗也,且有啖黍饭者。

十二月初十日〔1920 年 1 月 3 日〕

里人牛秀东年已七十矣,上月十四日,其子牛友若为父祝嘏,开宴待客,凡十余席。

十二月十一日〔1920 年 1 月 31 日〕

次孙女喜鸾年十有九,向定于本月十三日于归,日来已预备一切矣。

十二月十二日〔1920 年 2 月 1 日〕

来助忙者六人,雇工二人办理婚事,凡送来之礼除孙女之外家外,全行璧谢。

十二月十四日〔1920 年 2 月 3 日〕

嫁女一事,乡俗殊奢,人皆不以为非。予今嫁次女孙,大改乡俗,一意于俭,亦未收礼,自筹办法,自以为是,而人反以为非,则俗之不易改也,于斯已见。

十二月十八日〔1920 年 2 月 7 日〕

传言:奉天督军张作霖之兵入晋驻扎,业经于榆次西门外勘定地址,不知何日兵到扎营。

十二月二十三日〔1920 年 2 月 2 日〕

里巷之间,仍旧送神上天,晚间炮声连天,远近无一处不然,亦无一

家不然也。

十二月二十五日〔1920 年 2 月 14 日〕
……吾晋号称模范之省，而群黎百姓十室九空，受政苛虐，迥异寻常，官且与民争利，致使市面银钱奇绌，又不准商家自行纸币，现值年终，商人坐困，民受款项不敷之大影响，家家户户无一不叹，无一不穷也，此为气运所使然，人民宜受此害耳。

附：

罪　案

景梅九

丈夫自有事

众位休忙！听我慢慢地招来。我么：姓甚？名谁？家住那里？暂且不表。这并不是怕什么侦探知道了，报告法庭，当下定成了死罪，或者就地正法，或者立予枪毙——断头台上，那幅惨淡光景有些难看。怕只怕大家不容我招完，就提起姓名来笑骂个不休，一时扫了兴，再拿不起笔来，岂不教我这些罪状，永远没完全发表日子么？所以现在只浑称一个我。闲话少说，书归正传。诸位呀！常言道得好，有心为善，虽善不赏；无心为恶，虽恶不罚；在十七岁以前的罪过，大概出于无心，可以不讲。大家要是不信的时节，改日补叙出来，就知道了，现在说十七岁以后的。记得己亥那一年，正是戊戌党人失败，八股复兴的时候，我也曾作过几篇诗文，什么大题、小题、搭题、截题，装腔弄调，横涂竖抹，还要说，代圣人立言，关系世道人心不浅，你说该死不该死！不过那有名大家的八股文集，譬如：《八铭三山稿才调集》等类，未尝没有几篇可以当古文看的。你们听我这几句话，可知八股的毒气不小。

这时候太原有个令德堂，就是一座书院，里边的山长，是湖北人，姓屠号叫梅村，却不重八股，专好讲时务，讲理学，讲古文。当时有贯通中西的名称。分科设教，人材济济，也算是一时之盛。我被选入堂，随班听讲，

262

定章以朱子《近思录》为日课。大家莫怪,比较那当时农林学堂姚某作山长,命学生以《文昌阴惊录》为日课,强的多了,这都不在话下。当时专门西学(中学、西学,分得有趣),以算为重,我在家时偶然看阮氏的《畴人传》,想在里边占一席,于是乎买了一部《中西算学大成》,自家就演算起来。及到令德堂,依然学算。有一天屠山长命一椭圆题:我并不晓得什么叫椭圆,即把《数理精蕴》等书翻阅了一遍,寻见许多椭圆题,也不管人家问的是椭圆的什么,拿起笔来,乱写了一阵。到底得了两句评语,就是:"作文能胡说,作算不能胡说。"我从来没经过这样的训词,真算是第一个当头棒,少年人如何受得? 即时负气出堂,多少朋友来劝说,也不回头,却在一个人家里坐馆,文话叫"设帐",做了三个小儿的蒙师,拥皋比,执夏楚,作威作福,不可一世。说起来,又可耻,又可笑。教徒之暇,自己颇留心史传,最好读《后汉书》。有诗句云:"闲坐灯前披汉史,逸民列传独行篇。"我也不知为什么爱这样人? 但自到太原之后,多听得人说傅青主先生的逸事。心里好生仰慕,曾想搜求先生的字画文章,没有力量,连一部《霜红龛集》都买不到手。然而志向一变,不好仕进。常写下几句豪语,帖在座右曰:"丈夫自有事,奚暇共庸夫俗子,争逐功名富贵哉!"可谓大言不惭了。究竟自有什么事? 也不知道,真怪,真怪!

义和拳之半赞成

　　庚子那一年,山西巡抚来了个毓贤,却也奇怪。当他来的那一夜,忽然狂风四起,乌鸦乱叫,有一位朋友就叹了一口气说道:"这不是吉兆,恐怕不久有什么变乱罢?"果然到了五月下旬,大街小巷,你说我道,把人的耳朵都震聋了,什么山东起了义和拳,京城起了红灯照。这里烧教堂,那里杀教民,把天兵天将,都请下凡来了,把洋鬼子都赶到海里去了。你说无情无理,他说有凭有据。不多几天,上谕下来了,说:"三尺童子,皆能执干戈,以卫社稷。"又说什么:"大张挞伐,一决雌雄。"不几天,把太原城哄动了,于六月初一晚半天,忽然街上过来几百小孩子,一个个头缠红布,手拿大刀,雄纠纠(赳赳),气昂昂,向城南飞奔而去。霎时间,东南角火光

附:罪案

263

大起,许多人大声喊道:"教堂着了火了,义和神拳,正在那里捏诀念咒,烧洋人和二鬼子哩!"不瞒大家说,当那个时候,我也恨教民欺负平民,心里却有些痛快。惟看历史上,有黄巾贼等名目,不喜欢他头缠红布一层事,且不信什么孙悟空、猪八戒等下凡。所以当时人家孩子,都喜欢学神拳,我独不许学生去学,这算是一小半的赞成派了。听毓贤亲自带兵,捕拿天主教士,大声地呵道:"你是哪一国的人?"教士答道:"我是大法国人。"毓贤大骂道:"混账东西,世界之上,只有大清国,哪里有什么大法国呢?"当下亲自拔剑,把那教士杀了,以外还杀多少教士教民。听说临死时节,都口称上帝,没有一个告饶的:可见宗教的魔力,也实在不少!不多几天,街上忽然沸沸扬扬地说道:"大沽口失了,八国联军进了北京了,皇太后、皇上都偷跑了。"当下人心恐慌,令德诸友也都纷纷离了太原。我曾集《易》嘲之曰:"乘马无咎,舍车而徒,以避咎也,其知几乎?"也算是一种口过。要问我为什么不去?一来是懒;二来是穷;三来是夸大有"天生德于予,洋兵其如予何"的派头,可笑!

　　还有一件怪事,要补说的,就是义和拳烧了教堂之后,我曾到那里考查遗迹,只见许多毁弃砖头上都镌着"义和"两个大字。心里好生惊异,难道这些义和拳,真有什么来历么?就拾了一块回来,要当作宝贝收藏着,等那有名金石家考究一番,作为义和拳的铁证。大家看到这里,也许疑惑我是造谣言,降亲自向我要这块砖头看看不可。实在对不起的很,砖头已经没有了。休忙,还有个解疑的法子在哩!原来太原南城外,有一座烧砖的窑名,叫义和砖窑,每每把他的字号,镌到上边,所以那些砖上有义和两字,讲开了毫不稀奇,但是仍不能不说他巧合得很了。

　　再说京城破后,所谓两宫,已经仓皇出走,从张家口绕到雁门关,不上一月的光景,和那些勤王的将士,败走的兵丁,都到了太原城里。一时大街之上,现出来了许多红顶花翎的官儿,还有什么董福祥、宋庆、马玉昆几个有名上将,也有时骑着马,耀武扬威地招摇过市。有一天,董大帅行经贡院门首,看见那"天开文运"四字牌匾,扬鞭指着说道:"怎么叫而开文运?"当时我适从旁边过来,听见了心里一惊,随着大帅鞭梢一瞧——原来那面牌匾第一字是篆书"天"字,却也像"而"字,正自怪大帅不得!幸喜得跟随大帅的,也没一个人认得是天字,或者认得,不敢说,也未可知,都摇着头答道:"不懂,不懂!"大帅也再没往下问,怀着满肚子疑惑走了。我多口,把这一件佳话,就传遍了并州。到如今还有人提说:"罪过,罪过!"却说那两宫在太原,没有什么德音,但听见说,母子们有些不睦的光景。当离开太原的时候,准百姓在路旁瞻仰龙颜,友人约我去看,我便道:"有什么意思?自古有几个这圣明天子,肯弃了都城走的?"友人说:"你不知道,听说西太后年过花甲,视之犹如二三十许的人,是不可不赏识赏识!"我那时候,还有些理学气,听这话,不大入耳,就变脸失色地拒绝了,到底没去看。如今想起来,却有些后悔。要是当时不那么假装正经,随人去看一看,或者多在《罪案》上添些哄染的材料,也未可知,正是错了主意了,不说罢!

薄天子而不为

庚子那一冬,谷芙塘先生做晋阳书院山长,提倡古文辞,命题奇警宏大,多士翕服。记得有一课题,是《隋末群雄论》。我悄悄对同学说:"先生想必知道天下将乱,教我们把酒论英雄哩?"或者当时我猜错了,也未可知,于是乎就放胆胡说起来,中了"作文能胡说"的毒。经先生涂抹了大半,才知道作文也不能胡说,算又得了一番经验。回头来,才把八股完全抛开,专心闹古文,我稍稍知道作文的门径,实在得先生的力最多。这都不在话下,过了多时,居然自己觉着有些长进,先生也未免夸奖几句,就矜张起来了,眼睛里头渐渐地没有人了,每日和些朋友谈诗论文,说古道今。就有些人看过《明末遗史》的,说那《扬州十日记》;又说什么满人入关,欺负汉人太利害,各省驻防,就是怕汉人起事;又有人说,傅青主先生尝画清人入关的怪状,看了又好笑,又好气;又有人说,太平天国洪秀全、李秀成、陈玉成都是盖世的英雄好汉,可惜败了;又有人说,我看《东华录》见雍乾的文字狱,真正把汉人糟践苦了。那时节虽不晓得种族革命是什么事情,心里头已经埋伏着报复二字了。辛丑李鸿章等同联军讲和之后,山西赔款被英人李提摩太拿过来在太原办了个西学专斋。我曾劝友人进去的不少,自己却在中斋,这也是一种顽固的心理。说实话,当时我自负太过。还记得那一年秋天,要在陕西开乡试,同学去的很多,我独不应试,或戏之曰:"照你这样,原来可以薄举人而不为。"我笑曰:"岂但举人? 我还是薄天子而不为的哩!"你看狂妄到什么地步了!

入京时之感想

庚子以后,北京也开了大学堂,从各省里保送学生。山西共保送五名,我在其内。当辞别谷先生时候,旁有某君用赞叹口气说道:"如此君,真可谓学有根底了。"谷先生摇头曰:"尚未,尚未!"这两句话,大家听着,或者不以为意,在我真觉得冷水浇头,比那"作算不能胡说"的批语,还利害十倍。你猜我当时自以为学问有多少深沉厚富呢?大凡人苦不自知,惟有青年更容易犯这样毛病,我特犯得略重些。如今领略那"尚未,尚未"的话头,真是婆心苦口。所以特特提出来,供青年诸君的参悟。截断闲言,复归正传。

那年正是辛丑冬月,同着三位同学离了太原,由旱路雇车雇驴,经过那四大天门,井陉险地,才晓得那表里山河的话,不是欺人之谈。一路无话,直至石家庄。彼时京汉铁路,尚未全通,然而要走北京,已经可以到此地搭火车了。我初次见那铁道火车,未免有些奇异。但见那枯野中间,两条明晃晃的铁轨,平行而北,又听得怪叫了一声,原来是火车头放气。从南拖带许多客车、货车(这是如今知道的,那时并没分别),走过来,铁轮在下乱转,真像一条大蟒飞奔前来的样子。次早上车买票运行李,都托栈房人代办。可恶那栈房人,还说是同乡哩,办得实在对不起人,教(叫)三个人坐车,一个人看守行李。那时我年纪较同行者略小些,蒙诸位顾念,不然的话,大家想一想,十二月天气,异常寒冷,行李又在敞车上,四面受风,读书人,如何受得? 走到长辛店,一时照顾不到,被贼偷去几件,到前门下车的时候,一检点才知道丢了。这时候还没有停车场,剩下的行李,都放在地面上。同行某君,因行李不全,未免抱怨火车的人员。一定要叫他找寻,闹了半天,并没人理会。不多时,忽然来了个人说:"别闹了,快把这些行李搬去,慢了不行!"某君曰:"慢了又怎么不行呢?"那人便道:"别糊涂了,这是外国人的地方,慢了人家不答应!"我当时听了"外国人的地方"一句话,真气破了肚子,又没法子和他辩说,只得藏在心里,到如今还忘不了。某君当时也没法,只得雇车把行李运到一个栈房里,还吃了多少亏。第二天,才搬到会馆。第三天,京城起大风,冷得怕出门,仍劳某君到大学堂投递送考的文书。如今想起来,当时未免太躲闪懒怠,实在对不起老同学,几时见面,再谢罪罢!

大学堂时代之荒唐

到京后,迟了数日,和同来三君在后门马神庙大学复试,皆蒙录取,随即移入堂内。记得同住在月字号。当时分仕学和师范两馆,我们四个人,都在师范班上课。初到里边,仿佛还守点规矩,好像小学生的样子,非常用功,总想多考些分数。听日本教习服部宇之吉讲什么《心理学》、《论(伦)理学》,算是闻所未闻,然而心里总说这是西学。那时节,有一种中学为体,西学为用的邪说印入脑髓,牢不可拔。于是涉猎诸子百家,采他的精华,要作一个炉灶样子,预备消融了那些新学说。久而久之,才晓得东海西海,心同理同,并不能拿中为体,西为用,也不能拿西为体,中为用。就是中有中的体,中的用;西有西的体,西的用。再说中的体和西的体差不多,中的用和西的用也差不多。于是乎野心勃勃,想要作第一流学者。当时有个历史教习,和梅村先生同宗,笃信那《天演论》,实物竞天择,优胜劣败一派话。我不以为然,作论争辩。慢着,大家休错认我的学问很渊博,能驳倒人家的议论,仍然是脑筋顽固不化的缘故。如今这种《天演论》已经被欧美哲学家攻击的不成一种学说了。但是还有人迷信他,我有功夫,定要痛痛快快驳他一番,还可以说是不失本来主张,免得这今日之我,和昨日之我挑战。这位先生,又讲黄帝是黄种人,黎民是黑种人,也是好新之过,靠不住得很。闲话剪断,且说正经的。

大家记得,"我不看西太后,假装正经"的话么?实对大家说,到京之后,渐渐的和社会接近,这假正经也装不到底了,未免随波逐流,寻花问柳,和诸人逛了逛八大胡同,认识了一个旗装的妓女,名叫什么全喜。曾撰一长联送他曰:"离合悲欢,此事古难全,唧不应有恨;审观明白,兀的般可喜,我怎得无情!"话虽如此说,不过是一种虚文,并非真情实犯。倘若不信的时节,请多派几位侦探先生,明查(察)暗访,如有确凭确证,愿甘承罪。但是我有一样大错,不能不提出修正案。就是以上的话,是癸卯年的事,到京后第二年,是壬寅。这一年中,确是悲天悯人时代,完全保守旧道德,是什么缘故呢?因为辛丑壬寅,正当变乱初平,我心想那两宫回京以后,定有卧薪尝胆的计划,还有那大小臣工,也应该痛定思痛,不忘在莒,扶助那当时的君主,励精图治,财富兵强,然后才可以雪国耻,复国仇。不料到京之后,看见那朝市的景象,仍然是文酣武嬉,不痛不痒。当时有两句诗道得好:"国事兴亡都不管,满城齐说叫天儿。"真是一写尽北京一切人的心理,我看见这种情形,也有些烦闷的光景,尝写下一首五言绝句道:"入世热心冷,伤时新泪多;嗟彼苍苍者,生我意如何?"几乎要学那贾长沙痛哭流涕长太息。所以壬寅那年,确乎没作绝大的荒唐事。到了癸卯那年,就不同了。说一句肉麻话,叫做"习俗易人,贤者不免"。起初以为逢场作戏,原不关什么紧要,以后不知不觉地就误入迷途了。所以说"世上无如人欲险,几人到此误平生"。我不敢瞎吹,还算有个老主意在。去是去,逛是逛,总不住。本来学生时代,平常不能自由出外,逢着星期逛逛罢了,又没多的洋银,那能够千金买笑哩?所以当时始终不过花费了十几块站人洋,便觉得不过意,随心写了三句格言道:"惟酒伤脾,惟烟伤气,惟妓伤圆(圆,洋圆也)。"真把八大胡同,看成销金窝了。有人说,毕竟你们穷措大的眼眶小,人家阔大爷,把这些风流费何尝列在预算表里?还不是随意的挥霍么?这话也是。但不知这些阔大爷的钱,到底从何得来?要请大家详细考查考查,才好!

革命军之激动

癸卯秋,上海《苏报》上面,忽然载了一篇《革命军》的文章,是四川邹容作的,论调非常激烈。一时传到北京,我在大学堂阅报处,忽然看见,读了七八行,脑筋已为之震动,几乎不敢往下看。幸而旁边一个同学也看见了,却说道:"有道理!有道理!"于是乎通通看了一遍,并不作声,暗暗地已被这篇惊天动地的文字,鼓动了从前那复仇的念头来。这本来是中华革命第一声,未免有些疾雷不及掩耳的光景。一时一传十,十传百的沸腾起来。声浪日高一日,日宽一日。那时守旧的老儒俗吏,见了那篇文字,个个咋舌瞪眼,怒气冲天,甚至有痛哭流涕、如丧考妣的。他们都说道:"国家何负于邹某?竟尔丧心病狂,目无君父,一至于此!这样人,不赶紧除绝,还了得么?"同时,还有那章炳麟先生《与康有为书》也载在《苏报》,内中革命话很多。最惹人注意的,只两句话,就是:"载湉小丑,不辨菽麦。"论者谓竟敢直呼御名,明骂皇上,理应斩决。随后听见说(他)和邹容一齐定了个监禁罪,都唉声叹气,愤愤不平,说那样大罪,仅仅监禁几年,未免失之过轻。我那时,并没敢赞一辞,但有几个一半赞成,一半反对的人,便遭众人的冷讽热嘲。要是完全赞成,怕不登时捉将官里去,断送了头皮。不多时,北京又发现沈荩之狱,只听说是犯了革命嫌疑,被刑部用毒刑一顿打死,体无完肤,惨不忍闻!我又暗暗地愤激起来。这时候,康、梁逃出,所著书报,也多谈革命情事,如《中国魂》等皆是。壬寅年的《新民业报》爱看的,却也不少。忽然上海出来一种《大陆杂志》,痛诋康、梁,说他带专制臭味,有"游瀛洲而梦俄罗斯"的话,的确靠不住。随后日本留学生,又出了几种杂志,大都主张种族革命。我暗中偷阅,甚合心理,于是把康、梁的议论,看得半文不值了。是年冬,政府派送学生游日本,我决意欲往,临考的时节,管学大臣张百熙先生,尚郑重其辞地说:"重洋万里,背家远游,须自定主张,勿贻后悔。"这次取定三十余人,临行设席饯别。有江苏某君在席上窃对那荣庆(副管学大臣)说道:"游学固然是好事,但近来有一种革命邪说,十分可怕。我们江苏的学生,在东京出了一种杂志,名字就叫《江苏》,里边有一篇小说,叫什么《痛定痛》,大概说的本朝入关后,怎里屠杀汉人,愚弄汉人,那些话,你看何等背谬?这一层,倒是可虑的很,想什么法子防备防备才好!"荣庆当下听了这一席话,只蹙了一蹙眉,摇了一摇头,一声也没言语,但是我恨不得当下把这媚奴活吞了:因为那《痛定痛》一作,正是我最爱读的。

恭喜恭喜

当临行那一天,清早到东车站,管学大臣及各教职员,和同学多人都来送行。本来是第一次派送游洋学生,人数又较多些(其实不过三十六人),因为《革命军》的影响,几乎有分班遣往一说。仿佛这一行人,就可以造反似的,怪事,怪事!却说同行了,上了专车之后,管学大臣,随后上来,到每人面前,拱一拱手道:"恭喜!恭喜!"大家休要笑,当时除了这一句,更找不出第二句勉励的话头来。那时心里头,觉得并没有什么恭喜。不过旁边也有作羡慕的口气,说道:"班生此行,何异登仙!"又有人说:"当年十八学士登瀛洲,如今加了一倍,更可以说恭喜的。"总而言之:我国人对于创举的事情,往往有一种莫名其妙的狂热,况且"恭喜恭喜"的话里头,带些神秘的意思和特别的解释,不能废除。譬如,而今人见了面,往往问:"老哥在哪里恭喜?"这句话我被人问过,从来没有答过,还是莫明其妙。最可怪的是,我记得管学大臣,说恭喜的时节,另有一种诚恳的和希望的意思,含在里边。再说一句,还是莫明其妙。所以我如今对于这句话,有些参禅光景。真是不说还明白,说了更糊涂,请大家也参一参罢。

横 海

且说离了北京,平常应到天津候船放洋。那时却遇着冬天,大沽口被冰锁了,不能行舟,才绕道北行到了秦皇岛——因为此处是个不冻港。至于秦皇岛三字的历史,彼时并未考究,大约想起来,是秦始皇封禅时望海之地。有人说因徐福求仙时节,也从此登舟,就未免有些附会了。不过有件事情,当时触动了脑筋,就是史书上载的徐福曾领着童男女三千人渡海,想那只船,一定是大的很,绝对不是孔老夫子所说乘为桴子。可惜不知那船的形势结构怎么样,直纳闷到如今。记得当夜同诸人乘小船渡上轮船,那轮船叫做甚么丸,都在底舱里各占了一个睡卧的地板。不多时,

SHANXIMINCHUSANJI

听见摇铃，人家说预备开船；又听见铁索乱响，人家说是起锚；又听见机轮转动的声音，人家说是开了船了。觉得在里边很闷，便同几个人登梯到甲板上面，自然是有些清爽，但是黑夜里四面茫茫，一无所有，耳边不过轮声激动的海水声，眼里不过灯影摇映的海水影，没有什么意思，便和同行的人说道："我如今活了二十岁，南不见长江，北不见大河，却光见了沧海，也算是一件怪事。古人说：曾经沧海难为水。不知以后见了那些江河的时节，是怎样个'难为'哩！"说得同行人都笑了。第二天早起，来在甲板上，看见那一轮红日沿海而出，霞涛万顷，真是壮观。方过渤海，群岛浮出，偶忆吴莲洋咏海诗，有"千艘千蜻蜓，一岛一虾蟆"两句，写的正是眼前佳景。等到出了渤海之后，就是黄海，那景象便大不同了。碧波浮天，四望无际，鸟飞不到，航路若迷。俗语说"黄河没底，海没边"，文话说"渺沧海之一粟"都不错，这时真觉得自己小了。又和朋友谈到甲午之役，北洋舰队全军覆没。又动了一番感慨，便道："如今若大个中华，竟成了无海军的国，岂不可耻！"一个朋友说："中国何尝无海军？不过变了形象罢了！"我便问："变了甚么？"他说："早变成颐和园了！"我又问："是甚么缘故？"他说："甲午之后，李鸿章本来打算复兴海军，把款都筹现成，却被西太后拿去修了那一座颐和园，糊里糊涂，把几千万银子都花净了，把复兴海军的事，永远一字不提，后来也没人敢过问，所以人说，颐和园是中国海军衙门，一点也不差！你道可恨不可恨呢？"我便道："那就无怪人家讲革命了！"友人笑道："还没到外国，就讲革命，无怪人家不派留学生了。"几个人在甲板上，你说我笑。海不荡波的，过了两天。忽然有一个鸟儿飞来，落在桅杆上。有人说，大概离什么海岛不远了。及到晚间，忽然看见前边有一个黑影，便问那走过日本的领导人，他道："那就是近日本的诸岛，快要到黑水洋了，这里时常有风浪，小心，小心！"不多时，果然觉得轮船在大浪里摇头摆尾似的，颠簸起来，同行的人颇多晕船呕吐。我独平稳如常，自喜和海有缘法。第二天早，望见对马岛，领导人说："快到了，远远望见那岸影，就是长崎。"那时，又想起《史记·封禅书》，说什么"海上三神山，可望不可即，舟将至，风辄引去，终不得至"，云云，不觉失笑。

下关最大之激刺

到了长崎,上了岸,只见那绿树遮山,翠光流野,真觉别有天地。同人精神,都为之一爽。暂宿一个旅馆,因为大家要恢复海上郁闷,决议留一天。不用问,初到了日本,不懂话,只得装聋卖哑,用手代口。凡不懂得外国话,游历外国的人,大概都晓得这样作法罢!不过日本更有一种的特别情形,就是旅馆都是板屋席地,进门要先脱鞋的。出洋游学,本为维新。然而到了日本,第一先要复古且要复秦汉的古,把那《礼记》上户外有二屦的话,和那《汉书》说文帝与贾生夜谭不觉膝之前的话,孔子席不暇暖的话,前前后后,都漂浮到脑皮上面来了。又看见那日本人,正襟危坐,忽遇宾来,便相对伏首下拜,你起我落,很有些礼让之风,才知道古人行跪拜礼,是为人在席上,自然便于曲〔屈〕膝着地。如今中国已经把席地的风俗改革了数千年,当然应该行鞠躬握手的礼,偏有人还硬要学古,凡婚丧大礼,特地铺张席或毡,叫人家下跪,真正奇怪!且说第二天,大家出了旅馆,要到那名胜的地方赏玩赏玩,正当过市的时候,忽见有多少人指着笑着,还有许多小孩儿跟来乱嚷道:"强强跛子。"那时丝毫不懂,代大家当翻译的人,直说这是说豚尾奴。听了又气又羞,这还不要紧,忽然到一处,说是李鸿章议和的地点,真教人羞的无地自容了!地名叫下关,也叫马关,友人诗云:"可怜万古伤心地,第一难忘是此关!"怕经过此关的中国人,都有这样感慨罢!可算是游日本的人,最先受的大刺激了。

剪　发

到第二天早起,大家坐了火车,所经过的地方,有琵琶湖,名古屋的旧城,和那富士山头雪景,日人所谓白扇倒悬东海天,倒也很像。其实,并没有华岳的秀丽,泰山的雄伟,庐峰的奇特。却说到了东京,早有人在新桥车站楼接待,便一齐坐东洋车,进了那本乡第一高等学校。当时中国人在这学校里,已经有三四人,程度确乎在中学以上。至于同行的,别位不用说起,我自负程度也不甚低,随便一考查,方知相差甚远,还得预备日语、英文、算学好几年，然后才可以插班哩！这并不在意下，便大模大样地住下了。随即有许多日本学生，前来讲话，自然是不懂的了，但拿笔代口，因为日本高等学生，大半通汉文，也不敢说好，能懂就是了。里头有几个不客气的，便拿起笔来写了几句话道："辫子不好看，剪了好，我们称豚尾。"这句话，激动了我的那差恶之心，便独自一个跑到校外斜对门一个理发所里，坐下，拿右手的食指和中指，作了个剪子形象，向辫根一夹。那理发师仿佛懂了这种指话，笑嘻嘻地，拿起剪刀来，一下子便断了那三千烦恼丝，接着，把剩下的顶上覆发也修光了。一霎时，对面镜子里现出了一个光头和尚来，自己也不觉笑了，又醍醐灌顶地一洗，更觉得爽快。抱着头，回到学校里，同学看见，也有冷笑的，也有说好的，也有说"身体发肤，受之父母，不可毁伤"的，也有说剪了发就是革命党说。七言八语，说了一大片。那时也顾不得许多，正是笑骂由他笑骂，爽快我自当之。过了几天，慢慢都剪起来了。只有少数人，把辫子盘在头上作髻儿，不脱帽的时节，自然和大家一样，一脱帽，仍然是惹人笑的。以后留学生的辫子，渐渐少了。但是游历官儿和满族学生辫子，仍然不少，所以有种种笑话。有一个官游历到了日本，没几天学了一句"ヨロシ"，就是中国话好好的意思。有一天，到一个理发所坐下，那个理发师，以为他要剪辫子，一面将他辫子提起，一面用日本语问道："剪了好么？"他并不晓得人家说什么，却仿佛懂得的神气，说一句"ヨロシ"。那理发师即拿起剪子来，向那辫根一夹。这位先生觉得不对，连忙用手拦挡，已经断了。这位先生大怒，把那辫子夺过来，紧紧握在手里，大瞪两眼，用中国语骂起来了，惊动了警察来问，他还是气忿忿地道"ヨロシ"，拿着辫子连哭带骂地走了。还有一个笑话，是十官学校留学生里边，有一个满族学生，不剪辫子。有一天，野外演习，一个学生，是汉人充队长，那不剪辫子的满洲学生充斥候，向那队长报告敌情，大概不十分清楚。那队长拿鼻子哼了一声道："报告又报告不清楚，辫子又不剪。"惹得旁边几个汉人学生都笑了。因为平常不好意思说，所以趁这时候，不伦不类地相提并论地发挥出来，居然传成笑柄。

革命先入之言

　　却说初到日本，自然见了中国人，非常亲热。记得一高（第一高等学校）有一位中国留学生，和我初次见面，贵姓，台甫，贵省，当头三炮，互问了一番。他听说我是山西人，觉得非常稀罕，便道："好极了！你贵省只有一个留学生在这里，还是从江苏自费过来的，和我很好，明天我给他说一声，叫他来看你。"我听了很是喜欢，当下问："这位同乡姓甚，名谁，哪县人，住什么学校？"他道："是灵石县人，名叫何某，在振武学校，离这里很远，不过我和他一说，他一定来瞧你。"说话中，过了两天，何君就来了。同乡见面，自然非常高兴。当时这位先生正和革命派人来往，言下便带菲薄康、梁的意思，正和我气味相投。便问他道："什么人应近，什么人应远？"他就把几个主张那种族革命、政治革命的人都告诉了。我又问："主张革命的人，有党会没有？"他说："当下没有，不过同声相应，同气相求，久之，自然有个团体出来。况且，现在虽然说在外国，讲什么革命不要紧，究竟还不能公然倡导，仍然是秘密进行。不过革命书报有几种出来，可以随意买些看，不比在中国内地的严密。"这几句话，虽然没多大意思，已经把我完全引到革命路上去了。真是先入之言为主，以后反对革命的话，简直不中听了。

欢迎会上之演说

　　曾记初到日本，过了两个星期光景，有许多先来的留学生在上野公园，为我们三十几个人开了一个欢迎会。说起开会事情，又想起北京大学堂时代，因为日俄将要决裂，东三省非常危险，某先生发起一个学生会，在那大讲堂上，集合全堂学生，登坛演说国家危亡的现象及日本人爱国的热潮，言时，声随泪下，学生大为感动。也有几个相继登坛发挥爱国议论的。本来这是中国学生第一次在国内大会，没有什么规条，仿佛议决了上书政府，并哀告同胞几件事。那时有个庶务员在门外侦察，神色张皇，几疑惑学生要造反，赶紧报告管学大臣去了。果然不多几天，管学大臣出来谕帖，大概说“学生开会，虽系出于爱国热诚，但国家事，朝廷自有权衡，诸生不得妄预”云云。那位发起开会的先生，居然受了嫌疑，不安其位，告假走了。学生虽说愤愤不平，也没法子。至于留学生在外国开会，已经是一种寻常事情，不过就我到日本讲，这个欢迎会，算是第一次。当时，到会者近百人，开会次第，先由主席述欢迎辞，随后大家随意演说。我最讷于言语，一个同学，逼令登坛，却也无法，只得敷衍几句。正不晓得说什么好，忽然间，提来一个“化除省界”的题目来，便略略说道：“今天在坐的各省人都有，我是山西人，到这里颇听见有一种南北省界的话，很不赞成。在我的意思，以为这省界是人为的，非天然的，说有便有，说无便无。如今最要紧的，是化除这种省界。大家莫道这是一种难事，我以为极其容易。譬如：人在本省各县的人，自结团体；及到北京，各省人又自结团体，那一种县界，不知不觉的就化除了。及到了外国，譬如：我们今天在日本，便觉得通是中国人，那省界自然又不存在了。再进一步说：到了欧洲，这亚洲人，自然有亲爱的意思，把国界也能化除些。再推一步，要是到别的行星里边去，我们地球上的人见了面，自然要亲热起来，把黄白的种界，也可以化除了（说到这里，大家拍掌大笑起来）。老子说的：‘其出弥广，其知弥少。’就是眼界愈大，僻见自除的意思。今天说这话，并不是说山西人少，我怕大家攻击，实在自己觉得这有点道理。”说完之后，大家好像欢迎这一席话，真觉得一团和气。自下午六时起，直至十时许，尽欢而散。

运动同乡留学

自化除省界演说之后，转过念头来一想，仍然觉得山西留学生太少。这叫做自家撞着，也叫做自相矛盾，也叫做理想与事实不合。便同何君商量想个法子，叫山西自行派送几个学生来，想了半天，正自没个主意，何君忽然笑道：“有了，听说横滨有个领事，是咱们同乡，到那里求他，给山西巡抚写封信，就从山西筹款，多派些人来，岂不是妙？况且他是个资本家，就请他自己拿几个钱出来，帮助留学生费用，也是容易的。”我听了这话，觉得很有道理，便道：“好极了！趁礼拜日走一趟，看他的意思如何？劝他自己出钱，我看未必办得好，求他写信给巡抚设法，派送学生来，总还容易些。"两个人商量定了，到星期日那一天早晨，从新桥上火车，一霎时到了横滨（写出火车飞快情形，来的是妙，手一笑）。听说这条铁路，是日本最初借外债修筑的。当时人民，也有反对的；及到修成，人人觉得便利；反对的人，一变都成了赞成的了。不多几年，把全国铁路都筑起来了。说到这里，又想到中国的铁路历史了：起初和日本的情形差不多，后来虽有觉着便利的，究竟是少数人，那多数人，仍然是不赞成，所以直到如今，南北铁道还没有贯通。更可恨的，是把铁路的借款，都被袁世凯预备作皇帝花费了！皇帝没运动得成，铁路也跟着他不能运动了。这事大家也没有过问的，真怪！此系后话，暂且不表，且说当时两个人到了横滨，就寻那领事馆，拿同乡的名义求见，还好没挡驾，出来见面，说了几句应酬话。我们就言归正传说："山西人在日本留学生太少，先生可以向山西巡抚写信，叫他多派几个人来，于山西前途、国家前途，都有好处。"他便道："山西现在有几个人在日本？"何君说："近来张彪的儿子从湖北才来，算有三个人。"他便道："三人成众，也就不算少了。"这也不过一句笑话，我却很不喜欢，当下也没再提别的话，告辞就走。出来对何君说："算牺牲了几元火车费，空空跑了一回！"何君也说："作官人，究竟靠不住，咱们回东京再说。"回到东京，也没想下特别法子，只写了一封信到山西，劝人东游，说的什么都忘记了。那时，太原有个报馆叫《晋报》，曾把那封信登出来，也不知有效没效？到了甲辰夏天，山西巡抚派送五十余人东游，我同何君作招待员，到新桥迎接，一齐到神田经纬学校（日本人特为中国人设的预备学校），自然是欢喜不尽。里头有学陆军的几位，都入了振武学校，其余皆在经纬。那时候第一件热心的事是劝人剪发；第二件是劝人革命。颇费了一点唇舌，算是劝动几位剪发的和赞成革命的。又组织同乡会，我算被大家推举作了几天会长，自以为一生最光荣的事了。于是又求某君作书，劝人留学，由同乡会捐钱印出来，散到内地。山西人来日本的，便一天多似一天。

观日露战纪写怀诗

甲辰那年,正遇日俄开战,日本称俄国为露西亚,也称为露国。旧时本译称鲁西亚,后来因取"日出露消"的吉兆才改"鲁"为"露"。这本不过是个小巧,哪知道竟系一种魔术,把日本的人都迷住了。仿佛中国古来的童谣一般,挑动世人心理,关系不浅。我又忽然想起洪宪元年,北京市上有禁"卖元宵"的话,因为和"袁消"同音,改作"汤元"和"斗起来"三字,一同悬为厉禁,好笑得很。后又有禁"扑克"的话,本来可说是禁赌,但有人说扑克,仿佛犯"扑灭克定",也是犯忌讳才禁的,未免太滑稽了。回头再说日露开战的话,那时节日本举国若狂,到处开什么演说会,鼓动人民的爱国心,总说:"露西亚怎么野蛮,有吞灭日本的心事,要是不主张打仗,就是甘心和波兰一样,不如把六千万人一齐蹈海死了,倒还干净。况且拿现在民气、国运、公理来说,只有胜,没有败。极而言之:就是败了,将日本人一同死到海陆战场里边,也留得大和魂在。"说得激昂慷慨,一时也记不得许多,但记得有一人演说,总要提出中日战争的旧事,把人也就气坏了!又看见那送出征军人的家族和市民,常揭起一幅白旗来,上面写"祈战死"三个大字,把我的一腔血直激起来,像要喷到那三个字上似的。所以有《观日露战纪写怀》一绝道:

廿纪风涛激亚东,健儿血溅阵云红。

他年觅汝骨何处?也在霹雳炮火中。

如今看起来,真中了毒,也不成诗。当时却被一个友人看见,称赞不了,说"也在"二字写出一种特别羡慕来。这评语,倒也恰合我当时的心理。

迎鉴湖女侠

那年,有一个惊天动地的湖南女士,同着日本某氏的夫人到东京。我听湖南某君说,女士名叫秋瑾,志向不凡。况且那时女子留学的很少,我便对某君说:"日本某氏夫人在北京时,很有招摇的名声,女士在他家里有些不便,我们何不去劝他出来,另寻个地方住下?"某君赞成,便找到日本某氏家里,那夫人非常欢迎,让坐〔座〕让茶,很能说几句中国话,便夸说伊在北京常常同各国公使夫人进宫,见西太后,那西太后跟前有一个懂得外国话的女子(大概是德菱女士),十分宠爱。说来说去,说到"西太后最喜欢的一个太监,名叫李莲英"。湖南某君脸上,忽现一种不喜欢的模样。我毫不在意,但问伊同来的中国秋瑾女士在哪里?伊听了这句话,才把女士唤出来,见了面,女士自己说伊留学始末,又说在海上撞见那俄国水雷艇,击沉日船一只(这是《日俄战史》中有名的话。记得俄国有一位海军少将,自乘小雷艇,直冲对马岛,日本人惊为天外飞来)。说时,眉飞色舞,大有丈夫的气概。我趁某氏他去,告女士速移住他处为是,女士自己也说要搬家。大家又说了几句闲话,就告辞走了。以后女士常和革命派人来往,联络学界几个同志组织一份《白话报》,鼓吹民权主义。女士能作诗,自号鉴湖女侠,时常登坛演说,慷慨动人。因日本取缔中国留学生,大起风潮之后,和同志回国,组织光复团,死在徐锡麟一案!我常想作一传奇名《轩亭记》(因女士死难的地方,叫轩亭),写女士的生平,到底没功夫(实在是没才具)。但写成《横海》一出,载在《晋话报》上,仿佛能把女士胸襟曲折传出。现在稿子不在眼前,等寻出来,再附录在这《罪案》里边,请大家看。

第一次回国之海上

乙巳夏天放暑假时,同着几位朋友回国。那时,日俄战争才告终,有扫海的话(净除海底水雷),还未扫毕,海面上,时有危险。送我归国的人,在那新桥车站上,都故意说些险话,打破送行的旧套。就有人说:"要是在海面,撞着那水雷时节,可以打个海底电报来,报告大家,好开追悼会。"真算毫无忌讳。然而仍含一种什么"说凶待吉"的意思在内。有话便长,无话便短。一天船行到黄海,忽然见车轮似的物件,直向船底奔来,船上人大惊小怪喊起来。我心想道:"不好,真个水雷来了么?这一碰,大概要冤沉海底。"又想起在日本时,心想学炮兵,是一种杀人机器,随即想起几句自祭的文章来道："杀人者，天必报之以死，某学兵未成而已死于此，呜呼哀哉！"没事没事，并不是什么水雷，不过几条八九尺长的大怪鱼，翻浪惊涛罢了，叫大家受了一场虚恐，很对不起。又有一夜，我正在甲板上独坐，看着黑漫漫的一片海水，好生寂寥，忽然一道流光，落于船后，三四丈远的光景，只听的咕咚一声，把海水仿佛激动起来，煞是壮观。知道那是落了一个星（就是陨石），我一时高兴起来，当下想出几句口号来，便高声唱道："破空一声星坠海，海底鱼龙惊光怪。激起波涛十丈强，轻舟摇荡疑天外。仰视群星璨以繁，胡为独离玄虚界？忽忆昔年仇满生（庚子有自号仇满生蹈海死，遗言皆系种族主义），沧溟万顷沉不平。相逢莫话伤怀事，人间天上两无情。"正唱得有点意思，忽然一个大浪从船尾卷上来，仿佛仇满生灵魂出现。又想起伍子胥潮的故事来，只觉得毛骨悚然，便用两手把住那个铁栏杆，拼命似的，向那浪头大喊了一声，却惊动了一个日本船夫，过来用日本话问道："先生好像发疯，怕要投海罢？"把我问得笑起来，也没答应他，便回头走入舱底去睡觉。第二早起，风平浪静，和同船的人在甲板上闲谈，说昨夜落星的事，有信的，有不信的，我眼见是实，大家耳听是虚，又没有什么人证物证（除非到海底捞出那颗星来，又作不到）。也只得说说算了。讲话中间，只听得有人喊道："怪事，怪事！怎么海中间忽然荡出个岛来了？"大家听了这句，一齐向那人手指处一瞧，但见离船三五里多远，海面上果然有个黑岛影子，忽沉忽起，好像飘流不定的样子。我疑惑起来，便道："莫非古人说的六鳌戴神仙而去的故事，又实现了么？"又想，哪有这等荒唐事情。好在甲板上有个商人，自带着望远镜，拿出来一看，便说："不是岛，不是岛！"大家忙问："是甚么，是甚么？"他说："是一个鲸鱼。"我听见这话，又动了好奇心，便向那商人借过望远镜来一瞧，果然见一个大如山岛的鲸鱼，在那海浪里摇头摆尾。想起杜工部"鲸鱼拔浪沧溟开"的诗句和那吞舟巨鱼的话来，不觉失声道："好大个鲸鱼！"船上人，一齐看见都道："可惜没有大炮，不能攻击这鲸鱼岛！"（三字妙）还有人说："日俄开战第一天，日本有个战斗舰撞死一个大鲸鱼，那个鲸鱼，仿佛没有这鲸鱼大。今天我们这商船，遇见这样大鲸鱼，虽不怕它一口吞去,恐怕撞它不过,倒要触礁!也可叫鲸鱼礁的危险,小心!小心!"大家听了这话,有点惶恐意思,都注目看那鲸鱼。好怪!它却有退避三舍的光景。掉着头,向斜浪里走了(放心,不是诱敌之计)。这时候,还有说便宜话的道:"算它有运气,不然任凭它有多大力量,怎么能撞得过我们铁甲船呢?"我也附和了两句,便道:"甚么运气,算他能度德量力罢了!"真正是吹牛皮,要是那鲸鱼卷浪重来,恐怕大家比那政府防备革命党的样子,还要难受些!总而言之:错认水雷,夜惊星坠,昼遇鲸岛,可叫做归祖国海上逢三怪。

真是烟台

在船上还遇见一位山东私费生,说的话很投气,那一片忧国忧民的热诚,都发表在枯槁形容上边。最要紧的话,是为山东留学的太少。这一回专为运动人留学,官费生不成,运动自费,自费生不成,自己愿倾家破产,帮几十个人留学。我听了,十分佩服,并且热心希望他三层都办到。

却说船到烟台,三年没回国的人,忽然看见了故国山河,又听见两岸一片乡音真有知心朋友久别重逢的感慨。停船后,听人说还有半天工夫,才开往天津,就和同行的几位,一齐驾小舟上岸,到一个饭馆吃饭(日本留学吃中国饭很不容易,这也算是久违)。那饭馆虽然不大,却有床铺靠枕,并有洋烟家具(更是久违的东西)。我很不高兴,便冷笑道:"这是什么规矩?饭馆怎么成了烟馆了!"那饭店的伙计,听见这话便道:"咱们这里不禁烟,我看诸位从远方来的,要是乏困了,不妨抽几口,这里有好土,很便宜,我可以替诸位挑些现在的。"我连忙道:"不要费事,我劝你们以后不要陈设这东西才好!大概中国不久就要实行禁烟,将来这是犯法的事情,小心!小心!"那伙计道:"我们不知道,现在家家户户通有这个,怎么样禁法?"我笑道:"这真是烟台了!"

大沽口之活电影

船离烟台,向天津进发,算是第一次见大沽口那炮台,已经是被联军毁了，并听说有不许再筑的条约，对着那炮台遗址，未免掉一点伤心泪！同行日本人也指天画地说联军事情，内边有个商人，更是趾高气扬，把中国人瞧不在眼里。一路上已经十分讨厌，到大沽口，越发猖狂得利害，仿佛他一个人，就可以吞中国似的，便道："中国兵打仗很是不行，跑得倒快，但见辫子，不见面。"好些讥笑的话，通出来了。我听惯了，也没什么，不过恨自己国弱，政府又不提倡民气，所以惹外人轻薄，也是应该有的事。同行人，却有些受不住，仍然无可如何。及到一个地方停船，听说是海关验税，果然有个小火轮上坐几个中国人和英国人，直向本船来，不用问，是税关查验的人。一时上船来，当时就点验坐客行李（还好，这时还不查革命党）。别人没说什么话，那个趾高气扬的商人，仿佛要求不必点验他的货物。那税关人说不行，先生忙了，带的货太多，人只他一个，连忙搬运货箱，一面解缚，一面开锁，一面翻货叫人查验；一面收拾起来，一面又解别的箱，开别的锁，翻别的货，收拾别的验过的东西，真比那滑稽电影还忙些。忙得先生一头汗，还要一团和气、满面春风地对着查验人献媚说好话，人家还不答应，把满船人都看乐了，这样看起来，人真不可以得意过分，就是"强梁者不得其死，好胜者必遇其敌"的话（比喻有点过火）。然而那位先生，怕的是英国人，不是中国人，大家还要弄清楚才好！

治外法权

天津上岸后，就到那利亚书局（是何君开设的，原为输入革命书报）访友。适遇一位天津法政学员某君，也在那里。听说大家从日本回来，讲了几句应酬话，便谈到学问上面，满口新名辞。我觉得有点不入耳，最可笑的那位先生，说到那外国人在天津，常常有不法行为，中国又不能管理；他们有了诉讼，归他外国领事馆自行判断；可叹我中国没有"治外法权"，所以对待这些居留的外国人，简直无法可施，也算是一种国耻了。言下，有不胜慨叹。我没学过法律，却是常听人讲过些法律名辞，确乎晓得治外法权，不是这位说的意思。所谓治外法权，乃是说在外国的人，可以不服从所在国的法律，有用自国法律支配的特权。譬如：外国代表、公使、领事等,有时外国居留人,因国际条约订明,也可享这种权。却说那位先生讲的,正是外国人在中国内地所享的治外法权,却把意思弄错了,说我中国没有治服外国人的法权,也算一种独得之奇解(本来字面有点含糊,正不能全怪先生粗心)。当下因为初次会面,不好意思辩驳,只得让他糊涂去。到如今也忘不了这四个字,却悔从前没有给他说明。正不知他几时才明白过来?好生纳闷。在良心上讲,也是一种消极罪状,所谓理论上的不行为罪。好在是现在刑律上,还没订出专条来,所以轻犯一次,也不要紧。什么不要紧,仍是惮于改过的毛病,暂记心罚一次,以警将来。

殊属不成事体

"前两天何君到我这里来了两次,外面就有人造谣言,说我同革命党往来。李相国居然使人来密探我的动静,可见现在官场,不开通的还多。"我答道:"不错,学生本来想带假辫子来,知道老师不怕这些话,所以光着头来了。"以上是到北京后,拜见谷老先生时几句要紧话。那时老先生在山西京官里面,总算是第一开通人,不忌讳什么革命话头且提起吴樾放炸弹的事情(不是先生提起,我几乎忘了这件大事,并不是故意用追述的笔法,以图警策)。

说得非常有趣,因为派五大臣出洋考查宪政的时候,有一个烈士吴樾,窥破政府的用意,想拿这事愚弄一般人,便怀了一个炸弹,装作跟随人的模样混进车站。那时,谷老夫子是送行的人,忽然一声爆响,好像晴天的霹雳把耳朵震聋了。他是正在那里出神,来了一个人推道"快走,有刺客放炸弹",才慢慢醒过来,原来在车站送五大臣,那一声是什么炸弹响,又看见送行人都乱跑,自己也连忙走了(以上情形是谷老先生亲口说的)。本来是中国第一声,比那邹容《革命军》力量还大些。当时我在日本听见这话,同朋友闲谈,有个朋友形容得最好,他说:"比如黑夜里,有个猎户,在一个深山里面行走,四顾苍茫静悄悄地,毫无一点声息,忽然提起猎枪来,向那空谷里镗然一发,四山响应,但见一道光线出去,惊破层层暗影,那满山木石,仿佛都活动起来,飞禽走兽,更不用说,没有一个能睡成了,此鸣彼叫,全有了一番生气,岂不甚妙?"我还想起一件最可笑的新闻,就是吴樾放炸弹之后,那巡城御史曾出一张告示,传说上面写的是,"照得京师乃首善之区,车站又多人之地,竟有匪徒明目张胆,掷放炸弹,殊属不成事体"云云,真假待考。但以当时官样文章说,保不定有这种奇谈。

《第一晋话报》

当下又提起一事,可以补叙出来。谷先生问道:"前日接你们来信,要组织月报,有了头绪没有?"我答道:"已略有头绪,定名《第一晋话报》,用白话体裁。"先生问经费从何处筹出?答道大家捐助。先生又问将来如何维持?我并没想到这层,但知道办报宗旨,是输入文明、改良社会,纯然系义务性质,又不是作买卖,怎么能打算盘,当时只答道:"还是大家捐款罢了,并没想下别的法子。"先生笑道:"这不是常法,你回到省城见了巡抚,可以请他将报分派到各县数十份,每月由官府召集各县报费寄到日本,一来可以传播,二来可以维持,是一劳永逸、一举两得的办法。"我当时口里答应,心里仍不以为然,以为看报只能听任自由,岂可强迫派出,叫地方又添一笔公费,恐怕间接有剥夺民财的过犯。如今想起来,实在是我的错误,要是听先生的话,那报的销路也扩充,用费也稳当可靠了,不至于办过几期,经济不接,大受一番周折。却说组织《晋话(影进化)报》时节,我拟作一长篇小说,写自己理想的社会,名"玉楼影"。其实并没有绝大的计划,不过借此发挥心里不平罢了,胡乱写了十回光景,也没往下续,这是我第一未了的著作。

出门俱是看车人

昔我往矣,石家庄一片荒凉。今我来思,石家庄别样繁华,其故安在?因为正太火车已经通行,客货多在这里卸载,所以栈房也多了,买卖也盛了,可见火车到什么地方,商务就有一番起色。这正太铁路,是借法、比国款子修的,轨道稍窄一点,但沿山绕行,却有意思。不过表里山河因而失了险要，对于兵事，是要变章程的计划。当时我对同车的道："拿井陉、娘子关这一带的形势看起来，好像日本内海，处处可以设险、守险。"同行的笑道："又要充军事家了！"我只得一笑而罢。哪知后五年果然在这里守险，也是一个预兆。且说火车行至太原南城，却见许多轿车，排到车站外面，里边坐的是少年妇女。记者不晓其中意，开言便问管车人（两句梆子）。他笑嘻嘻答道："先生，你问他们么？是城里城外有钱的人家太太、姑娘们，没见过火车，通来瞧看的。"我便笑道："我有两句口号——自城南车上轨，出门俱是看车人。"

人不吃饭真要命

太原旧同学，听得我同几位从日本回来，非常欢喜。在贡院至公堂（科举虽废，这三字可存）开了一个大欢迎会。那一早来了很多人，没座位，大家同站在那里听我瞎说一场，实在对不起的很。第二天农林学堂有两位朋友，请到学堂里演说，我在演坛上，想起一团西洋谐谈，就是说西洋重实验，往往由实验发明许多真理。一个学者听人说不吃饭要饿死的，自己想这是一种传言，况且是旁人经验，自己并没实地研究，如何敢下断语。于是乎，先生便像中国辟谷的神仙，吸风饮露，把饭就搁起来了。第一天还不大要紧。第二天就要支持不住的光景，还勉强吸点空气、吃点药水过去了。到第三天先生知道不中用了，赶紧提起笔，把亲身试验的良结果，特特写出来，供献于天下后世，好在新史上放一个异彩。你猜是什么？就是"人不吃饭真要命"一句话。多谢这位先生，牺牲小己，发明一件真理（当时大家都笑了）。虽然说是科学家笑谈，也可见吃饭要紧。人虽不为食而生，确乎为生而食。古人说民以食为天，食以农为本（算是绕到本题上来了），况中国古称农国，所以农学最应该注重。日本农林很发达，我们山西可以派几个人，到那里专门学农林才好。

奴根性

在太原住了几天，急欲回家。因为我当时已经八年于外，未尝一过其

门,较之大禹殆有胜焉。但人家治水安民,功劳很大,名垂宇宙,自己虽奔波万里,毫无功德于国家人民,岂不羞死! 还要说胜古人,真正罪过不小! 然而"久客思乡里"这一句,是可以用的。当时几个人雇了一辆大车。从太原起程,过了韩信岭,已没别事可说,但记一天同车夫谈论种族主义,最后问他一句:"朝廷还是汉人坐着好,满人坐着好?"他说:"自然汉人坐着好了!"我心里笑道:"居然有效!"同车的一位,故意吓那车夫道:"你竟敢说这话,教官知道了,怕说你是革命党!"那车夫大瞪两眼道:"革命党是个甚么话?"我不觉笑道:"就是说你要造反!"那车夫便道:"我不过说一声,其实张天子、李霸王,认到谁跟前,不是干儿呢? 就是汉人做了皇上,咱还不是赶车的么?"我对同行的笑说:"先生居然有明哲保身的本领!"大家再没议论。如今想起车夫这话,真表明中国人一种"奴根性",所以外国人想都入主中原。却悔那时没痛痛快快的把"主权"两个字,讲给他听。

塔　影

　　我要说实话了,就是把家住那里,要供出来。家住山西安邑县城内,是大禹旧都,所以衙门口有"禹拜昌言处"的古迹。说起古迹,想起几个笑话来。听说泰山顶上有"孔子小天下处"的古迹,已经可笑极了。还有"曹交食粟处",更教人笑倒! 有人就食粟反而想起一个古迹来,是"周公吐哺处",并且编了一出滑稽戏文,记得几句开场白语,是"老夫姓周名公,表字姬旦,兄王姬发晏驾,侄儿成王登基,老夫在朝身为宰相,今日闲暇无事,不免到后花园吐哺一回!"真是绝世妙文了。这都不在话下。安邑最著名的古迹,是一座十三层的唐塔。当前清乾隆年间,因为地震,四面裂开,未曾倒下。过了几十年,又·声地震,原旧复合,裂缝至今尚在,也是一种怪事。我还家,这座塔是第一目标,当望见它的时候,天色已晚,但见巍巍一个黑影,上摩星斗,心中另有一番奇妙的感想,把几年思想的神秘梦影,都虚悬在那千丈塔尖上去了。眼看车到北城外,凝凝地仰看塔顶,一言不发。同行的人,看见我发痴,笑道:"先生,像想起甚么诗来了!"

姑妄言之妄听之

入城后，别无感触，只觉得街道，仿佛比八年前缩短了许多，也算一种曾经沧海的心理。到家后，所谓家庭之乐，自不待言，亲戚朋友，听说我从外洋回来，未免有一番好奇的心事，都到家里看望我，再问问外国情形。不过问话里边，有些可笑的，一时也说不清。最妙是问外国有天没有？天上有太阳、月亮没有？地里种五谷不种？凡人吃酒肉不吃？下雨不下雨？刮风不刮风？更有一个普通的疑问，就是旧戏里边往往写中国人到外国去，必定是招驸马，这件事久已灌入人的脑髓，牢不可破，所以当时有盘问我的，便道："你回家来，人家公主岂能放心，不启奏他的父王么？"我笑道："现在日本留学生已经有八千多人，日本皇上那里有许多公主，和中国人结婚，天天唱四郎探母的'坐宫'一出，还能行么？"又有《西游记》、《镜花缘》学派的人，便问到外洋都经过什么地方，逢见女儿国、小人国没有？我有时正答几句，有时胡诌几句，说日本人就有僬侥的派头，往往胡须苍白，身高不及一尺，谣言说他是小人国也行，不过这些人种，一天少似一天，往往看不见，我不过在海岸上见了一两次，真是小的出奇，居然有一指高的绅士（更是谣言）。一面说谎，一面又怕人家要派人调查，所以，说现在僬侥国人，几乎要灭种了，大概再游日本，就恐怕见不上了。大家听了，真有信以为实的，便道："可惜，可惜！我们没有眼福！"

羊驼寺夜开演说会

家里事，一时也想不起许多，但记得同一位知己朋友，一天到羊驼寺村中探友。这位朋友姓王，是这村塾的先生，塾内共有二十几个小学生。那时还没有什么教科书，不过是《大学》、《中庸》（用《红楼梦》宝玉的话），在那里盘旋了一天，晚上村中许多长老都来塾里看望我，所问的话，和前章差不多。我忽然高兴起来，说："今晚没事，请把全乡老少集拢来，开一个演说会罢！"这位朋友说："好！"当下就集合众人同学生，都坐在一个屋子里，足有五六十人光景。搬过一张条桌来，作了演说坛，我大模大样的

立在桌后,大有韩信登坛的气派。王君便嘱咐大家静坐听演说,我看大家脸上有一种疑惑光景,大概不懂的什么叫演说。看官,休要怪!本来可以说是河东破天荒第一次演说会(小题大做,好本领),于是我先把演说两个字,用粗浅话解释出来,便道:"外国人,时常开会演说,中国内地,现在也有开的。演就是演戏的演字,说就是说话的说字,合而言之,就是用演戏的样子来说话(好费事)。或是说学问话,或是说政治话,或是说故事,或是说时事,今天咱们随便谈谈,叫做谈话会也可以。"于是先把日本的风俗人情,略粗说了几句,后说我游浅间火山一段的历史。当时演说的话,不甚详细。如今另用记事文法写出来,请大家看。

就是乙巳夏天,学堂放暑假,因为补习各种功课,大家同到轻井泽(日本地名)避暑。那地方却也清凉,我有两句诗,写他的好处道:"四面青山围春住,人间别有暑风清。"那地方本是乡下,因为有避暑人预备下几座旅馆,却也干净。大家又借人家小学校地址(是一座古庙),作了临时讲堂。

有一天,理科教习发起游浅间火山,离本处约中国二十里多远。大家动了好奇心,都赞成去逛。临行,教职员对大家说:"火山顶上很冷(这句话说的有趣。因为普通人想那火山一定是热的,仿佛《西游记》上说的那座火焰山,非芭蕉扇不能熄止的光景)。大家须预备携带棉衣一件。"记得同行三十余人,于某夜六七钟出发,踏月而行,行过十余里慢上坡的路程,才到了那火山底下,已经觉得有点冷了,把携带的棉衣穿上。那山底有个树林子,内边拴两匹大马,听日本教习说:"那是有人上山骑马,但能到此。再往前走,就不能骑马了。"我听了这话,晓得路不好走,然而还不晓得是什么路,恐怕要唱:"蜀道之难,难于上青天了。"那教习又向跟随人道:"拿预备下的棍棒来。"我更加奇怪,心里说:"要棍棒干什么?"只见那跟随人,在林子里抱出多少棍棒来,每人分给一根,才说明是作行杖用的。也不知自从开天辟地,到如今多少年,由那火山里喷出来的灰渣,积成了这一座沙山,并没有路,不过年深日久,大家踏出一条沙路来。上面依然有一层厚沙,拿手中棍杖一探,足有五六寸光景。初上沙坡,行几步,

附：罪案

还不要紧,行到稍微陡一点的坡上,走得一尺退五寸,还亏那棍杖的辅助力。不然,恐怕但有退步,没有进步(好像我的学问)。事已到此,只得勉强前进,走一里仿佛走十里似的,每到坡的拐弯地方,大家坐在沙里一歇,甚至仰面睡在沙上,看皓月当空,照人辛苦,走到半山,回看山下,忽然变了光景,一片汪洋大海,铺在眼底,俨然有波涛汹涌的意思。定睛一看,原来沙山下起了云雾,于是大家又面向着那云海坐下,细细的玩赏,真觉得有"万里沧溟入壮观"的快事。还有些小沙堆,露出云海上面,好像群岛的光景。那云涛雾浪,涌来涌去,又加着月光远射,一幅美景,画也画不出。我这管笔,怎么能写出他的雄伟奇幻来?猛想起谢道蕴"气象尔何物?遂令我屡迁"十个字,不觉自己点头叹息,默然认为绝调了。天造地设的一幅妙景,教人一面玩赏,一面休息,足有十分钟工夫,又起来扶杖而登。及到一个稍宽的坡上,只听得前边一阵笑语的声音,赶进前来一瞧,才是日本几个女学生在前面,且说且行,十分的踊跃。

当下我动了两种观念:一种观念,是羡慕日本女子不缠足,所以能和男子一样上山,毫不作难,要是中国缠足女子,到这里恐怕一步也走不动,这几句话是当夜演说的主体;一种观念,是惊讶日本女子有冒险精神,我们若是赶不上人家,岂不教他笑中国男子软弱,连日本女子也不如么?于是乎努力快走了几步,居然跑到那几个女子前面,真给中国人露脸,然而也就吃力不小。

这半天讲的是上正坡,最难走而且最危险的,是那横坡,一条极窄的沙路,只容单行,不容并走,左手上边是斜崖千尺,右脚下边是斜沟万丈,踏的又全是软沙,仿佛足重一点,就要溜到沟底!只得轻轻地靠左边斜崖,一步一步往前挪动。这时只顾得自己脚下,也不管天上月是怎么样行,山底云是怎么样止了。走了半天,好容易听得日本人说了一句"快到山顶了"!算计起来,夜半由沙坡底动身,这时候月坠星稀,东方发白,才绕到堆顶上。忽听得雷吼似的风声,响震全山。心里想起"虎啸风生"的古话来,便猜道:"莫非这山上有虎么?虽然手拿棍棒,却莫有武松的神力,怎么能抵抗呢?这回怕要葬入虎口!"及转过山顶,向后面一瞧,却是一个平坦地,里面有极大(口径约十丈光景)的圆坑,一阵硫磺气冲鼻而来,才知道这就是喷火坑。适才听的风声,正是坑里喷出气的音响。我携着一个同学的手,慢慢走近坑边一望,那坑足有十余丈深,坑底有几个火眼,仿佛井口似的,喷出火光来;坑的四边裂缝里,也乱喷出气,喷出火来。日本教习喊道:"离远些,危险,危险!"我急退了几步,又见那几个女学生,还有西洋人也在坑边看望。听人说日本的青年,往往因为烦闷跳入这火坑里自杀的不少。忽然动了一种奇想,对同行道:"要是秦始皇晓得有这个所在,恐怕焚书坑儒不费两番手续,一举就可以成功了。"友人说:"想的倒好,但三神山可望不可即,怎么能知道呢?"正说话中间,教习说:"大家可以回去了!"大家也就算达了看火山(不如说是火"坑")的目的,所以一齐赞成下山。此时天色已大亮,下到半途,忽然身后有些声响,回头一看,只见烟气冲天的涨起来,知道喷火坑发了威。教习吐舌道:"亏了下的早,不然怕不冲倒大家在火坑边!"本地方人说:"好多时没有这样大喷过,今天仿佛对着生客,表示他的威能似的。"我想起民国元年,南方伟人到北京,必有一种兵变发现,也同这火坑的心理差不多。然而这还不算利害,常有火山崩裂的惨祸,那才可怕的狠哩!

当时我在羊驮寺演说,虽不如此详细,大致也不差什么。仿佛大家听了都有一番惊奇的意思,对于女子放足一层,由此渐渐提起来了。

回澜公司产出

自羊驮寺演说之后,对于天足会一事,颇注意劝导。怎奈力量薄弱,仅仅能从家庭提倡,不叫自己女子缠足,也费了一番喉舌,且微微用了些强制力,内人就不敢十分反对,算两个小女有幸福,再没受那样半削足的刑罚。放足外,又想起禁烟一桩要紧事情来,和一位朋友李君商议,倡办禁烟所,李君甚赞成,并且说亲戚有一位先生,自制断瘾丸药,很有效验,这事可以大办一番。我当时也不揣自己力量如何,便答应道:"要大办,就是立个公司好了。"便把外国公司的办法,略略说了一番。其实我并没研究过这些事,但听人说过些。李君想了一个名称,叫回澜公司。我道:"好,鸦片之害,甚于洪水,正用着挽狂澜于既倒的手段。"于是拟了一个公司招股简章。两个人到各处游了一番,很得了一些赞成员,于是择定地方,就在运城办起来了。我得同李君到万泉,在那小学堂开演说会时节,合城商民来听演说的,靴帽袍褂十分奇怪。(这时已经有种族革命观念,所以看着奇怪;其实辜负大家一番盛意,罪过。)我演说外人交通政策,把铁路的好处说了一番,并说俄人西伯利亚铁路,横贯欧亚,有泰山压顶之势,要是我国不赶紧想法子抵制,恐怕蒙古就有危险!内蒙古与山西接连,我们也不得安宁。一旦打起仗来,人家有铁路运兵,我们没有铁路运兵,拿兵贵神速这句话说,吃亏不在小处!(当时恨不得把北方铁道一时造成,到如今还在梦想中。京张铁路,仅仅能到大同,奈何!)听者颇有感动情形。李君接着演说放足、禁烟两事,慷慨动人,较之羊驼寺演说,自然另是一番天地了。

一封革命书

回澜公司组织,虽说不完备,居然能成立,也不是一两人的力量。实在当时有几个老先生,热心赞成,好在李君不辞劳怨,一个人到处奔走游说。才引起大家注意来。我常说办公益事,一要自己有金钱能拿出来,二要自己有工夫能做得去,不然第一要落骗钱的骂名,第二要耽误事情的处分,所以我对于公益,又好办,又怕办。当时李君他自己能拿出点钱来,也有闲工夫担任去办,一起首名誉很好。到后来也曾落了好些闲话,就是他自己没有钱去补赔的缘故。这且不表,却说我因此事,曾写一封信给一位先生,颇寓点革命意思在内,首尾都忘了。中间有一段大略说:"人称中国为亚东病夫。这个病夫,百病俱染,大患就在乎臃肿!中央政府,实为腐败的脓毒一包,形状险恶,如得西洋解剖家,一刀割去,洗净余毒,缠束伤口,将养着几个月,大概可以恢复原状(影中央革命),如今这样国手(影革命伟人),一时难得,要听他腐烂下去,一旦溃裂,不可收拾(影地方革命),不如暂且用禁烟会、天足会等,作为蟾酥锭子,在四面八方,涂抹一番(影国民自立),也可以消防中央的流毒,未必不是救急的良方。等到中央毒脓减少下来,那时就是寻常外科先生(无名之英雄),也可以下手割他,断不至有甚么意外的危险(影亡国惨祸)!"别的话,也想不起来,有个朋友见我这般比喻,说太得显露,幸亏人家莫注意。不然,怕不做了革命的凭据。

哥老会

那年晋南正闹哥老会,以猗氏为最。安邑、夏县各地方次之。当时我虽主张种族革命,对于哥老会内容不甚么详细,听得人说是洪杨的遗派;又有人说是郑成功失败后流传下来的,但年深日久,也恐怕忘了根本。所以当时见了张巡抚,质问了一句。他说:我早听见,已经行文下去,照着前辈"不问会不会,但问匪不匪"的办法。我记在心头,及到家里,却听得猗氏知事是个姓陆的,叫做盘之,天天以拿办哥老会为事,与张巡抚说的话实在相反,正是"但问会不会,不问匪不匪",竟把许多好百姓拿到,用非刑逼供。更有一种极残酷的刑法,就是弄一间屋子,里边放着大火炉,烘的热荡荡的,又是三伏炎热天气,把拿住的百姓放进屋内,仿佛烧烤的光景,叫做什么"蒸笼"。后来陆某虽然被会党报复,然而没有取公铁笼,请君入瓮,总觉不满人意。此系后话,暂且搁下。这时安邑县官姓武,杀人较少。有一天听得会匪要攻城,姓武的大为吃惊,招呼城里百姓,一面预备大土包,拥闭城门;一面预备灯笼火把,黑夜守城。我暗笑,因为这时会党,并无什么声势,何必张皇至此?到夜间随大家登城。看看热闹,县官亲自检阅,我对他道,这叫"小题大做";他道,这叫"有备无患"。倒也答对的好。守了几夜,并没动静,也就算了。但把旧式铁炮、大小石块,劳动了好些,这里几尊,那里几堆,好笑!

北上太行山

哥老会的风潮闹了一阵,牺牲好些生命,最可惜把猗氏一个秀才姓史的(颇有才气),被陆令斩决了。安邑有个杨某,被武令监禁也要处斩。我替他写了一封信,说他绝无大志,就给他十万兵,他也不会造反的。这封信生了效力,恰好救了他一条命。这不在话下,到了八月间。回来的朋友,约定时期,再走日本。商量从太行山这条路去,好由道清铁路搭车,比较往太原绕道近些。于是雇车到翼城,及入山之后,舍车乘驴,在驴背上,扬鞭大笑,对同行的道:"北上太行山,艰哉何崔巍?羊肠坡诘屈,车轮为之摧。此非曹孟德之诗乎?今则羊肠小道,不能行车,只可道驴蹄为之摧矣。"同行者亦笑曰:"安知孟德,当年非单轮车乎?"答曰:"妙解!"又过周村,说是当年除三害的周处故里,颇动人感想。还有拦车镇,说是孔子回车的地方,有说孔子到此,见田鼠拱揖,以晋人教化以及禽兽,所以回车的;有说童子问日的地方,都未免有些附会。下山时节,经过一条石坡,来了一阵雨。驴骡蹄下甚滑,我害怕起来。赶紧下驴,正望着山下绿竹万竿,逆风萧飒,触动诗兴。忽听后面有人呼唤,连忙回头一看,是同行的一位先生从驴子背上跌下,折了左腿,顿时不能行动。从山下唤来一乘轿,勉强抬到山下,店中也没有医生,空着急,幸亏还能勉强抬到火车上,一同到北京,这算路上第一败兴事情。

大风大浪

到北京住了两天,同着山西第二期派送留学生,一齐往天津。住在栈房里,忽见一个门窗玻璃上边,写着两行字,仔细一看,原来是太平天国檄文里边最著名的一联。不用说,大家一定明白,是:"忍令上国衣冠,沦于夷狄;相率中原豪杰,还我河山"了和那"虎贲三千,直扫幽燕之地;龙飞九五,重开尧舜之天"的对联,同是一样的好笔墨。我便拉几位来看,意在借这个提起他们的种族革命念头来(引诱良民,不怀好意)。也有说好的,也有微笑的,只有一个发表意见道:"这真奇怪,咱们到外国,决不同著甚么革命在一处胡闹。"(仿佛洪宪时代,某议长宣言臣决不从逆,是一样的口气。)我心里暗道:"一定是个保皇党了。"次日同乘轮船放洋,船名乌拉布。头两天,还算平稳,到了第三日,行至海外,忽然扬起大波,这轮船仿佛成了醉汉,摇头摆尾地,在波浪中荡动不了,把满船的人都弄的发晕呕吐,我和一位姓崔的不晕船,立在甲板上,面朝着掀一波浪,高呼壮

快。这浪也似知道有人赞扬他，便分外汹涌起来，一个翻空势，直从船顶超过去，幸亏躲过浪头，只听的一片碗碎声、怪叫声（有嗳呀的，有叫妈的）、呕吐声，乱入两耳，真不好听。又见前面一个轮船，忽而没在浪里，忽而又翻出浪头，煞是好看。（所谓隔岸观火，不关痛痒，大有幸灾乐祸的劣性。）但想着人家看自己坐的轮船，一定也是一样的危险，就未免有些害怕。然装好汉须装到底，便大声唱起歌来，崔君在一旁大笑道："真是个疯子！"

海内碧玉波

这乌拉布东颠西倒，直到长崎大家念了声阿弥陀佛！波罗密多的登了彼岸，休息半天，填补了空肚子，才缓过气来。船票本来买到神户，大家因为经过这番风浪，都情愿改坐火车。我另是一个想法，以为飘风不终日，暴雨不终朝，安危否泰，相迭为用，或者一番风雨一番晴，一半崎岖一半平，也未可知，便同几个不怕波浪的相约仍旧坐船向神户。到第二天同行的大多数改坐火车，我同崔君几个人登轮，由日本海内进发，不出我所料，果然风平浪静，日暖云清，铁船如飞，滑走水上，这时只剩三五人稳坐甲板上，看那海水作碧玉的状态，除轮船两旁冲的海水，略有起伏外，远看江洋片绿，连一点皱纹也是无有。白日映着几个人，影子倚着舟栏，在那碧玉面上，走马灯似的奔过眼底，都默默地注视，心里仿佛有登仙之乐，兼以内海在日本本岛，与四国、九州之间，两岸遥作翠色，诸岛多露奇形，且时时有白鸥游戏在晴波间，明灭如星，不似在大海中四望无涯，飞鸟绝迹，有寂寥孤冷的情态，引不起甚么兴味来。再回想昨天波浪颠簸，真如隔世，怎能不快活三跃？罢了，少说两句，免教大家嫉妒。

惹起一片心

由神户登岸，即乘车入东京。这时正遇日俄战后，日本政府外交失败，报载各政团发起国民大会，在那日比谷公园集合数万人，攻击政府。警察欲行干涉，为多人抗拒，说国民大会不准干涉。警察有"我也是国民"的俏语，并载人民乘气球散布宣言，焚烧内相邸舍，捣毁全市警署，民心激昂,不比寻常。政府宣布临时戒严命令,风潮少息。我把以上情形告新来留学同人,并夸讲日本国的民气,中国万分不及,怎么能够相抗呢?大家都点头叹息,只有那位在天津说过不和革命党在一处胡闹的,独不以为然,便道:"他们国民这样行动,究竟不合法。不然,他们政府怎么下戒严令呢?"我知到这位先生脑里埋藏着专制毒水,误认政府为国家,以为政府作的事情,全是合法的,怕一时同他说不清楚,就罢了。只余一件事,惹起一片心,你当是甚么?就是我归国后,孙中山先生曾到东京,大家在富士山轩开了一个欢迎会,孙先生演说革命主义很中肯要。惜乎,自己没赶得上。又打听得先生已经离了东京,正不知几时才得相逢的机会!又听见宋钝初诸君组织杂志,名曰《二十世纪的新支那》,出了一期,被日本政府干涉停刊,说是革命机关报。有人说他们不久还要和那日本政府交涉,另办一份杂志,鼓吹三民主义,就叫《民报》。我十分注意,但尚不晓得有团体没有?暗地探听月余,才有了门径。

取缔风潮

不到一月,《民报》果然出版。革命精神披露纸上,精卫、汉民两君文章较多。还有署思黄的一位先生是湖南善化人,姓陈名天华,曾用通俗文著《警世钟》一书,鼓吹民权主义,语语动听,散布到中国内地大生效果。他的价值真不在那邹容君《革命军》以下。先生又在报上,发表他的《中国革命史》和那《狮子吼》的小说,是一般人最爱读的。不料日本政府因为中国留学的人数骤然增加起来,几乎过了八千名,便从文务省发出那取缔中国留学生的规则来。这"取缔"本是日本名词,在中国可以译作约束或监管,居然用待朝鲜学生的法子待我国学生,种种限制禁令,教人受不了。于是乎中国留学生,召集全体大会筹商办法,派代表见我国公使,求他向日本政府交涉,把这项"取缔规则"取消,但终没有效果。大家愤激起来,又开大会商议全体回国。这时思黄先生忽触起无限的悲观来,便作了一篇绝命书,自己蹈海而死!大家即时开了个追悼会,有几个晓得先生事迹的,痛哭流涕演说了一场,人人悲恨填胸,有愿和先生同死的景象,风

潮又汹涌起来。大家要求各校留学生全体罢课,有不从的,用蛮力对待。由北京派来的同学,怕受干涉,乘机出游京外。我这时加入罢课团体,一来是好动的心理,觉得合群抵抗强权,有些活气;二来是好奇的心理,觉得这闹风潮的都是些血性男子,好乘这个空儿,认识几个英雄豪杰,将来好共举革命军。虽说是我妄想,到底也得了几位知己。别人暂不发表,那宁调元字仙霞号太一的,便是这时认识的,宁君和陈君汉援,担任归葬思黄的义务。尚记陈君追悼思黄七律中有一联道:"人有八千思项羽,士无五百殉田横。"群称绝构。这时我同陈君尚未定交,但已把他的名字印在脑海里面了。

虎头蛇尾

这取缔规则,经大家反对了一场,算没施行,然而陆续回国的人,也就不少,上海的中国公学,便是这时回国的学生创办的。我担任欢送大家的责任,劳劳新桥车站上,也不记得多少次了。但是送人回国,自己到底没得回国,心里老过意不去。记得有一天开会,议和平了结办法,鉴湖女侠便道:"中国人办事总是虎头蛇尾,从此后,不和留学生共事了!"大家听这几句讥讽话,有些感动,但不再进一步去作。也有原因:一来陆军学生,大家不愿教加入回国的团体;二来民党方组织起来,趁势联合大部分,计划革命事业,暗里把大家拦住不教回国的也多;三来日本政客从中调停这问题,渐渐地缓和下来。有这三大理由,所以大家有点懈怠,这是实在情形,不是我为不回国的人作辩护。鉴湖女侠总是不同,便负气回国去了,到底轰轰烈烈作出一番事业来,叫世间男女愧死!暂且搁下不表,我经友人介绍,入了同盟会,从此天下多事矣。(不是说我一个人的关系,大家莫要误会,说我吹甚么牛。)

帝民与天民

大家知道同盟会宗旨,是要借着种族革命,以求达民权主义及民生主义之实行。种族一说,最易动人,而且明亡以后,那些遗老抱种族之痛

附:罪案

295

的著书立说,发挥不少;以王船山《史论》中"纵令桓温辈功成而篡,尤贤于戴异族以为中国主"那几句说的痛快。惟有民权、民生,古人没有特别立说的。民生姑不必论,但讲民权一层,也不过孟子说过"民为贵"一句话,并不像卢骚的《民约论》能把天赋的人权说了个不亦乐乎。所以我入同盟会后,对于第一层民族固然注重,而对于民权,分外加一番研究。所以见《民报》登有马君武先生《帝民说》一篇,引的是卢骚旧说,意谓人民即帝王,帝王即人民,不觉触起一段思想,想起中国有"天民"一说,拿"天视自我民视,天听自我民听"和"民之所欲,天必从之"这些话讲起来,这"天民"二字,也可以解作民即天,天即民,岂不比《帝民说》更胜一层? 于是民的言语,可以叫作天声;民的行为,可以叫做天职。顺民者,可以说他顺天;逆民者,可以说他逆天。本想用这意思,作一篇《天民说》,一来肚里空疏敷衍不了许多;二来自己常笑别人想融化新学说于中国旧说中,往往弄成非驴非马,贻笑大方,要如此作去,岂不打了自己嘴巴么? 思来想去,还是作为罢论好。然而对于朋友,往往发表这种意见,所以写出来权作谈助。

西北革命第一声

同盟会原来发起于南方同志。西北方面,除张溥泉外,最初加入的还是山西人占了多数。我常和同志谈太平天国遗事,说当年失败的原因,固然在于意见不齐,团体不固,病根由于诸人权利心重,责任心轻,这是中山先生说过的中肯话。我以为洪、杨倡义南方,虽说据了天下一半,北方到底莫有一省响应,所以清政府能缓缓地用北方财力、兵力去平灭他。我们今日第一要事,就是专从南响北应下工夫。极而言之:北响南应亦无不可。同人颇以为然。这是山西五台私费留学诸君,最先加入同盟,内中有一位王君名建基字弼臣的,是个热烈汉子,真正所谓肝胆照人者。奉"三民"宗旨,如天经地义;尤重实行,不尚空谈。联合同志多人研究军事学问,又组织了一个体育会,练习操法及射击各艺,不过几个月,战略战术已大体明了。大家计议回国,在山西北面归化一带,谋一根据地,暗里结

合同党,借自卫的名目,精练兵队,将来革命军一起,预备出张家口,直捣北京背后。虽近乎纸上谈兵,也是热度过高的缘故,正怪不得。后来诸君回国,丁未年居然在代北张起民军旗帜来,因势弱未克和举,而同志徐君西园致被敌戕害。我曾评为是西北第一次牺牲,也是西北第一声革命。

争矿之开始

却说留学界有两种团体:一种是秘密团体;一种是地方团体。地方团体就是各省同乡会了,我因留学时期,比较大家略在前,所以被举为山西同乡会会长。适遇英商福公司和前清总理衙门定约,专办山西平盂潞泽各处矿产,以六十年为限。那年盛宣怀在外务部,又同福公司续订采矿条约,把山西矿权一齐送给外人。内地绅商,这时候稍知道这矿产是山西命脉,一面上书向政府力争,一面与山西留东学生一封急信,一时惹起大家爱乡心,临时招集同人,在神田江户亭开了一个大会。有人预先告知我说有人鼓动全体回国,我大不赞成,那一天决定不到会。大家请姚君亲到第一高等学校强邀我前去,我不得已随他到了江户亭。王君理臣正在那里痛快淋漓地演说那回国争矿的道理,大家鼓掌声不绝,我知道大家已经在火炉上,心里大不愿意,也不顾前后,上了演坛,大驳起主张回国的错误来,并且说这是几个老先生应该负的责任,不应该发动一般青年跟在后头牺牲一切学问事业。在当时这几句话,不过像一杯冷水泼在一团大火上,济得甚事,然而因我这一反对,就有调停的说是可以回一半,留一半,教大家担任起来。我心里想起陆军学生告假是不容易的,别的学堂虽容易,而路费也很是难办到,暂且从了调停主意,再谋转圆的方法。后来算是依了我的主张,派几位代表先去。

争矿之决心

因为晋矿事件,曾作了一个时评,登入《民报》,算是我试笔的文字。后来在《第一晋话报》上边,用全力攻击盛宣怀、梁敦彦等,虽说的话有点过火,然而激起一般人主权思想和那轻蔑政府的观念,也不为无力。但争矿进行中有一件最痛心事，就是李烈士培仁因政府蛮横，人心懈怠，对于废约自办一层，恐怕坚持不到底，便步那陈天华先生后尘，蹈海身死！留下一封绝命书，把晋矿必争的理由发挥尽致，结之以"山西人未全死，决不令异族侵我尺寸土！"看了这一封书的，莫不心伤气涌。于是我和同人商量，先设起同乡追悼会，由景太昭作了篇骚体祭文，哀音满纸，闻者泣下！其余也有作挽诗的，作挽联的，皆能说出死者的心事。当时豫晋秦陇四省协会才组织起来，也发起一个大追悼会，轰动了全留学界。挽联、挽诗，更是美不胜收。曾记陕西某君的挽联道："五千万矿产从此争回铸公不死；百二重关山须防断送痛秦无人！"工稳切贴，恰如分际，大家评为合作。别的且不要说起，但说李烈士这一死，唤醒海内外的同胞到底争到赎回自办，可见天下事情，只要大家结合团体，拿起一番决心来去办，莫有不成功的道理。

借题发挥

当时借着争矿问题，同人又做了许多文章，暗里鼓吹革命。不但是争矿一事，就是遇着别的题目，也要委曲宛转，说到革命上边，真有千变万化，不离其宗的奥妙。再用一句八股熟语评一评，可叫做"吾人天性流露于不自觉了"。说到这里，我又想起一段话来，就是山西第二次派来的学生，里头很有几位老先生，保守辫子，好像一条生命似的，宁死也不肯剪掉。我一天借着同乡开恳亲会，发了一段论议，便说道："这头发本是一种烦恼的东西，弄成一条辫子，搁在脑背后，已经不成个体统。如今人把它挽在头上，作了个盖顶势，好好一个头颅，让它盘居〔踞〕上面（影中央政府），压制得全身不爽快（影国民不自由），如今请大家下一番决心，痛痛快快地，一刀两断，剪除了它（影革命），不但一顶圆光，而且通身快活，大家有甚么顾忌，不肯决然舍去呢？"这一席话，革命同人，自然领会得来，拍掌喝彩地欢迎，惟有那老先生大不快意，背后对人说："某人甚么都还好，就是爱劝人剪辫子，有些讨厌！又说出那样言辞来，叫人越发不敢赞成了。"

《玉楼影》中曲子

当时在《第一晋话报》里面,也借题发挥了好些民权的议论。我本来要作一种长篇小说,写自己理想的社会,立名曰《玉楼影》,具体的布置,大概在联络同志,激发人民爱国精神,改进一切,归结到了功成身退,在五台清凉寺里,筑起一座玉楼来,合同志享些神仙幸福。开宗明义,从社会罪恶和世界潮流说起来,曾写一个公子,看一幅变色地理图,触动了国家观念,激昂的不了。我因为朋友夸了一句好,又用杨柳青的调儿,把这一回事情排进去,编成好几个曲子。如今但把关系共和自由思想的写出来,请大家看一看:

> 反抗英国,美人称雄。血战八年,才得成功。大总统举了华盛顿,独立旗,自由钟,十三州里闹轰轰,嗳!共和国家,第一文明。法兰西也是个共和邦,路易时代,专制异常,惹起国民大反对,革命军,起中央,断头台上斩魔王,嗳!轰轰烈烈,闹了一场。观罢欧洲,再观亚洲,有许多亡国,都在上头,印度、安南今何在?谁为王,谁为奴,谁与他人作马牛?嗳!思来想去,两泪交流!印度国里恒河沙,猛想起当年佛祖释迦,三三降生真天子,舍王位,出了家,九九修成大菩萨,嗳!救苦救难快救中华!

欢迎章太炎 密访杨安石

大家知道《苏报》案中,章邹二君同被囚于上海,后来邹君病死于狱中,相传为中毒身亡的,多少人为章太炎担心,所以打听得出狱日期,同盟会派人预先到上海安排一切,才把先生平平稳稳迎接到东京来,住到《民报》社里。正值《民报》对《新民丛报》激烈笔战的时代,忽然得一位学问渊博、文章朴茂的章先生来主笔政,大家怎能不分外欢迎?别的先莫说起,单是一篇《革命之道德》,便把学界全体激动起来,有多少顽固老先生见了这一种议论,也都动魄惊心,暗暗地赞成了种族主义。我乘这时候,才联络人入同盟会,介绍陕西、四川的朋友最多。外省陆军学生方面,最先同杨少石君握手。我有一天到振武学校同杨君秘密谈话,杨君从袖中取出自绘地图一纸,略画中国大势,指与我道:"革命军若从南方举起,不知几时才能到北京。我们从山西、陕西下手,出来一支兵出井陉截取京汉铁路的中心,一支兵出函谷直据洛阳与南师握手中原,天下不难立定。"并说:"十年以内军队革命,十年以外社会革命,如今以运动军人为主体。太炎先生说过,学生革命犹如秀才造反,一百年也不成。这话一些不错,我们趁早联合军界同志,大小握些兵权,就不至空口说空话了。"我很是佩服他的议论,但心里暗笑先生未免重看鄙人,几乎有邓禹劝刘秀,诸葛对刘备的光景,实在有些不敢当。两人说毕,杨君又介绍见了几位朋友,特别指唐君继尧告我说:"此君能担任一方面军事者。"

小友与明明社

我原在学校寄宿舍里住,及入了同盟会,因联合同志在校里出入会面有点不自由,于是乎搬到一个名叫千代田的旅馆。有一天,直隶华君介绍一个青年同志来,相见很是投契。论他的年纪,不过二十岁,看起来,好像极有阅历的老成人,气象沉雄,迥异寻常,原是陆军学生。一来因为和学校监督闹意见,出了学校;二来入了同盟会,自由思想,很是发展,受不了那些专制学规。说起笑话来,也算是一个不安本分的学生。大家晓得军人不重文学,求如项羽、岳飞能作歌词的,更不多见,这位青年才具纵横,吐嘱风雅;拈毫弄笔,不露壮夫之态;赋诗填词,尤多惊人之句。我喜呼为小友,是天津静海县人。又由他介绍一位军人,却又不同,性情豪爽,言语奇快,遇事非常机警,对人极有热诚;本是个粗疏汉子,却染些高尚思潮,服善化恶,扶弱抑强。我得了这两位新友,交游日广,又觉旅馆中秘密谈话,有些不便,才商量赁了一间小屋三四个人同住。无意中小友在门首,标了一个明明社的牌子。最初联络陕西同志邹君子良入同盟会时节,子良发一种疑问,说明明社和《民报》社,是否一气?几乎恐怕误入迷途似的,和小友大争论起来。我明白解释了一番,才相信了,也算运动革命时代一段笑史。

《民报》周年纪念会

明明社本无别的意想，却惹起日本警察注意来。有一天我不在家，来了一位侦探问同住的人姓名，小友隐约告了他一番。我归来闻说此事，知道有些不妙，想起一件事情来，就是未移居一个月以前光景，《民报》开周年纪念会，适逢孙中山先生重到日本，大家想望风采，无缘接近，忽然听说这纪念会有先生的演说，把全学界人震动起来。有同志和我商量，这一天早起先约同志，据了演坛左右，并由多人招待来宾，看看情形如何，再请孙先生来。我很是赞成，但以为这时正是种族主义昌明时代，人人都怀着一片愤激的心，一定是踊跃争来，还怕甚么意外反对？同志说，也不得不预防一二。于是那一日早起，和许多同志，先到锦辉馆安排一切，四壁悬挂欢迎及庆祝的对联，万国旗帜，交悬在中间，很是庄严灿烂。曾记某女士集一联赠孙先生道："岂有蛟龙愁失水？不教胡马度阴山。"到也有弦外的余音。七八钟，人还不甚多，我和几位同志坐在演坛右边，不一时，到会的潮涌而来，不下数千人，后来的实不能容，都徘徊馆外，伏窗而望。人语嘈杂，似乎都带些革命的声浪。一时摇铃开会，满场寂然有万木无声待雨来的光景。先请章太炎读祝辞，气度沉雄，声音弘朗，掌声因之雷起。喧毕，先请日本来宾演说，有一位作舌人的翻译，颇有点迟钝，听众多不明了，大家遂耸动我代替这位先生。我便自告奋勇，上了演坛，将他换下来，代各位来宾翻译了一场，大家倒还听的懂，掌声不绝，我也不觉困倦。以后便是孙先生的两小时的长演说，把三民主义发挥一番，对于民生主义，尤说得详肯，且态度安详，声音清爽，不愧为演说名家。听众欢迎，自不待言。随后有田君、乔君的演说，却是慷慨激昂，令坛下大众狂呼起来，实在可算留学界空前的盛会。这会场有公使的侦探，报告开会的详情，并说山西有两个演说的，就是指我和乔君。但好在不知道我姓名，不然怕不取消了官费。这话又说回来了，明明社这一次要败露了机密，岂不吃亏？当下便和小友商量一个办法。

匕　首

因为明明社露了破绽，同时又生出一件骇人事件，就是有人对我说："外间纷纷传说，你介绍的某人把同志的名册，献给公使馆，恐怕不久就要发出来事情，请你小心点才是！"我听了这句话，真是"火从心头起"，外面却装著没事样子。适逢友人华君曾赠我日本匕首一把，锋利异常，虽不能削铁如泥，却能斫铜钱立断两半而刃不折，也算是好兵刃了。本藏在枕底，这时忽然看见了柄把，便从枕底抽将出来，拿在手里，霜刃闪闪地照人两眼，不觉"恶向胆边生"，暗暗地装到袖里，也没告人知道，一气向某人寓处去。用一句文话写，就是"欲得而甘心"了。幸亏某人的运气好，赶到他那里，他正不在家，问下女，也不知向何处去了。心里总是放不下，到处找了一遍，也莫踪影，便想道："这奴才莫非逃藏在公使馆里去？他要永远不出来，又怎么样对待他呢？"好生闷气，归家一夜，不曾合眼，恍忽间，觉得某人来了，笑嘻嘻地向我握手，却见那匕首跃出，直刺他的咽喉，我高呼："痛快，痛快！"旁边人把我推醒来，原来是梦魇。到了第二天，又有同志来，证明某人绝没有作这事，同志名册，托我交来，请看。我才知道是谣言，很悔昨天猛浪，要是糊里糊涂刺伤了他，岂不冤枉了好人？但仍和同人商量，这明明社总是要改的。

何公馆

小友说："既然明明社有了破绽，咱们或是搬房子，或是把这牌子去了，或是另改个名称也好。"于是大家说："还是改个名称，试一试看。"我说："这个名称，太奇怪了，惹人注目，固然是不好，太平常了，也觉得无味。"话犹未了，同住的何君拍手道："我有个好名称，改成'何公馆'三字，大家看怎样？"我笑道："好便好，但明明社未免一落千丈了。"大家也笑起来。你猜为甚么说这三字好呢？一者因为公馆在中国是很普通的名辞，在日本却很新鲜，但是日本人研究中国风俗的也知道这公馆是官僚住宅的名称，官僚断不会革命，一定是不注意的了；二者利用"何"字在公馆上

面，在我们的意思中，何字可作"甚么"解，就说这是"甚么公馆"，还不是明明社么？恰保住本来面目。但日本侦探断不作此想，就可以把他瞒过去了。所以大家决议改成了何公馆。却也奇怪，日本侦探再没来胡缠，才知道这公馆两字的魔力不小。虽说大家担了一份腐败的名称，一来把革命的形迹掩饰过去；二来日本之有公馆实自此始，也算有开创的奇功了，一笑！

请坐吃茶

自明明社变成何公馆之后，对于联络同志，依然照常进行。每天必有同志来谈，然而不同志的人，也挡不住他来，往往碰在一处，不好说话，普通的革命议论，固然是不要紧，若是秘密的计划，露泄了就有些不妥。古人说"机事不密则害成"，一点不差。所以同盟会，有种种约定的秘语和手势等，以为表示同志的作用。这是秘密结社的规矩，毫不足为奇。这时《民报》社是彰明较著的个革命机关，去的人都系同志，还没用密语的必要。惟有何公馆，普通朋友时来聚会，非用密语不可。常用同盟会约定的秘语，有时也露痕迹。如问人姓，曰老兄姓贵姓（贵姓上的姓，说时略逗），答曰某姓；要是答姓某的，便不是同志之类，总觉有点勉强。当时何君想了一个法子，我们譬如正同着一个或几个同志谈话，忽然来了一位客，主人是认识的，先来客是不认识的，又不好意思问他是同志不是，这时候主人用一种方法表示，又要快当，又不要露痕迹，使大家互相知照才好。何君想的话很简当，就是同志来，主人说，请坐吃水；不同志来，主人说，请坐吃茶。不用问，预告要把这密语告了同志才行。往往多少同志，在公馆正谈得兴高采烈，忽然来了生客，说一声请坐吃茶，大家就搁起闲话来胡搪塞，说一声请坐吃水，仍继续前话，毫无顾忌，却也有点意思。后来更加简便，来客让坐，唤下女倒茶，就是不同志；唤下女倒水，就是同志。何君解的最好，因为吃茶普通，吃水特别，并不是薄待同志。小友说的尤妙，茶者杂也，非我同类；水者美也，君子之交淡如水。我说："论起这种密语，是专对待不同志的人，所以倒茶吃茶，很是自在；若说吃水，反觉离奇，对于同志,本来不须这个,因为可以明明说都是同志,没有甚么要紧。"所以后来同志来了,只说一句玩话道:"又来了一个吃水的。"但是这里有个疑难,就是正和不同志的谈话,来了一位同志的,还能让吃水,叫倒水么? 不用说,是不能的了。没法子,只好请他吃茶,以表示有不同志的在座。算来算去,还是"吃茶",这句话用途很广。

奥而梭

吃茶吃水外尚有一句特别密话,单是和一个人约定的,一般同志知道的很少。提起此人,大大有名(请往下看,正用的着这样道白),不是别人,就是江西李烈钧字侠黄的。他本来是一个军人,却有政治的脑髓。大家知道第一次陆军留学生共派百八,其人适合水浒天罡地煞人数,有用点将录,写出他们性质来,以侠黄为豹子头林冲。因为他沉勇绝伦,能决大谋定大计(这事也没几个人知道)。其实侠黄这时并没露出惊人态度来,然小友已经认定他是担承民军责任的人,所以特别注意,常邀他到何公馆来,计划革命的事情。侠黄一日见有生人在座,正谈革命,就指这人对我说一句英语道:"Also?"音,奥而梭,翻译成中国话,叫做也是,我会意,也答应了一句"Also"。"Also"有时也用德文音说成"阿而作"。后来便把这一句话作为侠黄的暗号。他病了,说奥而梭病了;他回沪,说奥而梭到上海去了;对于一切事情,说奥而梭怎样主持,奥而梭怎样计划。旁人莫名其妙,不懂是说甚么。所以在革命秘密时代,多少同志,不知侠黄有作为,可以说是"奥而梭"一句秘话的功劳了。然而他的同学,夸奖他的也不少。只有一个朋友,说他脑力过人,因为他一日和日本某博士论《化学方程式》,随手写出,一些不差。某博士大为惊异,说比化学名家,还精熟的多。这一件事情,我却没问过侠黄,因为我不希望侠黄作理学博士。

与革命有何关系

我曾说不希望侠黄作理学博士,然我初到日本的时节,却有作理学博士的野心,所以入了高校第二类,以算学、理化为主课,都是些干燥无味的学科。自己并不畏难，每日穷理演算，孜孜不倦。虽不是一定勤学的，也没有旷过什么功课。对于算学，尤突过学校先生所授的课本，研究极高深的数理。自入同盟会以后，三迁到了何公馆，把学校的事，渐渐地抛在脑背后。非关系革命的书不愿看，非关系革命的人不愿见，非关系革命的话不愿谈，非关系革命的事不愿做了。于是每逢算数理化等疑难问题，正用脑力去解剖的时节，忽然想起一片心事来，便放下它来道："与革命有何关系？"后来这一句话说惯了。有一天正画投影画，拿着钢笔细细描写黑影，一时又麻烦起来，把笔一掷，尚未开口，小友从旁边看见，连忙笑道："与革命有何关系？"我自己也不觉笑了。不但自己怕用功，对人家用功的人，反讥评为"功课学生"。心里恨不得令普天下学生，同讲起革命来才好。日本某志士《忏悔录》中，有"可怜青年之热心"一语，正道着我此时情状。如今当对朋友说："为革命牺牲一切，都觉得平淡。惟有牺牲学问，很感得痛苦了。"所以偶然听见一位青年和朋友说，如今不是我们求学时代，真是刺耳伤心的话！敬告青年诸君，勿效我往事，如今不是求学时代，几时才是求学时代呢？大好光阴，幸莫错过！

《汉帜》

曾在取缔风潮中，记得归葬陈天华先生一事：那时经理葬事的，有禹之谟、宁仙霞、陈汉元诸君，都是革命党中热烈男子；在湖南轰动了各校学生全体罢课，并军界多人送葬衡麓；当着大众演说革命的道理，一时人心很是摇动。却被湖南当道知道了，说："这还了得，简直是要造反！"于是乎把禹君先捕拿了，宁、陈逃出，到了上海和几个同志组织《洞庭波》杂志，专鼓吹种族革命，议论精辟，文词清健，海内外的同志，争先购阅。后来听说宁君也在途中被捕，并赋绝命诗，传诵一时，内有"断头台近岳阳楼"之句。有一天小友回到公馆，说汉元来了，是老朋友，明天约会见面，我很是欢喜，相见后，把湖南的往事略讲了几句。说到《洞庭波》有继续在东京出版的意思：因为《民报》自太炎主笔后，文章渐近艰深，普通的人，往往看不懂；《洞庭波》用极显豁痛快的文字，写出革命宗旨来，所以欢迎的很多。大家和克强诸友商量,似嫌《洞庭波》名字限于一方,于是另想一个名称,叫做《汉帜》。立时组织起来,请太炎作了个发刊词,甚是冠冕堂皇,起句是:"日本以太阳得名,中国以天汉立称。"同志诸人见了,莫大欢绝。于是汉元自撰论说,我担任译述,并作了一篇《清快丸》的短篇小说。小友等担任文苑。由同人捐助了些钱印出来,却也合一般社会的心理,所以销售甚广,不敷分布。出了一两期,因经济困难停刊,大家都道可惜!

书报输入之诡秘

诸君知道,革命党人传达主义,全仗着书和报。政府方面,也晓得这个武器利害,因为拿破仑曾说过一纸报,强于五千毛瑟的话,印在他们脑筋里面,不得不害怕,所以用种种限制干涉的手段:一面禁发行;一面没收书册;一面不准购阅;一面实行检查。曾看过一种小说,内载一个俄国虚无党人秘传画报向德国,被税关警吏搜索出来,立刻送到监狱里边。幸亏是俄国人,没有十分为难。然这党人把输入革命主义的责任,算未曾交代下去,于是出狱以后,又用种种欺瞒方法,到底达了目的。及德国警吏觉察,已经将许多革命小册子传遍了柏林。即如清政府痛恨《民报》,设法防备,不教输入内地——从上海方面传达还容易,要是从天津方面传达很难。当时何君想了一个极妙法子,就是利用一位满族的朋友,回国时节,将《民报》包好装到箱子里,说是给与他的朋友带的《法政丛刊》。这位先生,并不在意,便完全担任带回去,居然都收到了。这是什么缘故呢?因为海关上人见了满族人名片和那一条辫子,便晓得不是革命党,绝不搜检他的行李,所以十分妥当。还有陕西的同志,把民报集成厚册,另行装订,标题《心理学讲义》(妙绝)送回内地去的也不少。可见"天下无难事,只怕有人心"了。

《铁 券》

革命书报,除《民报》、《汉帜》等外,也莫多少。有一位姓胡的同志,把邹容《革命军》,陈天华《警世钟》,吴樾《宣言书》,章太炎《排满歌》,集成一小册，教我想一个名字。当时忽然触起铁券上"胡灭汉留一半，汉灭胡一人无"这几句话来。有人解释一人无，是不留一个人（灭种政策，太毒）；有人解释一人无，是没有一个人去灭胡的，寓激动汉人的意思。这一个解释，本来不妥当，然我取这一种解释，说邹、陈、吴、章，皆是灭胡之人，所以题曰《铁券》。作了一篇序文，自署为灭胡又一人。完全标明一种狭义的种族说。又由大家捐了些钱，印出几千册，销行很广。后来各省同志都争着集款印刷，暗暗里输入内地，论效力，较《民报》、《汉帜》还大些。因为这几种书，大半用通俗文字写出来的，尤以《排满歌》为最好懂。开首是："莫打鼓，莫打锣，听我唱个《排满歌》！如今皇帝非汉人……他的老祖奴尔哈，代领兵丁到我家；后来篡逆称皇帝，天命天聪放狗屁……"等语，人谓直接痛快，得未曾有云。

白浪滔天之痛饮

　　大家知道，日本有一个豪杰，浓眉朗目，虬髯长身，姓宫崎名寅藏，别号白浪滔天。曾著一书曰《三十三年落花梦》，自述他的往事，颇关系中国革命党的运动史。这位豪杰，在戊戌政变时节，曾在香港护救康有为。因误认他是中国革命的人物，以后晓得保皇党的真相，才和康某绝交，另访中国志士，得逢孙中山先生，即认定为中国革命党的首领，相订为生死交。我在《民报》周年纪念会上，曾为执翻译之役，于是时常来往。这时日本有社会革命党人，宫崎先生的兄长也在里边，但他的主义却不然，以为东亚革命，当先从中国下手，然后才能说到日本，所以自命为中国革命党人，反与日本同志疏远，与中国同志亲近。有一天我和何君、谷君，邀请先生到何公馆为长夜之饮。因为先生豪于酒，有一斗不醉，一石亦不醉的大量。谷、何二君亦善饮，我也随着大喝起来。半醉，我用日本音唱："王郎酒酣拔剑斫地歌莫哀，我能拔尔磊落抑塞之奇才，豫章翻风白日动，鲸鱼拨浪沧溟开。"举座呼快。宫崎先生亦歌一曲，悲壮激昂，令人起舞。何君唱日本志士《咏巴黎革命》绝句："一刀两断君王首，落日光寒巴黎城！"尤为慷慨。主客皆为浮一大白。天将明，喝尽两桶正宗酒，客酩酊辞去，主人醉

卧,不复能送客矣。次早,带余醉入一神社,立樱花树下,真觉天地沉默。忽来群鸟,不避醉人,争蹈树枝,花片乱落,至今思之,如梦如幻。

社会主义演说会

日本丁未年,所谓西园寺的内阁时代,颇行一种法兰西宽大政策。人民的结社自由,言论出版自由,很有些活气。有一天,在大街遇见一位朋友,说今夜晚上锦辉馆,社会党人开演说会,咱们去听一听,也能广点见闻。我这时候虽说没有研究过这一种主义,也稍知道他的魔力,便动了一番好奇心,说可以去的。他说:"多邀几个人也好。"于是到了晚上,就同小友兰君等入了锦辉馆,见到会的人,都穿的便服,带的便帽,神气之间,似有避警察官视线的光景,可算一个半秘密会。忽见一个人拿着一幅红色布幅,悬在正中演台的前面,显出白书的社会主义四个大字来,满场人心,为之激动,才知道是他们的旗帜。演坛右侧,安一张桌子,坐几个雄纠纠〔赳赳〕的警官,先不知道是干什么的。随即有人登坛演说,报告开会的宗旨,说了一半,右侧坐的警官,忽然立起来,伸出右手作推排状,大声喊说:"中止!"这位演说的,便不敢再说,含嗔带笑地下去了,才知道这警官是妨害言论自由的,我心里大不快活!又上来一个,便道:"我今天讲的话,断不能被干涉,要是被干涉,这中小学堂的教员,都不能上讲堂了。"(大家笑起来)他便把《经济学》上,关系社会主义方面的政策,说了一番,比第一个人说的稍长些,又禁不住说到革命上边去,仍然被警官干涉下来(干涉的样子,真正难看,那一幅不近人情的脸子,尤其可憎)!转眼间,又笑嘻嘻的上来一位,便道:"我的运气最坏,每次演说,总接着被中止的人后而上来,不知接着我演说的人,运气怎样?"大家又笑起来,我才知道这不是第一次开会。你猜他演说的是什么?他说的是俄国虚无党的事,比别人更激烈些。不到十分钟工夫,也下来了。不用问,是被警官中止的。其次,是一位演说美国托拉斯的弊害的,就是说铁路大王、煤油大王……大垄断主义。因为日本没有这样大资本家,所以小资本家的犬——日本的警官代名词,也是社会党人给他送的徽号——还不大咬。他能多演说一阵,仍然到中止程度,被那犬一口咬下来了。

最后上来一位,台下掌声大起,我也不由得跟着拍了几掌。大家莫笑我,说我是无意识的举动,实在这位先生的面上,和蔼之中,带一种强毅的气象,一望而知为革命大人物,教人自然地钦敬起来。他不是别人,就是有名的东亚卢骚中江笃介的大弟子,幸德秋水先生。他的自由思想,得之所传,社会主义,突过前辈,真算日本特出的人物。我虽没有见过面,却看过他的《社会主义神髓》一书。所以听人说是他,就格外注意听他的演说。但见他上了演坛,冷眼向右边一顾,那警官仿佛避他的目光,把头一扭。他便拈起一个《道德》题目来,雄辩滔滔。说到暗杀,是西洋哲学家认为道德上必要事情,那警官起来中止。他却向警官点了一点头,说:"还可以说几句!"警官允许他,便说:"在日本现在暗杀不必要,也不可知,但是这些政治家、资本家渐渐地蛮横起来,总有一天不得已发现了这种暗杀事实,也没有人能挡住。"大概这些话,又不入警官先生的耳,又立起来干涉。记得先生还要求再说几句,到第三次中止,才含笑下坛。后听人说幸德演说,照例被三次中止。坛下有高呼"幸德万岁"的,有大骂"警官马鹿"(日本普通骂人语)的。于是纷纷散去,出对小友和兰君说:"日本人民的自由也有限的很!"这时候对于立宪政体,不免怀疑起来。

吞气吞气

自从听了这场演说,对于社会主义,更加一番研究。因为这主义,就是三民主义里边的民生主义,与同盟会不相违背,所以和日本社会党人握手起来,天天在一块谈些世界革命大势。这时他们组织了一个《平民新闻》,出版后,很受社会欢迎。社会小说、纪事闲评,莫一样不精彩的。何公馆订了一份,自己看,并且劝大家朋友看,看来看去,都有一点平民思想。我和小友越发走到迷信的程度,把雇的下女都传染成了社会党,也随着痛骂他们的政府,轻蔑他们的天皇(日本尊重天皇,过于神圣,谁敢轻蔑),仇视他们资本家,于是乎何公馆一变而为社会主义的传教所。当时和迷信国家主义的朋友也抬不少的闲杠。然而对于国家社会主义,赞成的也很有些。不过讲国家社会主义的人，已带了一种官吏的臭味，所以纯粹讲共产主义的便骂他们是御用社会党。由是分成两派：一派缓，一派急；一派柔，一派刚。我和小友走了极端，专同急且刚这一派大来往。有一天在某处楼上，开秘密会，被警察知道了，到楼上干涉，把许多人赶下楼去，我没理会他，但向大杉荣先生请教《世界语》的读法，在那里审音订声孜孜不厌。日本某同志回头看见惊笑道："还闹这学问哩！吞气吞气（言消停的很）！"自己也笑起来，随着那警官的指挥下楼。

共产主义略说

什么叫共产主义？说起来话长，但就这主义来由的大概说一说。因为社会上的贫富不均，起了许多不平现象，所以欧西哲人想出种种法子来，要改革社会的组织。最初讲的均产主义和中国古时的井田制度、汉时的均田说差不多。后人有研究说这主义未免烦扰，而且照现在土地说，商埠的土地和农家的土地，价值悬隔，至于百倍不止，虽均仍是不均。况且，各样物产均起来，也很费事，所以有人研究出来一种集产主义——就是把大家作成的物产拢共集到一个公所地方，仿佛陈列所光景，各劳动者拿自己得来的劳动励牌去领，励牌分开等次以志勤惰。没有牌的，自然不能去领。有人研究这主义，较均产自然好些，惟办法（惯语叫手续）仍然是不清省。最近社会主义的人，才想出一个不均不集的法子来，叫共产主义。就是现在用心力体力制造出来的科学（哲学也入科学）产物，大家通共得自由自在享用起来，莫有不满足的道理。统计世界上的人，除过老的、小的、残废的，剩下这些心力强壮的中年，经营生产事业，制造成的产物，供全世界人用，是很有余的。试看如今号称文明的国家，一方面有堆积如山、销售不出的货物；一方面有忍饥受冻、呼号无应的劳民。请问那些货物，还不是这些劳民造成的么？竟全被资本家偷窃了去，作为他的私产。所以共产主义者，提倡"收用"的学说，就是教劳民把资本家盗藏的货物确认为大家血汗铸成的货物，大家一齐收用回来，自己受用。有人证明这共产主义，是太古的人民实行过的，纵的学问拿横的学问讲，看如今世界上未开化的种族,尚有太古的遗风,就知道了。说到这里,有人疑惑起来说:"这不是要把世界返转到混沌时代么?"我说:"上古的共产状态,是赤子之心,理性在茫昧境界;未来的共产状态,是'大人者,不失其赤子之心',理性到纯熟地步。所以有人说'过去是黄金,现在是瓦砾,未来是金钢〔刚〕石',大器晚成,一些不差!"朋友中赞成我这几句话的很多。

　　共产主义暂且说到这里,把"世界语"再略解释几句。世界万国,语言文字,各不相同。俄国有个医生名叫柴门霍甫,取拉丁文及各国文特制成一种文字,拼音简单、文法整齐,较各国文字都容易学习。原先为虚无党秘密通信之用,后来发表出来,有提倡作为各国通用语言,所以叫做"世界语"。现在各国学者,用世界语著的书不少,学会了很有好处。

心折剩余价值说

　　后来日本社会党人又开了个夏期讲演会,讲演各种社会学说,里头最有研究价值的,是马克斯的《资本论》,其语甚长。讲演者但把他的"剩余价值说"详细理论出来。就是论价值二字,本然无定标准,有人说供人生活、满人欲望的东西有价值,本然不错,但天然的空气、井水都能供人生活,满人欲望,也没有特别价值。惟有把天生的原料,如棉花,本然从农家劳力来的,再加一番劳力作成线,就另有价值。更加一番劳力,把线作成布,就越发有了价值了。如今资本购来原料,和用大家劳力作成的机器,雇来许多工人,譬如每天作四点钟工,把所有的线作成布,卖出去,得来的钱,除过原料费、补助费(如机器用煤油等)、机器磨损费、工人赁金等,已经有些余钱。资本家犹嫌不足,每天要工人作六点钟。这多做两点钟工所得的价值全归了资本家,就叫剩余价值。计算起来,为数很大,这就是资本家偷窃劳动者的东西。如今讲社会主义,要把这剩余价值归了大家劳动的人,不用问,这些资本家是不愿意了,并且还有贪心不足的,每天要工人作十点钟,甚至有作十二三点钟十四五点钟的也有。所以马氏提倡罢工为救急的方法,迫求资本家减少作工钟点(每天至多不得过八点),增加劳动赁金也很生些效果。自从马氏"剩余价值说"发表后,世界经济学者,莫不赞同,但替资本家帮闲的学者,很是有些不爽快。

道德论

这个夏期讲演会,也叫金曜(星期五)讲演会。有一天幸德秋水先生到会,讲过道德论。略引用俄国无政府党克鲁泡特金的学说,参以己意,大概说,道德以善恶为标本,善恶又以是非为标准,现在世界未到大同。彼亦一是非,此亦一是非,各长其所是,各非其所非,真正在是非淆乱的时节,这善恶也就没一定标准了。譬如以杀人为非,就是恶事,然到了战争时节,杀敌人又不为非,且以为是,反说是善事,难道敌人不是人么?拿这看起来,如今人讲道德,只讲半面就是,没有一定的标准。空间的道德,大概是这样情形。时间的道德亦然,古人以为是者,今人未必以为是,古人以为非者,今人未必以为非。譬如忠君在古人说是善,如今未必为善,无君在古人说是恶,如今未必为恶;打破阶级,无主奴之定分;打破宗教,无神圣之定尊。有人说道德既然无定准,就可以不讲道德了,这却不然,道德虽没定准,公道自在人心,总言之,利于人群者叫做善,害于人群者叫做恶,大家莫有不承认的。然有积极道德、消极道德之别,己所不欲勿施于人,是消极的;己所欲者施于人,是积极的。我不欲人之加诸我者,吾亦欲勿加诸人,是消极的;我欲人之加诸我者,吾亦欲加诸人,是积极的。一定有这两面才能完全。俄国诸君本是虚无党的暗杀首领,有一天被疯狗咬了一口,他就对他的亲爱朋友说:"我被疯狗咬着,一定要发疯的,发疯一定要乱杀人,请你赶快用手枪将我打死!"他的朋友乘他未到发疯程度,果然把他击毙了,这是什么道理?就是晓得我若害人,人可以杀我,就晓人若害人,我也可以杀他了,暗杀精神,就在这里。我想起周公营洛邑的时节,有人说不如丰镐之险的。他说:"后世子孙是好的,天下贡道平均(洛阳是天下中心点),子孙要是不好,天下伐我容易些,若在陕西就难了。"必如是,知道自己子孙不好,人家可以伐自己,然后人家子孙不好,我们才可以伐人家,这算最公平的道理了。古人制字,如心为恕,便是这样讲法。

养狼自卫

既然说有利于人群的叫做善,有害于人群的叫做恶。大家没有不承认的。所以一方面讲共产主义,是认定共产有利于人群的;一方面讲无政府主义,是认定政府有害于人群。有人评论:"政府不过集合几个无赖小子在一块商量些巧法子,弄百姓的钱;弄到手里,反作些害百姓的事情,还要说'维持社会的安宁秩序'。请看如今社会的秩序是什么?不过是富者欺压贫的;强者欺压弱的;智者欺压愚的;贵者欺压贱的。他们所维持的,也不外这些现状:莫有一点'博爱'、'平等'、'自由'的精神,把社会整理起来,哪里能够安宁呢!况且他们就利用社会不安宁,实行敛财肥己的主义。试举一个例讲:法兰西有一年,忽然出了好些狼虫,到处扰害,大家惊慌不了,于是他们政府想了个法子,立了个捕狼警察所,大铺排起来:设警官、招警兵,挖深坑,布网罗。这些钱,自然列在临时岁出门里边,问百姓要。不多时果然把狼患除了,大家夸奖捕狼警兵尽力,请政府赏给奖章(中国文虎章之类),以为从此可以安枕了。过了好些时,又有许多狼出来为患,又劳动捕狼巡警去捕灭,如此这般好几次。有人发现一种破绽出来,就是:捕狼警察所内有个养狼的密圈,把捕来的狼都保藏起来,等狼少的时候悄悄地放出去,然后捕回来显他们的功劳,保他们的饭碗。不然,早把捕狼警察所裁撤了,这些人岂不闲下来(这法子倒不错。所以送四个字给他们曰'养狼自卫')?听说各国警察和小窃贼都有连手,也是一样的意思。所以说他们不是保卫治安的,简直是扰乱治安的。这样政府有什么存在的必要呢?"(以上述幸德秋水说)

闲评东亚两女杰

说起无政府主义来,便想到日本赤旗事件就是日本社会党人大杉荣诸君,第一次在东京街上大张旗鼓集会多人,把"无政府主义"五字标在一条红布上面,高唱革命歌,轰动一时,被警察用蛮力干涉捕了好些人,捉将官里去。内有菅野女士,尤其激昂。日本报上评为:"万绿丛中红一

313

点。"说到这里，猛想前年中国开筹安会的时节，开什么公民大会，表决国体，票上通写的"赞成帝制"四字。里头有一张票上，独写的是"赞成共和"四字，当时某报也用这一句评语，妙得很！这年正是秋瑾女士在浙江谋起革命，张曾扬派李艾去调查，把女士一切秘密计划，全献出来邀功，竟然将女士拿到，严刑逼供，女士坚不承招，强予纸笔，叫写罪状。女士只写了一句"秋风秋雨愁杀〔煞〕人！"官府就据这一句定了死罪，推到轩亭斩决！算中国女界革命流血第一人。当时在日本，我常同朋友说秋瑾女士的历史和赤旗事件中，日本菅野女士相提并论，许为东亚两女杰。后来听说日本这个女士，也被日本政府送到断头台上，可以说是"德不孤，必有邻"了！

劳心劳力不平说

这时在日本的中国学生，也立了一个社会主义研究会，我自然是在里头。有一天到清风亭开会，到会有四五十人。幸有几位先生演说社会主义的历史及最近的变迁，说出无政府主义来，大家都是有些感动的情形。我把自己研究所得也略说了几句。就是说："中国古来社会学说，很是不少。譬如《礼运》上所述：'大同之世，天下为公，选贤与能，货恶其弃于地也，不必藏于己；力恶其不出于身也，不必为己。'这些话就是共产主义和无政府主义的神髓。不过没有人去特别研究，所以不十分发达。到了战国时节，诸子百家学术甚盛，也很有些道理和社会主义吻合的。看老庄列墨诸子的书，可以知道个大概。就拿孟子讲，所载有为神农之言者许行，就是讲无政府主义的。所云：'古之贤者，与民并耕而食，饔飧而治，今胜有仓廪府库，则是厉民而以自养也。'大家想一想国家去了仓廪府库，政府还有甚么存在的能力？自然是无政府主义了！至于孟子主张井田说，可以叫做国家社会主义。惟说'劳心者役人，劳力者役于人，是天下通义'有些不平等的思想。不过古人所说劳心，还指为社会谋划利益的。试问如今资本家劳的是什么心？无非要多用些工人，多做些货物，多赚些金钱，多享些厚福，全为自家筹思，并不替别人打算，这样劳心的资本家，说他役使劳动者，和劳动者被他役使是通义。如今拿社会主义看起来，真是不通之

山西民初散记
SHANXIMINCHUSANJI

义了！（大家拍掌）至于精深的学说，现在很有几位大学问家在这里研究，不怕没有发挥的，大家往后看就是了。"

相互扶助　王守义

第二次清风亭开社会主义研究会，请了几位日本党人讲演无政府学说。有一位讲的是相互扶助的真理，因为达尔文的天演论出世之后，风靡欧亚，甚么是生存竞争，甚么是优胜劣败，弄的世上人但讲功利主义，一切道义也不顾了，只要竞争的胜了，就是优等民族，竞争的败了，就是劣等民族，和中国俗语说的"成者王侯，败者贼"，是一样的论调。睁眼看见全成了弱肉强食的悲惨现象，这世界还有甚么意思？所以克鲁泡特金君发明相互扶助的真理出来，和生存竞争的学说，虽说立于相反的地步，却有相济的妙用。有人评论这两个学说，在进化史上，如同鸟之有两翼，车之有两轮一般（我看起来，以进化为中心，生存竞争是离心力，相互扶助是向心力，两者调和，世界才能圆满进步）。《天演论》拿动植物的生活证明；《互助论》也拿动植物的生活证明。克氏著作里有《植物之精神，动物之道德》各篇，都有相互扶助的注解（我按孟子说"出入相友，守望相助，疾病相扶持，则百姓亲睦"，正是这个道德）。没有生存竞争，则个人的精神不现，没有相互扶助，则团体的魂魄全失，世界有和平的趋势，社会有共产的组织，全赖这相互扶助的精神。有两句话叫一人为众人，众人为一人，就是小己为大群谋，大群亦为小己谋，全社会人通通生了关系（和专制君主自谓愿以一人事天下，不以天下奉一人的假面目不同）。这位先生说完，又上来一位讲虚无党历史的。我翻译了几句，警察中止了。我又把日本的宪法痛骂了　场。那警察问我姓名，我怕他报告公使馆，这时正研究阳明学说，随手写了个"王守义"给他，这是我在日本第一次道谎。

无主义　一弦琴

友人某君对我说黑格尔的学说影响于无政府主义很大。因为他持相待的一元论，一边有个有，一边就有个无。譬如世界有国家，就有无国家主义出来,有政府,就有无政府主义出来,有宗教,就有非宗教的,有军备,就有非军备的(太炎曾本佛理推至无世界,无众生)。所以有人评论现在极端社会主义,纯粹是个无主义。我笑道:"这样说起来,有主义不胜无主义了!"友人也笑道:"不错,不错。"提起非军备主义,记得一天日本社会党在一个梅花园里开游园会,约我到那里游去,共有三四十人,集合在那园里一个亭子上,团团坐定,几个演说大家,就大发起议论来,激昂的了不得。惟有幸德秋水先生,正上演坛,说了几句,忽见两个游园的兵士到跟前,随即捉来非军备学说,大谈起来,便道:"德国军队,受德皇的野蛮训教道:将官命令兵丁,向父母兄弟发炮,也要服从。法兰西社会党另作一番宣言道:将官命令兵士向国民发炮,就是教向自己同胞发炮,这时候兵士应该将炮转回头来,向发令的将官去放!"说到这里,那两个兵士大有感动的样子,忽然来了个警察,把他们拉过去不教听,幸德先生含笑疾呼道:"愿我爱国同胞的兵士,把这几句话,记在心里,一传士,十传百的传起来,就是日本的福音了!"鼓掌声中,幸德先生降坛,大家又茶话片时。福田英子——就是日本变法时代,图谋政治革命的一个女杰,曾枕炸弹高卧,侦探不敢近身——亲鼓一弦琴,以助余兴,声调清扬,激楚,八音并出于一弦之上,使人听之,悠然意远!我从此推想到陶渊明无弦琴来,可以影合无政府主义。曾占一绝,结云:"一自羲皇人去后,更谁能理无弦琴?"

矛盾思想

有一天同朋友谈起非军备主义来,他说从前提倡军国民主义。说中国俗语"好人不当兵,好铁不打钉"是瞎话,如今反成了好话了。人人都不当兵,野心家自然也没法子。况且"一将功成万骨枯",真令人的痛心!试看日俄战争后,日本添了数万寡妇,贫苦不堪,也没人理他。但羡慕甚么乃木大将、东乡大将的荣耀,不知道他们身上的宝星,都是沙场上战死健儿的血换来的。"年年战骨埋荒外,空见葡萄入汉家。"如今战胜国的结果,也不过替资本家添些金钱而已,还不是一样么?我听了这些话,很有道理。但是心里头，却生出一种矛盾的观念来，便道："非军备主义，固然不错，但现在的世界弱肉强食，野心的帝王，明里提倡弭兵，暗里增加军备。所以有人评万国和平会，就是强盗晚餐会，商量杀人抢夺的方法而已。既然讲世界主义，国家观念自然要打破。但是外国一欺侮我们，难道束手待毙不成？到这个时候，还得讲爱国才行！岂不是矛盾起来？所以讲非军备主义，须从强国切实的下手，把他们海陆军同时的都裁撤了，弱国自然不用防备他们；不然我要疑惑强国社会党人，拿这主义欺瞒弱国，实在莫有诚意，比讲究武装和平、假仁义的人，还可怕些。"这位听了我的话，都摇头道："不然，不然！且听我说！"（此段暂用《水浒》传一种结法）

抵御枪炮之理想

却说这位朋友听了我的怀疑话，便道："你说非军备主义，先从各强国下手，是不错的。至于说社会党和政府通通一气，表示和平的假面目，却大不然。譬如法国社会党在议会提减少军费的议案，美国社会党谋破坏政府的海军计划，并且各国社会党正筹备国际联合的方法，一旦各国有战争，取消极抵制的手段，或铁道工人一致罢工停运，或兵厂工人暗中毁坏军器，或运动前敌军人弃械休战，或运动后备军队按兵不出，种种防害，虽一时不能实行，也很有些力量。至于弱国不能和他们抗战，就研究守的方法。譬如墨子非攻，就是非战论。一旦听说公输子设攻城之机攻宋的时候，墨子就连忙到那里设守具，抗拒他；九攻九拒，公输的攻械已尽，墨子的守园有余。"我便拦他一句道："如今攻守都需枪炮，譬如中国海岸的炮台全毁，兵器又不改良。怎样抵御人家？除非同义和拳想出一种闭火的神法来，才行罢！"说到这里，自己不觉地笑起来，朋友也笑道："现在科学进步，一日千里，安见研究不出一种东西来，抵御枪炮？只要有这思想，自然就能生出事实，不必请大师兄弄鬼了！"（听说有理学家研究出来一种爱夫光线，钢铁碰着他，就要销化。有人说这光线大发展起来，一切枪炮都归于无用，可见这事情不久就要实现了。盼望大理学家，快些多制造这种光线，世界的和平。就有了希望了！有人说枪炮无用，仍然反回来到木器战争时代，是一种宇宙循环说，也似乎有道理。然而到那时候，离世界统一不远，国界打破，战争自熄，正不必忧虑。）我说："不错，这倒是应该研究的！"

人道军队

当时我在日本就想学理化科，因为日本大学里边，有火药专门。日俄战争时代，有下濑（日本博士之姓）火药轰动了全世界。越发引起一片野心来，和四川一个同志商量，让他学工科，入造兵专门，将来两个人，便可以操全国军器军火的全权和革命前途，很有关系。后来讲非军备主义，便把这心事高搁起。而且听人说日本人也不愿中国学生研究这两项学问，恐怕露泄了他的独得之奇，将来不能制胜，于是乎更灰心，连大学也不想进去了。也有些朋友，用一种话来激我道："革命事业，总须以破坏为前提，当看枪弹炸药为杨枝甘露，遍洒世间，然后可以普度众生。譬如一把刀，拿在贼手里可以杀人，拿在人手里也可以杀贼，我们如今要破坏强权，应该预备一种'人道军队'来，用世界无敌的武器，把他们全降服了，然后再讲非军队主义，归马放牛，示世界不复用兵，岂不贯彻了我们的主张？"我说："现在讲帝国主义，也是这样想法。德国皇帝，何尝不说他是人道主义哩？其实不外乎种族的僻见，虚夸的心理，如何能作得到？还是想正经法子，教各国人，先把自家所有的野心都打消了，自然世界会和平的。"

米党　锦辉楼上打文妖

讲无政府主义，正达到极热度的时候，把一切法律看的狗屁也不值。有一天晚上，在街上碰见一个同学，他说："明天锦辉馆政闻社在那里开会，请梁任公演说，你可以去听一听。"我认得他是宪字号的人，只答应了一句："好罢！"心里大不痛快。回到寓中，同小友商议说："当革命空气满东京的时代，岂能容保皇臭味掺加起来？赶紧想法子把他们驱除了才好！"小友很是赞成。当夜连忙到各处找寻同志，约定明天一致行动。安排妥当,次早一齐到了锦辉馆。但见有许多带红布条宪党作招待员,来的人却也不少。还有许多未约定的同志在里边,都点头会意,分别坐定。一时摇铃开会,上来一位,报告开会宗旨。末尾一句,说的很亮,就是"请梁任公先生演说"。果然见那梁启超大模大样上了演坛,有一部分人拍掌。他便提出个头儿说起宪约来,见没多人赞成,心下着忙,便拉起国会来说立宪国家须要有监督政府的机关,这机关就是国会。政府好比小孩子不懂的道理,须要我们监督他的行为(这几句话,就算任公一种苦肉计,把政府骂了两句,讨反对党的好)。当下拍掌的只中间一排。我晓得前后都是同志,便好说了。梁启超在上面,又东拉西扯了几句机关,忽见张溥泉君起来骂道:"什么机关?马鹿!"打人缝中冲开一条路,直奔演坛而来,说时迟那时快,又见一只草鞋在演坛左边飞起来,正打启超的左颊。回头一看,原是一位戴眼镜的老先生,再往上一瞧,梁启超已经没了!听有人说他一溜烟从楼梯圆转下去。于是乎乱打起来,带红布条的人,都赶紧扯了!纷纷的作鸟兽散(好像前月公民团被击散时的情形)。大声喊道:"革命党!革命党!"就有日本一个警察上来捉人,又扯友人南君去,经我解释了几句,就算了。这时候张君已居演坛,演说起革命来。大家又重复坐定,拍掌欢迎。霎时间立宪党人的会变作了革命党的会,但张君这时拿无政府主义驳梁启超机关的话,大家还有些不懂。宋纯初先生又上去把同盟会的宗旨,发挥了一遍说:"立宪党,是保皇党的变象,他们是要君主的。我们不要君主的,如何能想容!要容这文妖讲君主立宪,我们理想的'中华民国',就永远的不能实现了!"大家才大喝彩起来。后来日本民党犬养毅君,说了一片调和的话,归结到赞成革命,宾主尽欢而散。还有一个笑话,就是宪党人误用日本音,呼革命党为苟埋党。苟埋正合日本米字的音,把日本警察弄糊涂了,说甚么是"米党"?后来同人往往戏用米字代表革命,原本于是。

戏解宪字

当时我仇视君主立宪,有不共戴天之势,第一感触在吴樾烈士炸出洋五大臣,揭出清廷假立宪,以欺国人的手段;第二感触在看见共和政治,将普遍全世界,这些君主,都要下二十世纪新舞台,还教他们立甚么宪;第三感触社会主义,其极端至于无政府,这宪法也就不须要了。况且当时留学生讲立宪的,都是想借这个问题,为将来攫取政权的地步,哪里有为国为民的心事?所以曾戏解宪字曰:"宪(憲)字是个象形,兼会意字。小象红顶,丰象花翎,四为横目,心即是心,合而言之:就是心儿眼儿都在红顶花翎上。"当时曾登在《晋乘》上面。友人看见都笑说:"这恰好道破宪党的情态。"还有一位先生,用《说文原解》加以注释,说:"宪字从害声,从心,孟子所谓生于其心,害于其政是也。"大有从根本推翻宪政之势。正经说起宪法来,也算现世界国家应用的东西,然而仔细研究各国宪法的内容,觉得为国民订出权利条文,很是有限,大半还是替政府资本家开方便之门的。也无怪乎社会党人,不拿各国宪法放在眼里。

《晋乘》始末

说起《晋乘》来,大家或有不晓得的,所以在这里补注几句。只因《第一晋话报》出到第九期,同乡会分裂(不过几个人闹地方意见,什么南路、北路、中路的分起来),不能续出。于是我又邀集几个同志,商议另组织一种杂志。大家想名目,我以浙江有《浙江潮》杂志,湖南有《洞庭波》杂志,陕西有《夏声》,四川有《鹃血》,皆就地理历史立名。想起孟子说的晋之《乘》,楚之《梼杌》,鲁之《春秋》。这晋《乘》与《春秋》并列,亦是一部光荣历史,何妨用这个名称组织起来?大家很赞成,于是友人只君,作了一篇《晋乘解》,说:"乘是从古代车战立称,当春秋时,惟晋最强,所谓晋《乘》者,一定记载战事,表明作州兵为爰田,慷慨迎敌,那一种军国民精神,不能但解乘为载,说成普通纪事的文章。"痛快淋漓,万余言,很有些道理。我担任杂俎小说曾著一篇《情圆》,写段香儿和杨翠喜的事情。大家凑了些钱,出了三期因为经济缺乏停刊。适日本动物园从美国购获两麒麟,轰动了许多人去看,我也瞻仰了一番,和书上写的样子不大相同,然其顾视清高,气象温厚,真和那些凡兽不同。我忽然触起一番心事来,作了一封书,戏告内地友人曰:"西狩护麟,《春秋》绝笔,东狩获麟,《晋乘》断编,生不逢时,古今同慨,若圣与仁,则吾岂敢!"亦大可笑矣。

蜂社会之研究与革命

却说社会主义派,有一天开研究会。某君引蜜蜂的生活,证明社会主义。略说蜂分三类:曰雌蜂;曰雄蜂;曰中性蜂。一群中只一个雌蜂,俗称蜂王,其实是个蜂母。因为它统率的一窝蜂,全是它产生的。这一窝里头,有几百雌蜂,和两三万中性蜂,蜂母在巢中专产蜂卵。每间房各一个,等蜂卵孵化成一种幼虫,蜂母捕取别的昆虫养育他。等到幼虫脱了皮,结茧化为蛹,渐渐成了蜂体,破茧而出,或为雌蜂,或为中性蜂;若养得新雌蜂的时节,这雌蜂(俗说旧女王)就统率许多雌雄蜂,中性蜂飞出窝外,另选适宜的地方,营巢寻粮,把旧窝让于新雌蜂。留下若干雌雄蜂、中性蜂,帮他的忙,再扩充圆房养育新蜂,照样的化生起来。有人考究蜂母享年最永,曾有一个蜂母十五年间产蛹不绝,一年可生百万蜂卵,所以正名定分,改蜂王曰蜂母,一些不差(我当时心里头道"几句话不要紧,把蜂王的命就革了,"并把借口蜂有君臣之分,以驳无帝王无政府学说的口也堵住了,其关系颇不在小)。那中性蜂,就是生殖器不完备的一种雌蜂,作巢采蜜,都是它的责任,所以有人定名为劳动蜂。形体最小(蜂母形体大,腹尤长,雄蜂腹部短且粗,所以三种蜂,最容易识别)。因为不产卵,莫有别的欲望,每日出外采取花粉,纳到他的后肢上的凹面处(凹周生长毛护之,可以叫作花粉笼)。采花的时节,一面吸甘蔗糖性质的花蜜,取到胃里边,回到巢中再吐出来,就化成葡萄糖性质的蜂蜜;一面触花芯,这花粉就粘到身上,然后用肢把它集到花粉笼里边,再搬回巢去,咬花蜜和花粉,收到胃里,拿津液成一种糜粥,吐出来,哺养幼虫,并且填满各房,教幼虫们都在糜粥里生活。两三天再备一点粮,且用蜡封锁房口,等幼虫把粮吃完,结茧化蛹,过十几天,便成一种劳动蜂,咬破房盖,展翅飞出。这些蜂初出来,留在巢中,专养幼虫,等再生出新劳动蜂来,就把养虫的责任交代他。才出巢采取食料。总而言之,劳动蜂没有休息时间,大有碍于卫生,所以寿命最短。春生者,不过两三月就死了;秋生者,也活不过六个月。幸亏生育很快,补充很易,一个窝裹,时常总有几万劳动蜂,滋滋不倦,保持它全社会的生活。至于雄蜂的任务,专令蜂卵受精。有人考究蜂卵受精的,化成雌蜂或劳动蜂。不受精的,都化成雄蜂。每巢雄蜂,不过几百个,性最懒,不好劳动,常在巢里坐吃蜜空,每每到了冬天,百花凋谢,粮食缺乏的时候,这些劳动蜂便杀死那些懒雄蜂作为食料吃了。这叫做保一群的安全,不能不牺牲一部分的同类。我听到这里,又触动了一片心事来。大家晓得讲社会主义的人,视五洲为一家,人类为同胞,绝不能存种族的僻见。所以这时候,把"非我族类其心必异"的话,已经看的轻了。

蜂社会之尾声

我听了蜂社会的演说,自己又买了些动物的书,考究了一番。因为有几个疑团在里边:

第一雌蜂既然是受精的蜂卵化成的,不应该是一个。后来考究,才知道一巢中产蜂过多,到实不能容的程度,那些劳动蜂,便另作几个大蜂房,蜂母产卵到里面今受精,这蜂卵形状,和平常一样。但孵化的时节,保护特别注意,食料特别精良,生育也特别的快速,不到十六天,就可以成雌蜂。先成的雌蜂把其余大房里未成虫的几个蜂妹子刺杀了,剩他一尾,留居旧巢,长养儿子。旧蜂母就率领一干劳动蜂雄蜂移居别处。

第二蜂巢的原质如何?考究起来,山蜂的巢,是它的劳动蜂能啮枯木小片,作成一种薄纸,巧制六角整形的房室。至于蜜蜂的巢便不同,先求枯木洞穴,为造窝的地点,然后用一种蜡质,是从劳动蜂腹下皮层里分泌出来的。初为液质,渐渐凝积成了薄片,劳动蜂才用腮和肢,把这蜡质薄片拿起来,造成六角的蜂房,排列很是整齐。饲蜂的人,往往预备空箱,招蜂营巢在里边,可以注视它们天赋的工程才能。古人说:"蜂虿有毒。"毒在那里?就在尾刺上,西人叫做毒刺,本是防身的武器,遇或有人防害它的业务,或有人攻击它的巢穴,它们就仗剑迎敌,大有勇士的气慨,但绝不轻用这种武器。试看蜜蜂有时落在身上，人若不用手掇弄它，它绝不会螫人的。偶一触动，好似途穷的匕首，当下露将出来，就要伤人。在法律上讲，可以叫做正当防卫。至于蜂好勤恶懒的性情，不但于冬天杀懒蜂那一桩事证明，并且有一种极有趣味的事，就是蜂房门口，时常有蜂围绕。考究起来，原是守卫的兵士，带有斥候防御的职务，这都在人意中，不甚稀奇。最妙的是：有别的巢中蜂迷了路，经过它们的房外，被它们看见了，先审察来的客蜂，花粉笼中有花粉没有；若有花粉，便认定它是勤蜂，表示一种非常欢迎的意思，来迎接到巢里，用蜜粥款待，休息片刻，再送客出来(绝不打劫客的花粉)。若是客蜂莫带花粉，便认定它是懒蜂，立时驱逐出境，真算是一种有意识的举动！对于自家人，也是一样办法，将来社会主义普及时候，应该对于勤惰，仿照蜜蜂先例，立一种制裁才好。

论目的不问手段

有一天，看无政府主义，发现《论目的不问手段》一句话，就是说目的若是正，那手段邪一点也不要紧，并引那俄国的虚无党人的故事，往往利用女党员牺牲名节，给那些权贵作了妾小。一面探听政府消息，报告本党；一面骗取金钱，扶持党务；一面又乘机行刺，替被害的同志报仇，颇有良好成绩。所以各国社会党，往往用这种手段，达他们暗杀的目的。此外还有用许多手段，诈取那些吝啬家的钱财，举办改良社会事业。这里头有一层危险，就是借公益的名目，敛财肥己之人，也有利用这一句话的。不过这些事情，在社会党里，绝行不去。因为有许多党员，监视各个人行为，若被发现，定然宣告死刑，所以不敢。我曾作过一件事，自觉的有些不下去，及看了这一段议论，才解了心上的结子。原来有一位候补官的儿，到了东京，人人通说他有两个钱，我正办《晋话报》，筹款无术，才使人求他捐助。谁知善财难舍，竟然一毛不拔！后来打听这位先生好野游，适遇东京神田，出了个怪夫人，叫甚么菊之家，专勾引中国人入彀，他便半夜偷情去了，有人瞧见，候他出来，领到同乡会。我拍案大骂说："我们留学生名誉，全被你们这些官儿弄坏了(也是实情)！今天非严办你不可！"于是提出三大条件来：一报告公使馆；二呈明本省巡抚；三登报声明（手段）。只见先生吓的面如土色，叩头求饶。我不答应，有几位装好的便道："都是同乡，可以不必这样办，还是叫先生认了罚，给同乡会捐些款好了！"（目的）先生才千谢万谢，说："大家高抬手，兄弟认捐就是！"我暗笑道："这先生真舍不得官！"却见他随即拿出五百元来，说道："暂且请收下，以后还要尽力多多捐助！"于是《晋话报》才多出了几期，这也算论目的不问手段了。我从此又发明两句话来说："为办公益，向人弄钱，不为敲诈；拿钱出来，教人办公益，也不为受敲诈。但不晓得有钱的人，承认不承认？"

青岛行　震旦公学

那年有几个朋友发行一种杂志，名叫《国报》，自然是谈国家主义的。教我也作一篇文章，我的主张已经改变，所以作一篇《政府万能》驳议，暗带无政府主义的色彩，把议会政治也驳倒了。那位总编辑朋友也没大更改，便登在《国报》上面。后来还作一篇《国民之自觉》长文，主张极端自由和完全自治，仍不离无政府。此文落到上海《民吁报》上面，暂且不表。却说那时我毕业一高，无心入帝国大学。一天山东来了两个人，就是陈君干和商君震，说他们要在青岛创办震旦公学，请我去当教员，我立刻承认了。因为我意在回国，急速运动社会革命。不久便和几位山东人搭了由日本向青岛的轮船。出了对马岛，曾遇见一场大雾，对面不见人，船失方针，每天放气，怕误和别船相撞，幸亏无事。到次日天晴，几个人在甲板上闲谈。有一位滑稽家，学孔子见胜馔变色而作的神情，使人失笑！谭次，有人讲，明天午后可以到青岛了。某君叹曰，"不图明天午后，复见故国山河！"一人接着说："请看今日域中，竟是谁家天下！"我笑曰："文章天成，妙手偶得，不过还是民族主义。"因那时已经谈到社会主义，大家都赞成，但是民族革命风潮正急，所以不知不觉便流露出来。

胶州湾头咏诗

次日到了胶州湾，上岸即到震旦公学。那时不过赁了一所房子，挂了

山西民初散记

SHANXIMINCHUSANJI

个招牌,创办人刘冠三君既不在,只有几个学生在里面。但是精神很好,令人颇想日本庆应义塾开创时的光景,也不过三五人发起,后来居然成了三岛有名大学校。震旦公学前途,或者不可小量!我心里实是这般想,惟记学生中有一位姓□的(梦白),年纪很轻,却露出一片诚恳毅色来招待我。我和他谈了些社会主义,颇能领略。记得一天同他出游到胶州湾头破桥上,谈到多年前此地不过一片荒地,自归德人经营,不过十数年,焕然改观,马路坦直坚平,胜于上海,高楼大厦,亦极壮丽,商务日见发达。惟德人侨居此地的,大都是富人,每日通过街头,趾高气扬,不可一世!我国人居此以劳动者居最多数,相形见绌,予因之有感触,乃昂首高吟《诗经·大东》章句云:

周道如砥,其直如矢;君子所履,小人所视!

西人之子,粲粲衣服;东人之子,职劳不来。

回头语蔚生曰:"是何异描写现在青岛社会的情形!"蔚生不觉点头叹息。

罢工运动

我在青岛住了几天,很认得些工人,和他们谈些社会运动问题,以罢工为最初手段。当时工人中程度稍高者,为船坞工人。听说有几个初到工厂,不过作些不重要的分业,不到数年,便成了精巧工师,德人很佩服他们的聪明。一天他们设法领我到船坞参观,我亲见德国人有作苦工的,他们都作细工。人言果不虚,我们心里非常痛快!据他们说:"他们几个人已握得船坞全权,一旦中德有事,不难从中响应!"我知道他们已经有点意思了。又到了 ·处看见了一艘海舰,他们说是日俄战时,捕得英国暗助日本侵犯中立海线的商船。我想起在日本看过一本《英德未来战争记》,乃一英国将官著作。想英国海陆军终非德敌,预写德军入伦敦光景,以及英人另组国民军以退敌的勇气,颇能激动人心。据云,因著此书,曾亲乘自行车,调查各处地形,很费了些时光。我见此船,知英德之战,必不能免;德日感情,亦必日恶。因告诸工友曰:"数年后,此船或乘机得复其自由!"

这却不在话下。最快心的,就是运动罢工,工人即实行了一次,结果很好。我便写了一封信,报告日本同志,不久得到覆音,大加赞扬,并希努力奋斗。后来德人调查出来一点消息,遂影响到震旦公学。

家书　满船风雨入塘沽

在青岛虽热心社会运动,然终不忘同盟会宗旨,时时露出种族观念。因为震旦公学对门有一戏园,曾到里边看过几次。一日偶有感触,遂占绝云:

月明如水浸层楼,妙舞清歌夜未休;留得汉家衣冠在,黎园子弟胜封侯!

不用说,是种族主义了。又拟谒孔林结句云:"我来惭愧无余地,被发左衽谒先生!"更是显然。但我自从到日本后,久不作诗,很觉得不自然。那时又相偕一诗人,即老友陈家鼎(汉园),更不肯轻露一笔。一日忽接仲弟函云:"老母病急,望兄返里!"心中好不着急,乃辞别诸友登舟而去。船中占数绝寄汉园,一云:

天涯游子思亲泪,海上行人别友书;回首最怜相聚处,齐烟九点认模糊。

二云:

三年同住海之滨,如此情怀忍别君;大好河山齐破碎,知予叔□更销魂。

三云:

汉家久矣不能兵,名士南阳气自雄;诸葛学原宗乐子,安排八阵下齐城。

四云:

天外断云围似阵,海中急浪险于丘;君看共济同舟客,都在浓团梦里头。

一日舟入渤海,行经大沽炮台故址,风雨忽来,独立船头,满目悲凉,不胜感慨,因得"满船风雨入塘沽"一句,寄呈汉园,乃叹为神来之笔云。

326

井勿幕　岳文渊

到北京恰遇见发起震旦公学陈君明侯,为山东争矿。我替他作了篇文章,驳倒外交当局,这不算甚么奇事。最奇的是遇见陕西同志井勿幕。井君虽和我在东京相识,也说过将来回归一同到西北作革命事,却未预料在北京相见!井君那时不过十九岁,貌如好女,英爽逼人,颇娴军略,有周郎外号。因在日本陕西同志办一《夏声》杂志,我作了几句祝词道:"禹鉴龙门,始通大夏,辟土绛汾,毗连潼华。晋之与秦,唇之与齿,愿赋同仇,长城共倚!诸君奋志,光显皂旂,关河百二,万骥千秋。"井君读此,大赞服,始与予定交,密谋一切。所以北京再遇,不啻天缘!我即约他同游山西,为他年秦晋联军,作一计划,他听了非常赞成。但也不想在太原露他的真名姓,乃改名岳文渊。遂与偕往太原,由石家庄改乘正太火车,过井陉娘子关,君曰:"此真天险,奈已通火车,失却一军事要塞,但有能者亦可守!"予曰:"不错!庚子岁,清兵曾据此击退德军。"

会客厅　恶政府

到太原,时值八月中秋,会诸友于山西大学堂。时在此学堂充教职员者,多同盟会员。最著者如解子仁、刘劝功、李天五、杜仲虑,仲虑见勿幕尤狂喜,许为知音。劝功与勿幕谈剑,亦极相契。刘翼若时充法政学堂监督,偕勿幕往谭,亦曰:"岳君奇士也!"为一时同志所倾倒至此,甚奇特!我于诸同志中颇爱翼若之温文尔雅。在日本曾亲介绍入革命党,然君体质颇弱,我看他很不耐繁剧的生活。有一天我在法政学堂会客厅,见他和客人应酬,精神好像来不及,因戏语之曰:"天下伤心处,劳劳会客厅!"翼若不觉点首,但是我的意思却是讽笑一般官场,大旨仍在"废官",因未尝忘无政府主义故。还有一件可以证明我的心事,就是大学堂当时《英文》教习未到,大家强叫我代上几堂,我便答应了,讲英作文法,到堂上举了个汉译英的短题曰:《苛政猛于虎》!特把政字译成"政府",苛字译作"恶",于是苛政,译作"恶政府",并申明一句"政府莫有不恶的"!隐隐约约,把无政府主义,宣传了一堂。别人不大知道,惟有仲虑是一清二楚,对我说:"好是好,他们如何领会得?且大家已热心种族革命,这些话更不入耳了。"我笑应道:"我岂不知?但熟处难忘耳!"隔了几天,居然有留我在大学堂讲《英文》。岳文渊(勿幕)在法政学堂教《日文》。那时我和勿幕,想到陕西谋革命的,所以执意不就,连忙告辞同走,写了两句淡话,给诸同志曰:"诸子有心留朋友,宋江无意上梁山。"

汉流　店房题壁

我同勿幕决意南行,雇了一辆回头车,出了太原。行至中途,勿幕曰:"从此我恢复原姓名,又是井勿幕了!"我当时即戏占一绝云:"来时岳文渊,去时井勿幕。悠悠世间人,那得知其故?"勿幕笑曰:"此诗幸秘之,勿轻告人!"我说了声:"那是自然。"又和他谈别的。他对于社会革命,不甚注意,一意在种族方面想,因告我曰:"我在四川时,曾闻哥老会中人自称曰'汉流',汉流二字很雅正,且有气势,但是下流人太多,没知识。我想亲身入到他们里面,渐谋改良,就拿'汉流'这个名辞,刺动他们种族观念,革命或易成功!"我说:"很好,不妨伪造一部'汉流'秘典,如《烧饼歌》类,以当宋江的《天书》。"勿幕爱读《水浒传》,所以我用些梁山泊故事,作谈话资料。并且这时,我把无政府主义,搁在脑背后了,同勿幕走了一条路。有一天,在店房,忽有所感触,便向店家借笔墨来,向那白墙上,横写了四句:

杀人如戏,满怀心事。平不平耳,胡为踌躇?

勿幕问曰:"又要学梁山好汉,起社会革命么?"我道:"请想吴学究智赚玉麒麟的反诗!"他真聪明,便含笑道:"原来是杀满平胡,狡猾,狡猾!"两人行至平阳府,宿破店中,勿幕却借来笔墨,向墙上大笔特书,两行草字道:

异日得志,当精练八旗子弟兵,灭尽汉奴!

某月日　锡昌醉书

我笑曰:"我不及你的反激法,但太毒了!"勿幕曰:"满奴中有良弼者,尝有此语,并非我凭空捏造的嘘!"我深然之。又谈到秦晋联军革命时,他偶翻《渔洋诗话》,见有两句道:"晋国强天下,秦关险域中。"便笑道:"这恰是替秦晋联成了婚姻,还说甚么来?"

登条山　勿幕壮语

两人到安邑,我回家得见双亲甚喜。又见仲弟静成,方剪发拟东游觅我,不觉感泣!因有人告我母亲说:"汝子入了革命党!"读革若揭。我母曰:"我不知揭命党何解?但知吾子绝不为恶!"但口虽这样说,终是不放心,故有命仲弟东游意。及我到家,略为解释,家人也不追问了。我特绍介勿幕于安邑诸友,李岐山、郭质生(即润轩)其最著者相约为盟友,又与河东诸同志相见。勿幕学得制炸药法,向李正卿寻药水,拟入中条山试验效力如何,因药料不全,作罢。但偕游解州,察地形,登桃花洞顶,勿幕指顾河山,叹曰:"他日革命,如须秦军相助,我必率偏师,由某某渡河,下河东矣!"我甚壮其言。勿幕家在蒲城,他从十五岁逃出家乡,走四川,游日本,四年余未归,所以不能在河东久住,旋即西返。惟约定如西安有相当事情可干,即函邀河东诸同志,到秦中共计大事,因慷慨辞谢而去!

哭亡妻　泪随雨下

此番回得家来,少了一个人——内子——妻(没有适当名辞,只好这样写)。他死了两年多了!我在东京已经知道,所以到家也没甚么特别悲感。但想起第一次回国,在家住了一月多,临行时节,他问我再住几年,才回来?我说大概还得三四年!他听了这句话,脸上忽露不快,便道:"怕你那时回来,只见我一个墓骨堆啰!"言下惨然!因他得肺痨病,自知不久。但我想他还不至于夭死!很安慰了一番。那知他不到一年多,就死了呢!他比我大四岁,死之年,不过三十岁,总算是夭寿了!我因记得临行痛语,所以一日问小儿崇文道:"你母埋在哪里?"答曰:"在北门外二亩棉花地里!"我便出了北门,时适秋天,凄风细雨,助人悲思!遂不顾雨湿衣,直上高崖二亩地。果见一新坟已生宿草,不用问,是他的埋骨□□□□独立墓旁,思曩语,不觉泪随雨下,滴落坟土！这便是那"报答平生未展眉"的薄情嘘！曾写一绝□此云：

凄风楚雨入效原,知否郎来泣墓门？

悔煞三山空采药,终然无术返卿魂！

此事无人知,但诗中别有感想,却不容人说出,算了罢！他给我留下一男二女,男曰崇文,时年十三；长女清贤,时年十一；次女清秀,时年八岁耳,一家人都爱那清秀。

续弦　提倡天足的动机

续弦！这两个字的出处,我没深考究。但少时曾读过《琵琶记》——第七才子——里边写蔡伯喈弹琴,有甚么"旧弦断了,续新弦"的一段话,影续娶新妇的事,或者就是此典的出处,也未可知？我自丧偶后,在日本时,就有人提到"续弦"的话。我那时热心革命,且研究无政府主义,主张极端自由恋爱,把好些说媒人的驾,全挡住了。到家又有许多人提亲的,我虽然没对他们讲甚么新主张,总是摇头不理。一天某友,又谈起此话,并说："解州有一个女子,已经二十多岁了,在蒲州教会学堂读书数年,但也不迷信宗教(这句话,完全为对付我的主义说的,然也是实话)。现在愿意寻个配偶,却因放了足,没人应声。我想给你提一提！"大家知道,那时河东女子读书的极少,放足的也不多。这个女子,总算是难得的了。然我心里,尚不肯舍自由恋爱主义,听了友人这一片话,还露出踌躇不决的样子。后来这友人又说了一句很动心的话,就是："你权当提倡天足,答应这段姻缘如何？"我因慨然道："好罢！我也不问这女子抱甚么主义。就本这条意思,答应人家好了。但是金钱式的结婚,咱是不干的。"友人笑道："老实说'没有钱'就是了,还装腔作势,讲这些排场话,作甚么？"这两句话真可恶！把穷鬼的鞋底,都揭穿了。我也不弱,便道："这是什么话？饶没钱,还向你老先生借不出一笔大款来么？"友人笑道："呵！好利害,这媒人谁还敢当呢？"

山西民初散记
SHANXIMINCHUSANJI

景公制礼

记得没费口舌，这段姻缘，已十有八九地成起功来。有一天，我和媒人商量，要先见那女子一面，再决定。媒人说："那绝对不成，可以找一张像片来，并且我把你的像片，已经给人家瞧了。"我笑道："那你就对不起人家了。我的像片，自然映不出这幅黑面孔来，岂不是误人？何如面对面，也免得后来有些埋怨？"媒人道："保人家不嫌你黑就是了，还怕你嫌人家白不成？"我心里说："好笑！我并不是讲甚么黑白，我只是想大家见一面，好打破旧日的'父母之命媒妁之言'结婚式。"这话又不好同媒人□□下只好说一句："不说啦，见了像片再讲。"河东社会很朴实，像大都市那样假照片的，黑□□□□□所以两方可以凭照片看个大概。但我当时因为前妻死于肺痨，恐怕再结合一个病妇，到底有点不放心。过几天，媒人拿像片来了，原来是阎女士和同学们共拍的照片。媒人指与我瞧，自然瞧不出甚么病不病，好像是个"健妇"——一句话，心里愿意了。便请媒人向阎家切实议婚去。他说："莫别的商量处，纳聘换帖，择期迎娶，就完了。"女家在解州，离安邑四十五里远，一切都托人在那里办妥。反正自己没有钱，全由诸友协助，家里也不管甚么。又过了几天，友人从解州来，告说："婚姻已就，在解州赁定一座大房子，就准在那里迎娶。"我道："迎娶也可以，只是我要简便一点。最怕的是磕头，非改作鞠躬不可！"友人说："由你自己定好了！"于是随便写了一张礼单，大约是"向媒人行三鞠躬礼；向男女宾行一鞠躬礼；夫妇相对，行一鞠躬礼，完事。"女家允照办。长话短说。当迎娶那一天，惊动人也不少：一因观新礼；二因看天足新妇；三因看假辫新郎。提起假辫来，真是自愧，太没有抵抗环境的力量了！制成一个发网带辫，套在秃顶上，再戴上帽子，不留心，也瞧不出甚么破绽来。但我时常忘记戴假辫，仲弟亦然，所以有"大秃、二秃"的外号。一时轰传大秃娶天足女子，焉得不惹起一般人的注意？这且不表。我当时却有兴会，作了一幅长联，写出一片心事来道：

曾游三岛归来，美他六千童男女，自由结婚，演成文明巨族；

独抱大同旨趣，愿教十万众生灵，双方合意，联作世界新盟。

上联是种族主义，下联是无政府主义，倒有许多人赞同。还有一幅七言联道：

才名未及诸葛妇；

佳话争传永叔姨。

此联固是从续弦着想，尚且别寓情怀，不在此篇范围，姑置之。最可笑是所订鞠躬礼单，一时便有许多继起仿效的，还加了一种骇人名称，曰："景公制礼。"

国丧笑话

我们结婚后，不过几天，便听见所谓"两宫殡天"的消息——清西太后和光绪一时死。由官府出示，禁止嫁娶吉事。心里说，幸亏办的快当，不然又要应甚么"好事多磨"的话了。当时因闹国丧，很出了些笑话，一时也记不了许多。一天早晨，听说知县等，在关帝庙行望祭礼。我便衣去参观，只见庙里设下灵位，各位官儿，北望三跪九叩。赞礼者一唱"举哀"二字，大家干号了三声，真是可笑！一日友人又告我一段笑史，说河东实业学堂，行国丧礼（各学堂都要举哀的），那位许桂一老先生（年已七十许很赞成革命。常给学生讲书，说孟子是主张革命，所以劝齐宣王王天下云云）率领全体学生拜祭，到举哀时，他忽然伏地大哭道："我的老婆呀！"把学生通逗的笑了。他还正颜厉色地诘责道："笑甚么？不准借灵堂，哭凄惶么？"真把大家乐死！我听到此，自然止不住笑了。也莫详细调查实在情形如何，但说这话的人，却不少。真算"年老成精"。可怪的，是当局人都很明白，为甚么要走这些虚套？一时在空间添了许多活剧，使哭的人都笑出泪来，何苦，何苦！但一回想自己抱得最新主义，却在这里从俗迎娶，鼓乐花轿，新筵洞房，又"爽然自失矣"！

阎大姑娘作了李二姑娘

阎洁漪，字玉青，这是我给新妇换的名号。在解州住过二十天，同车归安邑,车过二十里店,我对玉青说:"从此,离咱家越远了,离咱家越近了。"这两句的妙谛,玉青还领略得来。含笑道:"不错,不错。"无意中,把家庭的执着观念打破了。到了安邑,他拜过堂上。我的母亲,具大爱力,视媳如女,自然使他无离家的悲感。清秀呼之为娘,依恋怀抱,他很表一片亲爱的神情,反叫我暗里掉下泪来。想到人类天然的同情心,应没有什么亲疏厚薄的界限,何以世人多不知相爱?这是我感泣的理由。次日他携清秀同至我的前妻娘家。拜过我的岳父母,居然成了李家二姑娘。我的内弟等呼他作"二姐",他直受不辞,好像见了久别重逢亲兄弟一般。这是玉青的社会性表现处,我很感服他的自然情态。

教育会　任用郭李

　　提到结婚,几乎把革命大事都忘怀了。却也不然,那时和诸同志,仍常常计议同盟会扩张的事情。在安邑最合意的同志,便是说过的郭润轩、李岐山二人。他们的学问知识,固然比别人高的多。可爱的是郭之刚烈,李之豪爽,一望而知为能任大事者!自介绍加入同盟后,莫不拿全幅精神,从事革命运动。旁人也看破一点。记得当时安邑知县龙璜,见了我面之后,很说了些恭维话,便强要我担任创立教育会。我推辞不过,权且答应下来,心里别有打算。因为借教育的事,或者可以多拉拢几个学界同志,也不定。随即组织起来,邀郭李二君,为重要会员,却惹一个坏绅的反抗来。有一天在县署,集合几个绅士,商议教育会的办法,说话中间,某坏绅特别提出岐山,说了几句不入耳的话。大概总是甚么"品行不端,名誉不好"的瞎评,意思要打消岐山的会员的资格。我当时发怒,双眦欲裂地瞋视坏绅,很很地道:"你是个没有品行的人,不配说别人品行好坏!"说时,一手拿起茶杯来,几乎要摔他。大家连忙挡住,遂不欢而散。出署后,那坏绅所依为后援的某老绅,却问我道:"请你自己斟酌去好了,不必闹气!"我说:"你老先生说甚么都可以,他是甚么人,也讲别人坏话!"老绅士听我这话,也不好意思再讲了□□□意办下去。打听某某堂长或教习,素有反革命的情事,便不客气,都辞退了他们。一个老儒,心中不顺,用我

的名字,作了一副对联,用匿名帖的旧法,粘在街墙,写的是:

定是革命党,开口称康梁,恐喝(吓)县主;

成何教育会,私心用郭李,扰乱学堂。

横额更凶! 用景清故事,写着"景家瓜蔓抄"五个字。友人对我讲,我笑道:"无见识奴! 革命党怎么开口称康、梁,连孙、黄都不知道么?"又对润(轩)、岐(山)二人说:"郭李连称,亦殊不恶。"皆大笑,其狂态可想。

大似宋江放晁盖

安邑高等学堂,有一个坏堂长,也不知和小可有甚么仇恨,曾向省城告密,说我是革命党! 他写的密信,被人发现。郭君听了大怒说:"非指教这个奴才不可!"一日郭君到高小,视察学务,却被奴堂长,喝令学生们缚绑殴打了一顿,且送到县署管押。我很不平,亲自写了一张保状,保他出来。休息了几天,偶在某处和奴堂长窄路相逢。郭君奋老拳,将这奴才痛打了几下,并以臭粪涂抹其面,且塞其口。自然不好下场了。旋有人报告此情。又听说奴才已喊告县署,县令已发签。我对李君岐山说:"事不宜迟,我们赶紧到润轩家里去。"岐山更不答话,抬身便走。一齐来到郭宅,见润轩曰:"人家要来擒你,这场官司不好打,避了为是!"润轩道:"该逃向哪里?"我道:"你到陕西蒲城找勿幕去,自有安身处!"一面说,一面同岐山即促其从背巷绕至东城根,叫他顺城根走——由北门出去,定无人阻挡。润轩拱手拜别而去。我同岐山目送他转过城角,心才放下。笑谓岐山曰:"是何异宋江放晁盖?"说罢,我们两个,才转步走向街头。装着没事的样子,缓缓地,连说带笑从大街走回家中,已听见甚么衙役围了郭宅搜人,心中一面觉得好笑,一面又估计郭君出城去了多远。

龙包 贼羔

诸奴不知润轩已走,以为尚藏匿在城内,四处埋下眼线,暗行侦探。一日见玉青之弟阎虎臣到我家来,他们认作润轩,黑夜里派诸役到家搜寻。当然搜不出甚么来,无味而去。那一夜,我适不在家。次早回来,才听见了这事,心里说:"诸奴果真误为润轩尚在城内,一定不去追赶他,他定规安然渡河了吧!"因为我自润轩去后,总不大放心,这么一来,我自然是将心放下了。然老母平素喜怒不形于色,这日却大发嗔怒。某友来问昨夜是甚么事情,老母曰:"龙包(龙璜外号)派来几个贼羔(安邑语,乃贼子之意),平白来骚扰人一场罢了!"某友笑曰:"龙包!贼羔!倒很叶韵,你老人家说的好!"这两句话,又把老母嗔气,化为乌有了。我又安慰了两句,友人说:"这事可以责问龙包。"我说:"可以不必,我方利用此包,责问的教他难受起来,反不好。"这场事,便无形地过去了。

愿天下学堂毕业考试监场的都似我

说起我的狂态来,却也不小。那时应一个教育会长的名目,于是河东中学堂考毕业,请我监场。我是反对考试制度的,如何能干这事?好了,索性去帮助学生一点。想到这里,才欣然命驾,到了中学堂和监督及各教职员,协同省城派来的委员,拟定考试题目。我素有精通天算的虚名(说起来,因为我推算过一次日食,还不十分错误。一时便宣传,某"上知天文,下通地理",赛过诸葛亮。好笑的话多了,不能备述),叫我拟几何、代数题。我拟了几个"看似艰辛,却容易"的题目,不但此也,到监场时候,见有苦思的学生,便走到旁边,指点他几句,那自然是活神仙。所以有一天,考试英文,我在安邑早晨起来,刚洗过脸,想起来了,说:"不好,今早是考试英文,怕学生要吃亏!"也顾不得吃点心,连忙驾车,驰至中学堂。下车奔入讲堂,看学生脸上情形,都像望着我说:"好爷哩!你才来哪!"我便知道不妙,一面和别的监场的应酬几句;一面巡行监视起来,暗暗又指点了一番。还算好,没有交白纸的。当时自己一想,也很觉得可笑!但还替普天下的学生,自祝了一句:"愿天下学堂毕业考试监场的都似我!"狂极了!试毕,大家要照像留纪念,教职员们都穿靴戴帽陪那位河东道台。我是不高兴再服满清衣冠的,所以预先着便服和几个学生坐在那学堂后面一座假山上。有一位《国文》教习望见我,却说一句不好听的话道:"鹤立鸡群。"好笑!纵然把我恭维成鹤,奈辱一大群学生作"鸡"何?再说考试毕后，河东道在道署设宴请教职员和委员，自然有我，我是不懂这些俗礼的，便高坐在所谓首座上。他们大家又让了一回，围定圆桌坐下。谈笑中间，我忽然忘情，想起杜诗一句，高吟道："是何意态雄且杰!"座旁某君肘了我一下，我才醒悟是在道署宴席上，一笑作罢!

西北革命运动之机缘

未几，勿幕有信来说："润轩从蒲到长安。现在南雪亭诸君，荐君在西安高等学堂作英文、算学教习，每月薪水百金。"又注了几句密话，意谓教员不关紧要，大家可以在清政府注意不到的地方，图谋革命，且陕西是西北要区，更须注意云云。这本是我和勿幕预约的计划，不意成熟这样快，心里自然欢喜! 最可笑是每月百两的薪金传出去，很动了许多人的羡艳。因为河东社会，那时生活程度很低，往往"八口之家"，每年费不了百金的也有，人以为这一年下来，可以落千两银子，岂不是大发其财? 我虽不以此为意，却因在日本办杂志印书，很感受金钱的苦痛，极愿自己得一笔巨款，供革命运动的花费，那么每月百金，自然有不足的观念。况我又有"朝有千金，暮当散尽"的宣言。无论多少钱，也不够我发挥的了。然而这时，专意在革命，已经没有所谓"愿得黄金三百万，交尽美人名士"的想头了。却说当接到勿幕信那一天。同岐山商量，岐山曰："你即写回信答应下来，我和敬之(仲弟号)先入长安，联合些同志，预为革命运动地步。"我照他的话办了，并对他说："我要带家眷去，所以更得你们先去觅住处。"我携眷的动机，一因玉青尚有求学的心事；二因可以掩饰革命的形迹；三因玉青性近社交，不是家庭妇人，或者可以感化成个革命内助。我这意思，曾被朋友瞧破的不少(以后再说)。先讲岐山同仲弟到秦，过了十来天，回信来说："地址已觅定，离学堂不远。朋友都在此等候，早来为盼! 天气冷，上路多带些木炭!"

入秦纪行　渭川感怀

我同玉青入秦，友人给我荐了一个仆人，姓叶，很有意思，一路上说了好些怪话。我戏用骈文体记出来。将过黄河,他对我讲起华山典故来了,说:"某年有主考到华阴县,出了一道诗题,叫《贼得仙人掌上雨初晴》。"我疑惑道:"贼得?呵!明白了,是'赋得'的错误。"车过潼关,关吏搜检行李,见了那一箱粉笔,不知道是甚么东西。一个说,好像是"山药"。一个拿出一条粉笔说:"不是!"却尝了一口,像尝不出味道来,转问我,我直言告他是学堂用的东西,叫粉笔,照例不上税(这句话,有点蒙蔽的意思)。他们装的认出来了,连忙道:"不错,是粉笔,学堂用的东西,不上税过去吧!"进了城,叶仆叹曰:"巧巴哥说不过潼关城,先生真能行!"我于是心里记了两句道:"仆夫认贼作父(赋),关吏指水(粉)为山。"叶又指华山对我说:"华山就是花花山的意思。先生,你看有多么好看呵!"不错,当时山雪未消,倒有些花花道道的。他又说:"华阴庙有三圣母楼,上去看一看也好。只是今天这风刮得乌乌(状风声)的,不要上去吧!"于是又得一联曰:"未入华阴县道中,已见花花之岭;欲登三圣母楼上,怕受乌乌之风。"将到华州,叶又说出一段野史来道:"从前这少华山下有一家财主李凤仙,真是家豪大富,骡马成群,有七十二架水磨。所以他讲出两句欺天话来——若要穷了李凤仙,干了黄河塌了天。他家有一丫头,一天遇见一个和尚告诉她说:'你看见你主人门前石狮子两眼红时,一直向东南走,不要回头。'她记下了。每天起来在门外看那石狮子的眼。一天有个小孩戏剪红纸,贴了狮子双目,那丫头第二天早起一瞧,连忙向东南走。走出十数里外,忽听惊天动地一声响,才敢回头看,原来那一角山崩倒下来,自然,那李凤仙的家是全毁了。到如今这赤水路上,还有许多石头,都是天塌的遗迹。"我道:"原来如此!"……还记得过渭南,想起《史记》渭川千亩竹一语,却望不见甚么竹。又触起社会主义来,曾咏·绝,一并录此:

　　落日关河动旅愁,朔风吹雪入秦州;渭川千亩竹何在?铲绝人间万户侯!(末句将富贵一笔抹杀,甚得意! 余详拙著《诗心》。)

华清池上之感想

　　行在临潼,想起丽山下面的温泉来,便同玉青至华清池馆。只见栏楯曲折,楼阁差池,尚有旧时离宫气象。入室,看那温泉池是用青玉石造成,有阶级,供入浴者坐濯。先垂足后没体。我先入浴,以足下踏,觉池底滑腻如玉,乃将全身沉入,只露面水上,温度恰好,稍有些硫磺味。玉青同浴,自从在日本温泉男女同浴后,这是第一遭。因语玉青曰:"日本温泉很多,但要寻这样美玉池槽,是没有的。可见昔日帝王的厚福,却全是劳民伤财的结果。试想当年造这泉池的工人们,他们并未享受这样入宫沐浴的特权,仅供甚么唐明皇演私窥贵妃浴身的乐剧,岂不冤枉?然而到如今,我们平民,全能到这里来混浴。想到这里,若不是帝王重用民力,怕造不出这样好池馆来,再说劳工得的报酬,不于其身,必于其子孙,也不枉辛苦那一场了!"这算当时的感想。玉青颇能领会,曰:"幸亏那唐明皇死了多年,若是到如今不死,永远占了这块地方,人民还有入浴的希望么?可见帝王到底是要不得!"我听了,心里说:"好了,可以引进革命之门哪!"浴毕,偕至店房,天气很冷。计程明日可以到长安,索性把一路带来未用的木炭,全弄进屋里边,架起来用火烧。好红火!冷屋顿变成温室了!玉青微笑,我因触起一段故事来,又记了一联曰:"何期,竟作鸳鸯,同浴太液华清之水?居然龙凤,大举丽山烽火之烟。"(勿幕评上二句风流,下二句放诞,甚确。)大可笑!

不平　忠群论

到了长安,由岐山介绍见马开臣。开臣的父亲,是有名的马善人,在长安开设存心堂书铺,平素好与理学先生来往,却很赞成岐山。因岐山虽纵横,而颇留心性理学的缘故。玉青亦为此老所爱,认为义女,李姑娘又为马姑娘矣!玉青亦待开臣兄弟如手足,往来很亲密。一日玉青自马家归来,告我曰:"老先生给两儿媳命名,长曰温,次曰良,再次必定是恭俭让了,很有意思!"我听了别有会心曰:"原来孔子是富于女性的,被马老先生看破了。"因主张革命时,有排孔心理,所以不觉流露。但开臣抗爽粗豪,毫无理学气,已经由岐山介绍入同盟会,很热心革命运动,和邹子良、井勿幕都深相接纳。勿幕又介绍我见焦子静、师子敬诸君。焦君富平人,隐于胥吏,以侠义好友闻于时。彼时在富平会馆,创办一健本学堂。教习多系同盟会员。开学时,我曾至堂演说。勿幕对我说:"学生中有胡景翼与尚武者,皆有希望。"我因注意及两生,特未与畅谈耳。至于我在高等学堂,担任英文、算学,自然没法发挥自己的主义。那时长安教育会,办一《教育界杂志》,勿幕介绍我投稿。我因作了一篇《不平》短篇小说,写出贫民不能受平等教育状况,颇寓社会革命的意思,又作《忠群论》一篇,直驳忠君旧学说,曾引托尔斯泰,每日以三事自课:一曰公益、二曰社交、三曰文艺。以比曾子三省,曰:"为人谋,乃为一般人谋,非为或一个人谋,是人即表群,为忠群一证,亦即托氏之公益。与朋友交之信,自然是社交了。传不习乎,用汉马融注意以传为欲传道于后世,能无时习之自得乎?与托氏为文艺以教世之意同。"此文一出,大惹起一番学潮来。同志常铭卿曰:"《左传》大小之狱,虽不能察,必以情,曰忠之属也。此忠也是为人之忠,不是忠君之忠。"谷芙塘师旋来秦清理财政,见此文评曰:"《忠群论》,体大思精,独有千古,解三省更新而确。人字本有人己之人,与人物之人的分别,在此定是人物之人;若解作人己之人,便与下面朋友交重复。"我得这几种批评后,却悟此篇尚缺证据,又为书给在日本同志王用宾、李亮功等,征求补正,复函多有发明。王言"君"、"群"为古今字,古之君字即是群,李言庄子德合一君,问诸太炎曰:作为结合一群,亦可。《左传》父生之君养之,解作群养甚合。我接到诸函,又共覆一函谢之曰:"因我一念痴想,欲将古书中君字,全改作群;如事君作事群,群臣作群己,竟累诸君翻柜倒箱,甚惭甚惭!"

遇张东白　得明楼妙语解颐

　　勿幕本是后起之俊,但他很推重一时前辈老先生。算起来,略有数位,如张伯云、张东白、李仲特、李桐轩、吴葆三、朱素舫。伯云以善书能诗文著名,又有新思想,赞成种族政治革命。《夏声》杂志中,曾登其所为七律若干首。一入潼关,见道旁官柳,即不禁高咏其"大道青垂柳万丝,行人高唱大风词"之句,所以我到长安,先问伯云。勿幕道:"伯云病甚,不能见客。"我打算等他病好了再见,哪知隔了不多天,勿幕忽来报曰:"伯云死矣!恨不使君一面。"我曰:"然也!岂但恨我不见伯云?尤恨伯云不见我而死!"(因我当时颇自负,可与当代大人先生抗行,其实很浅薄。)勿幕笑曰:"又是《世说新语》,尚有东白在,我必介绍你见他,其兴趣高雅,不亚伯云。"这目的算达到了。初见东白于邹子良家。东白学宗老聃,言语妙天下。我与对谈数语,不觉倾倒。相偕出门际,东白提及社会人品来。我顺口答道:"如今上等人全是下等人,下等人全是上等人。"东白不觉点头叫绝,对于我好像露出"孺子可与言"的意思了,便道:"改日再细谈!"我自然是得意的很。因我很想把无政府主义和老子学说融会一番,作一册东西,自己却自命是革命实行家,欲推此责于前辈先生。东白既服膺老氏,必能发挥此义,所以一触机锋,即用单刀直入的法子,说出那两句快语来试他,果能打动此老心事,焉能不得意妄言?此后在焦师诸君所立的公益书局(秘售革命书报,亦一有力机关),时聆东白雅语,至忘餐饭。一日诸同人邀东白与我同到得明楼饭馆午餐。此楼很有历史,乃前代文人聚宴之所,挂几副旧对联,都饶清兴。谈次,东白偶拈得明二字,冲口而出,他说:"我有一副对联了!得法得诀,要吃啥菜,你吩咐;明来明去,若无现钱,我担承!"举座大笑。我道:"妙极!世上东西,都到不要钱的时候,就好了。"这是一种引诱法,当时未审几人入彀,这且莫表。犹记勿幕对我说:"东白评《封神传》,甚有新意,云是驳儒教者。举凡助纣之忠臣,皆现兽形于广成子翻天印下,真痛快,可见讲忠君的全不是人。"我深以为然。但东白懒执笔,遂未著出。我常对勿幕说:"可惜,失却革命时期中一好著作!"

孔子是死的 《四书》是纸的

岐山与仲弟敬之在秦,先结识郭君希仁,并由勿幕介绍入同盟会。敬之对我说:"郭君为一笃实君子,既同盟,必能实行主义。"我因访此君于所谓咨议局。相见与谈革命原理,很投契。郭最服膺其师王镜如先生,谓其有特别精力与见识,又亟称其学友曹寅侯。我都拜见了。王先生不主种

族革命,故不能深谈;寅侯才气横溢,意态雄沉,一望知为奇男子,但不多言,我默识于心。勿幕亦极器重他,说朋辈中无及寅侯魄力者,又说他最初精研理学,一日忽大悟,乃写了两句话,告友人曰:"孔子是死的,《四书》是纸的。"俗儒听之咋舌,通人则拟之于陆象山"六经注我"的警语。

牛头寺遇僧　终南山动念

我因与诸学者来往,也染了点讲学习气。曾作了一篇《颜学扬榷》,专阐明清初颜、李之学,颇惹起时人的注意。但前边已经说过我在学堂,却担任的是干燥无味算学、英文,所以没有发明主张余地。惟记三月间,和诸教习,发起了一个远行会,我拟了四首唱歌,颇寓鼓动青年的意思。一时偕同三百健儿,全鼓旌旗,步出长安城,直向终南山进发。我心里描出将来革命军一个影子,好不痛快!路过杜曲登牛头寺,寺供杜工部木主,时陵下桃花盛开,饶有诗趣。又与寺僧接谈,据云俗家山西,我因触动乡情,说了几句世间语,即席口占一绝赠之曰:

> 误落尘网三十年,回思旧梦总茫然;逢师欲问西方法,却话今生未了缘!(末二句为勿幕所激赏,谓有禅意)

行至终南山下,游都城隍庙。内塑各县城隍像,颇为奇观。大家休息,午餐后,登山唱"登,登,登山入潼关,从来不解平……"一曲,使人忘倦。至山腰,入僧寮少憩,却见一僧横榻吸鸦片烟,烟泡很大,圆径约五分,高八分许,对灯呼呼,当客不让,有吞霞吐雾的兴致。我当时很反对这种玩艺,但念出家人吸烟,与世无涉,可以理恕,也没干涉他,讥笑他。及登极峰,直上凌霄阁,至阁后窗前一望,只见荒山暗谷,四无人迹,大有混沌初开的气象。不禁肃然冷念,急降下,随众转至一角山峰后面,却别有　境界。岩头滴泉成池,池畔起屋,名曰茅庵,为众僧打坐念斋的所在。到此自令人动出家念头。

游蒲城　鱼侯灶王同日死

岐山在秦无事,又性好动,不甘寂寞。一旦谓我曰:"君留秦,我去晋,分道扬镳，各谋革命进行事业，将来或有会合之期。"我很赞成他的话，因我信岐山能独当一面作事，又觉山西地势逼近北京，如欲谋中央革命，当出偏师直捣幽燕，乃互订密约，送此君东去。润轩被勿幕邀往蒲城，充某学堂教习，改号曰质生。勿幕有兄名岳秀，字崧生。勿幕有周郎称，人言崧生却自拟是孙策。我即断定他饶有霸气，及和他见面，果非虚声。又闻其有女，好习武事，能舞剑盘矛，胜过男子。我当时极力鼓吹活泼有力的妇女，都效法俄国虚无党妇人的行为，扶助革命，听了这话，便想见此女一面。所以乘暑假时期，亲到蒲城一游，和勿幕弟兄握手言欢，十分痛快。此女时方十五六，天真烂漫，跳跃自如，当院挺立伸臂，呼其叔勿幕，用力扳其臂，未能少屈，其力大可知。我戏之曰："真虎女也！"一日我和勿幕谈史，至李陵誓不归汉一节，崧生曰："李陵太没出息，我若为陵，必率匈奴灭汉为母报仇！"言下甚激昂，我深赞其富于情感。勿幕好谈诗文，案上有英诗一册。翻阅其中，有诗一首，设想地球一旦脱轨，地上哲学者、虱、乞丐、帝王、鱼鳖……同归于尽。勿幕喜其配搭的有趣，使我意译之，我因译成七古一首，曰：

> 夜串狂飙卷地起，宛转弹丸忽脱轨；儒虱丐蚁惟一命，鱼侯鳖王同日死；但闻天际有人拍手语，何处流星美如彼？

勿幕笑曰："鱼侯鳖王，配的好极了，余亦称原作，能手能手！"我也笑了。某日勿幕偕我登城回顾，指城外一角山道："此唐时五陵少年逐猎场也，迄今此间人犹富侠气。"我问侠客为谁？勿幕说出几个人来，我默记在心里。勿幕又介绍我见了李桐轩，谈了些革命历史，很畅快。所以我离蒲城时，对勿幕曰："在蒲，于人得见李桐轩，于友得交君家侠兄，于诗得成'鱼侯鳖王同日死'，可谓不虚此游矣！"

一路无话　访卓亭浑忘宾主

从蒲回到长安，一路无话。这四字不是敷衍，因为那一次蒲城之游，目的只在蒲城和长安两点。所以到如今想起来，好像没经过甚么富平、三原似的。不但此也，无话两字，归途中还有个下落。因回省时，同李襄初一路,这位先生,也不好多谈。只一天日将落,离宿止地点,还有十里路,他说:"不怕,冬走十里不明,夏走十里不昏。"我那时很留心谚语,所以记下了,这不算无话的证据。一天走到三原,他约我到桥头茹卓亭家里去。卓亭也是同志,又在日本留学时节,有能文名。《夏声》杂志,他的文章最优美,勿幕也常说他,我仿佛也见过他一面,便高高兴兴地相偕出了城。只见果木成林,蔽盖郊野,襄初曰:"此所谓'渭北春天树'也!"我点头道是。入桥头,又见溪流穿村,浣布妇女,列坐溪头。心里道:"这地方倒幽雅的很,何减武陵桃源?"到卓亭家,襄初和卓亭很惯熟,一直到书斋里,只见卓亭正在那里看书,见客一笑,让坐,问了襄初两句,也没说甚么。我更是个"书迷",便坐在那里翻了一本书,静看起来。于是相对无话,浑忘宾主,少时告别,兴辞而出,很满意!襄初只对我说:"卓亭真用功。"及到省后月余,勿幕来,才说:"卓亭以为襄初引个生人来,他又未曾介绍,也没谈话,卓亭觉得很慢待了你哪!"我才回想到那时情形,不是熟识的光景,我便笑对勿幕说:"是便是,只我并未觉得主人慢待,记得还吃了一餐似的。"勿幕道:"两个麻糊鬼还说甚么来?"我也没法子辨别了,一笑。回到长安寓中玉青自然欢喜,和他谈起蒲城经过的事情,他说:"我也想见勿幕的侄女了!"

长安市上　造谣言

杜仲虑这时已从太原到长安,特来和我计划革命,并商量新旧学问。闲时同到南院门前,饮两大碗醪糟酒,半醉不醒,狂欢过市,人目为疯子。于是仲伏(与虑同,因他改名羲,太炎很爱他;呼之以仲伏;直拟以伏羲。伏羲的伏字,古今有好多写法。如庖,如宓,如伏,如虑皆是,所以常改写),有"长安市上,醇酒数升"的得意名句。一日从友人张翊初家与诸同志畅谈晚归,我和仲虑路过南城门边,遇卖浆者。两人停止住,喝了两碗浆,仲虑忽然仰望天上彗星,东西辉耀,随即造了两句谣言道:"彗星东西现,宣统二年半!"我附和起来,说:"这个童谣相传好久,不知甚么意思?"那卖浆者很妙,便道:"甚么意思?就是说大清家快亡了!明朝不过二百几十年,清朝也差不多二百多年了,还不亡么?"我和道:"原来如此!"最妙是警察先生站在旁边,也说了两句赞叹的话。我却拉仲伏回寓,在路上很觉得有趣。过了两天,同志邹子良、李仲山等都来说:"外边流传一种谣言,很利害!甚么'彗星东西现,宣统二年半',人心大动摇起来!"我和仲伏只是暗笑,却装着不晓得的样子来道:"没听人说呀!"他们说得很有兴趣,又添了些"明年猪吃羊,后年种地不纳粮"的谣言,那却不知是谁造出来的了。后来又改成"不用掐,不用算,宣统不过二年半"。这话更为传的远哪。我又想起仲虑初到长安,在临潼古槐下,遇见一位朋友,正是十五夜,他因赠友一诗云:

　　搔首问青天,春归到哪边?月圆三五夜,树老一千年。灞上无穷景,囊中有数钱。同为沦落者,相见倍凄然!

我乃就谣言和成一首云:

　　举首望长天,光芒射半边。彗星十万丈,宣统两三年。百姓方呼痛,官家正敛钱。也知胡运毕,何处不骚然?

勿幕见了,笑道:"真乱党!然也是实话。"时兰芳五君,亦在长安,见此诗,却另写出一段意思和了首,中有两句道:"星球旋累禩,日月始何年?"仲伏曰:"此所谓豁然大糊涂也!"

玉青掉文　芳五醉话

说起兰君芳五来,本是明明社的旧友,在日本和我及仲伏同居,意气很相投,所以这时也到长安望我。(我)曾荐他到健本学堂充教习,月余他不知为甚么闹起脾气来,告病假,来到我的寓中寄宿。时王子端为监督,第二早晨送了位医生来给芳五瞧病。玉青听了此话,笑曰:"这叫做'王使人问疾医来'。"芳五笑说:"甚确,王字妙极!"玉青又笑曰:"还有一句更妙且确,'而之景丑氏宿焉'。"某友叹曰:"是何异康成婢?"玉青却嗔道:"何至夫人学婢!"某友谢罪,大家一笑而罢。芳五终未释然,竟不到学堂去了。一天和我到某酒楼痛饮,芳五醉,我和仲伏挟之出,走到大街上,芳五大声疾呼地说道:"只有梅九是真革命党!他在东京,每日为革命奔走,一点闲空都没有,这是我亲眼看见的!"我心里道:"好爷哩!你要人命罢了。"幸亏那时长安巡警,也不晓得甚么叫革命,不甚注意,只当是醉人瞎说。我极力阻挡他,他绝不理会,口中还接续着,高谈革命。有趣极了!我没法,和仲伏拉他到正谊书局里。这书局是同志薛麟伯开设的,所以不要紧。大家才劝他在书局睡了一觉,醒后,他自然是不记得醉时话了。大家责备他,他便戒了酒,永远不沾唇。此事和同志陈汉阁,因酒后失言,几露秘密,因而自行绝酒,一滴不入口,直到革命后才开戒,都是革命时期中最有价值的纪念。

忆洵生新诗句　我是呐辩者

回想在日本时,同人中能了解社会主义,并爱新文学而有创造性质的,还有个崔洵生,就是第二次东游,海上遇飓风,他和我两个人没晕船,在船头高呼壮快的他啰!到日本后,他入了农科大学专科,很享受了些田野风味。曾有两句诗歌道:"彼自然之权化兮,令人心醉而神怡!"乃写对于明媚春光的爱情。"权化"二字,用《法华经》化城喻,便是他的理想乡了。他曾说:"中国诗歌,由四言,变五言,变七言,变《离骚》,变词,变曲,当然还有一变。要柔和词曲于西洋新诗中,融会贯通,除却词调曲牌的限制,自由组织成一种新体才行。"我很赞成他的话。却因热心革命,没甚注意此事。他随意弄了几章,我只爱读其中一章道:

　　吾闻燕赵古多慷慨悲歌之士,杀人如草,白昼过市,官不敢问,吏不敢言,何此风之永歇?令予俯仰今古而潸然!

受此诗的心理,自然还是因为和革命暗杀有关系。最可笑是有一天我买了一本书,在东京市上,走着翻阅,猛然碰着他。他也拿一本书瞧,看样子和我手里书差不多。我拿过一瞧,不错,都是新出版的木下尚江氏著的《忏悔》。不禁相视大笑!所以我两人很觉得同心。他主张社会革命和种族革命、政治革命一齐来。有一句扼要话道:"可以省却一番手续。"尝著一文,驳杨度氏《金钱主义》,惜未发表!那一年他也应陕西农校礼聘,来到长安,相见之欢,自不待言。他却讲了两句客气话道:"自从你离了东

345

我笑道:"这是你个人的感想罢了,咱家算不得凤!"他又道:"我在东京接到你一封信,写的甚么去鲁、遇井、辞井、续弦、入秦,好像要作一篇传奇似的,叫我好不得明白。"我道:"不过写的好玩,连累你猜度了一回。"说到西北革命,他自然高兴同谋,我介绍他见了好些同志。某日王镜如、郭希仁诸君,发起了个通俗讲演会,来的人很多,我和他同列来宾席。开会后,主席报告开会宗旨,随着有几个人演说。到来宾演说时节,友人推我上去,我捉了聋哑两个字说起来,大意本"下无言则吾谓之暗,上无闻则吾谓之聋"两句,敷衍起来。说政府是聋子,人民是哑子,弄成了聋哑世界。现在各处开报馆和演说会,代社会鸣不平,人民不甘于哑了,但政府仍然是聋子,对于一切舆论,充耳不闻。且还是个奸聋子,你劝他作好事,他是听不见;你若是骂他,他当下就听见了。所以某某地方发现捉主笔封报馆的事情,就是奸聋的证据(大家笑起来)。我又说到如今要医治聋哑,惟有开通民智一法;要开通民智,设十个学堂,不如立一家报馆;立十家报馆,不如开一场演说(注了一句,因为中国识字的很少);开十场演说,不如唱一台戏剧(大家又鼓掌起来)。我便下来了。记得演说毕,大家还吃了一顿饭,才散会。洄生同我一路回寓,途中他"扬带抑"地赞了我一句道:"你真可称为呐辩者。"哈哈!一个呐字,把我的演说资格取消了。

长安似此　革命奇着

洄生善围棋,据他说,还不及他的兄长。因他兄长一次和人对棋,将终局时,对手忽将全盘棋子拂去,这位老哥,不慌不忙地,将棋子一一拾起,又布成原棋,一子也不错,对手大惊。其实他就是隔一天两天,也还忘不了,这是洄生亲眼看见的。我也不晓得是真是假,但想同他学一学,我性不近此,弄了两盘,茫无下手处,他也懒教了。一日我到张翙初家(翙初的父,曾作山西巡抚,名张煦,继张之洞修过《山西通志》,所以很有些藏书。勿幕到长安,总喜在他那里翻阅丛书,遇着奇文、奇论,欣然与我共赏,所以我也常常来往。翙初又是同志中最富情感的人,且善评诗,故人乐与清谈),看见翙初正同勿幕对棋,尚未落子。纸画棋盘,四定子处写了"长安似此"四个字。我心里说:"这又是个革命预兆。"他们俩请我作观棋者,便拈子落盘,数着后,我见勿幕一角布子有空,代他放了一子,他惊道:"这一着不错!是几时学会的?"我笑道:"我只会这一着,不是太原公子的一子贯当中,是我们西北革命的奇着。"他们俩都笑起来,停棋又谈革命。勿幕说:"陕西同志中能文者,卓亭外还有陈慧亭,我教他编了一首《革命歌》,偏重种族方面。因我想拿他鼓动会党中人。"说着取出那一纸《革命歌》来给我瞧。我只记得中间有甚么"扬州十,嘉定九,杀的麻烦才罢手"的句子,自然使人激愤。我道:"这够用了,不必再弄甚么汉流秘典。"勿幕点头会意,我又谈到前两天和高校学生郊外实地演习测量,以长安城为测点,便动攻取此城的念头。时邹子良亦在座,慨然曰:"革命起,我用三百人破长安必矣。"金曰:"壮哉!"

新军都是革命军

当时清政府最怕革命二字,于是乎把人家译成的《西洋历史》里边的革命字样,改作维新,革命军改作新军。友人某看了这种改法,便道:"汤武革命,也要改做汤武维新么?"我道:"我明白了,现在各省添练的新军,都是革命军呵!"我于是和同志注意运动军队中人。那时陕西新军中有一个同志充下级军官,就是张菊亭了,为人慷爽绝伦,和我来往甚密。一天在寓中蒸饺子吃,同志来的不少,饺子蒸熟下笼,同志两三人分据一笼,争以手取,菊亭适来,见此情况大笑,也加入一个笼团,吃起来,真是有趣极了!吃毕,大家愿留者留,愿去者去,并没有甚么周旋应酬。因为那时革命同志,心心相照,默喻无言,除却秘密计划外,平常也没甚可谈的,不过总想见面,这也莫名其妙了。

快遇王一山　即景得句

却说陆军学堂,还有一位同志,是郭希仁君特别介绍的,就是王一山。我曾到他的学堂里去会他。谈了好多话,很相得。他在学生中,有不安分的名声,常代表同学,和教职员等反对。教职员自然不喜欢他了,但同学都很帮助他,所以不至开除。且因他通医学,常给大家看病,很有效,因此大家同他感情很好,他也利用这种特技,联络同志。我对他说:"革命党人,医卜星相,都应学习,无论走到哪里,不至困碍,且能收拾人心。"记得这学堂在西关,靠着荒村,日暮登楼野望,一种萧条景况,使人动念!即景得"野旷人如鬼,村荒犬似狼"句。友人见此曰:"此亦伊川被发意也。"我引为知音。

开元寺　革命密约

长安同志日多,大家觉得有组织团体的必要,曾借开元寺——马开臣的学塾集议了一次。李仲特老先生也到场,李仲山、邹子良、王一山诸同志均至,约二十余人,公推仲特先生为会长,又由我拟了八句四言的密约,首以"秘露死决,接交宁缺"。因此时革命运动甚密,故取秘密党手续。定露泄本党秘密者,处死刑,这是第一句的意思。那时取人也甚严,所谓"宁可少一人,不以一人败"。因相戒介绍同志,宁缺毋滥,这是第二句的意思。结以"分途并进,破坏建设",这是最明白的话了。但那时同志从事破坏的很多,留心建设的很少,也寓唤起注意的思想。这种约言,陕西同志大概都晓得,而中间四句,完全为运动哥老会而设,没有发表的价值,只得告罪于大家了。

演了一回　今装古剧

马开臣、郭希仁君,一面从事革命运动,一面仍与诸道学先生接洽,也介绍我见了几位,并且把手握太极图和一百八十度的长揖都教给我了。一天郭君约我和诸先生演习古冠礼,适玉青的兄弟阎虎臣,到陕西望我,于是教虎臣充冠者(年龄很合),我充家长,牛先生充大宾。读祝词的,进冠的,赞礼的,司仪的,都派的停停当当的,在一个庙宇中演了一回今装古剧。我还没失场,但磕了些冤枉头。因为宾主答拜,皆用古礼,其间颇有平等观,如冠者拜大宾,大宾必回拜是也。演毕,希仁告我曰:"能将授冠式,改良一番,寓些尚武意思更好。"我漫应之,但他曾用文语说了两句感慨话道:"自冠礼废,而中国无成人矣。"

入秦第一快心事

是年曾接老父入秦,就医于救世堂医院。因所患为漏疮,中医累治无效,很觉苦痛。玉青以曾入耶稣教学堂的关系,和医院教士等往来,询知此病,可以割治,于是才搬老父来,清秀、崇道同至。初到歇了几天,然后送入医院,将养数日,才施手术。那一天我怕去,听老父在医院中形神不安,乃促玉青速往视。经医生劝诱,用麻醉药蒙住,痛割了一次,然后用药洗净包好。移入病房,渐渐清醒,此时我已到院,问割时痛否?曰:"毫无知觉,醒来割处好像受了骡马重蹄一般,有点麻木而已。"我心才放下。又闻医士说:"从此可保终身不再犯。"更叫人欢喜,所以常自谓为入秦第一快心事,又过了半月多,完全平复,才离了病院。秀、道二人,成天和他爷爷淘气,老人家却以为快乐。但看我来往的人,都不是"等闲之辈",勿幕尤露棱角,李仲山、邹子良、寇圣扶皆有侠少气味。老父又见了我的《忠群论》,则曰:"忠字若作如此解,移孝作忠,仍可说去。"我乃乘闲说革命的大势,给老人家听,并云:"愿父牺牲一子,以为社会,留仲子养老,如何?"老父慨然曰:"以时考之可矣。若论牺牲,全家何妨?且我亦不觉老,汝在家膺教育会长时,旁人不早说出来么?"我知道是指那一幅"定是革命党"的对联和"景家瓜蔓抄"的横额,不觉俯首受教。秀儿颇聪明,是时八岁,诵黄梨洲《明夷待访录·原君篇》如流,老父听之笑曰:"好好念,长大了作个女革命党员!"

诗兴偶发 又用了一个稠字

入秦后,总忘不了青岛的震旦公学,在家已听见德人干涉这学校,因为工人屡次罢工,他疑是这学堂鼓惑。其实彼时工人知识已开,很能自动,不要旁人教导了。但有时因文字鼓吹与宣传,及组织团体,微借助于学人。后来工人觉得这还不满足,自己便研究起文学来,渐渐作文一事也不求人了，真是好现象！却说震旦虽被强权解散，他的革命精神不倒，和我同居教席的陈家鼎君，仍走日本，进行所抱的宗旨。我到秦半年后，接到他一封信，详叙别后情况，并一首长歌赠同志曹君雨亭，结以："曹郎曹郎子视我，陈平岂能长穷饿？"我晓得他又打急荒了！又附写两幼妹诗数绝，给我批评，我答以两首绝句云：

闺中有弟遥怜汝，传语殷勤慰旅思。我爱东坡诗最好，谁知小妹更能诗？

清词佳句入蓬壶，绘出南行姊妹图。春雨潇湘思帝子，搬翻齐下洞庭湖。（原诗有"老苏携出洞庭湖"句。）

因这几首诗，又触动诗思。时值八月，阴雨连绵，直至中秋那一宵，忽然晴朗，洗出一轮皎洁月光来，顿觉尘思一去，乃口占数绝，第一首尤不费事，便是：

长安十日风和雨，到处逢人唤"闷哉"。讵有精灵通帝座？中秋特送月儿来！

余记忆不清，尚有忆旧一绝云：

去年今夕入并州，人聚月圆笑语稠。屈指别来曾几日？冷风凄雨又中秋。

勿幕见此绝曰："又用一个稠字，很有本事。"这话从哪里来？因为我在青岛，曾作一短剧曰《扬花浦》，写高丽，某奸卖国，受婢女辱骂，被刺客暗杀，以梆子腔谱成。刺客唱词中首云："日俄不和曾争斗，白山黑水战云稠。"勿幕曾道此稠字巧，很难用，所以有这两句话。

好好一个女孩　怎么会死了呢

是年年终，乘学堂放假，回家走了一趟，也没有甚么特别事件可记，只虎臣娶妻，我作上宾，自然用的是"景公制礼"，却加了一点耶教式。虎臣不大愿意，临时闹了些别扭，阎丈生了气，虎臣赔了情，算完事。我却想起一桩事情来了。因为玉青妹卓漪时年不过十二三岁，一天严正地问了我一句话道："听说我姐姐生了个女孩，怎么会死了呢？"言下露出我和玉青不善保护胎儿的意思，真把我问哑了。只得笑一笑，勉强答了一句："那是没法子的事！"因回忆玉青生女那一天光景，很有些意思。我本要早先躲出去的，却来不及了，忽听玉青呻吟声，心里好着忙。一面还压住心道："又不是你生孩子，慌甚忙？"一面又招收生婆来照护，我只在院心转来转去，没办法。收生婆忽然拿出个纸条来，教我写上甚么"紫金花娘娘"五字，说是催生符。管甚么迷信不迷信，糊里糊涂写了交给收生婆，使孕妇吞下去，说也奇怪，旋即听见呱呱一声，胎儿堕地。报道是女孩子，大家很有些失望颜色！我自然不问甚么男女，只要孕妇安全就是了。再说一句，我最惜爱的还是女孩，心中自然欢喜。什么"先开花，后结子"的话，完全不入耳了。玉青因坐草的苦难，颇想亲人，幸亏马开臣的老母亲，把玉青当作亲女看待，随即来探视，并用通行的看女俗礼，又要看三天，又要看满月，很是亲热。但这女孩生来，肥大雪白，四方面皮，不像初生胎儿。我心里便有些怕惧，哪晓不出三日，便受风死去！玉青自然有些悲痛，只得安慰了一番，别人也没甚怜惜。又因想起玉青常说的某君"溺女"事情，作了一篇《溺女》短篇小说，写出这种风俗的坏处，中间描写某君听孕妇呻吟一节，完全"现身说法"。惜此稿落在某先生手里，再没看见。我于次年春，重到长安，说起卓漪问话，玉青也只一笑。

帝州报的投稿员　被守门人挡驾

《溺女》短篇，本要送到《帝州报》上登载的。《帝州报》是老友张衡玉创办。衡玉是庚子后我在北京交识的朋友，长我十岁，善饮酒，能诗文，在陕西作知县，每到一个地方，便提倡办报。甚么《韩城报》《兴平报》，都是秦中破天荒报纸，《帝州报》是《兴平报》的改名，移到长安，继续出版——因为他那时知长安事故。最妙的是一面作官，一面骂官，作了许多新乐府，替百姓出气。所以我常向他的衙门里行走，并谈到革命。曹寅侯、郭希仁诸同志，全和他很相得。《帝州报》乃南南轩主笔，南轩稳健而有肝胆，我由衡玉介绍见面定交。曾给《帝州报》投稿几篇小说，不大记得了。衡玉本有烟癖，因为一天出外查案，忘了携带烟具，大受苦痛，回来便斩钉截铁地断除了，并教我写封信报告狄观沧老友。因观沧很反对他吸烟，使人颇感念朋友间的直道热肠。

我平生最怕见官，衡玉自然是例外，然也闹了一次笑话。一天衡玉在衙门请客，我也在内，届时赴宴，走到大堂，被守门人挡住，不让进去，却问道："干甚么的？找谁？"我答道："你们大老爷请我吃饭。"这奴才很妙，又把我上下打量一遍，佯瞅不采地道："请你吃饭？没记得呀！"我心里道："记错日子了罢？怪事！"正要回身，忽然那位常随衡玉出门的一位差人出来了，认识我，连忙把我让进去，并道："正要催请先生哩！"我才得到里面。见了衡玉，自然莫提别的话，那守门的却在门外窃听我讲他坏话没有？真可笑极了！我哪有这闲工夫计较这些！回寓和玉青说起来，玉青说："待我得闲见老衡问问他。"我只当说笑。不料玉青果然隔了两天到长安衙门里责问老衡，老衡妙极了，却道："你们'灶爷'穿的那个样子，就是我守门，也要挡住他，还能怪人么？"呵！原来为穿的衣服不佳！

"灶爷"故典　无巧不成词

"灶爷"！在这《罪案》中，还没声明过，如今因为老衡这句话，要补叙几句。原来在日本运动革命时期中，我每日必到各同志住处去一遍，跑得很快，样子很忙，同志有滑稽家想起一段故事，就是河东人编的神话，讥笑河东运城人好搬家的。大意说某年腊月二十三，普天下灶爷上天，朝见玉皇大帝，奏明人间善恶。有一位灶爷，两腿裹着蓝布缠带，如飞也似的，奔到玉皇阁下，背向玉皇而立。玉皇问道："卿是何方灶君，为甚么不面朝吾神？"他答曰："大帝有所不知！臣是河东运城的灶君，那个地方人好搬家，臣赶紧奏两句话，就要下去，迟一点，怕寻不见原灶了。所以急急先翻身预备跑！"真笑人。他说我忙奔的情形，好像运城灶爷怕人搬家，寻不着原灶似的。于是给我加了这个外号，不知者多误猜成因我脸黑的缘故，其实不尽然。但因我是"灶爷"，玉青不能不作"灶奶"了。初到长安，便闹了一场最巧的误会。

一天同仲弟、敬之及玉青三人，寻房子。走进一家，主人并和我们不认识，那位房东女人很和气，让我们到上房谈话，这位女人唤道："给灶爷献茶。"那位小使捧一碗送给我。敬之面露惊疑状，且暗笑。又听那女人道："给菩萨献茶。"小使把一茶送到玉青那里，我也莫明其妙。心里道："这是谁告诉他的？就是有人告诉'人生面不熟'的，也不应该这样开玩笑！"不然不然！当时便凭定了他一面房子住下，过了几天，玉青和那女人闲谈时，我并不在跟前。那女人又吩咐给灶爷献茶，玉青见那位丫头送碗茶到灶爷板上去，又吩咐给菩萨献茶，那丫头捧茶到上面观音龛前放下，才恍然大悟，这一家特别敬灶。那一天，丫头给灶爷献茶时，小使正捧茶敬我，丫头给菩萨献茶，小使正捧茶敬玉青，真是巧极了。

量出为入论　驳帝国主义

提起"灶爷"的外号，笑谈不少。朋友来信，开首也有直书"灶爷板下"四字的，也有称"厨主"的，吾家只君，有火神称，曾因我和玉青入秦，来信调笑说："'灶爷'同'灶奶'，一路到长安，好极了！免得踏翻了那块板儿，就是跌下来，也有人照拂。"这自然是说运动革命有甚危险，玉青可以遮盖些，很知道咱家的心事。再说"灶爷"、"灶奶"，在陕西朋友中间，已经成了普通称呼，山西亦然。初到长安那年，承芙塘先生命，作了一篇《量出为入论》，曾寄原稿给太原朋友，不知他们有意无意，可巧于腊月廿三日，登在山西某报上面。就有些讥评说："这是'灶君'的折子。"可笑！说到这篇论文起源，因为芙师清理财政，很买了些新译出的财政书，一天看见说："国家财政，量出为入。"先生以为这是　种要紧关键，并说了几句警人话道："此说如行，祸更大于义和团。"真怪，我曾亲问这两句的意思，先生道："义和团撞祸，就是不怕洋人，如今不怕这种洋说，一定也照样量起出来，向百姓多收入，还不要弄出大乱来么？"我心里很奇怪地说："这先生可以谈无政府了。"当时先生接着笑道："我还用书院课法，出这一个题目，你试作一篇看！"我于是用起旧笔调来，把这句剖析了一番，先就题面略说："个人财政，量入为出，是决算每月或一年所入若干，然后再计支出；国家财政，量出为入，是预算一年须出若干，才够维持国家的费用，然后想收入的方法,向百姓要钱。"再讲到"维持国家",还不是由野心政治家乱说么?甚么陆军、海军,都要年年增加到世界第一位置才好,这样量起出来,还有甚么限制?国会虽有所谓预算权,也不中用。所以论中有两句得意文章道:"自帝国主义之说行,而列强疲于军备矣!" 便是暗用幸德秋水廿纪之恶魔——军国主义——的论调,说现世界的国家政府,非取消了不可。自然是有关主义的文字,谷先生很妙,见了这篇文字,大赞赏,评曰:"《量出为入论》,脚踏实地,无一捕风捉影之谈……"并道:"孟子曰:'无政事则财用不足。'便是量出为入的反语,就是说,有政事则财用须足,但若为野心家利用去,必至横征暴敛,民不堪命,如你论文中所说日本近状,自是当然的结果,恐帝国主义,要害苦了世界人,所以说比义和团还利害!"

鳝鱼记　和尚尼姑

回到长安,只有一句可纪念的话,就是同志张翊初说:"我那一天靴帽袍褂的想到你家里拜年。想了一想,这样装束,太不恭敬了,所以没去。"你思太不恭敬,说的何等好?勿幕是年三四月曾游河东一次。一日勿幕到长安,告我说:"我从蒲城一日夜至此。"我知道他正学走,用线穿铜钱成长条裹两腿,渐次多增钱数,约至若干重而止,然后脱去钱裹,就行走如飞了。所以他一日夜行三百余里,还是不慌不忙的。我对他说:"从此可以作神行太保了,何妨到各省去一遭!"他道:"我原为南走越,北走胡,才下此苦功,不久即行。"又问河东之游如何?曰:"见了好些同志,很有意思。惟听说交城、文水,闹甚'种烟案',同志张石生被捕,王理臣逃去。"我道:"此事我已听到,因为山西巡抚丁宝钰,宠爱夏某的老婆,这老婆善割烹,做的好鳝鱼,很适合丁某的口味,所以派夏某到交(城)、(文)水,把百姓打死了百十个! 我说这些百姓都死在鳝鱼口里,想编一本《鳝鱼记》,写此事始末,你看如何?"他说:"《鳝鱼记》?妙极了!快编罢!"说罢,又谈了好些事情。记得精卫和黄某,谋诈清摄政于北京,未成功,被捕去收狱。我理想中的精卫口供是劝"清帝退位",以弭革命惨祸,假作听来的话,告勿幕。勿幕道:"也许有这话,但恨他们太不机密了。譬如我们两人,运动革命,被人瞧破时,用何法遁避?"我道:"这却没策!"勿幕笑道:"你装和尚,我装尼姑,岂不是现成的隐身术么?"我心里道:"这小猴倒自觉的很漂亮,可笑!"口里道:"妙,像极了!就这么办罢!"我又谈到子俶辈的愚蠢来,勿幕却低声道:"如我辈者,皆不世出之才,安能望诸他们?"我笑道:"别呕人哪,不世才专让汝矣!"

雁塔密语 诸君辛苦挽龙头

当时同志,因听见精卫案件,知道革命的机密已迫。非速谋进行不可。在开元寺开会后,大家已有一种团结精神,但大计划尚未决定。是年春,因和在西安诸同志相约,游慈恩寺,共登那座有名的雁塔,旋梯而步,直上高层。塔心甚宽,洞开八面,俯视遥看,城野如画。那时人心,不在这些景况上留意,等候齐登到上边,聚首共谈,定革命南响北应的大势,以"启发于东南,成功于西北"为勉辞。我把我自己要再到日本和同盟诸君,切实联络计划一番,然后进行的意思,向大家说明,都很赞成。那时节,高近塔顶,同人讲秘密话,并不怕甚么侦探听得去,尚且不觉地低声悄语起来,因想出那"不敢高声语,恐惊天上人"的古话,恰能讥诮此时莫名其妙的心理。议毕,降塔,出寺,到野外,有几个人看见地里莞豆苗,新鲜的很,便用手指去挽了好些,说拿回去,到饭馆里,叫他做些莞豆苗汤,大家吃一顿。一友说:"很好,正合时节,俗名龙头菜。"我问龙头菜何解?他说:"因为'二月二,龙抬头'的缘故。"我别有会心说:"这一下子,连龙根都拔了。"还有人笑说:"你看他们挽苗的,不像活贼么?"样子实在差不多,和塔顶低声语,都算是自然神情,使人失笑!入西门,离木兰居饭馆很近,就在这里吃晚饭。是的,游了好半天才回来的,大家团圆坐定,把别的珍馐美味,不要说起,等莞豆苗汤上来,一齐用调羹一酌,简直成人间第一美味,你夸我赞个不了,我又想起龙头话来,高吟道:"诸君辛苦挽龙首,付与他人恣意餐。"便有革命成功后,权利都归了他党的感想。当时同志,似乎没注意到这一层,但加一字评曰:"妙。"

遗臭万年　龟贵不分

　　我和仲伏,喜研内典之学,曾访宏师于小雁塔寺——一名兴禅寺,谈了好些佛理。寺有绿牡丹,花开时,香闻寺外。行至寺内,香益烈,因戏对仲伏曰:"我发明一种臭学公理,香臭之大小,与距离之平方为反比例,香臭俱四散故。"仲伏说:"香臭一理,所以常见两人在野地出恭,必互相离开好远,才没臭气,便是利用这公理了。"我道:"自己不觉得自己矢臭么?"仲伏笑曰:"方言大家,连'自矢不觉臭'的成语都忘了!"是呀!但我由香臭一理,又悟到"流芳百世,遗臭万年"的话来。便对仲伏道:"去年到家,得了一个大笑话。有位杨先生——软圪塔(表弟名)的父亲,代表安邑南关盐店背盐的工人,来见我,说有几家盐号,包揽卸盐,以致许多背盐苦工,没盐可背,生活很是艰难,请你在盐运使处,替工人说几句话,叫那几家盐号不要包揽一切,穷苦人便有了活路了。我当听了这话,心里以为这也算一种'劳工运动',自然满口答应,并教他联合工人攻击盐商。这一下却不好,先生大恭维起我来,说:'你若是替大家把这件事办成,就要遗臭万年了。'我不觉一笑,那先生更妙,接着说:'你笑哩! 真真能遗臭万年!'你看好笑不好笑,没法子,只得遗臭万年,给人家办好了一桩事。"仲伏随听随笑,毕说:"那一定是把甚么永传不朽,和遗臭万年两句话,弄穿错了罢!"那自然,他还有意骂么?记得某友在某村私塾教书,一天某家学生打了一顿,学生不肯上学,过了两天,他父亲带他到学塾,给先生赔话,讲得很妙,说:"这小东西,因为先生生气打他,高低是不肯上学,我对他说,常言'不入龟门,不受龟气',你既入了先生龟门,便应受先生龟气。"话没完,把先生也说笑了,同是粗人,一定把"龟"字误为"贵"字啰!

柏树林　赌说方圆

　　我那时寓居咸宁学署,地名柏林树。尝和勿幕戏谈说:"杜工部居此,将有玉露凋伤柏树林之句"者是也。和下马陵——俗误为蛤蟆陵——相近,乃董仲舒坟墓所在。时同仲伏徘徊陵下,说今道古。某夕,在陵旁望见

356

山西民初散记 SHANXIMINCHUSANJI

雁塔,仲伏偶指着塔说:"这塔八面玲珑,兼方圆形体,很有美术的价值。"这几句话,忽然触动我的奇妙心理,乃道:"世界上的东西,兼方圆形的很多,咱们试数一数。"以下便是我两人赌说的方圆东西,也记不清哪个是我说的,哪个是仲伏说的了;但把记忆到的写将出来,便是:

圆含方孔的古钱——这东西不论古今,都要废的。古璧也有钱形的,还有辟雍,栏杆八角式的井口,八角亭子。

方盘圆子的围棋和象棋——麻鹊牌的筒子(也叫饼子);牙牌骰子;方含圆的石砚。

日本国旗——仲伏并想到青天白日的同盟会革命旗,以及朝鲜四卦太极旗,其他画星球的国旗,并谈到大同时代,把这些国旗要全废了。

红心翦靶——这从日本国旗联想出来的,而帝国主义的国家,正是"众矢之的"呵!

方块纸上摊的圆豪药——并说出"不分是半个,分开是浑个"的谜语来。

日本大学生的方帽——"方顶圆帽,有古冕状"并想起"短衣工拍马,方帽惯吹牛"的滑稽诗句。

方杆圆头的火柴——火柴匣上圆印记;方盒的洋卷烟。

方盖圆口的火炉。

方灶上的圆锅——这自然是灶爷——我说的!

方盘内放的烟灯——仲伏说的,但那时我两人全不吸这东西。

方架上的圆镜——方匣内圆印色盒——方含圆的图章。

方墙上的圆门— 红日东升的方照壁。

方窗心的圆格。

方石基上的圆柱。方形架上的圆鼓。方马镫式的指环。方套圆式的耳环。

圆龟背上方碑——当时居近碑林,中有唐石经,所以常同仲伏到里面摩抄观玩。自然说到河图八洛,书卦方位图等。

圆口方身的洋墨水瓶。茶叶瓶。方座圆心的自鸣钟。

方纸上画的圆地球——圆地球上的方里。

方床上的圆枕。方盘上的圆球（所谓突球是也）。

门扇上的双环。方箱上的圆锁。方匣内的圆炸弹。

方城圆池。方襟圆领。头圆趾方，智圆行方，种种方圆。

熟语也说了好些，太多了，算了罢！

借《此书》 借口和借手

在东京时，曾听同志说过王余祐先生的《此书》，是谈兵的奇著，心里总想得一部看看。一日访谷芙塘师，于其案头，得见抄本著作，翻阅正是此书，甚喜！因问芙师曰："我听人说《此书》很久了，并在某杂志上，见过每章的目标，不知此书特点何在？"芙师最喜欢谈兵，尝言《二十四史》，完全是"战史"。这一问自然提起老先生的"兴头"来，便道："历来兵家多主守，《此书》独主攻；故言攻极详，言守极略，其意在起兵故。"一面说，一面翻阅给我瞧，说："你看第一章是'起兵必知守向'，第二章是'起初之兵，利在速战'，即可知他的目的了。"我道："但不知这先生的历史如何？"其实我很知道《此书》的来历和王先生的生平。这一问，是试探芙师知道不知道（没安着好心，一笑）。芙师道："他的历史，倒非常有些价值和意趣。他的父亲在北京被人陷害，他和他的兄长，要到京探听消息，行至琉璃河，看见乡人演戏，正唱"伍子胥过昭关"，他忽然有感，对他兄长说：'如入京兄弟俱死，谁报仇者？兄去，弟为子胥矣。'后来他父兄都被仇家致之死地。他接聚豪爽，杀了仇人全家，避居五公山。所以又号为五公山人，和明末遗老，俱有来往，作《此书》倒是主张种族主义的，因而成为禁书。"我听了，知道芙师是《此书》的知音了，便向他借《此书》一详阅（又没安好心，是要另抄一本的，呵呵）！芙师答应了，却说了两句妙语道："《此书》若被政府看见，便有所借口了。"我答的也有意思，道："《此书》若教革命党看见，便有所借手了。"芙师不觉微笑。先生虽老，尚有雄心，特不肯露泄。看某君集句赠他对联道："故人慷慨多奇节，天下英雄惟使君。"就可想见

其为人了。我也常拿张船山的"英雄肝胆依然在,只是逢人不肯狂"两句拟他。

抄《此书》 革命战略

《此书》拿到寓中,喜不自禁地对仲伏说:"得了一部革命兵书,快来看!"仲伏一翻道:"甚么书,抄的这么工整端丽?"——不错,写的是一律工楷,匀净到底,怕是原本都不定。我笑道:"你问此书的名字么?就是《此书》!"仲伏本来知道,便说:"是王五公山人《乾坤大略》么?"——是的,《此书》后经别人改为《乾坤大略》,并不及原名好。要知原名的好处何在?请看先生自题《此书》后的七律云:

十二陵荒烟草余,几人着眼看皇舆。滴残胚血缘何事?画遍炉灰是此书(是何等沉痛,岂可改名?没却他的一片心事)。龙虎韬雄倾峡水,江山策定闭户车。王云未改天心巩,肯使隆中计略疏(先生自负如此)。

当仲伏看了此诗,教我和一首,我乘兴和起来,便是:

老去英雄恨有余,惊看胡马遍方舆。天崩地坼成何世?国破家亡剩此书。有客闭门修霸略,无人仗剑誓戎车(因先生《此书》后,尚有愤语数则,意谓我不能为,后世子孙必有能为者,子孙不能为,他人亦必有能为者。其希望甚切)。腥风扫净山河定,始信先生计不疏!

后来勿幕看此诗曰:"我与汝仗剑起矣!"当时计算全书字数,分日抄写,七日毕,并邀王一山同抄,且讨论了一番,把前两章定为"革命战略"。原书注重西北,并有不得已再取川中为根据之说。我又和焦子静君,说明《此书》大意,请他留意,道:"我不久要离开此地,这就是我们的办决,不可忽略!"焦君曰:"留一部作底子,将来多抄几部,大家保存着传阅好了。"我说:"很兑!"

惜别长安 忆任才子

五月间,屡接东京同志来函,都报告革命实行期不远,自然用的是隐语。我曾在仲特先生处，看见先生的侄子宜之，从德国来一信，纯系庾言。我猜是说中山在欧洲预备大举的意思。仲特也说不错。因此我更决意东游。那时却有几种恋恋：一惜别同志，入秦目的，即在联合同盟。预备立西北革命基础，并排除保皇立宪的空气，不许他入函谷关，这件事总算办到了，同志们来往很亲密，胜过同胞弟兄。仲伏善辩，常到公益书局去，和诸同志谈话，他最爱任君——号任才子——为人极慷爽，尝详论清廷所订咨议局及资政院议员选举章程，对于被选资格中，家产值三千元一条，很肆攻击，对人说："我有二千五百金家资，很够当选资格。"人都知道他很穷，于是诘问他怎么会有这些家资？他说的很妙，道："我老婆和我的女儿，是两'千金'了。我和我儿子，两个二百五，共起来，不是二千五百金么？"俗以无赖汉——强汉——为二百五。任君自命如是，所以听他说这话的，莫不绝倒，真是滑稽之雄，勿怪仲伏之临别依依也！一惜别学堂，我在高等学堂，虽教的是干燥学科，却因发起校友会，和学生很接近，又对本科学生，特自编《大代数》，正教的入味，自觉在数学教科书中，别开生面，这一走，就算中断了，安得不怅惘！一惜别张五，老衡虽没被我拉入同盟，我承认他是个特别同志，很想劝他把官丢掉到外面去，所以勉强成五律一首，赠别云：

秦中同作客，此别苦为情。三去千秋国，孤身万里征（因仲伏不欲东去）。浮名还赚我，久宦太劳生（此从古人"忠孝太劳生"脱来的，生是生平之生，不是"小生"之生，然和我字对起来，有些嫌疑，所以声明一句，便寓劝他莫作官的意味）。为问息肩日？还期四海平（这两句和两人说起来，就令不为浮名不久官，也息不了肩。因为革命未成功，四海不平故。四海平三字目的很远，直达大同世界）。

还有《别同志》一律，却不大记得，乃王一山评为"尽在不言中"者，自然不用提了。一惜别书肆，长安南院门前，古书铺很多，大有北京琉璃厂光景。我和仲伏常到各书铺买书，其实买的很少，翻看的很多。往往遇见一部价贵的奇书，一个翻前半部，一个翻后半部，回来说一遍，就算记下了。书贾也知道，然因时常照顾他，不好意思不让翻阅。还有些想买未买的书（因为我的薪金，时帮助同志，所以连买书的欲，也牺牲了），更教人难舍难离。我曾对仲伏说："天旋地转，我们再回来的时节，怕到南院门前，还踌躇不忍去哩！"

女革命员二人　子良化龟

玉青因听人说，她的母亲病重几死，所以一知道，我决意离秦，他便先回去了。这里要补一段故事，就是玉青也加入了同盟会，却不是我介绍的。因马开臣有一天到我寓中，我不在，他问玉青某某同志的消息，并说出长安同志要在他家开会的事情，玉青漫应之。我回寓，玉青质问我革命党在此地人不少了，也不见作出甚么事来，我心里好生惊怪，便反问道："你怎么知道？"他笑道："还瞒人哩？开臣全对我说了！"说着举出谁是同志，谁是能作甚么事情，一点也不错。我知道开臣露泄秘密，也没同玉青多谈甚么，乘机到开元寺，找到开臣，对他说："玉青并不是同志，你怎么把本党秘密全给他说了？这还了得！"开臣听了我这话，一声也不响，面上露出些慌恐。我又安置他几句，说："不要紧，玉青不至于陷害我们，怕甚么？"话虽如此，开臣到底不放心。他独自去找到玉青，劝她入同盟会。玉青答应下来，自写盟书，给了开臣，开臣才放心。以后同志便不避着玉青谈话，玉青对革命也很热心起来，每说总要作出一番特别事情，叫大家看。这时女子加入同盟的，玉青外，便是邹子良的夫人。夫人名师斐，便寓着以俄国女虚无党员苏斐亚为师的意思。他的体格强似子良，有丈夫气概，行动绝异寻常女子，和玉青来往很相得。师斐和子良的结合，是由勿幕介绍，勿幕曾对我说过师斐的派头，真能配得子良，所以我对师斐表相当的敬重。子良力不敌师斐，尝戏呼为"土匪"，但也很爱他，尝对我说："师斐大有用处，我还要让他一头！"我戏语之曰："这话表示君向师斐缩头耳！"子良大笑，我的话有来历，因为子良曾告我一异梦，说："他夜梦化为龟，游戏水面，很自在，不知何兆？"我戏曰："君将曳尾涂中，不为革命牺牲，是庄子化蝶的第二梦！"子良说："靠不住！"因他是决意牺牲的。但我常对玉青说："子良化龟之梦，若非相知，岂肯告我？"玉青说："这便是革命人员朴直处！"

一篇起交涉的文字 革命符咒

玉青去后，长安没有特别事件可记。只焦子静君介绍四川同志谢君来见我，说西南革命的预备很急，更坚我去国的心。又在上海办《民吁报》的于右任君到秦，曹雨亭邀我到他家相见，没谈别的，但听于君说："你那一篇《国民之自觉》，登在《民吁》上，惹出交涉来，日本领事某，用红笔把你那篇文章，号出许多句来，作证据！"我早听到此事，固不是单为我那篇文字，那篇文字，却是交涉中的要品。其实也没甚么，不过揭出日本对韩的野心，及军国主义的假面目而已，便招倭奴的忌视，但我却因此觉得那篇文字，有保全的必要，可惜当时没向于君提明，叫他为我特别捡出那篇文字来！只说了些闲话，最有意思的是于君在雀战中间，忽然高吟出两句诗来道：

天孙枉被牛郎笑，一角银河露小星。

且再三复吟第二句，我知道这是张船山娶妾，戏赠其夫人的诗。于君为甚么咏此？呵！明白了，听人说他在上海纳妾，此番回家见妻，自然有这等感想。不然，我又错猜寓着甚么特别意思了。因我尝评"一角银河露小星"，有神秘的美感。又曾于前岁七夕望银河，注视牵牛星旁的小星，对玉青谈过此句的，所以特别记得。右任有《半哭半笑录》，虽系子云少作，颇有革命火气。清吏升允见而大恶之，欲兴文字狱，于君始遁海上，然由是得名。勿幕年少甚狂，常拟赠于君诗云："当年哭笑寻常事，升允与君大有功。"我笑曰："这两句，也未成熟。"所谓眼高手低，正是此时状况。最可笑，我有和友人三绝，很恶劣，且有莫名其妙的心理，便是：

七尺肮脏骨尚雄，无穷心事问天公。向君只借湛卢剑，一扫群魔世界空。

无畏禅师号大雄，三十六棒判私公。迩来看遍华严界，撒手人间万事空。

纷纷猪狗尽称雄，天道原来不算公。还幸健儿能却虏，三千强垒

一时空。

勿幕见此,亦不满,但谓第三绝云:"末两句必验,是革命军成功的符咒!"呵呵!你看"符咒"两字,有多么挖苦!玉青也特别记诵此三绝,所以还能补叙出来,不然,要埋没了一片神秘心事!

独别张襄初　壮快纪念

我和仲伏,拜别诸同志毕,仲伏忽然对我说:"几忘一要事!"我见他说的郑重,反问何事?他道:"不是别的,听说张襄初回来了,他一定要在军界占一势力,将来革命起兵,万离不了他,我们现在就要走,不及介绍同志给他了,但须见他一面才好!"我道:"不错,此君在东京为子奇介绍入同盟,并见过几面,记得他是学骑兵的。"当时已知道他的住址,便同仲伏到他寓中,他正在院中,见我们自然欢喜,让坐谈话,略问陆军各同志消息。张君说:"大半都回来了,由部分发到各省,充新军教练等官。"我问他:"已得差事么?"他说:"我曾见当道,说要派我差事,我还没答应。"我们劝他无论如何,总得加入军界,以预备革命。说毕,我告诉他,我和仲伏,即刻要走。他很怪异地说:"怎么这样着急?"言下露出想教我们再住几日的意思。但那时我们已经整装待发,只得郑重分手。我在路上对仲伏说:"十年内军队革命,定能成功,但离社会革命尚远。"仲伏说:"走一步再讲,我看出不了二年,就要发动。我们所制造的'宣统二年半'谣言,非应不可。"我不觉点头道:"也许!"这时勿幕已到南方去了。临别时放下一封书,介绍寇圣扶联合蒲富一带刀侠。圣扶曾来寓,报告某刀客被官吏捕去处死,可惜失却一侠少!圣扶和李仲山是师范学生中同志。仲山黑面刚肠,有李逵外号,和邹子良友善。临别时,忆诸人不置,仲伏因咏他曾作过的诗为纪念,曰:"我备快枪君炸弹,大家莫负好头颅!"又曰:"此后相逢竟何似!死生流转讵能言!"完全一片革命精神。所以大家都莫有儿女可怜态,这便是初次离长安时,壮快的影子。

两袖清风　要银钱做甚么

我与仲伏、胡子毅三人，共随老父东行，由潼关渡河，到家。一路上也没有特别可记的事。惟在黄河渡口，怒责厘局检查员云："不看是甚么人，都要搜么？"这话实在没有理由。但那检查行李的，好像受了催眠术暗示一般，便放我们过来。那时子毅稍形慌恐，我也莫名其妙。及到虞乡宿子毅家，他才说箱里有些黑货。仲伏很不以为然，我解劝了一番，并云："在长安时，曾因吾党经济不足，想起那'论目的不论手段'话来，打算贩卖烟土。玉青也有此意，我却为'名誉'两字束缚住，不肯做。今天无意中倒做到了！"因子毅也是同志，素日注重经济活动，曾在河东创办织布厂，一来为的是容纳同志在内，二来为赚些钱好作事。这目的没达到，所以乘我在长安，贩了一次百合，换了一些黑货，虽然发不了大财，总有点赚头，比到我两袖清风的归来，强的多了。却说这"两袖清风"，本是同志开玩笑的话——因为我起身时，盘费几不足，全仗仲伏作了三月英文教习，剩余几个钱，才走脱，所以他们笑我是"清官去任"。论起我在长安，住的房子，每月房钱，不过铜钱两串，尚不到两元钱，好似白住人家房子一般，又不是米珠薪桂，"长安居大不易"。旁人都说我每月百金，必富余好些钱，又没给家里寄钱，怎么一贫至此呢？我原没计算，一日同玉青说起此事，他道："把每月两千斤馍账忘了么？把给某某同志接济的钱忘了么？"是的，我在长安，有"穷孟尝君"的号，座上客常满的。至于接济东京住的同志，也有两三次，这全不在话下，却说到家，见了母亲，自然欢喜，我笑说了一句："莫给你老人家带回些银钱来。"老母道："只要我娃你好好的就是了，要银钱做甚么！"真的，老母只痛他的孩儿，一切都不在心里，每一念及，凄然泪下！

怪梦　"杀媳妇"

在家住了两天，和仲伏到解州一游。到玉青家里，那两位老人家不用说，是殷勤招待，玉青把某人在长安误报母病的话，给我们讲了，自然是怪那人瞎说乱道，像有意骇人似的。说起来，大家又反引为笑乐。曾同仲伏，访柳鉴一及诸友。有人请仲伏写对联的，仲伏不好推辞，写了一联成语道："得志当为天下雨，论交不愧古人风。"这虽是旧话，却道着当时一片心事，并给我二人前途预写了一个影子，所以有纪念的价值。那时不能在解州多住，因急欲东行，到日本和同志商议革命进行事宜。把这话对玉青说明，邀他同回安邑。是夜曾得一怪梦，梦有一人，一箱，一大鸟，在河滩，我从滩里经过看见了，很奇怪，却有一人问道："这一人，一箱，一鸟，要上天，你试想一个法子！"我梦中想道："这是一道算学问题，很容易。"当下便对那人说："这有何难，将人装入箱内，用胶粘箱于鸟背上，岂不是一飞冲天！"说毕，即醒，记得很清爽，时七月二日也。次早向大家说出，都道是个奇梦，有人说："这一定有个预兆。"我那时绝不信梦，只说出来，当笑话讲，反连累大家胡猜起来，真乃对不起人。仲伏更不信这些。哪知道后来，倒好像应在他的身上，很怪！这且莫提。过了两日，我和仲伏同玉青三人回家，路经某村，跟随人忽道："孙家媳妇，就杀在这村里。"仲伏惊问道："怎么把媳妇杀了呢？"我笑道："杀媳妇是俗话，就是娶媳妇的意思。"他问："娶怎么成了杀？"我说："杀字是从索字音转，索有求意，所谓予取予求，是也。或曰从'说'转，杀不及索字妥当，有地方叫讨媳妇，日本叫贯，也是求索讨要的意思，可见把女人并没当人看！"自然说到女权论了。

行路难　覆车

到家住了几天，便同仲伏起身，坐轿车由茅津渡河，到会兴镇，车换短轴，因轨窄故。此时陇海铁路，才通车到洛阳，尚须行两天旱道。走到峡石，天落雨，不能走，住破店中，店家问："还是吃饼(音如顶)？还是吃面？"仲伏笑道："你看如何？"我便想起仲伏初来长安时，说他在河南路上，被店家问了这两句，大吃一惊，心里说："这不是《水浒传》中，张横讲的：'却是吃板刀面！却是吃馄饨！'一样声口么？"所以他这样问我。我也一笑，说："这话真有些含糊，不知吃饼(顶)时，他怎样摆布客人，怕烧烤起来都不定？"这话把仲伏也说笑了。闲话少说。第二天，阴雨仍未停，峡石山路，泥滑滑行不得，破屋又漏雨，幸是暑天，就在檐下打铺。同行者有常走这条路的一人说："'张茅峡石不种田，逮住客人得半年'，一点也不假。这雨不停，真把行路人坑死！"我又想起老父在嵩县经商时，往来此路，受尽艰辛，曾对我讲过这一路危险，常有刀客出没！现在又听见了这些话，未免愁烦起来。还算好！到第三日天晴了，赶紧上路，在某处店房打尖，看见壁上有两句道："头戴棉花圪塔帽，脚穿秦椒皂角鞋。"题为《书所见》，下署世界第一诗人题。我对仲伏说："你看！这不是火神弄的笑话么？"仲伏说："一点也不错，定是他去年回家时写的了。却也是真话，此地妇女缠足，完全是秦椒、皂角样子，真难看！还不肯放了，有甚么法子？"火神是只君外号，以后再讲。车行将近洛阳，赶车的觉得路很平坦，没危险啦！一个不小心，把车咕噜的赶翻了。本来窄轨，行高轮车，不很稳当，这赶家自夸他很能干，一路没翻车，这一下子可丢脸了。幸亏没伤人，我头上稍微擦破一点，仲伏用牙粉给我敷上，也没大妨碍。正所谓"不跬于山，而跬于川"，很长了一番见识。

洛阳石狮当铜驼

到洛阳，我的鞋底磨穿了，仲伏同我至一鞋铺，买了一双新鞋。当下把那双旧破鞋踢到铺柜底下，穿着新鞋出来。仲伏笑说："这好像你没穿鞋来似的！"我想起在东京数年，没有洗过衣裳、补过靴子，总是等旧了破了，当下抛却了，换新的，说是养成"革命性质"，自然是可笑的心理。所以听了仲伏这话，不觉冲口而出，说道："这也叫革命行动。"两人到洛阳城里，闲游了半晌，毫没目的。但去看了一看甚么藩台衙门前一对大玉石狮子，土人说是汉宫殿故物。从前西太后那拉氏，辛丑回京，经过此地，看见这两座狮子，很爱他，想移入颐和园，到底没弄的动。相传有些灵怪，这自是谣言。我并不管这些，但用手摩挲了一番，叹曰："此与当年铜驼等耳。"回到店房，商量明日到郑州分手，我向汉口，仲伏向北京。想到"同行不舍伴"谚语，当然有点不快！

黄鹤楼怀古

两人到郑州分手后，仲伏的前途，我是照顾不到的了，只得照顾自己。因三等车人满，坐在行李车上，倒反觉得宽舒。汉口下车后，遇见陕西田君，是熟人，同着某君，到日本去的，喜甚！邀作同伴，一登黄鹤楼故址，原楼已毁，只余张之洞修的奥略楼，尚可登览。汉阳树、鹦鹉洲，依然在望，自使人动怀古之思。惟不知何人在故楼台上盖了一座洋楼，未免大煞风景，遂惘怅而返！后来有"昔年鹤去今楼空，江水无情只向东"一律，其实便是这时候的感慨。

江行安稳　闲评博览会

初渡长江，心里自然要和黄河比较一番。河浊而江清(有人说河水，一澄即清，江水澄久始清，因河速挟泥沙俱下，看似浊而实清；江渐浸尘土于中，看似清而反浊，江水没实验过，河水确如人言)，河束而江宽，河急而江缓。三人坐在小火轮房舱里，几不觉船动，江平可想。那时南京初次开博览会，田君和我说起来，想到那里去游玩游玩。我说："也可以，只愁盘费不足！"田君说："不怕，我们带的钱多，可以借你用！"我说："那好极了！我陪你们走一趟。"于是同到南京下船，在下关旅馆歇足。吃过饭，问博览会在哪里？伙计讲："离此不远。"真个是很近，一绕弯便到了。三人买了入门券，到里边，看见地段很宽大，倒也像个博览会样子。各省独有专修的物品发卖所，叫甚么湖南馆、江苏馆、广东馆、四川馆、直隶馆，都有特别出品，陈设的也很华丽。特别湖南造的新瓷器，几乎可与江西景德瓷并驾，改良的花样尚过之。已经有许多人订购下了。将订购人的名字都记在札上。中间最注目的熟人名字，是于右任了。我心里说："他倒跑的快，又到南边来了！"美术馆中，陈设的湖南、江苏刺绣品，算是第一精巧。有意大利皇后绣像，逼真影片，都丽绝伦，标价十万元云，自然都是贵族奢侈品，与平民无干。山东馆博山玻璃公司还陈列了些科学用品。最出奇的，是东三省馆，附设动物园中有三省产的虎、豹、麋鹿等物，大有蛮人气

附：罪案

象。最狭小的是陕西馆(里面，有《碑林》字帖，我想起在秦时，只君教我买一套《碑林》全帖，说："在本地觉得寻常，到外边便成了宝物。"我因不爱这，所以没买，今见此，颇有悔意)。还有山西馆，也很狭小，倒是友人陈汉阁手制的花果，逼真原物，为一时异品。最可憎，是把傅青主先生真迹十二条屏，标了个数十元价目，真辱没古人不浅！又陈列几座康熙瓷瓶，却都标了十万元价目，怪事！游回来，三人评论了一番，夜里还到戏园，看了一本《血泪碑》，算是新派戏，有点布景，一时便想起"改良戏曲"问题。

海上遇秋心　看戏冒险

次早乘沪宁铁路走上海，路新开，车也宽敞干净，茶房招待的又殷勤，每站必递手巾，请乘客擦脸。特别是我听到那"卖吃食"的，叫道："五香炒鸡蛋，南京豆腐干。"其音清亮。蛋、干，声如叠韵，很觉得有味。比较在日本火车站，听到得阴沉的"辨堕！辨堕！"(实是办当两字音如此)声，一在天上，一在地狱了。这或是"爱国心"的冲动也不定。呵呵，到上海，访右任一谈，说起南京博览会来，他道："你没注意，会中寻不出一把洋伞来，中国工艺之不发达可知！"因为博览会，是夏天开的，所以他感知这洋伞的缺乏。我到上海已八月初，但南方还算温暖。右任给我介绍了几个朋友，最有意思的，是那位号秋心的某君。因为我在东京时，作了几篇小说，曾署秋心两字，此君在沪上作文登报，亦署秋心，两边朋友，都起了误会。有把此君文章，猜成我作的，把我的文章，猜成此君作的，互相疑问起来。虽曾用书信辨别，还有许多不清楚的。我于是绝意废了这个署名，两个人并未见过面，经于君一介绍，自然是相视一笑，我曾拟一绝，赠此秋心云：

满目河山恨，君愁我亦愁。哪堪江浦遇？又是海天秋！

友人有评此绝，恨愁重复，我不承认。恨是客观恨事，愁是主观悲愁，自是两截。末二句，却为勿幕激赏。到夜里田君邀我看戏去，我当然高兴去。因为所谓两宫殡天后，我到长安，就看见咸宁知事某，有张告示禁演戏，中有两句顶好笑的话，甚么"两宫升遐，百姓有三年四海遏密八音之义务"。这一来，教我在长安没戏看了。一年后，到乡下听过一回秦腔，真冤枉！所以在途中看戏很勤。这一夜戏，有恩晓峰的《空城计》、林黛玉《断桥》，表"许郎害的我好苦"一句，若自感身世，声泪俱下，很过戏瘾！小翠花的《蝴蝶梦》，是前三年在青岛看过的角色，有故知重逢的感慨。完场，有一回《仙人跳》，是上海滑头戏。田君坐不住了要走。我看戏，照例要"看到尾"，所以只得请先行。我把这回时兴戏，看完了，一个人出了戏院，已经到夜半十二点钟了。从四马路过来，有许多女子，乱拉客，心里知道这就是人常说的"野鸡"——野妓了，便放开脚步，大摆脱地闯过去。回寓对田君说明，并戏曰："我有一副对联了！"便道："理学者怕看《仙人跳》；冒险家误入野妓群！"

好事者　海上两绝句

三人乘日本轮船，由上海出发。在船上遇见直隶李君，是春柳社社员。春柳社者，东京中国留学生所组织的"新剧团"也。我曾在青年会，看他们演过《茶花女》，总算是不错的。李君和子奇相熟，何公馆时代，常常会面，所以记得清，认得明。我问他春柳社消息，他道："同人全回国了，在内地提倡新剧的不少。"说毕，又问我这几年在哪里，我告诉他在长安。他又问："在长安会作甚么事？"我道："没作甚么事！"这先生很妙，听了我这句话，摇了一摇头，笑道："不能吧！你这……好事者。"好笑，"你这"了半天，才想起这"好事者"三个字来恭维我，和"遗臭万年"的话差不多吧！我只得一笑完事。却说头一天有风，起了海浪，且是阴天，心里好生不快，和田君谈起江船平稳来，如昨如梦，因占一绝云：

浪急疑掀海，云低欲坠天。愁风复愁雨，空忆过江船！

但我照例不晕船，仍时时在甲板上，四望茫茫大海，白浪沸天，起此壮快的念头。到第二天，天气一晴，午后横来一片云，飞过船顶，洒了一阵急雨，急雨过后，眼前忽现奇丽的美观，日映一道彩虹，正落在船头，成七色锦带环围起来，好像特给这轮船，加了一种天然花圈，我高兴起来，又占一绝云：

忽见海云飞，更觉海风骤。急雨打船心，飞虹落船首！

田君大赞赏,连前一绝评起来说是"海上二绝"!船至长崎停半日,曾上岸一行,时日本热暑未退,街头尚有卖冰的,三人都饮了一回冰,又上船。第二日,由日本内海向神户出发,风浪仍未减。

神户感旧

神户下船后,忽想起那年走青岛时,路经此地,和汉园同游布引山。布引两字,是写那山中瀑布的样子。在那山上,曾遇见程仲渔,说他在长江运动失败,归途在长江几落水,因用手杖在地面写石达开诗句云:"我志未酬人亦苦,东南到处有啼痕!"不胜感慨!此情此景,历历在目,所以强邀田君及某君,到布引山一游,看有甚么变化么?不妙!前次山门,有天真烂漫的女郎招待,这次没有了,已有"去年人面"之感!天也不凑兴,下起雨来了,地湿滑不好走,但目的在再看那银河倒落的瀑布,直向布引亭中来。却见那瀑布溅雨化为浓烟,蔽遮涧谷,连瀑布影子都看不见了,但听见澎湃声音而已!肚子不高兴,回来了,漫写一绝云:

　　重来三岛心情异,又到名山景物非。

　　瀑布牵愁天上落,飞烟溅雨恼人归!

心里便有不久居日本的意想,因此行,纯为和同志商量革命方略,绝无其他留恋故,所以拿这一绝句,作了个预兆。

唱和赠答　欢然道故

到东京,到胜光馆,访张翔之君。此时同乡中同志,回国及他迁的很多,惟张君守胜光未去,相见极喜!道别后事。并问各同志消息,据云:"理臣尚在北京,太昭入顺天医院。亮工暑假回国,也快来了。"我访太昭于顺天医院,说起河南店房题壁诗,相与大笑,并说及《民吁》往事(时《民吁》已改《民立》)和"交文案"来,深幸理臣脱险!自然把鳝鱼记也告诉他了。闲谈了好些话,别去。又访见汉园,问子奇,说向东三省去了。他问仲伏,我告诉他说他到太原一行,或者也往关外去。汉园能诗,即席赠我五律一首,我依韵和之以答赠,有"世运仍阳九,君才自建安"一联,为汉园所欣赏。我又赠理臣两首五律,也是和韵答赠的,惟记一律中有四句云:"言语端木赐,文章司马迁。浮沉今古世,感慨定哀年!"理臣在《晋阳报》上,曾辟微言一栏,语甚精透,故暗用"定哀之际,有微言"为赠,不但使端木句活跃纸上。后来刘翼若君,评言语二句为死联,我说"有后两句,便不死"(这不是不服善,实是自负,一笑)。我一天,忽然想起三年前住的旅馆(千代田铺)来,到本乡一打听,才知这旅馆已经移了地方。我寻到了,旅馆主人很欢喜,殷勤的招待,还见了那位大姑娘(是我同仲伏称呼惯的)。这姑娘受的是日本古教训,我当时初遇,尚躲闪不欲见生客,后来却和我很熟惯,常谈些故事及风俗,算是公开交际。她性静,学弹古琴,自然幽雅。二姑娘是受新教育的,举止自不同,但绝无浮华习气。常笑我不修边幅,但我并不理会。最难得的,主人把我留的书箱,还保存在馆,当时交还了我。又问我子奇、仲伏消息,我告他仲伏和我都充当了几年教习,我问他水力电气工业,主人说:"失败了,还要研究!"乃郑重告别。

父亲哥哥 秦始皇开国会

到东京,曾访得铃木先生寓处。此君为陕西高等学堂博物教习,其夫人亦偕往,和玉青相善。暑假他们先回日本。临行,夫人将爱猫托付玉青。猫当我们离秦已失去,所以我到铃木寓中,会见了他的夫人,寒暄数语,即提起这话,说:"猫儿遁去,四出骁骑侦探无影了。"夫人却笑道:"很有趣,让他去好了,还找寻什么?"铃木不在家,我见了他的父亲——就是他的哥哥。这事怎样讲呢?因日本人重长子,长子无嗣时,可使他的最小的弟弟,给他承嗣。铃木教习,便是这样地给他哥哥作了儿子,但他仍称呼长兄,他夫人称呼公公,他儿子自然称呼祖父,也算奇闻。铃木可以写"父亲仁兄大人"了!这事是铃木夫人,告诉过玉青的,所以我一见他长兄,便想起这段话来,心里好笑。铃木很忠诚,他在长安学堂,无所表现,自我和张季鸾诸人发起校友会,中有"理化"一类,曾请铃木演说。他提出一"蚯蚓问题",讲了好半天,有两句俏皮话,说:"蚯蚓疏活土壤,功实过于秦始皇筑万里长城!"学生听得,很有意趣,才晓他很有研究,惜乎没有工夫再讲演甚么!

我此番到东京以后,学校不能入,自己便特别用起英文功来,读英译毛巴逊的小说不少。还有欧美名家小说,见有用现在习俗描写古剧的,以及甚么科学小说,把无生物齐写成生物,好似"草木春秋"作意,就想起蚯蚓疏地,如筑长城的话。打算做一部小说,把这各种意思,都混合到一处,弄出些惊人妙语。一天,偶到顺天医院,见太昭说:"我要作一部长篇小说,写秦始皇开国会,先派李斯出洋考查宪法,回来招集职员,开了国会。第一交出筑万里长城的案子,议员不通过,秦始皇大怒,把他们全坑了!"太昭没听完,便大笑道:"哈哈! 秦始皇开国会,奇想天开! "

贱海 听章太谈讲国故

亮工旋来东京,遇到胜光。说到别后感想,话很长。他留意国学,把所谓西学看的不大值钱,于是有《贱海》之作,中有四语,我记得清楚,道是:

耕种苟能勤,收获自然好。奚必鱼与龟? 始堪充一饱!

我以为绝唱,他很得意。因亮工如曾子固不工作诗,而踏实说理,乃有此妙趣。我时为人传诵,靡不欣赏,不独作者自怡悦也。曾记他和大家闲拟诗钟,攫得"西太后洋灯",他得一联道"其有龙漦之兆乎,纯是石油之功也",亦属拙而工之奇构。他那时入札幌农科,在东京没久住,便走了。但我因他又动了国学念头。听得章太炎先生,尚在东京,亲访之于先生寓中。先生正为其少女讲书,少女时不过六七岁,很聪敏可喜,口诵"八骏日行三万里,穆王何事不重来"诗句,跳跃而去,我不知他是甚么联想了? 又见先生替他编的《说文部首均语》,仿《千字文》体,首尾完成,惟用借假字很多,不易明。先生见我,问到仲伏,有怀旧意。时《国故论衡》已出版,先生赐我一册,我如得至宝。又听说先生正为大家择讲此书,时在听讲,并得闻讲《说文解字》,获益不浅。因先生注重声训,直溯因原,一洗数千年讲文字者之蔽陋;又本孔氏对转,发明成均图,使人了然古音之转化,皆奇著也。惟先生为人讲《诗经》,我未能一听,至今以为憾事! 又先生高弟某君,为国语学草创,取成均图,与欧西音韵掺和,并主张改良国语,

先生以示我,我见其中,颇能于先生说音处有所发明及修正,自是佳作。

怀幸德秋水　忆同盟

此番到东京,日本无政府党人,因幸德诸人为大阴谋事件——掘地道炸毁皇宫案。有人传说,他们制造一种极猛烈爆炸物,可以一举毁东京,此言虽不可信,但也有来历。因佛国佐拉,以自然文学派著名,他曾作一部长篇小说《巴黎》。日人译出,分为上下两册。其中写一愤世者,想发明一种爆药,炸毁了巴黎,再做出新世界来。幸德秋水,恨恶都市,故人拟其有此种大计划,其实他注意在炸毁政治中心的宫府,不过因爆发余势,有"火炎昆岗,玉石俱焚"的现象,也未可知。共二十余同志,入狱后,政府以高压力对待党人,所以连社会党都寻不到了。但某日报载,法庭开审情状,说幸德入厅,以目光摄旁听席某青年,露微笑。真能写出他的神情来!我以为某少年,必系赞成阴谋计划,而临时未加入,但决定非卖党者,因卖党者,必不敢旁听故。可怪的是法庭虽公开,却不许幸德诸人畅言始末,遂令真相至今不明,使人恨恨!既不得见日本无政府党人,又不得见同盟会中人,因自精卫入北京,谋炸清摄政王后,《民报》机关已取消,孙、黄诸先生,皆走欧洲,或南洋去了,我很闷!因此来,拟和同志商革命方略,谁料有此寂寞情况!心里说:"革命要停顿么?不能吧!"一时想到长安同志、太原同志,都有积极进行的猛气,我才在这里听讲国故,学英文(甚么荷马的《诗史》、斯宾塞的《社会学》、叶马逊的论文集,大好读本,由一个文学博士,特别讲授,觉得比在学堂五年的英文工夫强的多了。博士虽曾游学欧美,却是日本国粹派,常穿和衣,不喜西装。但思想,却是新派,很不赞成武力),到底有什着落?这样堕落下去,还不及在西安哩!时真所谓"胡思乱想心不定"了。

宋钝初谈话　忘了三大不自由

我胡思乱想一阵,没法自解。一日听说宋教仁君尚在东京,乃亲访之,和他谈起西北革命预备的情形,宋君对我说:"四川、两湖、两广、云南各省同志,都积极进行,大约一两年中,一定有大举,但破坏容易,建设难,我看同志从事于破坏一途的太多,对于建设,很不注意,将来要组织共和国家,不是玩笑的事!什么临时约法,永久宪法,都须乘此工夫,研究一番才好!所以我很想邀集精悉法政的同志们,一齐干起来,你以为如何?"我听了他这一片话,未尝不赞成,但我未能完全抛弃无政府主义,对于法律两字,几乎是深恶痛绝,如何听得下去!只笑说:"请君勉为其难,我是要作容易事情的!"宋君似乎想起我从前的主张来,便道:"我也不纯是注意建设,不去干那破坏事业,不过是说同志应该双方并重。"我便敷衍几句,辞去。虽说两个莫谈到一气,然而因此探得南方革命真消息,越觉得东京不可久留了。过了两天,钝初又到胜光馆访我一次,是说右任请他到上海,帮办《民立报》,并报告海外同志消息,然后又归到法律政治问题。我却不客气地说了一句:"民生问题,也须研究,才合同盟会宗旨。法律但能保护资本家,且是限制人民自由的东西,不可看的太重了!"宋君也说了一句:"不错!"就告辞走了。我答宋君的话,也有来历,因为前三年日本同志某,请中国同志在册折上,随意写几句话作纪念,钝初写的是:"道德、法律、宗教世界之三大不自由也!"我曾对仲伏说:"拿这句话讲,钝初也赞成无政府了。"还记得溥泉写的是:"或称我辈为匪类,亦不恶。匪与非通,世人之所是者,我辈一切非之,故曰匪类。"这自然纯是无政府党口吻了。

痢疾自治　非仕宦主义

一朝起来,觉腹中不快,入厕,乃知系痢疾——赤痢——一声也没说,自己到洋药房,买了些治痢药饼吃了,渐渐病愈。约计十日,朋友无人知道我病的。这不是恃强,因为从前同学某君,和我同在一个旅馆里住,他忽病赤痢,转进医院,医生检验病后,说赤痢是传染病,麻烦起来了。先派员到旅馆行清毒法,把各屋里都洒上药水,主人很忙了一阵,埋怨某友不该害这样病。而某友在医院,又受隔离法,不许见客,所以我这次病赤痢,只悄悄自治了一番,未曾惊动旁人,便是怕给人家闹麻烦。然也幸而没传染到别人身上，才过了这座难关，实在是操心！又因此疑惑到卫生事件，也可以不要官医张罗，由人民自己去办，自由的多。说起来，那时我刚三十岁，身体还算强壮，所以把这病十天半月间，就抵抗过去了。

曾对友人张季鸾说起自强的事，论到能强便好，所以好物品，俗话也说"强的多"，他很赞成。说可以办个"强报"，发挥这道理。因他才二十余岁，辞了陕西教习，又来东京，想和同志办一种中国青年杂志，寻我商量，我表同意，他并说："青年不是以年岁计，能自强的，虽年老如伍秩庸、大隈辈，也是青年；不能自强的，虽年少，也算不得青年了。"很通。他邀我作文，并要想一种美术的封面。文章，我是答应要做的，但对于美术，却是外行。忽一天，看见日本美术杂志上，载有中国琼花照片，很奇丽，想用他作封面，和季鸾、其相诸人商量，都说不佳。我登时也想起琼花一现和昙花一现，好像一种熟语，心里想，口里莫说出来，也就算了。因此单作了一篇非仕宦主义——《非仕论》——以警青年之热中仕宦者，颇详尽。给了季鸾，自然是寓着"无政府主义"。季鸾也莫管，登入第一期，此系后话。但也奇怪，竟没出第二期，岂非心中的琼花一现为之兆么？

美人目 不平念头

"如此美兮如此媚，媚如春风美如乐！"

我写出这两句咏美人目诗，给太昭瞧，他一见，便道："这是从欧文学中，翻译出来的吧！"不错，是我译自毛巴森小说中的句子。因中国文学家对美人目，未尝有此喻，所以人一见就能辨别出来。毛巴森小说，每用露骨写法，写巴黎淫风，有过于中国《金瓶梅》等笔法，但日本还没译出许多。我从丸善书局，买了几朋英译原本小说，有一长篇，写某贵公子密约一有夫之妇，到某山顶活的板屋中密会，为本夫所侦知，乃一著名大力士，悄至板屋外，将屋门从外锁起，用力将板屋连人推动，屋里人打门乱叫，他总不理，推到深崖边，更用猛力向外一推，只一声"下去吧"！只见那板屋用加速度，旋转而坠，从山腰樵夫头上越过去，直坠至于山谷底。那座板屋，好像鸡卵破壳的一般，爆坏了。男女两人，自然是粉身碎骨。（这一段,我只牢记得加速度、鸡卵破壳名句,余皆敷衍。)但剩下乱卷的衣裳,可以认出是豪华公子与贫家妇人。一时惊动了好多人,都来看。那农民中,有人发了一句感慨道:"无论贫富,到这死的时候,是平等的!"仍给太昭说一遍,太昭道:"人生只图这一时的平等么?"是的,一切人"生来死去"都是平等,惟有中间一段落,生出许多阶级来,甚么富贵贫贱,尊卑上下,有君有臣,有主有奴,有婆有媳,才弄得社会一塌糊涂,毫无平等可言!同时同地,不得享同等幸福。所以一般有人心的人,起了些不平念头,打算扫除现在恶劣社会,另创造出一种新天地来,使人人从生到老,一条线下去,更没阶级差别可说,岂不甚好!所以我听了太昭话,更觉得社会革命要紧了!

得了个回国好机会　遇见了山西老对头

当时既决意回国,实行革命,曾和陕西同志数人,相约游植物园,商议进行办法。群以南响北应,为定着,并提到中央革命的必要。我说明回国的宗旨,彼时陕西高等学堂,曾有信来,说学生逼迫周笙生(彼时称学堂监督)函邀我重到长安作教习,颇动怀旧之念。想起学生对我感情很好,我岂能恝然不顾他们的盛意么?不过我离长安时,曾有一番决心,非把革命大计划定妥,不再回陕。现在虽然得了些消息,尚无确实计划,如何肯去?所以婉辞谢却。但一面又想到北京预备中央革命,却想没有个机会能到北京。好极了!赵君、其相一日忽到胜光馆,说:"河南人因福公司要谋全豫煤矿,此间同人很是愤恨,打算用豫、晋、秦、陇四省协会名义,派人到北京力争矿权,我想你可以乘这个机会到那里看看,或者能遇着些同志,把北方革命计划起来也不定,岂不是一举两得,你愿去么?"这真是"天遂人愿",怎能不愿?我说:"好是好,但这事责任很重,怕不是我一个人能担得起的。"赵君说:"只要你去为他们定大计,决大谋,办事的自然有人。听说河南同乡打算派王月波及王某,同你一齐去。"我说:"好极了,只要大家议定了,我便走一趟。"大家知道,福公司是我们山西老对头!曾谋全晋煤矿,以致李烈士培仁投海,惹起一度大风潮。然后晋人全体努力争回三晋矿权。"仇人见面,分外眼红",所以一听说"福公司"三字,自然动一片义愤。若今天不替豫人出力,岂不是山西争矿结果,反贻害于河南么? 在大家意思,也以为我是争矿的过来人,一定有些阅历,所以当时开了一个四省协会,便一致赞成我同两位王君偕归。我三人受了大家委托,即日商量起程,并决定由高丽乘火车,经过东三省,入北京,因便利,且免风涛故。

亡国惨况 《韩京书感》

三人由长崎登船,过日本海峡,想见俄国波罗的海舰队覆没处,不胜感慨。舟行约半日,至高丽仁川登岸。目睹日本警察,鞭打高丽苦力状况,愤火腾天! 时日本已违背《马关条约》,合并韩国,一切政治权力,尽落日人之手。视韩人如犬马奴隶,故早在人想象中。国民之自觉文中,所摹写的日人得意情形,齐来眼底,乃知不止似小儿得饼,实在像饿虎捕食,恨不得把二千万韩人,活剥生吞,都咽到肚里边,才算满志。那一幅很恶凶暴的样子,真教人看不下去! 我们也没工夫停留,连忙改乘火车,到韩国京城下车,是要看一看亡国的惨状。

在高丽旅馆住下,旅馆中小使,都懂得几句日本话。他们知道我们是中国人,招待的很好。但问他日本对待韩人如何? 总不肯讲。自然是"敢怒不敢言"的情形。我们到大街一看,见了些商店、银行等,完全系日本式,甚至街名巷名,都改成日本市町的名目。望见韩皇故宫,和中国宫殿样式差不多,还遇见了些汉衣冠的官吏。居民皆白衣,犹是殷制。妇女绿衣蒙首出行,有负戴于道路的卖物人,令人想见三代古风。又想起高丽人参,到中国人开设的参铺一问,说:"近来高丽上等人参,全被日本人搜索一空,所以参价很贵,还得不到好的。"越叫人想见日人垄断韩人利权的可憎恶处。我回到店房,因得《韩京书感》二律云:

朔风吹暮野,惨淡入韩京。白袷遗民在,绿衣仕女行。冠裳犹汉制,都市已倭城。无限兴亡感,忧来不可名!

江山虽易主,城郭未全灰。误国多元老,交邻失霸才。故宫成寂寞,亡社足徘徊。箕子为奴痛，千秋禾黍哀！

冠裳一联，与误国一联，为同行二王君所激赏，尚有七律一首，已忘。

夜渡鸭绿江　梦入山海关

次日三人由韩京动身，乘火车北上。一路望见郊野萧条，村屋卑陋，过平壤道，想起刺客安重根，枪杀伊藤博文的事情，使人兴奋。夜十钟，到鸭绿江边，时桥梁未成，江水结冰，行人乘橇——冰床——滑渡冰上如飞。仰视冰天中，寒月半轮，光射银海，有身到北冰洋之感。坐冰床，片刻已至对岸，得诗两句，写这时光景道：

一叶橇舟千里客，半轮寒月满川冰。

至今思之，尤觉骨冷！宿安东县，乡音满耳。日本人居此地者，不及在朝鲜的横暴。然闻人言，时时因搜查韩人，有越境肆行骚扰的。且垂涎此地森林矿产，意图侵占，便使想起日本陆军派"南守北进"的野心。此时从安东走奉天，尚有多半窄轨铁路，火车环山而走。曾于转弯处出轨，幸未翻车。行至摩天岭一息，乃薛仁贵三箭定天山处，自然动怀古的遥思。曾咏一律，末云："辽野风云迥，摩天星斗寒。但教唐将在，壮士凯歌还！"（结句占争矿之胜利）时正仲冬，冰雪满地，寒气袭人，在火车中，尚不觉大冷。将至奉天，又得一律云："凄凄冰雪地，人说是辽阳。野旷无飞鸟，天低有牧羊。隋唐遗迹在，龙虎旧封荒（此句影种族革命，自然是说努尔哈赤龙虎将军）。莫问东藩事，而今更可伤！"（结到国家主义，奇怪！）

此律和者甚众，惟牧羊韵，友人许为独绝，因从《敕勒川歌》脱化出来，故难再胜。此外尚有一律，只记"关河无健将，草莽有伏戎"两句，写出马贼声势。奉天下车，宿栈房，曾到农林学堂访崔洵生，得遇陶佩三先生，欢喜过望，扰一餐而去。复偕两王君乘宽轨火车入京，夜过山海关，梦中被友呼醒，得一绝云："万里征人梦，惊心入汉关。可怜今'夜月'，犹照旧时山！"

激动外务部　大老官解释辫绳子

天津一宿,即乘车入北京。同至达智桥豫学堂,得见王团沙诸人,共议争矿办法。决定先到外务部,向当局陈述四省留学生争矿的决心。我既应代表名目,就不得不走一遭。那时胡维德作外务部侍郎,我们雇了两乘马车,去见他。还好,没挡驾,让到客厅坐下,谈了几句闲话,便说到福公司谋据豫矿的野心,非请当局力争不可。他说:"大家请放心!我们还能把利权让外人么? 学生们尽管求学好了。"我便道:"只要当局能力争矿权,学生们绝不喜欢抛弃光阴,来干涉这事情。不过学生们在外面,看当局好像没办法,所以来作个外交后援。"他满口答应和长官并力同争,我们才告辞走去。回到豫学堂,大家又商议,要开一个河南同乡会,也算开成了。我报告山西争矿的经过,及福公司的野心和政府的无能,非豫人自起力争不可。大家议定了几条办法,散会。王团沙诸君,又邀请河南同乡官,又在豫学堂开了一个会,请来几个大老官。妙极了!有一位姓丁的,年纪最老,官也算不小。他来了,大家让他坐在官厅中上面首座上,大家自然要听他的高论了。他却攫了个辫子问题来讲,说:"这辫不是汉人固有的,乃是本朝风俗。本朝古称索虏,索就是就辫绳子。"大家也莫名其妙。他说这话,是什么意思? 只好唯唯。更妙!他也不问今天为什么请他? 便抬身辞去,大家也莫留。我只暗笑地说:"这便是官僚争矿会议的结议么?"丁去,大家不过谈了些无关紧要的话,算完事。我据事直书,报告东京四省协会,哪管他们笑破肚子! 说也奇怪,福公司居然不敢硬来,但在天津某报上,说了两句淡话道:"河南人和福公司并无恶感,只景某人一个从中挑拨云。"我出是动了办报的念头。

堕落　蕙儿妙语

我对于豫矿责任告毕,才和山西同乡诸同志聚首,我便移住蒲州会馆。又遇见裴子青、苏连三诸君,都困居京中,无所事事。与杨雨亭君俱住三晋西馆,得遇李阁臣,是一个豪爽少年,我很注意。一日我在街市上,忽逢张翙初君,甚喜!他邀我到凤翔馆去坐,我问他到京何为?他道:"我打算在部里运动个差事,影住身子,好作咱们的事。"我道:"也好。"自然不很赞成,但我很爱翙初的洒脱,所以他邀我作狭邪游,我也去去。这其间的罪状,算不清了!偶逢腊月二十三,想起灶爷典故,于是戏写了一篇《留别书》,寄与东京同志,全是笑话,摘录如下:

> 白帝托孤,刘玄德泪如泉涌;宋营别母,杨彦辉心似刀扎!(这真不知从何说起!)腾腾热气,大似收生婆端来之汤;点点冷溜,又像吊死鬼滴下之血。(这一联,写六枚铜板澡堂盆汤屋中宝情。收生婆,吊死鬼,天然妙对。)羡诸君有女同居,自然高兴;叹小神无人在侧,何以为情?于是屡裹边务,不见玉人;再打茶围,忽逢神女。(数联大有眉飞色舞情况。但实际曾为沦落人伤心落泪,即所谓桐花庄董素仙也。)辛未到田三伙厨中,受他打骂真可恼;却落在吕先生家里,使爷水米不粘牙!(此乃诉告之辞;然实在碰着许多穷鬼,无以为生,且每日想穷开心,真乃罪过。)

就这样地堕落下去么?不能!一日和翙初到李蕙芬家,听他大骂警察,说:"他们都靠着我们花捐养活,还来欺侮我们!"我忽然触动"政府全靠人民租税养活,翻来欺侮人民"的痛感。便痴心妄想,要拉他作无政府同志,极力劝他从良,并撰一联赠之曰:"寄恨骚人空写蕙,含情芳草自能芬!"翙初评曰:"何减工部!自能芬好,不用什么三媒六证,月下老人,以及甚么济良所!"

陈慧亭妙语　吴疯子

这时清廷虽未下剪发令,剪发的却也不少。留学生回来,没有戴假辫子的了。我自然是秃头,也不觉得有什么怪看。当时还有请下剪发令的,却惹起一场笑话。因为那时剪去发子的人,都不大戴中国硬壳瓢帽。于是卖瓢帽的商人,大起慌恐,向清廷请愿说:"万不要下令剪发,以致防害我们的商业。"有一天陈慧亭(他那时充清咨政院议员,先我到京中的)到蒲州会馆访我。坐定后,慧亭同各位朋友通过姓名,谈起帽商不愿下令剪发的事体,慧亭便道:"这些帽商,可笑极了!原来是为沙做的帽瓢,并不是为帽瓢做的沙呀!"我不觉鼓掌大笑,真乃解颐妙语!坐中别客,却不懂的,等他去后,都问我道:"刚在陈先生沙沙的,是什么话?"我笑道:"你们不懂方言,所以莫明其妙。陕西人呼头为沙(四牙反)。章太炎说是颡字音燮,以小名代大名,他的话,就是说为'头'做的帽瓢,并不是为帽瓢做的'头'。"大家由不得也笑了。说起剪发的朋友,也不少,也有因剪发受过革命党嫌疑的,也有真是革命党的。别人不提,且说一个怪人。子青对我说:"这里有个吴疯子,名友石,是湖北人,说在东京时,认的你,想见你面。"我当时听了子青话,心里好生疑惑。我在日本时,认得好些湖北人,姓吴的固然有一个,并不是叫什么吴友石,吴疯子更新鲜了。但我听见他的形迹奇异,猜定他是个革命党,于是乎便寻他见了面。哈哈,才是白逾桓!我自然认得他。在日本闹取缔风潮时,他和我都是干事员,又是革命同志,却想不到他到北京,也不知他改了姓名。我问他的变易姓名的原因,他略说在辽东运动革命,几被侦探陷害,才变姓名逃出来的。到北边已经一年多了,交识朋友不少。谈到他在《国报》(日刊)上,曾投文稿,署孤愤子,我却见过,因在陕西时看见了这报,就很注意他的文字,因其有革命火气。故又说到他上年年终,于京中各报停刊时,办了十日小报,叫《岁华旬记》,便道:"现在又到年终了,我们再干十天小报吧!"我很赞成,并担任筹款。

香厂卖报　醉后吐真言

大家知道我来北京,真是一钱不名,怎么大胆担任为《岁华旬记》筹款呢?因我认得几个有钱人,他们因拉我作嫖友,还供给茶园费,我晓得他们一定有余钱。先对翊初同志说起,他极力赞成,慨然愿出三十元印刷费、纸费,我回头对疯子说,疯子说:"够用了!"于是大家就干起来。主笔我担任;疯子充编辑。采了些紧要新闻,果然于各大报停刊的第二天出版了。我的论说中,有责备各大报几句话道:"于每年最终之五日,不为国民计过去一年之得丧;于每岁最初之五日,不为国民定将来一岁之方针。"

（大意如是）翊初见此，吟味了几回，说："好！真能写出这一种句记精神来！"这时香厂开市，我和疯子及子青、连三等，各拿些报去卖。占定了一张茶棚馆前的桌子，卖起报来，铜子收入不少。熟朋友过来，送一张看。想起在东京散《平民新闻》的故事，颇意仲伏。这十天的文章，都含着平民革命精神，好多人说可惜在这小报发表！于是乎才动了办日报的野心。

一日饮于沈君实夫家，谈起办日报，他很赞成并有在他的办的《公论实报》馆发行的提议。疯子计算他在天津的差事，薪金积蓄了几个月，共有三百余元，可以充开办费。但干大报还要保押费，说是预备的罚款——定例须二百元。那么，三百元，如何能开办？实夫道："有个法子，向警厅去立案，说办白话报，就不要保押金了。"不错，这时候《北京话报》，已出版数年，虽创办人彭翼仲因触忌，发配新疆。此种话报，已深印入人脑髓。继起的白话报，也有几家，因浅近易解，风行一时，清廷因提倡通俗教育，所以对白话报免押金，自然说不到坏处。我是《晋话报》旧人，自然喜欢作白话，但因白话质直，若谈起革命来，不如文话来的隐约些，所以大家赞成文言。为权计，疯子听了实夫话，决定以白话报立案。对于报的名字，提议了几个。时有某君与保皇党人有关系，他道："梁启超办《国风报》（杂志），现在很是通行，不如就叫《国风日报》。一来可以借此扩张销路；二来可泯革命形迹。"最后这一句话，大概合了我们意旨。疯子先赞同，仍嫌袭取，我道："不然！国风是历史上的公名，不是一派人所能私有，况他们提倡邪说，辱没国风二字，我们主持正义，可以称得真正国风！"众议遂决。我那一夜吃醉了酒，裴、苏两君，扶我归西馆，路过魏染胡同，看见一家朱户，大声呼道："这都是平民的血染成的！"两位拉着我便走，到骡马市街，遇见一巡警，大声呵道："这是资本家政府的狗！"巡警先生，倒退了两步，苏君连忙对人家说："他喝醉了，莫怪！"我也不管这些，口里乱骂一阵，踉踉跄跄地走进西馆，还说了半夜醉话。差不多把什么心事，都完全发表出来。酒呵！你真是开心见胆的朋友！

国风出世　色彩俱足

南柳巷,《国风日报》发祥地。好笑呵! 四四方方一块小院子,四面间口不大的房子,上面房编辑处,门面房发行处,偏西房厨房和餐室。组织是没有的,完全无政府办法,各尽所能,自由担任。白、裴两君,可算是经理、编辑、庶务、会计、校对、发行,我可算是编辑、主笔兼校对。广告本然没有多少,每日只出一张,先印两版,后印三版,仅留一版广告空儿,也登不了许多。于宣统三年,阴历正月十二日出版。我作一篇宣言,大意是重在鼓舞国民,监督政府,两层意思上。一礼拜后,便有人提起注意来,说:"言论太激烈,怕政府要干涉,和平些儿好哪!"这一种话,绝不入耳。因为我们是知道"记者和监狱为邻的",还怕什么政府干涉! 惟有一个同志话,却说的好,他道:"我们虽自命为革命机关报,平时却不要露出消息来,只和一般报的态度,少微强硬些,特别要注重文艺方面,小说以外,再添些戏评、花评、谐评等,以供各方面人阅览,然后销路才可以推广。销路推广以后,一旦遇着发表革命的机会,把真面目再露出来,全登上吾党主张,自然能轰动一时。在外国凡政党的机关报,也是这样的。古人说:'养兵千日,用在一时。'报纸亦然,平素但养名誉好了。"我很以他的话为然,于是逐渐增加门类,如戏评,则设"笔歌墨舞"栏;花评则设"情天棒喝"栏(因为那时虽然邪游,终觉于良心不安。若再提倡什么花事,岂不是罪上加罪! 所以想出这"情天棒喝"四字来,可作一种警戒观,含着对于妓女的棒喝,对于嫖客的棒喝,对于老鸨的棒喝几种意思。虽未能尽合本意,纵和别报评花大有分别了);谐评则有"四面八方"栏(此栏包罗万象,全是平弹时庋,指摘社会的妙谛,为一般人所欢迎);文艺则有"小说"、"韵语"、"吟坛"诸栏。后有加"讽言"一栏,寸铁杀人,一时无两,是第一次《国风》特彩。

老蔡　梁山泊吃饭法

《国风》还有一个忠仆,姓蔡,乃随疯子到京的。年纪和大家差不多,

附：罪案

因称之为老蔡。说起他作的事，真合仆字古义。仆字从人从业，业为两手执业——即用两手做业事——他既充守门的，又当厨子，又跑街，又送稿子，又取报，又叠报，又送报车站，又请医生，又邀客人，又发信，又收报费，一天自早到晚，四支、百骸，没有停顿，真比电影戏里人还忙。王褒、僮约，不过这样。难得他一声也不哼，"一纳头只去憔悴"死地，给《国风》出气力。大家过意不去，有时劝他歇歇，他只笑一笑，有时给他一元两元钱教他用，他说："报馆这样穷，先生们都没钱花，我有吃的，有穿的，要钱做甚么？"总没用一次。老蔡呵！社会服务者，哪一个赶得上你！把我们长衫先生们愧死了！至于有吃有穿，也是笑话。一天两顿饭，"白菜豆腐，豆腐白菜；馒头大米，大米馒头"便是满案上的珍馐美味。吃饭时，大家围定桌儿，有座儿坐下，没座儿站在那里吃起来。风疾电扫，一霎时盘碗齐空。有空来时，随意加入，毫无限制，但不得争咸说淡。某日宁太一（和陈汉元办过《洞庭波》杂志，被捕于湖北，赋《绝命词》，有"断头台近岳阳楼"句，传诵一时。后释出。是年到北京，充《帝国日报》主笔，以冷峭笔锋，刺激时政，为论坛健将）来馆，看见大家吃饭光景，虎咽鲸吞，当食不让，大笑道："好个梁山泊吃饭法！"这真是对半说谎，把大块豆腐看成大块肉，把大碗茶汤看成大碗酒了吧！惟"梁山泊"三字当得起。说到穿衣，也没有什么讲究。单说我的贴身衬衣，半年一洗，其余人的衣服，也都是"老虎下山一张皮"，想调换一调换，也不成功。说到这里，我想起玉青寄我的袜子了。

袜子小说之始末

提起玉青，从我去后，他充了河东女学堂监督，贤、秀两女，也随他入学。女学在河东算创办的。玉青虽没什么学问，却有些办事才。这事我并没过问，但我到京后，曾写过一封家书，报告行踪。玉青知道我的地方，才给我寄信来，并相片两张。一时颇动思家念头，因覆玉青一纸云：

> 昨夜梦君，今朝得信；又见武装坐立之照片，贤儿清爽，秀儿愁，真个好看煞人也！不得归去，奈何！

此纸玉青记得很清楚，所以不遗一子。到办报时候，又忘了他们，过两个月,才想起来。乃寄玉青报一份,以后便拿报作消息,不再写信了。玉青寄袜子的事,本在后头,但既然提出来了,不妨倒叙一笔,有我作的《袜子》短篇小说为证,厚文录下:

袜子
悲秋(当时怕重复,有几个署名,悲秋其一也)

数日前,有友人自故乡来,带到内子手缝袜子一双,并书一封,略云:"京中尘土大,听人说我悲秋没袜子穿,先缝一双寄上也。"

试之,颇可足。社友皆美悲秋不已。悲秋回书云:"既知京中尘土大,一双袜子济得甚事? 然说先缝一双,则尚有后望耳;且正值足上袜子已旧时寄来,为可感也!"

"旧鞋新袜尚可将就,新鞋旧袜,便觉难看",一般社会,通通如此说。不知从何时传来这一种"审美观念"? 自己也觉得旧鞋新袜好看些(实在是没钱买新鞋)。只可恨京中尘土大,且黑,从来没三日的白袜子。每当大风四起,黝尘遮天,在街上走一过,袜子必然变黑,燕市真住不得也!

德国近世文学家哈依勒氏,曾走英之伦敦,法之巴黎,著一论,比较这两京的光景,略说:"伦敦,煤烟涨空,尘土污人;巴黎,花鸟明媚,长空青翠。伦敦是哲学家住的地方;巴黎是文学家住的地方。"又说:"有人问哈依勒在巴黎如何? 就如同鱼在水里一样。有人问鱼在水里如何? 就如同哈依勒在巴黎一样!"(后两语真是妙谛)氏遂留巴黎不归云。今使哈依勒在北京住上几天,怕又说是哲学家住的地方了,终须西向巴黎去耳。何物巴黎,移人如是? 曰:"有自由之空气在!"

闲话少说,昨日偶被友人拉去吃酒,中途遇急雨,街上黑土尽成紫泥,无伞无车,比飞行至酒楼,袜子已被泥水沾染矣,好不败兴! 酒半,予与友人均有醉意,友人大骂:"北京街道不改良,每月官家收得修理街道费,都不知向哪里去了! 天晴了有土,天雨了有泥,怎么能讲究洁净呢?"予曰:"这也怪不得,北京尘土是从城外来的,或说是从蒙古、辽东来的，就是观世音菩萨，也想不下洗尘的法术。"友人又大骂道："京奉铁路，每年赚八百多万，三等车没座位，四等车没顶棚，风雨尘都不管，把人当作畜牲看待，怪不得外国人欺负中国人，说中国人不讲究卫生！但看中国哪里有讲卫生的地方呢？教人天天在猪圈里讲卫生么？可恨可恨！"我接着骂道："他们每年赚的钱里头，足足有二三百万，是从三等四等车来的，饮水思源，也不知道！还懂的'人道'么？他们自己不是人，怎么能把人当人看呢？"于是两个人越骂越痛，越说越远，遂尔酩酊大醉，分手归去！

此时，雨已停，泥尚滑，夜正黑，醉后不知呼车唤马（这是假话，那年没坐过人力车，不一定是讲人道，实是为省钱）！跟跄趄道左，数步后，忽然想起袜子来，就路灯下视之，黑鞋与白袜一色矣！便索性大踏步向泥水里去，因思士君子有偶尔失足，遂同流合污，去与小人为群伍，致累终身。我今因袜子一污，便拖泥带水行，何异于是？乃思抽足，忽又自谓："我方急急归寓，为涤雪污染计，怕他怎的！且如此乾坤，哪有干净土耶？何妨世人皆醒，我独醉，世人皆清，我独浊！"（这几句在种族革命时代，自然别有感慨了）复乘酒兴，飞奔数步，一足外向几跌倒。因思士君子虽辱在泥涂，也要立定脚跟，磨而不磷，涅而不淄，才算是丈夫是豪杰！即如李陵降虏，胡服椎髻，思得当以报汉，虽未能遂志，而终不为匈奴画一策；苏武齿雪瀚海，居虏中十九年，虽娶胡妇，不失汉节，皆可尊仰者也。且行且思，不复知身在泥水中。比至寓，脱鞋及袜子，命仆速为洗濯，同寓者见之笑曰：'胡为乎泥中？'曰：'厌浥行露耳！'大笑睡去。蚤起，视袜子，已复白矣。"按此篇虽提出"人道"二字，隐露社会主义，毕竟不脱种族观。引李陵、苏武自况，皆太显著。惟结到袜子复白，不但我心满，亦使玉青意足，自是合作，一笑！

竹杠失败　典去少石白狐裘

《国风日报》开办费三百元，自然不到几天就完了。第二月，便维持不下去。我当时采用沿门乞讨的方法,由近及远,先向京中诸友借款,打算十元的八元的凑起来,可以积少成多。大家真看面子,都掏出些腰包来,给了我。只碰了一个旧同学的钉子,他应得有钱的名儿,却一文不肯拿出来,我心里很不高兴!忽动了一种恶念,寄他一封信,大意是说:"你如不肯拿钱,我便要发明你一件隐事,登在本报!"这算平生第一次敲人竹杠。哪知这位先生很妙,他回信大意说:"不料君用此手腕来喝诈,好极了!请你编出来,奇文欣共赏,大家看!"我自己笑起来,对友人说:"失败!失败!一杠子打空了,前途大不利!"但我内心是愧悔不及!当然未给人家登报。以后这位朋友,知道我是穷急所致,并非有意敲他,也就算了。京中朋友,大半都是穷人,不能继续出钱,于是又向外省去讨,凡有和我交识的,没一个躲得过去。近而陕西作知县的张老衡,远而云南作讲武堂堂长的李协和,都打到了,幸不脱空,但也有限的很,所以月月闹急慌。我没法,在豫学堂充当了几个月《算学理化》教习,每月车马费三十元,也填在报馆内且从中每月抽出几块钱,报效素仙茶盘子,罪过不小!有一天纸店逼的要命,大有不能付印之势,乃向杨少石去借,哪知他老先生也不现成,却好!慨然把他一身最宝贵的白狐皮马褂送我,当了三拾元,过了难关。我赠他两句诗道:"典君千金裘,方论大自由!"算一桩最深刻的纪念。过了一关又一关,警厅要保押费二百元——因为立案是办白话报。出版后,除过我所作的《邯郸新梦》小说是白话,其余全用文言,又因直言无忌,深触当局之怒,所以有人献策,说向本报提出责问,既不是白话体裁,便要他纳保押费,这一计真毒呵!

《邯郸新梦》的影子

《邯郸新梦》是长篇小说,便是和太昭在东京说过的"秦始皇开国会"笑话,即以为骨子。乱穿插古今事件,联成颠倒梦想,自然用圣欢的腾挪法,远远续起,以张良放炸弹,影合精卫;屈原办报馆,影合《国风》;打算以李斯考察宪法,影合五大臣;扶苏太子充资政院院长,影合伦贝子;然后再叙到秦皇开国会,陈陟、项羽、刘季等起革命军,赵高为内应。叙了二十余篇,尚未叙出李斯,因游太原,停顿下去。诸友赞此篇小说者很多,因只能于旧小说中,别开生面,把甚么却说,下回分解等字样,一概不用。每篇首只用两字标目,如传奇出目,但恨未能一气呵成地作下去,留下个不了心事! 这小说中,明提出一个侦探史伯龙来,和萧何有来往,却写萧何是革命党员,冒充官吏,阳作侦探,暗助革命。这萧何影程大胡子,他本是安徽休宁人,日本老留学生。因他到日本时,中国留学生不过十几个人,他入农科,毕业后,回国遇友人丁季衡,他自称是革命党。季衡恐他受祸,特荐于清肃亲王,才得充大学农科教员。及苏杭甬争路风潮起,他鼓动学生罢课,事为袁世凯所闻知,下令捕他,他重到日本,著《政界风云记》大骂老袁。俟清帝后死,袁罢职,他又回京。那时袁氏侦奴史伯龙,专以捕杀革命党为事,他和季衡商量,劝老肃用民政部权力,收回缉捕、探访两局,改成缉探局;再令季衡同崇铁青,排斥史伯龙,说他吞没《北京白话报》印字机,因置史于罪,解回原籍,交地方官严加管束。这算他们"屠龙"成功。乃以铁青和季衡接充缉探局正副局长。此后革命党人,才得自由入京。大胡子功劳不小,精卫的事件,若不是他运动,生命早完了。《国风》受他暗中庇护不小。

诡辩白话文 太原密行

说起保押费来,还有一段笑话。就是第一次催交费时,我在报上作了一篇诡辩文字,题目是《这就是白话》,大意是说:"中国一般识字人,大约能看《三国演义》、《聊斋》文字,所以听得人讲,在现在的报纸上,连一篇陈琳讨曹的檄文,都看不到。可见他们把古文都着做通俗文字了。本报的文字,总比陈琳檄文容易懂得,因而我说这就是白话。"自然是强词夺理,但也好得很。居然隔了两个月没来问。到第二次催交费时,便没法搪塞,只好求人家宽限时日,我才亲自到太原走了一遭,寻到南君佩兰,说明来意,他说:"现在同志在军界,得势的,只有伯川。现充标统,经济还活动些且比较旁人爽快的多。你当面请他筹款,一定能达到目的。"我听了他的话,密见伯川,说《国风》窘状,他立时答应筹三百元,我想这数,大可以敷衍过去,就欣然赞许,并谈到南方革命运动的情形。这时黄花岗七十二烈士的壮举刚过去,风潮似乎平静。其实各省同志,因受了这一种热血激荡,对于革命事业,分外的进行起来了。我到太原:一为《国风》筹款;二为密会同志。这时南君亲入军队运动,于下级军人中,得杨篯甫一人,说是一员健将,介绍见了面;又介绍见李君树森,乃充巡警道侦探者,为人极机警沉密;又见常子发,亦军界重要分子,激昂慷慨,有豪士风,并与李岐山诸人会议一次,很觉得山西革命根基稳固了。心里好生快活!南君又提到杜上化老先生革命精神,我也见了一面,以为大似山东刘冠三君。特因《国风》迫急,不能多停,且怕露出甚么风声来,所以款子到手,抬身便走。总之,这回太原行,不算空跑,与革命前途大生出关系来!

刺客行　勿幕赠诗

大家若要问我何以知道革命期不远?这不是一句话能答应得来的。最先是广东温生才刺杀将军孚琦一案,是那年二月事,我作了一篇《刺客行》,登在《国风日报》上面,中有:"一射将军头,二射将军肚,三射四射中要部……法官问刺客,刺客慷慨中怀吐。只好杀人只好色,不好饮酒不好赌,荆卿误拉秦舞阳,我自徒行无伴侣!……"颇为同志所爱诵。接着三月十九日,七十二烈士之役,为民党革命第一次大牺牲,其中最著名的是福建林君,在东京《民报》时代,群呼为林大将军的。此外广东花县人最多。人说是洪秀全的遗派,共葬于黄花岗,此种消息,惟《国风日报》登载最详,连记半月有余,各省同盟,大为激动。陕西同志进行尤烈,并勿幕时有来函,并遣张君携其家藏古画,到京沪一带变卖,以供革命运动费,且寄我一诗云:

读诗为汝悲辽阳!乾坤安有干净地?悔不当时生便休,又是来年二十四!我欲乘风视汝来,黑云冉冉天之际。

诗中"二十四"三字,被我猜到。因项羽起兵,周瑜统军,都是二十四岁。勿幕有周郎外号,所以感慨到此,恐辜负于这般好年华。他那年又曾亲到广东,和同志定约起事。张君来时,密告我曰:"陕西革命进行颇急,今年必然发动。勿幕希望晋秦同时并起。"我说："请告勿幕，一定办得到！"及游山西一次，大致已定，又因盛宣怀卖路风潮，乘着机会，大鼓动了一番革命。那时很有意思，是满人吾庐君，颇赞成政治革命且能文章工诗词，时寄稿《国风》。曾有一篇文曰《一盛宣怀挑动天下》，也可以想见那时风潮汹涌的现况了。这全是革命的先兆。

拔丁的运动大成功

《国风》发起的动机，固然是以鼓动革命为事。在我个人，则尚寓一番为友复仇的意思。所以一开首，便作一篇《东西两抚之罪状》，东抚是说山东巡抚孙宝琦，西抚是说山西巡抚丁宝铨！两人中，丁为主，孙为客。因从前说过的交文案，王理臣、张实生、张汉杰、荆大觉诸同志，或逃亡，或系狱，心中愤恨到了极点。故《国风》前半年，几专以"拔丁"为目的，直骂得那丁宝铨，神昏志堕，无地自容。尤以丁之五姨太太卖缺，丁之干女夏姬（夏学津妻）为绝好点染品。张贯三君来京时，告我一段笑话，说："某候补官儿，在饭馆里吃醉酒，学那夏姬。因夏某被御史参掉官儿，向丁求情，莺声燕语地叫老丁一声干爹，并拜下去道：'你老人家，总要给他想法子才行！'老丁连忙扶起笑道：'那自然！那自然！'这位候补先生，扭扭捏捏就学了一个穷神尽相。"我听了，编了一编，登在报上，真把老丁气死！冤家又碰着对头，那时荆大觉也在北京，是被丁参掉了主事的，抱病蒲州会馆，病刚好，我便请他入社，把老丁秽史全揭出来。时郭润轩正编交文案戏曲，大觉补正处很多，弄的老丁要运动封报馆。同时本报攻击曹汝霖，送了他一个李完用的外号。他气的不了，也有运动政府封禁《国风》之说。我将两件事合起来，做了两句讽言道："丁宝铨想运动封本报，哼！好脸子，哪儿配！李完用也想运动封本报，呸！啥东西，弗害臊！"颇为一时传诵。结果老丁莫把《国风》怎么样，《国风》算把老丁推倒了。因本报每日登丁的罪状，便有人向那清当国的庆亲王，说起丁的闲话来。一日开甚么政务会议，由老庆提出来更易晋抚的案子，大家都和丁莫关系，且听见报上登载丁劣迹太多，于是异口同声地，说是："应该！"便把这"丁"轻轻地拔

去了,换了一个姓陆的。

冷落了无政府主义

是年对于种族革命,政治革命,很用了些心为之鼓吹,对于社会主义——无政府主义——未免冷落。这有几个缘故:一因宣传种族革命的书报很多,光复旧物,推倒满诸说,深中于一时人心,所以各处运动都拿种族说作媒介,别的问题,自然是顾不到了;二因知识阶级,为共和二字所迷醉,以为推倒专政,施行民主主义,便心满意足了,社会问题,哪放在他们心里;三因朋友中,了解无政府主义的人,如佩兰、仲伏、溥泉,皆天各一方,应了那孤掌难鸣的话,所以我自己也懒得讲了。日本同志失败,海外消息一绝,也是重大原因。但我的心,未尝忘掉主义,所以对于日政府,处幸德秋水二十余同志于死刑,乘机把无政府主义五字,标露于《国风》,并为时评,以发挥之。有日某议员,因幸德案件,提出个正闰问题来,日本皇室,颇为之摇动,我却怕埋没幸德主张,于是特为辨白道:

日本内阁最近之变迁

日俄战后,桂内阁倒,西园内阁继之,颇执行所素抱之法兰西政策。一时自然学派,流行三岛,而温和之社会主义,且转为激烈之无政府主义矣。日本政客,乃不满意于西园内阁,桂内阁于焉再现,大施其武断政策,欲扑灭无政府党人,遂有去岁幸德秋水之阴谋事件,结果处死刑者至二十人之多!致起议会之反抗。某议员乃提出正闰问题,谓明治天皇源出北朝,而日本历史则尊崇南朝,如此则幸德诸人,为南朝复仇不为叛逆。桂内阁遂无以应,此事为此次总辞职之重大原因。然某议员之提议,实非幸德诸人之本旨。无政府主义,国界亦无,何有朝界?因此倒阁亦可笑也已!

这也没人理会,我又借五月五日,鼓吹五一劳动节,以午与忤逆意通,可表示克鲁泡特金所著《叛逆之精神》来,又中国五日不举子,正惧忤逆故。而欧西五一节,施行劳动者示威运动,亦抵牾资本之意,东西不谋而合,是为黄中通理云。自然是附会,然借此一发蓄蕴,痛快之至,哪管旁

人懂不懂！最妙一日忽见疯子作一时评，开首云："世界无善政府，此吾所叫绝者也。"我大赞之。心里说："他居然了解无政府，此何异巴枯宁口气！"但他立意，是说世界政府，不是卖人国的，便是灭人国的，所以都不好。这算只看到一方面罢了！

逢刘冠三　悼杨笃生

　　前篇所提出山东同志刘冠三君，是年夏，曾到北京。来时因奔走疾劳，卧病客舍，我因震旦公学的关系，未尝一日忘此君。听人讲他来了，很喜欢。亲身走访，一见如旧相识，见其形容枯槁，精神却健壮。我只向他说："湖南同志杨笃生，死于英伦，我们应追悼他！"刘君正在那拟挽联，笑应曰："是！"并谈到他担簦推车，遍走南北各省，访寻同志，至太行山下，在沁州得尺木大士《语录》抄本，给我瞧。我曾于《霜红龛集》中，见尺木上人的名号。他本是明宗室，国亡为僧，改名尺木，影"朱"字（因此想起所谓《推背图》木上挂曲尺，乃知此种识书，已早传于世。《红楼梦》，叙宝玉梦中十二叙画册，实本于此。木石因缘，亦影朱字。其言《石头记》者，正取石字头之厂，以加于木，成朱字。故有"昨夜朱楼梦"一句，以露出此字。悼红者，悼朱也，故有疑为悲明之作。此乃友人唐易庵说，当另详）。自然寓种族之感，其所为偈，多彻悟。最为冠三所欣诵者曰："释迦替我担担子，我又嫌他无气力！"二言，其自负不小，大有呵佛骂祖的知见，无怪乎，当年为傅青主所倾倒！

　　说到杨笃生，乃湖南同志中长于文学，且赋性激昂。游英之前，曾游日本，我偕诸友见之，痛谈革命，耻与杨度齐名。因相约戮力中原，及在英二年，为病魔所恼，终至陨河自死，或曰病殁。宁太一君与笃生有旧，闻讯亲来《国风》报馆告我，且嘱作一篇哀辞，感念旧事，挥泪成文，太一赞许，携去登诸《帝国日报》，所以我见了冠三，便提起追悼杨君的事。冠三和我谈到各省同志，曰："我在太原见续西峰，叹观止，故停止北游。"西峰，崞县同志，我于二次回国时，相逢并市，深识其为人，闻冠三此语，许具特眼。惟尺木《语录》，当时只从刘君处抄录数首诗，登诸报端，未能全写一过。今闻此卷已失,怅恨何似!

怀旧友　畹九悲吟

　　想起辛亥《国风》同人,颇足使人感念,先是有刘任秋君,投社会新闻稿,甚别致。一月后,亲来报馆见我,意思想要几个钱。时报馆正穷的没法,很难答应。我一瞧刘君名片,是平定人,用了一个极敏捷的外交手腕,便道:"我们都是同乡,我也不哄你,《国风》全靠同乡有钱的接济,我们全是尽义务,你老兄的访稿很好,本应该赠些稿费,无奈现在各处接济未到,请先尽几天义务,等钱来了,一定要送些零花儿!"妙极了,老刘也没竞争,且连续投稿,以后变成住馆编辑员,(我)才晓得他是左手执笔书正字,大家都很稀奇!还有个王赓雅君,山东人,信耶教,很是老成。在馆任发行名义,其实主笔、校对事全干。他不大出门,一天到外边访友,仓猝回到馆中,对大家说:"我今天看见了一处好街道,家家门首,都挂的金字长牌,上写着什么'贾玉文、金秀卿、花媛媛',都是女孩家名儿,怕就是那八大胡同吧?"我大拍手赞道:"你真是哥伦布第二,居然发现了一个美洲!"大家都笑起来。我编了一段登入"情天棒喝"。他也不怪。还有一个姚太素,充投稿员,常拟作最有兴趣的"四面八方"。我记得他写过几句"讽言",大致说:"本报秉笔如董狐,据事直书,无论至亲厚友,概不赊欠!"末两语,真能形容当时《国风》的态度。和大觉同乡的有位王畹九,为人孤僻,思想甚好,时常投稿,日有长进。我尝目为猗氏一怪。昨日忽接来一纸,不妨附录在这里,以志旧感。

寄梅九诸故旧

　　人如两世,别已十年,听燕市旗鼓声又喧天。怀当日诸君仿造周、召篇,我曾在三百人队前,滥竽相唱补遗编,为缔共和缘。小阳春卷地重来,闻岭上芳讯,又向百花头上开。话到幽谷伤凄冷,更苦风霜雪里堆,万事任挫摧,况复今岁秋冬久不雨,吾民疾苦费测推,天意何时回?但欲浇块垒,无由借酒杯哭笑不自知,乃谓狂且痴。试问猗兰操,胡为劳其思?怅望伊人兮,东山蔽之,言念停云兮,昔哲所悲!

快遇钟声　戏曲说略

我对于戏曲,虽是外行,那年却发过几天戏迷,梆子二簧,都喜欢听。各种旧戏词,听的记下来的很不少,但不能出口唱一句,弄成个"满心蝴蝶,飞不出来"!还爱批评人家的好坏,在"笔歌墨舞"栏中,曾出过丑。有一篇《三庆国四史观》,倒还瞒得过内行。就是以"郭宝臣为《史记》,以其黄河远上,直接龙门;杨姓子为《前汉书》,苍凉悲壮之处,可敌腐迁;二宝红为《后汉书》,温文典雅,不愧作家;十三红为《三国志》,清俊谨严,甚合史裁"。友人说,大有见到处时有王钟声君,提倡新戏。颇能文,曾到报馆和我议论新旧剧的长短。他大说旧剧坏话,指摘戏中人,以唱代话,太不近情。我以为:"戏者虚也,本异实际,此不足为旧剧病。惟场面和布景,太不讲究,且贵族剧太多,平民剧太少,而都市剧,更有截头去尾的毛病,皆须切实改良一番。至于新剧家以改造社会自任,当然要提倡的。"王君对于我的话,表示不满,但知道我不是反对新剧,仍引为知音,且他又是赞成革命的人,更不能不另眼看待。至于我对于戏曲的意见,倒有一篇文字,可以录出来,表明那时的感想。题曰:《戏曲说略》,文云:

尝与友人论吾国乡里野人,身下履学宫,目不识文字,而素行孝义节烈,往往可以撼天地而泣神鬼者,乃恒过于读书知礼之士大夫。夷考其故,则或由真性之流露,或蒙社会之熏染,而最普遍之原因,则为受戏曲之教训。谚所谓,"高台劝化人"者,实有至理存焉。则舞榭不啻国民之学校,优伶不啻社会之导师也。鸣呼!中原之衣冠文物、历史风俗、世道人心,为戏曲所维系者,极为远大,固不仅乡里野人受其赐也。明季直隶有王余恪、余严,昆弟二人,其父为仇家陷执入京师,二人议赴难,夜至琉璃河,闻人唱伍员出关曲,余恪抚然曰:"阿弟误矣!俱死,谁复仇者?若归,吾死之!"乃自赴京,与父死燕市。而余严归杀仇家三十口无遗,至今父老犹乐道之,以为快事(按此即著此书的王五公山人,前已叙及,此段历史,乃从书肆畿辅丛书翻阅记下的)。夫王氏兄弟,世家子也,匆迫间几忘此一段历史,闻曲乃忱然自失，终复大仇，曲剧之发人猛醒如此。尝论吾国人心最善忘，夫差抱不共戴天之仇，勿必使人朝夕呼于庭，否则恐自忘越王之杀其父也（此段寓种族主义，乃杨少石说）。甲午、庚子以来，国有奇耻大辱，未能雪涤，丧乱之后，依然太平，往日悲凄，不复记忆，目前危殆，置差罔闻，殆非将旧耻新恨遍为歌剧，令日日演唱于四百兆人前，不为功也。

今考吾国戏曲之变迁，自优孟以来，史册所载者，多宫中杂剧，俳语滑稽，讥刺时政，讽谏人主，不失古意，唐宋之世为尤著。而社会演剧至于近世，始风行海内，我观乡曲所演者，尚多正派，大都古之忠烈事迹，足以动人观感者，则为之揭其全部始末，非如都会、商埠之演旧剧，往往断章取义，只拣热闹处唱，一出半折，令观者揣不着首尾，只能作一场儿戏看过，殊动我以礼失求野之慨！况近日尤多淫靡之剧，郑卫之音，悦耳荡心，迷乱观听，至为大人先生所不许，而有废止戏曲之唱言！抑又过已。

盖戏曲有改良说，无废止说；极而言之，都会剧可废止，社会剧终不可废止也。友人佛生之言曰："都会剧，原不为普通人说法，所谓上级中级人行乐处耳。且所演者，率多座客胸中之成剧，故不能不拣热闹处唱。如有新排长剧，则绝对不能如此演法！"予尝许为知言，所惧者，此风或偶尔鼓荡及于一般社会，将误杀天下后生小子，为害正复不浅！改良戏曲家，不可不一注意也。近年游学海外，模仿文明，提倡新剧，所演者为现世之风俗，政治之状态，颇为一输入新理想、新美术之妙道。然有执此而议废旧剧者，则尤不可。旧剧者，国民历史教科书也。无旧剧则无历史，无历史则无国家，古人曰："《小雅》废，则四夷交侵。"予于旧剧亦然，且以演新剧之法，演旧剧，亦为社会所欢迎。当观日本新戏曲家演《五丈原》一幕，服装器仗，纯用旧式台面，假筑祭灯土坛一座，峙立原野，背张油绘之夜间光景，天地一黑，遥望无际。惟点装之数点明星，灿然在目，令人恍然游身于蜀魏争衡之地，各优须眉如生，形神俱佳，座客欢呼曰："毕竟汉家衣冠，人物好看。"（此段闻之邵竹青,亦寓种族意）呜呼! 异邦之人,犹深感慨,况在吾辈,对兹原上秋风,又焉得不动怀古之幽情耶? 乃知剧曲之移人,其力遥在史籍说部之上,无怪乎欧美之文豪,均以作剧家显著也! 吾国以戏曲为文章余事,且等而第之于小说、传奇之下,所谓通人君子者多不屑为之,间有一二为之者,亦多隐其姓名,惧为世指摘。晚近之致力斯道者为尤少。中国戏曲,所以无长足之进步者,职此故耳。戏曲无进步,则社会无改良,然并此无进步之戏曲,而废止之,则社会益形聋暗,其弊为甚,尤不堪问! 刘继庄先生盖知之矣,其言曰:"余尝与韩图麟论今世之戏文小说,图老以为败坏人心,莫此为甚;最宜严禁者。"余曰:"先生莫作此说,戏文小说,乃明王转移世界之枢机,圣人复起,不能舍此而为治也!"图麟大骇! 余为之痛言其故,反复数千言。图麟拊掌掀髯,叹为得未曾有。又曰:"今观世之小人,未有不好唱歌看戏者,此性天中之《诗》与《乐》也;未有不好看小说听说书者,此性天中之《书》与《春秋》也;未有不信占卜观鬼神者,此性天中之《易》与《礼》也。圣人六经之教,原本人情,而后之儒者,乃不能因其势而利导之,百计禁止遏抑,务以成周之刍狗茅塞人心。是何异壅川便之不流? 无怪乎其决裂溃败也!"予谓古今来,未有如此透渊之论戏家。愿今之倡言改良戏曲,及倡言废止戏曲者,皆三复先生之言也。否则擿埴索涂,失之远矣,裂冕毁裳,尤可痛也,尚其慎思之云尔!"

端午忆　难遣是升平

那年除看戏邪游,无消遣法,野游只端午日有一次同几个朋友,向那三贝子花园去逛。时园中荷花已开,游人如鲫,从动物园过去,有乘船处。其实并没有江河,算开了一道很狭短的水渠,是利用人好奇心理,设下个水榭候船。游友中,有带钱的人（自然我没带钱）,雇好了一只游船,穿荷绕渠而去,倒也高兴! 到什么豳风堂下船,堂下有大茶棚,我们几个占定一个方桌,喝茶吃点心。正在那里指点茶棚下面的荷池,说笑,忽然来了

一阵雨,把络绎不绝的游男游女,都打进茶棚来了。男的不要说起,那些女的,都淋的一脸粉雨下来,实在狼狈的很。一时游人的足声,叫呼声和天上的雷声,一齐入耳,好不热闹!到底是夏天,不过急雨一阵,霎时云散天晴,只远远听见雷声余响,达于池上。只觉得风云变幻,大地一新,触起些心事来,口占一绝云:

> 客里逢端午,园游亦快哉!舟摇狂士去,雨打美人来。尘海风云色,天公幻变才;余阴仍未已,池上有轻雷。

雨打句,自系当是实况。友人不知,以为太粗豪,想改为"风引美人来",好便好,只嫌不切。余阴一联,影合革命潮——因广州自刺客温生才事后,接着七十二烈士的战役,清廷以为革命焰息,不知余阴未已,又炸死凤山——那炸弹真像池上轻雷声响了。还在途中,口占一绝曰:

> 竭来游客满西城,都向绿阴树里行;诗酒人间随处乐,最难消遣是升平!"

友人看到"最难消遣是升平"句,叹曰:"真是乱党!真是乱党!"当时永定门外有赛马会三日,亦复热闹。我也去看了一回,却在闹处寻静,跑到人家坟墓里休息,顿觉生死一致。

杨三梅九　此恨绵绵

叙到端午一节,又想起一个老友,不是别人,就是曾说过的刘翼若。那年他也在北京,于午日两首七律,很有寄托,一首结韵曰:"田文镇恶皆公辅,辜负能文崔信明。"其自况如此,仍以不得于时为忧。故居恒郁郁,两律为诸友爱好。我因取来,登诸《国风日报》索和,一时和者纷纷,尤以山西同人占大多数,故湖北某友戏谓:"老西近在文艺界,大出风头!"可见一斑了。后来我曾有怀君一律,有一联云:"歌诗当午日。言志共丁年!"正谓此事。一日同君谈戏,君曰:"戏中丑角,为主文谲谏的正宗,从前只有杨三,已经死了。"我得一句哀辞:"杨三一死舞台空!"(杨三除李二竟无对,记得有"杨三一死无苏丑,李二先生是汉奸"旧联。)说毕,忽笑说:"杨三对梅九很好呀!有了,梅九重来行灶冷。"又把灶爷故典提出来了。

行字对舞字很有趣。我心里正要驳他，说："我的灶还不冷。"他随着道："不如说杨三一死舞台凉。河东有句话'凉场'哪！正兑！"我便道："那要对梅九重来行灶热，才是！"他笑道："灶爷总怕断烟火！"此虽一时戏言，纵觉冷字下的有些不吉利，后来算应验了。暂且不表。

翼若在朋辈中，以能文著，又重友谊，因交文案，失去法政监督地位，终无怨言。存心极忠厚，曾自撰一联云："宁人负我无我负人，非才需世实世需才！"可以想见君之为人。但平生为"功名"二字所累，不能大摆脱，因自拟为公辅才故。我尝拿冷语当面冰他，他也晓得。曾和他同翻张船山诗，见"不真夭折非才子，岂有功名到谪仙"两句。我因想起旧友温啸松来，温君为介休才子，于得解元后夭折，便道："上句是说温啸松。"他笑道："下句自然是说你了。"我说："岂敢，岂敢！说你也可以。"他默然不答。孰意君忽为才子，我终不敢望谪仙！噫，此恨绵绵，几时能了！但这也是后话，迟些时候再讲！

楚馆　情天缘起

自革命运动开始，同志来京者日众。以湖南仇亮、湖南田桐，为与《国风》最有缘者。田君字子琴，到京后，即来报馆和同人计划一切，并作时评，抨弹北京社会现状，以唤起改革精神，署名为重耳是也。后来又独力另办一《国光新闻》。仇君字式匤，在日本当我和同人办《汉帜杂志》时，他投过几篇诗稿，乃武人中之能文者。为人极热诚，对《国风》甚加赞，许及扶持。因他是士官学生，常介绍些军人来。一日约我到湖南孔庚君寓中去，孔亦同盟会中人，与湖北诸同志在京共赁一屋，题曰楚馆。我戏谓仇君曰："楚人居曰楚馆，秦人将曰秦楼，太原有柳巷，何处当有花街？邑有朝歌，墨子回车；里名胜母，曾子不入；我们日游楚馆，大有嫌疑！"仇君亦笑曰："我不知他们命名意思，经你指摘，倒也可笑！但实际的秦楼、楚馆，君并未绝迹，岂非避名而趋实么？"好利害，猪八戒倒打了一耙！这也不关甚么要紧，因为那年侠邪游，有几种意思：一同志聚会不易，破费一块钱，占个冷妓的房间，足可以和同志们共谈几点钟。别的休说，那老妓贾玉文,独占了一座院子,每夕嫖客到院,他一定是出条子去了。大家分屋坐定,如候补官员上衙门一般,老在班房等候,至少须两点钟,才能见一面。李阁臣便认识了这老妖,就为的是房子大且静,居然有时在里边作社论、时评、新闻稿子;并有客在里边温习法政讲义的。我却爱他房中一副对联作得很稳称,道"老去看花苏玉局,归来贳酒卓文君",惜不知撰者姓名!至于玉文的应酬手段,周到圆活,一时无两。有时以政界秘密告我辈,差不多成了报馆特别访员。二因我虽不厌为文,但每天撰稿太多,脑筋为之昏乱,一入小班,万念俱空,心神为之一爽。有雏妓喜摸予圆顶,于是有人造谣说,我每天为文烦闷了,必到八埠偏乞诸姊妹一摸顶而后快,未免过甚其词。三因自辟"情天棒喝"栏,投稿多违棒喝本意,甚至来"棒为竹杠,喝为喝诈"之讥,我大为不满,于是才自人花业,亲行棒喝,撰为警痴破顽之文,一振此栏,且时时寓革命意于其中焉。

我的"摄政王" 子高扮演黄金台

说到晴天,索性像卢梭《忏悔录》,把那些丑事全写出来,才合《罪案》体裁。但我自桐花庄认识董素仙以来,大有从一而终之势。有许多朋友,嫌他轻慢边客,呼为冰桶。我却正爱他的冰冷处,并以他外表像清摄政王,有时直叫他"摄政王"。这自然是出于一种侮蔑清室的心理,也拿这外号表是素仙名贵!"情人眼里出西施",旁人不以为名贵,也未可知。姚太素有《大恒真空歌》,以赞诸姊妹,有娇品、神品、清品、妙品等目,曾仿之作名品,以赠素仙。中有"小苑风流今尚在,双成眷属素来骄(切董亦切董,用骄字形容其名贵)。儿家何处深深梦?孽海无边总欲超(尝问其家世,口不知,但云 身由鸨母)。俏矣哉!劝郎归告昆仑使,夜深前院出红绡。"起首数语忘却,只记"回眸一笑恰魂销"一语。素仙不工应酬,惟出条时,每向坐客回眸一笑,双靥自露,大是可爱!初认识即以此。尝窃劝其从人,渠亦不解,故益怜之。每有朋友新来北京者,必介绍一见,戏云引见"摄政王"。

有李子高君,晋北人,在太原运动革命,为当道所注意,李树森君闻而密告,并议出城策,乃想起《黄金台》戏剧来。李自扮官长,使子高被雨单扮差役提灯,乘雨夜出南城门,次早搭火车到石家庄,转至北京,寓客栈。我久闻君名,俟其到时,偕阁臣往访,快谈心事。记子高有几句趣语,曰:"我教子弟,以《水浒传》为教科书,为养成革命特性。"他只好饮酒不好色,但我也拉他见了一回"摄政王"——素仙——他很赞成,却没话讲。他要到报馆作校对,我欢迎。但他校对时,只把我所作的诸稿校一遍就算完事,并给原校对的人,省不了许多力,但我自然引为知己,很感激他一片心事。后来李树森君,还借着公事,到北京探望子高一回,足征当时同志的义气。树森也见过一次我的"摄政王",那时素仙移到小李纱帽苏芢班了。

武昌起兵 一张白版

自广东七十二烈士一役后,革命潮一时觉得沉寂了,其实是"万木无声待雨来"的光景。及四川争路风潮起,全国沸腾,民党一时大活动起来,有乘南北洋秋操起事的谣言,吓的清廷要停止秋操,大有"山雨欲来风满楼"的气势了。果然到阴历八月十九日,霹雳一声,革命军发现于武昌!北京同志得到电报,说是:"黄克强亲到湖北,运动革命爆发后一点钟,占据了武昌,清帅瑞征败走!"大家兴奋达于极端,《国风日报》才到了应用的时节,用二号字特别标出大题目,以及各地响应的电报。北京住民大为慌恐,作官的更是忙了手脚。每日正阳门外东西两车站,行客拥挤,市面亦为之大动摇。警察来干涉报馆,不准登载各种消息。白逾桓君,忽然想起一桩故事来,他道:"法兰西革命时,全国革命蜂起,巴黎报馆,受政府干涉,不准登载革命消息,他们一律出白纸,人心更慌恐,我们也试办一下!"我也没考究他说的这故事从什么地方得来,但觉得这种方法很妙,便赞成他的话。除一版广告及社会新闻外,正面一版,全空白,却在上面排了一行二号字,道:"本报从各方面得到消息甚多,因警察干涉,一律削去,阅者恕之!"这真灵验!这纸白报一出,人心更是汹汹不定,都乱猜起来,嚷嚷着说:"大概革命军完全胜利了!清兵大失败了!各省都响应起来

了吧！不然哪有一版禁登的消息呢？"呵呵！警察先生觉得不妙，又赶紧来馆告诉编辑说："除过靠不住的谣言，准你们登载就是！"自然是照常继续登载起来。时北京有一画报，专画各报登过的趣闻，颇有滑稽风味。他见本报出了一张空白报，却想出一种插画，画的是四家打麻雀牌，一家放出一张白版在桌面上，从下家的口里画出两道话线来，中间写得是疑问口气道："你为什么出这一张白版呢？"趣极！也算一种纪念。

鄂乱怀疑篇之底面　山西独立

大家若要知道武昌起义，北京人心慌恐的实况，有我当时所做的《鄂乱怀疑篇》为证。今录于下，并加注释以明其始末，文云：

当鄂警之初至，吾人固未敢置信也（这自然是假话，实则深信不疑。当日立论于所谓辇毂之下，非此不可）。盖以武昌据长江上流，为南北重镇，水陆形胜之区，兵备集屯之域也（此反写革命之声势；因最初同盟会计划，以云南、广州为根据，所以先有镇南关、河口两役，皆不成，然后定由中区起义，以作四主八面之标帜）。有瑞征为之督，黎元洪、张彪等为之将。瑞于疆吏中称能者，有手挥如意，自拟诸葛之概；张彪虽一鄙陋小人，而治兵颇严；黎元洪则欧人称为第一流名将，为南皮最倚重之人物（一片假话，黎并无大名，瑞、张亦碌碌，特因黎被党人举为都督，故加意鼓吹，皆反笔也）。岂区区革命人所能争取于俄倾间者哉？乃无何而咨议局议员汤化龙等，为党人之参谋，炮台军器，归党人之掌握；无何而陆军大臣荫昌出征，袁世凯起用（此时袁尚未入京，已有起用说，因荫昌资助不足故）。军政两界之风云，因之骤然变色；无何而京师戒严，市面恐慌，束制报馆，调遣兵警；于是都人士女相惊以革命党且至风声鹤唳、草木皆兵，而达官富人，争提取藏金于银行，至有携眷纷逃者。天下本无事，庸人自扰之，良可浩叹！无何而太白昼见（一日到大栅栏，忽有数人仰首望空，众人受了一种暗示，一齐仰首，我也随着看起来，果见一个星，警察也不禁止，但说怪事，怪事！我想起彗星谣言，说了一声，这叫："太白昼见，天下大乱"！其实不定是太白星）。日有食之，于此科学彰著之时代，亦寻常事耳。乃皆因之为妖异（这是占脚步地方）。于是谣诼四起，人心动摇，尤为可虞也！无何而陆军败绩，水师降敌，瑞征、萨镇冰退归九江，荫昌不敢南下，于是鄂省乱象，乃有燎原之势，不可扑灭矣！无何而西安兵变（阴历九月一日，有电来，此消息同人早知，乃预定之计划故），长沙失守，九江、广州俱有乱耗（一半谣言，广州独立尚在山西之后）。不意旬日之间，大局糜难至此，使吾人冷静之脑髓，为之震激弗宁（早有投笔意矣）。欲不置信而不可得已！虽然，吾人对于鄂乱，尚有怀疑者数事，故乞海内贤士大夫一解之也！

这是第一篇，又继续作了两篇，对于臣节种族立论，尚未终篇，因山西独立军已起，我不能再在北京逗留了。

协和南下　苏芗失守

当山西未独立以前，我在北京和同志协商运动事，太多了，一时也说不清。捡几种说吧！先是听得李侠璜，因南北合操（此事虽中止，但已发起，所以各省军人，都来北京。其中同志很多，我注意惟李）。到京中，寓西河沿金台旅馆。赶紧到那里，去见他。他一见甚喜，说："你们鼓吹成功了！用着我们实行哪！"我问他几时回南，他说："我听说政府到德国运来大炮好多座，我想运动带一团炮兵，到前敌上，再转过头反攻，岂不是好！"我知道他是学炮兵的，有这个资格，很赞成他的话。刚说了两句，从外面来了他一位同学，却不同志，张皇地说："革命党声势不小！"侠璜很机警，怕我误认来人为同志，故意的发瞋道："什么革命党，不过几个无知识东西瞎闹；我若带上几门大炮到前敌，管包几炮就打完了！"我心里好笑，口里自然不再说什么，便告辞走了。惟临行，很对他说："炮骗不到，你还是南下为要！"他笑道："那是自然！"过了两天，他打听德国大炮，一时还运不到，于是一溜烟走了。到南边，算作了一场大事，以后再表。我一面请李子高、李阁臣、郭润轩诸人，陆续回山西。子高约定从雁门关以外起事，特惧子药不足，打听作子弹机器，未到手，很惆怅！这和勿幕打算买机关枪一样心理。我对他说："义旗一举,清兵必有来降者,利用他们子药好了!"子高曰:"是,吾志决矣!"遂去。一日张华飞君来,约我到小李纱帽胡同某小班,见陈尔庵,说他很有计划。我如约前往,见陈,听他议论很圆满周到,但不是革命的派头。他对吴禄贞有些不满,怕他弄不好(时吴已奉清命,率第六师,去征山西)。我在他话中,却听见许多秘密消息,并知张绍曾已在奉天有预备。心里很满足!我已决定回晋,和大家一同革命。意思在和吴定约,截断清师后路。当时有一个笑话,就是子青、连三和报馆同人,怕我恋董素仙,便在"情天棒喝"栏里,登了一段骂素仙的话。我笑对他们说:"苏芗失守!"失守是那时新闻纸上熟语,天天都登着"某处失守某处失守"的消息。其实苏芗不失守,我也要走的。他们算白用了一番心机和战略,呵呵!

留别京友　石家庄大失望

　　我要回山西参与革命,主意决定后,曾问同人谁愿意同去。姚太素和江汇川两君,说他们愿意同行。于是戏对疯子、子青诸人说:"鄂乱我也不怀疑了,苏芗我也不恢复了,说走便走,北京革命责任,全放在你们身上了!"因为当时同志在北京的,并没有停止革命运动。记得有一少年名岑楼者,从东京来,自谓来北京负的是"暗杀"义务。同志留他住在《国风》报馆且秘密运输炸弹,以备应用——中央革命,原非爆烈物不为功!我嘱托大家的话,精神全在于此。我何以定要回山西呢?一来因为山西南北同志和我都有密约,我不回去,怕大家不接头,且生怨望;二来外省同志,也算我交识较广些,我不回去,怕大家有些隔膜的毛病,便不好共事;三来若得机会,还想把社会革命,同时干起来,所以早下了一番决心,要回去。且预定的计划,是山西最后再响应,不防备爆发得太快了。所以他们有密信来,也叫我快点回晋,好给大家定主意。闲话少说。我同姚、江二君,从北京乘火车,向石家庄进行,中途过保定就有六镇兵上车的,听他们说山西革命军,占了娘子关,现在吴统领还没到,尚未进攻。又看车中人的颜色,都是仓皇不定,好像逃难光景的多,也没工夫理会这些。到石家庄,三人

附：罪案

附：罪案

下车,把简便行装,亲自提着。正要走,听见车中有人唤我,一看才是张君崇本,凭定车牌,摆手说:"赶紧回家!"我说:"我们要到太原。"他面带慌遽状,正要答说,车已经开了,也可见当时人心不靖的光景。却说我们三人,找了一个栈房休息,占定了上房,茶水毕,又到外边,看石家庄到底是谁带的兵。冒向一个兵,问了一句,他道:"是第六镇。"问:"你统领姓什么?"说:"姓吴。"这便够了。我们回到栈房商议说:"能在这里见一见老吴才行!"向栈房人打听老吴的消息,说:"没听得人说吴统领来。"这真叫人纳闷!石家庄到太原车,已经不通了!若不见老吴,怎么能过去?正筹思中间,栈房的人来,说:"请三位暂受一点屈,移到厢房里。因为吴统领说今晚要来,差官来定占上房。"若在平是过些话是很教人可恼的,保不定要反抗几句,在这时却成了一种喜信。我说:"好吧!我们和吴统领认识,还要见他,情愿让出上房来!"栈房主人,还说了几句客气话,才把我们行李移至厢房。我对姚、江二位说:"这倒凑巧得很!我们若见了老吴,便不愁这路不通行了。"不妙!等了半夜,也没见有人到这栈房来,心里说:"莫非转了栈房?或者没到?"第二早晨一打听,据办差人讲才知道老吴(绶卿)昨晚下车,没停留,便乘火车到娘子关和山西民军首领交涉去了。啊呀!这真是糟糕!怎么办呢?

平山绕道　十八盘

第六镇里边一定还有熟人,却一时遇不到,娘子关是过不去了。返回北京?不可!我们目的在山西,非到太原不可!搭火车到清化,从清化越太行山,向入翼城关,再走太原?太远了!这怎么好!又不知老吴几时才能回石家庄?困死这里不成?真是"胡思乱想心不定"!三个人正没个办法,才问栈房人道:"火车未通以前,从这里向山西走,还有别路么?"他说:"有的,从平山县绕过去,经十八盘,可以到孟县;再由孟县到寿阳,才能搭火车!"我听了,对姚、江二君说:"只有走这条路了!"于是大家决定这样走,又问栈房人:"向这条路走有马车可以雇得么?"他说:"我给你打听一下。"还好!有拉土货来的回头车。那时自然没有拣择,且车费也不贵。当时三人雇定了一辆车，向平山县方面去。记得绕过这县的城，到了旷野，看见农家子女，在陌头玩耍，嬉笑无猜，真是一片和平风味，不减世外桃源！特别此处小孩长的五官整齐，某客说："平山出美人。"不觉动念，于是留心看那些小孩，比别处大是优美，颇解旅愁。又经过一个温汤，只下车瞧了一瞧，也没留恋。第二天走入山地，弃车乘驴，登十八盘，石径危逼，只得下驴步行。因为有个目的，也不觉疲倦。到山顶，赶驴的遥遥北指，有些高山影子，说："那就是五台山！这里另有一条路直通到那边。"我们只遥遥一望罢了。及到盂县，在店房寄宿，问店房近来太原有什么事？先是不肯说，我和太素谈起革命声势，毫不避忌，店房才说："听得省城乱了，开兵到南天门了，都督听说是阎锡山。"我急欲打听是吴禄贞和晋军近来接洽如何？那是听不到的了。盂县已有巡警，查店已没细问。我们只说要回太原，不知寿阳火车通否？据云："火车只运兵不许人行。"我们也不便深谈。早起雇脚赶路，中途息肩，却遇见盂县县官的少爷，从省中来，把最近情形说得很详细；才知道晋军和吴军未冲突，心才放下。他并携有革命军安民告示，已改用中华民国，自然是痛快极了！我们把外边革命军声势，以及共和真谛告诉他，使他鼓吹，斟重分别。路经山中，九月飘雪，也有些感兴，共计四日，才到寿阳车站。

小拿破仑翁　报告军情

到寿阳车站上，见有臂缠白布者，却不认得。知道是革命军里人员，便问他谁在这里？适逢火车刚到，车中有我认得的史正轩，我便招呼他，他说："先生来好了！锾甫也在这里。"说话，锾甫已到面前，狂喜！让我们上车说："好极了！我们盼望你来好久了！你一来可敌十万师。"我便问吴禄贞近状，他说："已经在娘子关开始谈判，计划联合攻打北京！"我看锾甫这时威风凛凛，杀气逼人，随口赞了一句道："小拿破仑翁！"他嗔道："拿破仑翁就是了，何言小？"我笑了。史正轩陕西兴平人，曾改良姓名，逃亡到山西。因交文案，牵连入狱。我在陕西曾函托太原诸友营救，得出狱，入了营盘，和锾甫、岐山最好。我于前回到太原，为《国风》筹款时候，才见

405

了面,不料到寿阳车站,就先遇见了他,省却许多唇舌。事有巧合,往往如此。我到了太原,先见了润轩,他已经办起《山西民报》,标着中华民国年号。高兴极了!然后笺甫一直领我到咨议局——都督府,见了阎伯川。黄少斋诸友皆在座,非常欢喜!他们见我穿的棉裤,破裂不堪,都笑说:"梅九总不讲究。"是的,哪里顾到这些事?若不是他们看见,我还不知道哩!他们问外边情形,我说了个大概,伯川主张教我在议场报告,以释群疑,并坚同志的心。于是招集都督府人员,议长、议员等参与其中的很多。大家坐定,我便登坛报告,说:"我出京时节,南方各省独立者纷纷,清廷无力兼顾。吴统领是革命同志,决不打山西!我可以去见他,协定一切。此次革(命)成功,可操左券……"云云。大家听了,仿佛以为可信,而带些喜色。伯川对我说:"清廷命吴绶卿为山西巡抚,怕他贪图此位,变了卦?"我说:"绝不至如此,革命成功,他的位置,何止一巡抚!"伯川首肯说:"你可同着仇亮君,再到石家庄去一遭!"我说:"好,事不宜迟,我立刻便去!"于是告别了大家,偕同太素、正轩、笺甫,齐向娘子关出发。

恶消息 吴绶卿被刺

我同着仇亮、姚太素、史正轩几个人,搭火车连夜赶到娘子关,到前敌总司令部办公处,商量进行办法。那时前敌总司令,是姚君维藩,是我的老朋友。他抱病到前敌,精神不大振作,然性情慷爽,对大家尚能畅谈。说话中间,至半夜一点钟时候,忽从石家庄来一电话,报告:"火车站上有枪声,旗军兵变!"大家听了,尚不以为奇怪。因阎伯川曾与吴绶卿,订秘密条约,令旗军攻打娘子关,晋兵迎其前,吴军乘其后,使旗军腹背受敌,可一举而歼之,并借以坚决吴氏革命之心。吴氏虽未从其计,但对于旗军,未免薄待。今旗军兵变,似乎是意中事。未几又来一电话,报告:"吴绶卿被刺!旗军已向保定方面退却!"大家听见这恶消息,相对无言。仇亮君尤为懊丧!因晋军和吴氏交涉,全是他一人从中间说话。最后由我发言,说:"吴统制被刺,原因虽不明,但就旗军退却看来,或是满人暗遣刺客行凶,也未可知?那么,军心一定振动。我们乘此机会,到石家庄运动第六镇兵,替他们统制报仇,同着咱们一齐革命,岂不是好？况且山西还有好些兵在那里,我们也应该去看一看！"这段话,仇亮听见了非常赞成,说:"是,这个计划很好！我一定去的！"我说:"要去大家通去。"便征求姚君史君同意,他们都慷慨答应,姚君说:"可以带几个兵去。"我说:"可以不要。"因为我这个时候,只记得孟子说的"自返而缩,虽千万人吾往矣"！两句说,以及《史记》上"知死必勇"的说法。况且每当一番恶风暴雨后,必有一阵清明天气。吴氏一死,自不至再有纷扰。所以我才下了这个决心,情愿身无寸铁,同大家向石家庄一行。当时意气甚豪壮,中途仇亮君对我说:"不意君投笔从戎后,有如此勇气！"我笑说:"革命不是空谈的！"

遇何叙甫　开鸿门宴

大家到石家庄,下车后,看见六镇兵,散乱在车站两旁,有些臂缠白布的。那时到处革命军,都用白布为记号。我看见了这种情形,心里颇觉有办法了。但苦没一个认识人讲话,正在没道理处,忽见一人痛哭流涕,神气激越异常,我猜着这一定是和死者有感情的,便向前和他说起话来,并说明我们来意,是要联合六镇兵给吴统制报仇的。他听见了,很感动,说出他的姓字来,才知他是何叙甫,福建人,充六镇参谋官。受吴知遇,今吴遭奇祸,痛愤达于极点,所以有点"人忙无智"的情形。我问明吴统制死的在车站一边,便主张约六镇兵同到那里,围定吴统制遗骸。头已被贼割去,只余巨躯,其状很惨！大家便大声疾呼:"非报仇不可！"我便道:"军无主不行,今吴统制已死,你们何参谋,就可以作你们的统制！"大家同声赞成。其热心出人意外,可想见当时人心愤激的程度了。说毕,我们说找一个地方,再议进行。忽遇见几个军官,里面有个年纪大的,兵士对他致敬,群趋其前,并道是他们标统(官名不准,或是统领)。对我们说出他姓名来,叫吴鸿昌,一面介绍我们见他。我看见兵士亲付吴氏情形,知道军队中阶级关系非轻,但看他态度,非常冷静,不及何氏之热烈。他并劝何氏道:"兄弟！你脑筋静一静,不要忙乱,他们大家既然来了,总有个办法,我们同到司令部再讲！"于是同到一个栈房里,就是他们的司令部。时已过午，吴氏说："我们先吃了饭，再讲话。"我同仇氏上坐，何氏与某军官一旁坐，太素与正轩一旁坐，吴氏坐主位，其余副官等皆站立桌旁。我心里想道："这大似鸿门宴！正轩要作樊哙了（因他携带手枪故），不知能唱一出好戏否？"却大吃大喝起来，吃喝中间，来了一穿军服青年，进来向正轩谈了两句话。吴氏问他何人，他说："是倪普香，来此投效于吴统制，奉命和晋军接洽。"吴氏也不再问。后来才知道他那时却安排了一队山西兵，在门外警备，想不到樊哙这角色，才是他充当了。

电约张绍曾　运回绥卿心血

宴罢——吃饭以毕——大家莫离座，便开始谈判，拟仇亮氏以晋军参谋长，我们皆权自命为参谋。我开口向吴氏说："吴统制虽死，但是他和晋军的联合计划，我们还应该继续实行！"吴氏问："我们的军饷，晋军能担任么？"我慨然道："能，晋军不缺饷，即再增数万兵，也有力担任！"这几句话，却不是应酬门面，我心里有个筹款计划，以为定能办到的，所以毫不含糊的答应了。吴氏见我答应的慷慨，便道："好极了！有甚么意见，都可以发表。"仇氏主张先发一电，给张绍曾氏，请他由奉天发兵，直攻北京，第六镇为声援。何参谋拟即发，并主张发令先断南北铁道两段，以阻清兵南下，而解武汉革命军之围。此项命令亦由吴氏许可，由何拟定发出。我到石家庄，才知绥卿招忌在截留向汉口运送的德国造枪炮子弹数百万，所以当席发言曰："吴统制截留之子弹，可移存娘子关，较为妥适。恐此间军队如一旦开发，恐不能携带故。"吴氏也认可。仇氏主张由吴氏集合六镇兵，由我们集合山西兵，为吴统制举哀，并誓师北伐。吴氏也没说别的。此外还有些小问题，都解决了。并邀他（吴氏）先到娘子关一行，说话中间，时已垂暮，于是大家抬身，要分头去集合军队。我又向吴氏说了两句话道："兵贵神速，若乘此机北上，大事可成！"吴氏却说了一句不中听的话道："怕我们的兵不开通！"我更不向他应酬了，对仇氏曰："吴某靠不住！"仇氏曰："有约在，且何参谋可以监视他。"我们大家到车站，集合晋军，正要说明为吴统制复仇，却久不见吴军消息。少顷，有人报告说："吴氏集合军队,向正定方面退去了。"问何参谋,他说:"他为发电报,不妨吴某率队走了。"这真败兴!但是那几百万枪炮弹还在。大家商定运回娘子关。有人说,怕吴某回来见怪,我笑道:"他若是回来,又何必走?且定约说明此项炮弹,应存于山西,怕甚么?况这是吴统制的心血换来的,我们怎能不给他放在安稳地方!"大家听这话有理,才命兵士,一箱一箱的向货车上搬,兵数不多,有些百姓,也帮着搬运,不多一阵,把几百箱枪弹、炮弹——榴霰弹等,齐转上货车,还有十几包大米,也装载上,还有些军装、兵士外套,都分给各兵士穿了。

这一切都弄停当了,只差一件,没人开火车。真着急!因这时天已黑,野风四起,冷气逼人,大家又冻又饿,有些不好受。我发了一个口令道:"有能开车的,每人赏银二百元!"呵!真灵验!转眼便找到几个开车的来了,把一辆机关车从火车房中登时运动出来,将客车、货车,一齐挂上,汽笛一声,向娘子关发动。这时在车上却觅不见那位何参谋,问仇氏,仇氏说:"刚才还见他到车上来,或者他到别处去了。"我说:"不是,他是预备棺木收殓绥卿死尸去了罢!反正,明天还要派兵到这里来搬运的,如今顾不得他了。"当时饿肚子,实在难受,感觉到面包问题来——因为那时同车人,都没精打采的。几点钟已到娘子关,大家才找到饭吃。别的话,都顾不得讲了。姚君听见把枪炮弹运来,自然欢喜,一面命人搬运下来,一面又派杨篯甫君到石家庄,查看断绝铁路的情形和何参谋的下落。第二天,他们一同载绥卿骸棺回关,篯甫报告,已断绝东西铁路数十里,姚君曰:"我今日始得安枕了!"我问篯甫曰:"石家庄还有存留晋军否?"篯甫曰:"无!"我说:"不妥!应该多留兵分守附近桥梁才行,但折断几条铁轨无益。"他说:"山西哪里有兵可派,我们回去再讲!"我无法,只得回去。但我当时也有一个种痴想误了事。

罪案中心　分兵计划

你道我有甚么痴想?我以为石家庄一番停顿,使南北交通中断,清军在武汉前敌者,必发生慌恐,民军乘势可以得利,则武胜关不难下。一面

附：罪案

张绍曾念同仇被刺,直以一军拊北京之背,则中央必生绝大风波,同人在内响应,成功有望。且北洋军队,多汉人主帅,当此种族主义昌明,必有一番觉悟,不肯替满人出力,自残同种了,还有甚么仗打?嗳,大错特错!哪知道这些奴才们,一点觉悟也没有,仍是一肚子红顶花翎,但想借同胞髑髅,作升官发财的资料呵!所以他们不但不和革命军表同情,而且要极力破灭民军的实力。当石家庄铁路中断了数日,山西并未继续出兵,固然是兵力不敷以及统军者精神不振,也由于我主持不力(即误于痴想),以致让袁世凯得乘隙入北京,遂不能彻底澄清,遗恨何限!此实为种族革命时代罪案的焦点,终身莫赎此耻了!写到这里,实在不想再续下去。但前车之覆,仍足为后车之鉴,况失败中夹带着无限同胞血泪,有不忍使之埋没在"表里山河"间者,故只得忍痛叙出,以供世人的指摘!

　　袁氏入京,姚君亦痴望其能借众力以覆满清,不至再与革命军为难。谁知袁氏心怀奸诈,既想利用民党,覆灭清室,又想制服民党,归依一己。故入京不久,即遣第三镇到石家庄,谋攻山西。我曾亲身查看娘子关阵地,如所谓南天门、雪花山都走到了,但见重峦环抱,障蔽天成,和海口大炮台的形势,一般无二,若得十尊大炮镇守,虽敌有百万雄兵,未易飞过,可惜山西新军,炮兵独缺,有可守之地,无能守之器!我曾谓守者曰:"此不能恃吾之能守,而恃敌之不我攻,始可!"是以当日回至太原,和伯川商量南北分兵计划。为秘谋曰:"娘子关终不可守,一旦失败,非南退必北进,今不速图,将来恐北不能过雁门,南不能逾霍山,我辈必进退失据,奈何!"伯川深然之,乃分派兵于南北,预为退军地。适续君西峰,有函来报告:"将由繁峙绕过代州,直趋大同!"我阅此大喜,曰:"如此,则雁门不攻自破矣!"

筹款　提起社会问题

　　我当时于分兵建议外,尚有一重要建议,即筹款。因我自石家庄归来,颇感晋军实力不充,非多加练新军,不敷分布。时赵次陇君,亦参密要。一日议及兵饷,我说只有一法,向太原有名富豪家通借,千百万金不难立集。座中有人谓，恐有扰民的嫌疑，我道："此次革命，不但解决种族政治问题，并社会问题，也应该一并解决。山西富豪，家资敌国，乘此机会，一为平均之，乃是革命要着，不惟筹款而已！"赵君极赞之曰："梅九说是！我们就实行起来，先向最便家，派人去借好了！"伯川听从此言，教大家先公推几家，于是第一便推到祁县渠楚南家，再次太谷某家，再次榆次常家。但说到常家，我想起一件事情来，就是前边叙过的"竹杠失败"的笑话，我所敲的正是常君。今天若主持向他家借债，恐人讲咱借端报复，乃特别提一议道："我听说榆次常家，近已中落，可以不向他借！"伯川答应了，却不知我别有这段心事。至于向渠家借银，我主张命姚太素、李梅峰，率学生军一队去借，伯川许可，即时命人拟就公事，派大家去了。我密告姚君曰："至少百万始可！"过了两天，有电来说："渠家准借四十万现银，先解二十万来。"伯川回电照准，实不满我意。然因此军需运用已灵，市面金融，也活动起来，兵心也一振，新招之兵，也不愁无饷了。据筹饷学生说："初到渠家，楚南的父亲，尚思闭门谢客，学生等乃向其门口，空放了几枪，渠老先生大恐，央人说：'再不要放枪！家里小孩害怕，我早想帮助军饷的！'于是引大家到存放现银的房中，听大家照数去取。"好笑！财主家的老少，胆子都太小了。当时有直隶同志绕道来晋，说："想在保定一带运动民军起义，为牵制敌人攻晋军队，并可放刺客入北京，实行暗杀。"我力主张并向渠家为筹生金二十锭与之。伯川也说："这一万金可当十万金用。"

政事部长　朔方兴讨使

革命军初起，意在破坏，故无人留心政治者。我入晋后，参与军事进行，对于分兵、筹款等事，亦曾积极主张。虽在石家庄，自命为参谋，其实并无名义，及二次到晋，颇有人欲位置我。伯川乃命孔君繁蔚及仇君亮商议取法于湖北军政府的组织，于都督府中，分设"军事部"、"军需部"、"参谋部"、"政事部"等，邀我共订章程。孔君颇斤斤于诸部权限问题，又言军事时代，以兵为主，政事可以不要，我亦谓然。但他的意思，仿佛说我有心揽政权。我乃大笑道："我是主张无政府的,你莫拿这些玩意对我剖析;况且大家还不定几时滚蛋,有甚么争论的呢?……"这几句话,把大家说的没话了。就照当时通行的《军政府大纲》,组织起来,以副都督温静庵君,充军事部长;以黄少斋君,充参谋部长;以我充政事部长;以陈汉阁君,充军需部长,大略如此。我组政事部,内分内务、外交、财政、交通各司,以利进行。规模三日即大定。外交司对于保护外侨颇得力。我特别组织一参议部,邀请同志自由议政。我当时却想到一旦分向南北进兵,图谋大举,过路知县官,非先换成同志不可,于是派了几多知县官出去。惟有作为的同志,不肯去,结果仍被好作官的人抢去了,因而更讨厌了政治!我当时虽应承掌政事,每日仍参与军事进行,且各省同志到山西来的,以长于军事者居多,又和我素日有些来往。最著的,如从前说过的楚馆主人孔庚(文掀)和李敏、王敬轩诸位,于吴绥卿死后,也由石家庄乘机到晋,我特别介绍见了伯川。文掀慷慨陈词,大骂袁世凯,说:"此奴万不可信!绥卿之死,有疑袁遣人刺死的。若拥戴袁氏,则民党可谓无人,山西可谓无人!"伯川大赞许,聘为高等军事顾问。时议分兵北上,出雁门解大同之围(因续君已率偏师入大同),请孔君主其事。我给他想出个特别名称,为历史所未有的,叫做"朔方兴讨使",意在兴师讨罪,为李子高诸同志复仇故。伯川也没驳回,就照办了。

发挥种族主义的一封书

仇亮氏自绥卿死后,居恒郁郁不自得。一日听说袁世凯与黎元洪,有议和消息,对我道:"袁世凯欲利用和议,懈怠革命军进取之志,黎元洪本非民党,恐由此让步下去,革命大事,必至失败!我有心到湖北亲见黄克强,力阻此种和议,坚持我辈宗旨,非打破北京,目建共和,绝不罢休!你以为如何?"我说:"君言极是!但此间借重君处很多,伯川恐不放君行!"仇君极言其心已动,再留亦无益。终至痛哭流涕以求去!我不忍阻他,乃商之伯川,伯川闻其去志甚坚,无法挽止,乃予以代表晋军名义,请其到武汉一行。同志荣子文说:"当由伯川与黎宋卿一函,表明我辈的决心。这封信非你自己下手不可！"我受此鼓荡，且对于当时革命大势，亦有一番感慨，乃启墨伸纸，执笔直书，真所谓："文不加点，一挥而就！"把肚子里种族主义，发挥了一个不亦快哉！其实并不以为得意，但同志却推为革命时期中有数文字。今全录于左曰：

宋卿大都督麾下：

锡山本山右武夫，不识天下大计；惟念炎黄神胄，沦于异族，几三百年！古云："胡无百年之运。"兹乃过倍，斯诚汉族男儿之奇耻大辱，无面目以见天下者也！曩在倭岛，与二三同志，酒酣耳熟，论太平遗事，未尝不痛恨于曾、李诸奴罔知大义，自戕同胞！而洪、杨亦失雄图远略，死守金陵，无北伐志，为自隳光复之大业也！自时厥后，汉家儿之谋兴复旧物者，断头陷胸，相继流血于赤县神州。今岁广州之役，黄花岗由长埋七十二雄鬼，实吾党革命已来之最大牺牲也！其在满虏，以吾党势力，仅能达粤土，经此败挫，当为不复燃之死灰。不图麾下，奖率同志，倡义武汉，克定南疆，旬日之间，天下响应，三晋健儿，闻之鼓舞，于前月（九）八日，纠合同志，乘虏臣不备，攻陷太原，树汉帜于并州城上，随将进兵井陉、获鹿之野，实欲断虏师后路，以为我南军之遥援。惟自审军力单薄，未克大举深入，乃与吴帅禄贞谋，将联直军为北上之计，事为旗奴窥破，戕我元戎，引师北遁；吴军亦半溃于中途，图北之策，为之一阻！锡山诚愤懑填胸，拔剑斫地，誓欲联合南北义旅，灭虏朝食，以复我同胞大仇也。奈邮电隔绝，谣诼四起，谓麾下已与袁世凯订约休战，且有要求满虏改制共和之说，锡山且大惑不解！夫汉族与满虏不两立，爱亲（新）觉罗之子孙，率孱弱无能，今所恃以抗我义师者，仅袁奴一人，奚足为虏！（后有媚袁者，将袁奴句，改为汉奸一二人，可哂！）麾下诚能张皇六师，长驱北上，则败清师，易于摧枯拉朽也。且改制共和，我大汉民族自主之耳，何要求协议之有？休战议和之说，实懈我军心！（仇君观书到此，曾鼓掌赞之，与其意相和故。）锡山闻三楚多奇略智能之士，未必无谋至此！特惧千虑一失，故敢贡其蕘言。为今之计，诚宜命水师，由海道直攻

413

津沽，与齐鲁之众联合，扼其项喉；大师由陆路北上，锡山不敏，亦且躬率晋军，偕同秦豫之师，西出燕郊，据其腹心，务使虏众首尾不相顾，则成功真旦夕间事也！用遣一介！之使，略陈鄙衷，且问大计。昔人有言："楚虽三户，亡秦必楚。"天而既厌满德矣，虏岂能与汉争乎？（两句融化盲左，自是得意辞语。）兵贵神速，亦贵果决。（记得续君西峰，将以偏师攻大同，曾来一书，密求我同意，传语者且曰："非见梅九话，不出发。"我说："那有此事！"然不可无一言，因大书，"兵贵奇，奇贵速，速贵果"，三熟语付之。亦一纪念。）若迟疑不断，则晋军孤悬一隅，师久无功，将使中原父老，望断汉家旌旗也！临颖神遥，即祈幸盼！

此书颇为一时传诵，而山西革命文告，见于当时报章者，只此一篇。故虽违本心，亦觉有录载的必要。

函拒段祺瑞　欢迎刘越西

袁氏入京后，命第三镇进军石家庄，闻统军者，曰段祺瑞。我曾代阎伯川致段一书，略云：

朔风凄厉，未审君之涉吾境也何故？尝闻中原名将，首称段黎。今黎已高举义旗，声动寰球，君胡不自振，以与争功名于史册耶？我军屯次苇泽，愿与国人，共解时局。此地为淮阴拔赵帜树汉帜之地，望阁下能一张吾汉帜而娩美于古英！

这封书，由常君子发带去，偕同贾某见段。段轻笑，且曰："可劝伯川取消都督，再休胡闹了！"其气焰逼人太甚。子发对我说："如能捕段，必拿他的态度作报复！"我知北洋军官，尚未觉悟。一日到娘子关亲访前敌状况，在张星斋所率营中，闲坐。忽有兵士，领一穿北洋军服的官长来见，我一见其人魁伟英爽，即知为同志，大喜！与之握手攀谈，他道："我乃第三镇炮兵营长刘廷森字越西者，与何叙甫同学，曾入同盟会，存心革命有年。今率队来此，于早晨命本营炮兵登火车向娘子关进发，意在将所带炮兵一齐运动到此，和晋军联合革命，及车过五里铺，兵士看见情形不对，

命火车停住。我乃向兵演说革命,请大家跟我过来,无奈他们胆小无知,不肯下车,并催我回去。我说:'大家不革命,我一个也要革命!'便跳下车,孤身到这里来了!兵士和我还有些感情,不肯伤我,惟向空中放了两枪,就退去了,可惜!"我听了非常感动。晋军无炮队人才,可惜所载大炮未能带过来!又我们在石家庄运来的炮弹,有弹无炮,且敌军失一将才,也要顿挫一下,革命军便可进行。我亲介绍刘君见了姚君,并带他到太原见了伯川。伯川便命他到雪花山领炮队,刘君到娘子关时,赵次陇君亦在彼,很服刘君的勇感热心,密谓我曰:"兵法,大将去于军不利,是我军之得也。"

山西像一把刀 一片死气

越西亲临前敌,叙甫在省城主练新招民兵,七日速成,并自编革命军歌,发扬蹈厉,使人兴起。叙甫心太热,几欲练成十万精锐,亲自率之,直趋北京,为绶卿复仇,尝指山西地图对我说:"山西省像一把大刀,临北京之颈,欲斫倒北京,非山西这把刀不可!"真快语。一日他正在金营外教场练兵,我偕李岐山君往观。是时岐山从河东来,欲自成一军南下,联合诸军,东出巩洛,以乘清军之后。伯川不许,岐山密与叙甫、篯甫相接纳,以谋大举。刚走到所谓万寿宫后,遥见叙甫指挥亲兵,东西疾驰,有狂飙卷地之势,兵俱灰服,一望如云,我不觉冲口而出曰:"一片死气!"岐山曰:"非也!一片杀气!"我乃点头,连声曰:"好一片杀气!"当我说一片死气时,心中融化着"有死之心,无主之气"两语,率尔出口,岐山以为不吉利,改曰杀气,未免有心掩饰,非眼前自然现象。我也回想"死气"不祥,然又自知无心说出,不在好处,勉强跟岐山说了一声"杀气",而终不释然。于是同叙甫说了几句鼓励兵士话道:"有此劲旅,可以出奇制胜,乘敌不备,一试其锋!"叙甫慷慨自矢,愿效前驱。时娘子关风云正紧,我原主张,"与人乘我,宁我乘人"。当越西归来,敌阵未整,我极力劝伯川出师,并曰:"处则娘子,出则获鹿!"是由"处如处女,出如脱兔"来,自拟为名句。且乘势突出,未尝不可以侥幸万分,总强似死守一关,奄奄待毙。伯川不听,且以我轻听叙甫诸人愚计,将误山西。我则因南北道通,进退绰绰,胜固可长驱中原,获鹿、钜野,败亦可北渡雁门,再谋卷土,时戏与友人曰:"我若得统师,早上出师表矣!"时越南阮鼎南氏在晋,亦赞成出师说;我并从容与议及革命成功后,将助越南恢复故疆,鼎南君笔答我曰:"一语令人万感!"每思此言,不禁愧恶!

推袁作总统　幸不是劝进表

外报不至,娘子关外消息,完全无闻知。其时南京已下,孙中山由海外归来,革命军声势日振。袁世凯氏,且借以恐吓清廷,希报往日削职之仇,并图帝位。而一般人,则力倡共和,绝非袁氏所欲。此事由刘君芙若,从北京来,始告我知道。芙若名为受袁克定氏委托来晋疏通,实则欲入甘肃,及到山西后,对我说明外边实情,略谓:"昔日主张君宪的人,如范源濂辈,都极力提倡民主共和。袁克定密联民党,也劝老袁颠覆帝政,我曾与克定氏约,若项城主张共和政体,我可以劝山西民军首领,承认项城为第一任总统,并以不攻山西为条件。否则恐山西不能让步。"我听了这话,意谓果能借此免目前战祸,不妨暂且承认。因密与伯川议,伯川也赞成,命我作一咨文,我乃同段君砚田两人,俱到农林学堂,一秘(密)室中,提笔写成一张契约体文字,略道:

> 古今中外历史,已证明君主专制,其后世子孙必招灭身亡族之惨祸。是以最近各国革命,改易政体,皆以共和民主为归趣。阁下如能协同民军,颠覆专制,然后敷政共和,与民更始则第一任大总统舍公其谁?须知咨者!

山西都督某

文成,笑告砚田曰:"幸不是劝进表!"砚田也笑起来,并道:"是一篇惊醒痴梦的文章,未免太潦草了。"我又笑曰:"算了罢!买菜乎,求益也?我便是这种意思。"于是携到伯川处,教他看过,他也没驳回,就命人另誊出,使常子发君协同芙若前往。若芙说明来意,欲走甘肃,伯川说:"你先到北京辛苦一趟,回来,我教乔子和君同你到甘肃一行。"芙若听此话有理,乃答应和子发同入北京。

娘子关失守　决意南下

芙若既去之第二日,即有第三镇曹锟率兵,进攻娘子关警报。我对伯川说:"袁奴远交近攻,欺人太甚!惟有一战,不可退让。胜利长驱北上,败则分兵南北,另作计划。"伯川曰:"然,我亲赴前敌一看,请君留守。"我一面答应了,一面到中华民报馆,和润轩计议,说:"此战必不胜,但娘子关内,节节可守,不可不预备接应。等岐山由太谷回,看筹得枪炮若干,再议。"午后一时,有电报来,云:"刘越西在雪花山拒敌,派兵一队,夺得敌大炮一尊。"我对润轩云:"他们道越西不可靠,今何如?但得炮一尊,何济于事?怕刘君有失!"未几又得电报云:"敌炮火甚烈,我守兵不能敌,纷纷退下!"我曰:"败矣!但不可张皇,等伯川回来,商议退守策。"未几姚君即由娘子关回太原,我方疑其退兵过速,一时阎、黄俱返,神色仓皇,但云:"刘越西君,苦战雪花山,身浴炮火中,很勇壮!但不能当敌炮火连发,且命中甚准,弹已落前敌司令部,故我辈不能再守!"我道:"宜镇定,勿张皇!我拟一文告安人心,彼军未必敢入关。"阎不答,我即辞出,到政事部,拟安民文告成,张贴街市。然阎已出城北走,人心不靖,此固预定计划。但如此慌迫,实违我心。我因到报馆,对润轩说:"他们走了,不要紧,我们守城,效死勿去!"张翙之君强拉我去陆军学堂,见杨篯甫,杨方推胸痛哭曰:"我对不起山西人!"一面说,一面以手枪自拟,周耀武君,连忙抢过来,从杨手中夺下手枪来说:"要死大家死在一处,现在他们走了,我们把军队整顿起来,还可以自守,为甚么要死?还没到死的时候哩!"我很壮周君的话,也劝了篯甫几句。时岐山已从太古来,说:"他共得枪数十枝和娘子关下来的军队联成一气,还可以革命。"他又对我说:"南下军队和我有旧,且陕西民军,都和我们有关系,南下可与联合下河东,出河南,再谋大举。"这几句话很使我动意,因我正念并勿幕故。温静庵君亦主南下,我乃劝周君牺牲意见,同到南路再讲,并道:"你们可以率队前行,我率学生队保守辎重车殿后!"

以退为进　王一山来

　　我和翙之、润轩诸人，最后出太原城，想起傅青主"我之愁，郭瑀之愁也"的话，回首望并门曰："不知何时见汝！"此时心中最不安适者，就是越西、叙甫未返，政事部诸友未别，在我们觉得出城独晚，在他们还要怪我们出城太快哩！步行至徐沟，倦极，学生军有二十余人同行，为觅一破店，休息。我教润轩对学生说："此次南下，还要联合诸军，或东出陕洛，或卷土北上，乃'以退为进'的办法，并非败溃可比，我们必须整装，押定子药车，徐徐而行，不要忙乱！"润轩道："不错。我对大家说知好了！"此时忽有人来讲，有陕西朋友来访，我连忙接见，乃是王一山君，自然是欢喜极了！问他何以到此？他道："陕西革命军起，和太原应联合一致，所以我和两个弟兄到此，和大家商议联军事体来的。"我便把晋军最近状况告他，并说明我们南下的主意。一山很赞成，说："我们南下联合诸军，还可以下河东，重张旗鼓。"我说："最好！我们同行。"一山说："那是自然！"我介绍他见了润轩，又谈到陕西革命经过，他说："同盟会同人，全数出马，李仲山、邹子良并出死力，我领陆军学生保守藩库，颇得罪土匪，翔初充都督，曹允候独树一帜向乾州御甘军，勿幕亦自成一军守渭北，潼关连失连得，陕军勇气百倍，可以支持，还可以分兵到河东来！"大家听了，大有眉飞色舞情形。一山次日与岐山相遇，我请他们先行，我们到祁县时，城门四闭，乃停车关外。此时围视的百姓，足有数千，他们见我们很整暇，都竦然环立不动。我命学生阎寅、卫鸿志，向马号借马，并要官车。初不肯与，我乃吩咐一用强硬手腕。阎卫乃拔刃指挥，他们连忙答应，意思好像说："赶紧送这些神走罢！"于是拉出几辆车，并几匹马，让我们使用。乃整队押定子药车南走，很觉得堂堂正正，非同儿戏了。此时，也有从娘子关陆续下来的兵士，我们也收容到队里。里面有一个姓刘的，说是安邑人，他最好空放枪。我很警戒他，叫他休随便费子弹，他虽听话，心里终不肯改，我也不理他，只严束学生军，勿乱放枪而已。

山
西
民
初
散
记

SHANXIMINCHUSANJI

汉阁遇贼　诸葛亮神签

次日到平遥,城门紧闭,但从城内,供给军食,由城上缒面食等,送出。傍晚,郭珺卿偕陈汉阁君亦至,相见甚喜!郭君言路遇匪人,夺去行李,几不免。因汉阁眼光,至夜间无灯月时,与盲目无异,所以行路极不便。我约与二人同行,并告以学生军路过徐沟时,曾遇渠子澄解第二次款入省,乃命令兵士均分,兵士不听,乱攫去,幸阎、卫两学生,拔刃阻止,截留元宝十余枚在此,尚可供我们使用。汉阁此时虽已放心,而精神不大振,我很替他担忧,想教他回家将养;他讲:"到洪洞再说。"这时仍有从娘子关退下来的说,敌人并未入关,我也知道,但此时一心要到晋南,看看河东情形,没有返回太原的心思了。只缓缓而行,并不是"以五十步,笑百步",实在知道敌人攻山西的用意。不过因老袁要示威民党,命他们进攻一下子,原无深入的必要。且他们深入山西反与南方民军以北攻机会,绝然是不肯的。我曾对润轩说:"若敌人全数入关,占据太原,后路必空,南军必乘势北上,这也算我们退军的策略!"润轩深以为是。及到介休,张之仲为知县,他自然是开门欢迎,因他是政事部放出的官员。大家有在衙门休息的,有在城外休息的,我同润轩、道卿三人,到介休城外散步,远远望见一座小庙,离城不远。因到那里一看,才是一座孔明庙。我心头很奇怪说:"这里怎么会有诸葛亮庙呢?"进到里面,有看庙人迎待,果然有泥塑诸葛像,像前有一大清皇帝万岁牌,润轩取下来折碎了他,对庙祝说:"大清已亡了,还有甚么万岁!"又见案上有签筒,润轩有点迷信,恭而敬之地,求了一根签,妙极!签语忘了,但标题有四个字道:"以退为进。"

润轩笑对我道:"你看!这四字,不是你讲的么?怎么可巧这签上就有他呢?可见凡事都有一定,或者你就是诸葛!"我笑道:"诸葛倒像,就是你把街亭失守了!"在介休更无别事,还记得大堂上一幅集联很好,便是:"三公不易其介,四方惟乃之休。"妙语天成,这先生自命也不凡呵!

灵石城下避丸　阮步兵

从介休退至灵石，共学生等同住破店。想起《虬髯公传》来，听说此地有英雄奇遇处，就是本李靖、红拂、虬髯遗事，附会而成的。于是又想到谷芙师在长安时，曾撰一联云："感怀灵石道中，儿女英雄王霸业；放眼太华顶上，泾清渭浊络南低。"不觉动一片怀古念头。对学生卫鸿志谈古今革命事业，断不是侥幸成名，其间必有几个奇人，如虬髯、红拂一流，能使后人闻风兴起。曾记剧某君《灵石道中怀古》诗中有"傲岸容从妆镜得，不平情为蛾眉留；相逢一妹唤一兄，山河犹增无限黛"诸句，以及王霞举先生的"中原有主做不得，掉头去作夫余主"。皆能写出当年情事。我曾想作一出古派新剧，使人演唱，尚未着笔，当目下实行革命时节，更说不到这里了。卫君曾问革命后以甚么政体为好？我道："政治没有甚么好的！比较起来，共和似胜过专制，但也不算很好，还须实行一番社会革命，一直到无政府时代，才好哩！"卫君听得'无政府'三字，很是惊讶，但他没有往下追问，我也没深谈。然而他却把这句话，牢记在心里，到革命成功后，我在报上发表无政府主义时，他才提起旧话来问我，也是一个纪念。

再说灵石曾遇险，因为温君静庵，向灵石县要官马，城内不与，温君颇怒，有命学生攻城的意思，我和翙之、润轩不主张，因我辈目的不在此，所以到次早，整队出发。不料温君的马弁，和城上人冲突，因向城上开枪。这时灵石城内，有甚么巡防队，便集合队伍上城，向城下放枪，温君下马，命学生立定还击，一时快枪弹纷纷飞下，其声清以越有人高呼道："是快枪子弹！是快枪子弹！"我那时只屹立不动向城上看，见人数不少，中间杂着百姓很多。那位好放枪的安邑刘某，在我前面举起枪来向城角一击颇命中，城上人哗然退避，我心中才放下。同时刘某中弹倒地，又一弹从我耳际飞过，有人拉我向山坳避丸，我乃侧走，城上一时停止枪声，润轩乃收队，扶刘某上车，徐徐退入霍山，至山坡知敌不敢来追，大家乃谈笑而行。有人与我一根长枪，我负之登山，心里说："我而今成了阮步兵哪！"

李大哥来援　行军都督

　　将夕,退至山腰,老张湾,有几家店房,能容下我辈几十个人,及车马等。我和翙之、润轩共占定一窑房(即穴居)。吃过午饭,谈了些闲话,走的困了,大家早早休息,睡到半夜,忽听见有军马声,奔腾自外来,大家惊起,怕敌人追至,我说:"没有的事!"即听见有人嚷道:"自己人,自己人!"我笑曰:"必李大哥也!"开门迎入,果是岐山同一山偕十数骑至,相见大笑。岐山说:"郭琯卿慌慌张张地来到霍州,见笾甫报告你们被敌人攻击,不知生死?笾甫嗔他报事不明,几乎要杀他,他说:'请先解大家围,再杀我不迟!'我自告奋勇,同一山前来,并谓如梅九有失,必踏平灵石县!"我很感激他的盛意!一山背负马枪,气象雄纠,我问他:"何从得枪?"他说:"从军中借来的,因赤手不能解围,况且说是救你,莫有不肯借的。"我又问军队情形,他们说明天到霍州再说。岐山问有受伤者么?我把刘某受弹告他,他去看过,回头说:"甚危!此地苦无医,到前面再讲罢!"次早大家同行,过仁义镇,即至霍州,笾甫已率队去赵城,遂同至赵城,刘某已不救。为殓其遗尸,寄棺一庙中,由卫鸿志一人经手,并标明刘长贵之柩,此为南下第一牺牲者。我见了笾甫,并谢盛意。他问"子药车全来否?"我说:"走过徐沟时,失去一车,特命学生卫鸿志回头去找,我们行至祁县,在店中候他,不至,心甚焦急。至半夜忽报告卫君回来,我非常欢喜,但他未找得那一车子药,未免可惜!那时只幸他无差失,顾不得别的了!"笾甫说:"不要紧,保得一车来,已劳苦了!"此时四川同志,公孙长子、吴汇之,同在军中,议整顿军旅,以笾甫为行军都督,静庵颇不愿,我也觉此名不妥。但大家已经改定,很不好意思取消,况当下只论实事,这些名目,却是随便的,所以未竭力反对。长子能文,汇之善军,皆军中能者,我曾另眼看待,恐因无味的争论伤感情,所以行军都督的旗帜,由他们制造起来了。

霹雳一声　惜哉刘汉卿

　　在赵城关外小学堂驻军,张琦玉出城,见大家,问省城近状,并言:

附：罪案

421

"衡玉五哥从陕西归,现卧病家中,未能和大家相见,一切支应,都由我备办。"正讲说中间,忽闻枪声一起,窗棂震动,篯甫变色,欲躲避,周君耀武阻之曰:"慌甚么?有乱子也不要紧呀!"我也劝大家镇静些。少顷,有人来报告,说是霹雳队中弟兄,因口角冲突,至开枪伤死一名,现由队长弹压下去了,大家才放心。提起"霹雳队"三字,也是我创造的名称。因岭南健儿,惟洪洞、赵城两县为最伙,曾由某君招集多人到太原,静庵不主张扩充队伍。他的意思,是说:"山西没枪,但招些空手兵,有甚么用处?"他极力主张遣归。当时我出了一个主意,对静庵说:"革命党以炸弹为唯一武器,山西虽缺枪炮,然炸弹还可以自造,不妨成一独立炸弹营,定名'霹雳队',可以壮我们革命军声威!"这几句话,却打动了静庵,立时认可,说:"好极了!这很可以组织起来!"于是"霹雳队"遂出现于太原城内。南下时,此队随篯甫同行,一路也闹出笑话,就是到赵城,才"霹雳"一声,自残同队。我当时心中,觉得很可恼,又很可笑,引为自造的罪孽!但此队中人,毕竟有勇气,到后来,还为革命出了点力量,这且不提。当日因这点骚动,人心稍稍不安,琦玉劝大家速离赵城,篯甫也急欲到平阳,和第一次南下军队会合,所以立时发令,拔队向洪洞进发,不料到洪洞后,有一个极失望的军情,就是被民军一度占据平阳府,重新退让于敌人,所有军队,全退至平阳府北一镇店上,先前和民军外面联合的清军,皆翻脸不认账了!最痛心的,是前锋营长刘汉卿君,击敌隘口,屡得胜利,某日独率一支队,进攻某山头,而援队不至,遂陷于敌手,被杀!死状甚壮烈!是为第一次军中最大损失!且我更有特别伤感,因送君出发时,我亲身与君珍重告别,君曰:"不下河东,誓不回首!"我曰:"壮哉!"今竟中道损命,能不惨怀!

两军合一　鲍参军

军驻洪洞关外,大家听得平阳失守,即开会商议办法,都说:"如今只有使二军合一后,再作计较。"商定,我道:"第一次南下诸人,我认识人很多,我同人去接他们去!"大家赞成。于次早我乘一轿车,向某镇店进发中途见有数人迎来,我猜着是名军人,于是下车招至前面,果是第一次南下军中某君。我问他何往?他道:"在前面听得省城民军南下,不明真相,所以前来侦察的!"我道:"好了!你赶紧回去,对大家说我们通来了,带的兵不少,打算二兵合一,请他们把所有军队全数带到洪洞,为要!"说毕,某君自去,我由中途折回,报告筱甫诸人。等到天将晚的时候,前敌兵全数退回,将官同来司令部相见,商议,仍以筱甫为行军都督,使统全军,并请他会合两军,重申誓令,命兵士皆歃血为盟,人心一振。然后开军事会议,议攻平阳与否?我曰:"平阳城坚,且我军初至,主客势分,攻之必不利,不如绕道至河津,打听秦军消息,能渡河与秦军联合固好;否则,乘机攻陷河东,亦上策也!"大家赞成,但恐平阳镇截击我军。我曰:"我军虽新来,彼不知虚实,但听我军又增厚援,何敢攻我?"某君云:"有某与谢镇有旧,不如写一书送去,说明我军目的,以免意外,为好!"我赞成此说,即提笔草一纸书,略云:"革命军目的,在攻取燕京以定大局,我军将东出巩洛,与中原义军相会,明日即行开拔,请足下偃旗息鼓,勿自惊扰!我辈决不攻平阳也!"写毕,令某送去。正议进军计划,公孙忽仓皇来告曰:"清军已入太原,现派大军南下,向某县扣兵车数十辆!"我不俟其语毕,即呵止之,曰:"断无此事!何得信这谣言?且即令有此事,我辈也应镇定,不必这样张皇,以扰军心!"这时声色俱厉,吴汇之极力赞成我的议论,说:"梅九言是,越危险时,越要镇定才是!"公孙自认失言,也不提了。于是大家决定从容行军。最有趣是公孙受我一番抢白,和汇之诸人议军制,无法位置我,乃曰:"以梅九为总参谋或参军。"我闻之笑曰:"阮步兵又变鲍参军了,我不作参军!"

博士斩关　龚定庵妙语偶得

也妙!第二天从平阳城外,整队通过,城上果然偃旗息鼓,静悄悄地若空城一般。转入某村,村人争出观看,也有惊讶的,也有指笑的,妇女们躲在门后边看,小孩儿乱跟着跑,没有怕惧。问村名,仿佛听说叫成功村?大家欢叫起来,大吉大利,此行必得赢得胜,这自然是从大人迷信地名来

附：罪案

的。我此时已借得一匹老马骑着，颇形迟漫。吴汇之看见，道："梅九骑得是太上皇。"我心里忽然触起"摄政王"来，自笑道："挟妓挟的'摄政王'，骑马骑的太上皇，也够阔的了！"从此这马便受了老吴太上皇的封号，许多人都称他为太上皇，笑话了！当时全队向襄陵进发，赶日落未接到前卫报告，大家便一直前进，到襄陵城外，听说城内无兵，但城门却紧闭不开。有呼开城的，里边也无人应声，大家急了，一天没吃饭，关外又没店房，天气又冷，在这站着，很不得法！便又主张攻城的。这时前队有一少年壮士，名张博士，性情激烈，不耐烦，看城门下有缝，便脱衣伏体，匍匐而入，头已入足不能进，呼人从外脱去其裤，乃赤条条的爬进城门内，由城缝递进一把刀去，博士便举刀用力斩关，而城门开矣！我似乎听见城内放了两枪，这时也无暇理会这事情，大家一涌而入，直向县衙门奔进。那位县官，躲避不成，慌忙迎接大家入衙，我给他介绍篯甫道："这是我们行军都督！"又介绍岐山给他道："这是我们将官。"大家坐定。岐山便厉声责问他："为甚么不开城！"他觉得真要杀他似的，站在旁边，连忙说："我叫他们拿钥匙去开城，这些混账东西们，他们误了时刻，不是兄弟不开城，兄弟是很欢迎大家的！"言未毕，岐山哼了一声又道："你要小心预备一切！"他连忙道："是是！""你要笼些火来给各营送去！""是！是！""你要速吩咐给各营送粮草！""是！是！""你要怎么，你要怎么……""是！是！是！"我在旁边，但觉得好笑，心中想起在日本和仲虑共看《龚定庵词》有二句妙语道："便千万商量，千万依吩咐！"眼前真有此种现象，不过那是对付情人，这是对付革命党，太难为他了。我给他解了个围说："不要害怕，大家都是同胞，绝不忍伤害你！"

放囚快举　太平攻未下

襄陵知县忙乱了一阵，给大家预备饭吃，这时就同学刘顾庵，已经从陕西还家，听说我们到了，他亲到县衙，见了我和岐山、润轩，通认得，很替那位知县解了这个围。知县听见顾庵说我们都是熟朋友，诸事好办，自然放心下来。我和顾庵又谈了一阵旧话，夜半听见一声枪响，疑又有赵城之变，出门，才是一个学生的枪走了火，于是吩咐他们小心些，便睡去了！第二早晨起来，忽见井某仓皇入衙，大惊小怪地对我说："不得了哪！有人把狱门打开，囚犯都放出来了！"我听了，心里好笑！这先生连革命的意思还，没懂得，破狱放囚，是革命军打开各州府县城时，第一要做的事体，他反慌起来，我微笑："不要紧，我亲自看去！"我便和润轩、岐山一同到监狱，真是黑暗的地方！有几个囚犯，争的向外跑，足镣还没有打断的哩！脸上都煤黑，一望如鬼，在那惨淡面上露出笑容来，见了大家就磕头。我们含笑挥之去！我对岐山说："此中如有健囚，愿从军者，必能致死力！"岐山首肯，教人去问，后来听说共有一两个愿相随。我曾和岐山讲到监狱能完全撤废固好，不能，至少也要大改良一番；这般地狱式的监牢，不是人住的！岐山曾说："监狱改良，怕人都喜欢坐监，恐有囚满之患！"我说："人性极好自由，就是把监狱改成天堂。自由人，也不愿意到里面去！"岐山很以为然，因他曾被安邑知县龙璜关押过多时，虽是优待，也觉得不自在，所以我这话还入得他耳朵里。在襄陵休息一天，向太平县进发，先到固城关上，那个镇店，倒很大，生意也不少，市面未因革命摇动，大家分头驻下。这时打听太平城有巡防队，生意人讲还有一个大路，可以绕过太平。静庵极力主张绕行，岐山当时气壮，乃说动篯甫，自率一队攻取太平，王一山君愿同往。次早往攻，至晚方回，曰："城坚不易破！"一山曰："岐山真勇敢，可以率军！"此役虽未得手，而岐山之勇敢善战，为兵士欣服，为后来接统全军的账本，也不算无益之举。但听见一句笑话是："太平城当初李自城都没攻下来，何况我们？"

端溪忆家　仝掌快谈

太平未下，终从静庵计，绕道而行，和过平阳一般。所不同的，过平阳是从城跟绕，而城上悄寂无声影，过太平是距城五里有余，却远远听见太平城上的炮声不断，可笑已极！不知他目标何在？真所谓虚声恫喝的意思！大家缓缓而行，绕过太平，到苏村打尖，适逢商集日，卖吃食的不少。都停车息马，吃喝了一顿，我问段端溪曰："还想家么？"端溪说："昨天因太平不下，我倒有心回去。但既和大家同行，岂容舍伴？今天自然是丝毫不想了！"因端溪家在襄陵，到襄陵时，他和顾庵商量，想回家去探望一遭，也是人情。因汉阁到洪洞，归家养息去了。李梅峰也没随来，所以端溪忽动了这个念头。惟岐山很爱端溪的沉静有谋，且善谈论。当端溪向岐山提起这话时，岐山说："人人都有家，如君要归家，大家可以从此解散了！"这两句利害。顾庵在旁听见，接着说："话说不到这那，端溪！你跟大家去罢！你家里事，有我照应！"端溪更没话讲，说："如此甚好！我决心同大家前往。"记得岐山还从怀中取出些散碎银子，托顾庵转致端溪家，所以我有这一问。端溪和我交情尤密，山西大学同学中，端溪最少，而甚重感情，其回家念头，不但是思妻，且是思兄。因其兄多病，故不放心。我尝题咏其弟兄在太原话别像片，中有"久病怜兄瘦，怀归念弟单"两语，颇能道出当时情态。端溪至感泣，并云："单字别生一解，最妙！"

闲话少讲。大家由苏村进至全掌镇，俗读掌为章诺反，音如酌上声。河东人读阳韵字，多归药韵，故有此变。初听不解为何字，及问明乃大笑曰："天下事全归吾辈掌握中矣，更何愁？"岐山曰："我只望此军全入吾掌，运用一番，以张我革命声威！"我说："莫性急！这容易办到，因篯甫病衰，静庵素日和军队不接近，舍君其谁属？"这不是戏谈，当日实情如此。在全掌寓卫姓家中，此地有高、卫两富家，卫姓招待甚好，且借与军饷数百金，篯甫与约，革命后奉还。我却想均其产于众，特此时未暇作这种事情。

程李的比较观　怒骂奸绅

从全掌起程，半日到稷山城下，仍是闭门不纳。但城内无兵，于是扬言攻城，请绅士城头答话。城内人怕起来，乃派人出城协商，最后商定，兵驻城外，军官驻城内。于是我和篯甫、岐山、静庵多人，并学生军皆得入城，把高等小学堂作了司令部，办事人员，分房驻定，我在堂长室内，看见些残余书籍，随手翻阅起来。因平生有书癖，时常手不释卷，每到友家，看见书籍，不论新旧及生熟，都要看看。自从退出太原，随军南下，和所有书

籍,都疏远起来,足有半月,未过"看书瘾",心中着实难过!所以一见这些残书,真像遇着久别的好友,怎能不欢然相对呢?可巧翻的一本《国文》,上载《史记》上论程不识、李广行军宽严不同的一节,道:

> 广行无部伍行阵,就善水草屯舍上,人人自便,不击刁斗以自卫,莫府省约,文书借事,然亦远斥候未尝与害。程不识正部曲行伍营阵,击刁斗,士吏治军簿,至明军不得休息,然亦未尝遇害……是时汉边郡李广、程不识皆为名将;然匈奴李广之略,士卒亦多从李广,而苦程不识。

我看毕,戏谓润轩、翙之诸君说:"我军现亦分两派:静庵拟整军严阵以待敌,似程;篯甫、岐山皆好野战,似李。惟李虽宽纵士卒,亦远斥候,此宜取法。我军所至,不可不先派前哨四处侦探,以防敌人袭营!"大家听了很以为然。因静庵毕业日本士官学校,以为行军布阵,皆应有一定法度,杨、李崛起行伍中,只知"身先士卒,与士卒同甘苦"的要诀,其余法度,非所注意故也。是夜,某绅诬告润轩夺取知事羊裘,希图搅起同室操戈的恶剧。静庵误听,几欲责问润轩。我窥破此情,怒不可遏,在骂某绅狡猾,有意污毁我军名誉,非杀了这些东西不可!静庵闻此大悟,也就不往下问了。学生军,当时极愤怒,几要发作,去找某绅,我极力阻止,但向诸绅严逼助饷巨款,丝毫不准少欠,算办到了。

龙门直渡　忆司马迁

自洪洞决定入河津,及到稷山曾探得巡防队,在绛州、河津无敌。于次早由稷山拔队,仍向预定的地点河津进行。彼处绅士,欢迎民军入城,即据小学堂为司令部。当晚集议,静庵提议整顿军旅,从新组织。次日大家同到一讲堂内,商定办法。王乾三在黑板上,用粉笔写了几条,大家略加讨论,一一通过。某某司令,某某参谋,某某队官,皆定妥——仍推静庵为副都督,我为参谋长,公决,举我们和王一山诸人入秦,联合秦军立借子药,我们答应了。次早既偕数人西行,诸留守者,亲送我们到龙门渡口,行板桥上,直通禹王庙,桥下见百姓担挑河水的,络绎不绝,另是一番风味。禹王庙，建在龙门岸旁，气象崔巍，不似当年卑宫室的样子。从庙侧，望见黄河东去，龙门山屹立两岸，峭崖相对如门柱，石上有斧凿痕，想见凿龙门时的神工鬼斧，真令人惊叹不置！禹治洪水，以凿龙门为第一功，否则水不得由其道而行，必泛滥无已时，到此那得不徘徊延伫？问土人，曰："对岸为韩城境界，原有渡船来往。"问："现有船否？"曰："有！"问："有水手否？"曰："可以找去！"随即命人去找水手，一阵工夫，来了几个水手，推放一大舟于河岸，我们便一齐登舟，放舟中流。是时朔风凄紧，河内流细冰块，两岸有新雪，望之如画，幸遇顺风，欸乃一声，直达彼岸，回视送客者，渐远渐小，想惆怅欲归，大有易水送客的感慨罢！这时顾不得他们了，舍舟登岸后，人马备齐，各乘马沿岸而走。中途登一坡，闻坡上有祠，是司马迁庙。并云墓亦在其地，因思韩城本是古龙门地，太史公故里，或在此亦不定。但河津人，一定要说他是山西的龙门人。曾记北京三晋西馆有一副对联，上联云："吾乡素富史才，汉宋以来两司马。"即指司马迁和司马光说，可为一证。凡古来好人，后人都喜欢拉他作同乡，以为光宠；要是坏人，一定没人争这枯骨的所在地了；好人到底是当的，虽在当时吃点亏，如子长受腐刑，却能以史才留名千古，使后人倾倒至此，也就罢了！这时我对一山在路上说过的话，录之以志一时感想。

路遇拳师　改咏卷耳末章

记得未到韩城，在某镇店中一宿，和一山快谈心事，说到陕西民军，多赤手空拳，执白刃以冒枪弹。但他们多会拳棒的，遇交手战，很得法。说时，指跟他来的那两位道："他们拳术很好，攻满城时，很出力。"说话中间，那店房掌柜来。我听他讲话像河东人，问他，他说是万泉人，我便和他拉同乡，他很喜欢，问我们往哪里去，我把革命的情形告诉他，他说："我年纪大了，若年轻，定要同大家去的！我爱习拳棒，我的徒弟投入革命去的很多。"我们才知他是拳师，同他讲起武术来，他还色飞眉舞，大有顾盼自雄的意思。记得他还举荐了一个人，同我们第二早起走了。走到韩城，看见那座城，正在四山里面。因想在四面山顶筑起炮台，固然可以御外

军,若外军占领了四山,用大炮俯射此城,一定是全城粉碎玉石俱焚。这种思想自然是这革命时节容易起的,若在平时,绝对没有这种思想。进城后,本处绅士请大家到公所茶饭,并道:"昨日接到三原司令部来文,说传闻有晋军西渡,教处处防御,才是大家到此,可见消息不通,易生误会。"我们请他们据实从速回复为是。又谈了些不要紧的话,我们便告辞走了,向郃阳进发,记不大清楚了。有一日,走到天晚,上一个长土坡,形势微陡些,俗名瞪眼坡。大家努力上登,正当冬月,朔风凄紧,十分凉冷,登至半坡,体热顿增,不觉汗流浃背,骑马的人都早下了马,我听见有人喊道:"马也出了汗哪!"忽然触动我的心思,想起《国风》卷耳的诗来,改了那末章三句,因高吟道:"陟彼坂矣,我马汗矣,我倦倦矣,云保叹矣!"一山听了笑道:"好!真能手!何灭晋人风味!"

郃阳阅报　奇怪官衔

从韩城起身,向郃阳进行。途中过一堡,远远望见,堡墙上站的人很多。静庵猜着是因在韩城听得那误传的晋军渡河谣言所致,吩咐马弁勒马缓行,勿卸负枪,以致墙头人惊恐,再惹起灵石城下的恶剧来。大家听了静庵话,都缓缓从堡墙下进行,墙头人,看见我们来人不多,且不像军队和土匪的样子,也没惊扰。我们走到堡门口,我独自下了马,命阎虎臣跟我进堡,堡人看我单人进堡,自然让进来。里面生意不少,我托言马缰绳断,买了一条缰绳,借着这个时候,无意中把山陕革命的情形说出来,表明我们来意,并说大清已倒,大家不要慌恐,安心做生理好了。说毕,问明道路,没耽搁时间,便动身了。到郃阳有学界人认得我,欢迎大家到勤学所,问明来意,不错,也接到溃军渡河谣传。我在桌子上,忽然看见一张小报,拿过来一看,是陕西省城的报,记载民军胜利情形,并有宋伯鲁一首五古,只记得几句,甚么:"岭云飞千仞(此句不准),威风亦高翔……两贤岂相厄,二日宁相防!"首两句指张云山和张翔初(名凤翙);后两句是调和两人意见的意思,却暗寓着挑拨。我便笑问郃阳某君云:"此诗影响恐不佳。"答曰:"不错,两张因此诗,意见更闹得大了!"原来张云山是哥

附：罪案

老会中人,勿幕曾和他联络,但未能达改良会党的宗旨。革命起,会党以张云山为首领,张乃自拟一官衔云:"见官大一级,听调不听选,天下都招讨兵马大元帅。"(传闻异词,首二句确有)我说:"滑稽戏词中的有为王出京来,比官还大,思一思想一想,王是朝廷。"便是"见官大一级"的意思。"宁教山头望廷尉,不教廷尉望山头"便是"听调不听选"的心理。

遇子文同渡　我的光光

在部阳打听得勿幕率军渡河,将下河东,心窃喜。乃急催马向朝邑进发。到朝邑遇见些旧朋友,才知勿幕和崧生、李仲山、严小泉等确已渡河。我便和一山、静庵分手,请静庵独到翔初处借子弹,我和虎臣同着秦军后队,齐至河上,遇见同志纪子文,甚喜!他说:"这队伍,全是勿幕部下,其中勇将很多,有一个绰号黑脊背者,就在这队中。"乃对我指明那条好汉,看他正在那里支配一个渡船,我便和子文登了那个舟,又见黑脊背自己鼓掉撑船,船随掉动,气力真个不小!我看这队伍快枪很少,有些拿铡刀作兵器的。子文讲:"陕军铡刀队,很有名,清军最怕他们。这一队还算枪多一点,其余更不齐整,但战斗力俱不弱!"虎臣听见这话,很有些羡慕意思。对我说:"我看铡刀队就不错!"我心里说:"执铡刀以冒枪弹,和张空拳冒白刃一样,不过勇气可嘉。绝不是常法!"渡河后,听见仲山守蒲州城,我和虎臣骑马进城,也没人问,便一直到蒲州大堂上,下马令人报名求见。仲山万不防备我能到这里,一听见说我来了,立时跳出来叫道:"我的光光(秦语惊喜词)!你怎么能来呢?"我笑道:"你们真胆大,连守备也没有!"仲山说:"这里没敌人,我们军队都扎在城外,我这里有几尊铜炮中用的很!"我见仲山还是那样亢爽,便和他快谈了一阵,他对他们伴当说:"梅九也扬的很(秦语'扬的很',有沉重托大意)。譬如现在说有敌人已到大门口了,他还能够丝毫不惊动!"这自是知己语。但我哪能当此?惟此时已听得勿幕下了河东,心里好生欢喜!更不能久留,告辞连夜的走去。

高喝满江红　勿幕□岁

　　同虎臣乘马出蒲州,趁着月色而行,正是阴历十一月十四夜,将满的月轮,涌现空际,四野无人,万木疏冷,高咏岳武穆满江红词,至"三十功名尘与土,八千里路云和月"两句,中怀慷慨无限——因是年我正三十岁故。虎臣疑我发狂,问我唱甚么?我说:"唱古人词耳。"虎臣说:"我不懂,但觉的很有兴味!我们且计划明天到解州歇不歇?"我说:"不要歇?直到运城好了!"虎臣家在解州,自然动思家的念头,但也有过门不入的气概。第二天午后到运城,我听说道台余粢已逃,勿幕在道署,便直到那里去寻他。他见我来,异常欢喜!给我介绍见了陈树藩。并道:"这是陕西'灶君',你两人可拉同僚。"陈字伯生,是那时将官之一,其人短小精悍,我不知勿幕何以说他是"灶君"?大概因他不讲究外表的缘故罢?我和勿幕又说了些闲话,曾笑对他说:"你快二十四岁了罢!"他说:"你如何记得?"我说:"项羽起兵之岁,周瑜统军之年,如何能忘记!"勿幕不觉大笑,又看见道署墙上,挂着一幅画,画的是几条鱼,上面题几句道:"大鱼化鹏,小鱼饱鸷,依旧大江红树!"我笑道:"大鱼是余诚格,在湖南跑了;小鱼是余粢,应叫鸷吃了,怎么也跑了呢?呵!鸷变成'鸷'字了,鸷的十分快,所以说饱鸷,此词可作他爷儿们两人的谶语!"勿幕笑道:"你真善附会!休谈闲话,看'灶奶'去,我保护他在女学堂内哩!他很受了些惊恐!"我当下告辞便走,到了女学堂,看见玉青,玉青说:"虎臣说你骑着牛来,我问为甚么连马都没有?他说你骑的马和牛一样。"我笑道:"他们称他作太上皇,自然牛的很!"

玉青革命失败谈

　　我在河东女学堂见玉青,说话中间,我的仲弟敬之也来了,手足相见,其欢可知。这时我却有一奇异观察,就是敬之比往日对待玉青好的多了,并劝我就在女学堂住宿。因为这时女学堂早放假,上学还没有些日子哩!那里空房很多,住在里边,没有甚么不相宜,便答应了,自然没有工夫回安邑探视双亲。

因秦军初到河东，和地面很有些接洽事情，勿幕既是甚么节度使的派头，我在运城，诸事自然好办的多，玉青也能帮着办些事情。却说当日，有许多朋友，听我来，纷纷顾谈，他们说杨篯甫已离河津，岐山接统全军，改称五路招讨使，我很喜欢。

整整忙乱了半天，好容易有了休息工夫，我才问玉青河东革命的详情。他说："说起来话长，当陕军未到之先，敬之一日来学堂和我商量，说虞乡有几百民军，可以攻运城，但须我们作一个内应，我想以学堂为内应根据地！我说很好，现在学堂虽未放假，学生都回家了，只一个看门的在堂里，还有个女役，不要紧，就说你们来此和我商量给崇文办亲事（取媳意）。敬之得了我的同意，回家还禀明了双亲，双亲也许他做。"我听到这里，截住说："这是敬之错处，固然老人早已明白革命是应该做的，但毕竟有爱子的意思，若有阻碍，岂不误事？"玉青说："因他对老人家，说的很完善，所以才答应的。那一夜敬之同着十余人，陆续到学堂，预备破城的兵器和破城后一切事情。不料等到半夜，城外还没动静，急忙命俗号'飞腿'的某人，从城角缒下，前去打探，可巧那一夜下雪很大，打探人回来说，今晚不成功了，他们因雪阻不肯来！敬之很不爽快。当侦探未回时，敬之每听见个响动，一定叫一声'嫂嫂，你去后面看一看'，又叫'嫂嫂，你快预备白布条，预备甚么，甚么'……我当时心里笑着说'敬之把一辈子的嫂嫂，一夜要叫完哩'！本然这事体非同小可，城内还有些巡警兵和巡防队，我们就只十几个人，想夺一关，作内应，'临事而惧'，是当然，但我那时胆子很大，前前后后，都由我一人跑腿，一听见外兵不来，自然也把兴头打回去了，我便对他们说，只好等机会再干罢！你们穿短衣能跳墙的，都到后院出去，穿长衣的，我明早送你们由大门出。敬之和三弟戊辰、郭光烈几个人穿长衣，全等到天明，我才送他们出走，幸而没人看见。但这时已经有点风声了，我还没注意，一心等他们约好了外兵再干。过了两天毫没音信，忽一天早饭后守门人来告我说：'道台派队伍来搜学堂，请你出去！'我知道事情不妙，正在那里写信，一面便拿了支铅笔和日记本；一面赶紧到学堂门口。看见来的队伍不少,但不好和他们答话,便问守门人道:'你方才报告甚么事情?'他说:'人家说奉了道台命令,到女学堂搜革命党来的。'外边军队便接着说:'我们奉了大人命令来,搜查革命党。'我才接着厉声道:'胡说!是谁造的谣言!我们学堂,哪里会有革命党!'那些兵便道:'你不教我们搜么?'我接着道:'你听清楚!不是不教搜,我这是女学堂,不能教你们随便进来,要搜,或三人,或五人,把名姓给我说清!'这时我已把日记本展开,手拿铅笔,作个要写他们姓名的样子,接着道:'我好写在日记本上,听你们进去搜。若搜出一点革命形迹,我万剐凌迟,甘愿承罪!若搜不出革命党来,坏了我学堂名誉,谁负责任!'一席话把那些兵丁都说各呆了,一个人也不敢答应,半晌才勒马回头,说:'咱们回禀大人,人家不教搜。'便一齐走了。我又骂了几句,说:'太混账了!我还不答应小余哩!'一面说,一面回身,命守门人关了大门,然后到后面把那几卷白布烧了,刀枪都埋到操场里,这才放了心!"我听了他这一片话,只一句评语:"你们真算侥幸!"

红灯照　陕军攻破运城实况

玉青谈过了革命失败事情,又说:"有一个女学生,家贫,因而嫁了道署内一个差役,一天密到女学堂,连哭带说:'人家要害老师(河东称校长为老师)哩!听说有几个绅士报告,说老师是甚么革命党,会使妖法,剪成纸人、纸马,吹口气,便成军队。那一天来搜学堂,老师没教人家搜,人家也怕老师有法术,不敢进去。现在一计不成,又生二计,人家说不准老师出城,等革命党到城下,再把老师绑在城头上,好退兵哩!不退兵,人家就要杀老师哩!老师!我句句说的是实话,你自己想法子才好!'我听了真好笑,差不多拿我当红灯照看,又要叫我唱《冀州城》。我当下只对这女学生说:'你不用怕,他们不敢把我怎样的!'这学生走后,我一面提牌放了年假,一面命守门人雇一辆车,说去解州,言明车价一串五百文。我知道人家不让我出城,命车夫赶到钟楼巷,我便下车,把原订车价给他,说我要到张家去探朋友。等车夫走了,我却转了个弯儿,到我平常永不去的一

附:罪案

个女役家中，别人绝对猜不着的。在那里停了两天，这时听说小余调来些毅军进城，又听见陕军已入解州，向运城进攻。第二早听人说，小余派兵，偷营去，没多一阵工夫，便听见城外枪响，我命那女役登屋远望，我在房里听她在屋顶报告，说：'西城上兵很多呀！还有陆续上城的哩！呵呀！枪响的越利害了！怎么城上兵不向下面放枪呢？呵！城上兵乱动起来了！一齐向城下乱跑！城上兵没影了，呵呀！从外面爬上好些兵来了！越上越多，也向城下跑去了，还放枪呢！好像还有拿刀的！'我听见这话，知道陕军已进城，便叫他下屋，我也出去，到门口瞧，看见些兵手提铡刀，刀刃溅血，很凶！那女役慌忙推我进门说：'老师，你是大脚，人家把你当旗人杀了，怎好？'一句话提醒了我，才抽身退回去。"我听玉青说到这里，不觉笑道："小脚女人倒占了便宜！"

勿幕保护玉青　歪的太

玉青说完了，又告我陕军进城后，又有人告诉他，说带兵官，有姓井的、姓陈的，他道："姓井的不是崧生，定是勿幕！急便去找！"那时勿幕已派队把埠巷两头守住，不许闲人进去。因女学堂在埠巷，勿幕于月前曾密到河东一次，知道玉青办女学堂，所以进城，先保护埠巷。哪知围了一个空。当时有人对勿幕讲："女学堂无人，阎校长藏在谁家？也没人知道！"勿幕才命他的兵，拿一支小旗子，沿门喊叫，女学堂校长算找到了，勿幕亲自到那女役家中，见了玉青。玉青说："你的兵样子太凶恶了，请你把我送到女学堂好了！"勿幕乃教玉青坐在轿车里面，勿幕坐在车辕上，护送玉青到学堂。守门的见了玉青，瞒怨道："怎么校长还诳我们说去解州去了？人家几次来找，我还给人家碰钉子，说我亲自雇的车到解州去了，怎么能说在学堂？人家说：'道台早吩咐守城的，阻挡校长，并没见校长出去。'我那时也说不清楚了！谁知……"玉青说："并不是瞒你，是怕人家把你们捉去，用严刑拷问，你们受刑不起，甚么都讲出来，于大家全没有好处！"玉青又道："我第二天，因怕家里人操心，所以乘了一匹马出城，到安邑探望两个老人家，又翻回头到解州，把那两位老人家也安慰了一番，然后又回运城，天还早哩。足走了百里路，我骑的马，比你骑的牛快的多了！"说完，她又想起一个笑话来，说："当我乘马出城时，守城门的陕西兵，问我做啥家？我说有公事，他们要验看，我发怒道：你不配看我的公事！叫我出去便出去，不叫出去，我就翻回头走哪！他们觉得不好惹，立刻放我出城，回头报告勿幕道：方才有个女人，乘马出城，歪的太（秦语）！我们要看人家公事，不叫看，还发凶哩！勿幕第二天把这话又告诉我说，他早猜着是我！"

骇杀告密绅士　为秋瑾报仇

和玉青谈了半夜话，才睡去。因长途的疲倦，自然是一场浓睡，直至次早九钟才醒。有人来说："勿幕同大家发起在女学堂开会，商议以后办法。"我赞成，请大家午后齐到女学堂来，自然都是些要人了，河东绅士与陕西军官都与会。

勿幕先到演坛上，说明开会宗旨，及秦晋军联合办法，然后请我报告晋军情形，并发表意见。我登坛从我入晋到石家庄运子药回关讲起，直至失败，说到吴绥卿被刺，及晋军弃太原时，悲愤填胸，痛哭不能仰下停收泪，说明此次南下宗旨，便是联合秦军，直攻北京，光复旧物的。秦军名复汉，旗帜显明，我们就通号复汉也可！说毕回坐，时有郭光烈君登坛报告玉青革命实况，及某绅士告密。说毕，陕将有陈树发者，连问告密某绅士到么？玉青连忙道："没来！"其实那位先生正在那里，面带死色，被玉青看见，到底是女人心肠软些，救了他一命。秦军首领要求筹备军需，大家乃推我为军需局局长。我知道这是难题目，但不好推辞，便毅然担任起来，立刻招集些老朋友能干事的，齐来帮忙，借定盐务局地址。

部署略定，听说岐山攻下绛州，枪杀巡防队统领陈正诗！有人说陈某当日在南边和监湖女侠秋瑾一案，很有关系，差不多是陈告密，且去捕杀秋瑾女士的。我说果然如此，岐山算替秋瑾报仇，真痛快！于是去见张实生诸人，说我要到前敌去看岐山，如何进行。实生主张直趋韩候岭，截断敌军南下之道路，再反攻平阳。我以为这是纸上谈兵，不知实际上并无几

许力量,如何能御敌?但不急攻平阳,我倒赞成。当时议论了一番,大家仍叫我前去和岐山切实商酌办法。我便把军需局交代宋、杨诸人代理,辞别玉青,同几个护兵向绛州进发。

冤家路窄　绛园梦影

我走绛州,从安邑路过,探望了父母一次,也没多讲甚么话,便匆匆别去。此时一味在革命上计算,哪里能顾家庭?经闻喜,会见杨米裳(仪村子)说闻喜县事,有他管理,可以放心,前敌有事,请函商一切好了!米裳疏狂自喜,于同人中无可意者,遇我尚能相降。在闻喜休息一晚,次日到绛州,渡汾水,见城上悬些首级,想有陈正诗的,使人掩目!我虽主张杀坏人,对此终不适意,以为大煞风景,所以见了岐山,劝他把那些枭首去了。岐山见我来,自然欢喜,并云:"你猜此间知州是谁?正是前安邑知县龙璜!我破城后,他见了我很惊恐,叩头乞恕,我一笑饶了他的狗命。他还说他那时就看我要发迹,可笑!"我说:"真是冤家路窄,偏遇在你手,这也算快意恩仇。其实你自己仇小,秋瑾女士的仇大,即此一节,同党人要赏你首功一件!"他知道我说的是陈某,曰:"陈某很强劲,我亲自监斩的。还有许多投降的,我都收服了,编成卫队!"说话中间,龙璜来,见我一笑,没话讲,我但问岐山进军事。他说:"已发出全队,去攻平阳!"我说:"平阳不比绛州,还得你亲去,我也去,不过我主张缓攻,这已无及,我们到那里再讲!"岐山说:"不要忙,我看革命快收尾哪!再痛痛快快地打几仗了事,成败不必管他!既到这里,可以到绛围一游。"绛州衙门后的花园,很有名的,我便同岐山去看了一遍:果然曲池回廊,茅亭竹榭,饶有诗趣,可惜这时是冬天,花木凋悴,惟余竹影!墙上有名人碑帖,很有价值。又有一篇《园记》好,可惜没工夫去记它,回想起来,几如梦幻!我对岐山说:"官吏在此地的,倒享了些清福,我们风尘奔劳,怕无福消受此间风月了!"岐山点头微笑说:"把绛州让你好了!"我说:"不要!我要上前敌去!"

秀才办粮台　忆到白堕

　　第二天同岐山率领余队,向平阳进发,路过太平,和前次大不相同了。诸绅士听见我们来,郊近十里,一直接进城去,大家俱到公所,说起上次攻太平情形,以为笑乐。在那里吃了午饭,便起身到襄陵,旧知县尚在,仍由顾庵招待一切,端溪也在这里。在县衙会议,听说平阳府未攻下,敌人守城甚严,岐山奋然曰:"非亲攻此城不可!"乃留我在襄陵,预备饷糈。我请顾庵帮忙,向各处征收米粮,幸亏是年丰收,不缺食料,每日由四外源源而来,足够数万兵之用。此时军队只有干粮,便踊跃从事,银钱全没用处。但我立了一个章程,领取粮饷、草料,以及一切油盐杂物,必要经我批准,为防备乱用。头两天有点忙,后来便惯熟了,几若行所无事。一天忽然想起一首谐诗来,因随手写出,诗云:

　　　　琴棋书画诗酒花,当年件件不离他。

　　　　而今七事都更改,米面油盐酱醋茶。

　　笑对端溪说:"此诗可咏秀才办粮台!"端溪也笑了,说:"你倒有这些闲思想,我想你久不见书籍,怕闷的慌,明日给你找些书来看看!"我笑道:"也好!将来可以于本传上叙一笔,虽在军中手不释卷了!"话虽如此,端溪也没找到甚么书籍,只借到一部《襄陵县志》,这自然是应该看的了。我随手翻了一遍,别的倒没注意,单看见了酿酒的刘白堕,所谓不畏张弓拔刀,但畏白堕春醪,是也。乃得"此地已无刘白堕,何人沽酒醉狂奴"句。一日友人送我一支七星宝剑,长二尺余,古色斑斓,似有血痕。剑鞘亦现古色,我想起从前和五公山人的诗律中"无人仗剑誓戎车"一句。又想起勿幕携剑,即悬此剑于腰间,以践秦志,实是未能免俗。

拔城队之发起　真吾儿也

　　岐山自率队攻平阳,焚东关,鼓勇先进,敌炮火太盛,不得近,乃令围之,屯兵尧庙。我曾一度和端溪到前敌,探望岐山、耀武诸人。只听平阳城上大炮隆隆不断,心里好笑,并无人攻城,放空炮作甚么?我对岐山说:

"须募敢死士,作为拔城队!"岐山曰:"已组成,当再一试,此城过坚,且敌命百姓守城,我不忍击之。今惟欲其坐围,君仍与端溪返襄陵,预备一切需用,并编制续招的兵士!"我和端溪,当日返襄陵,已有人招得新兵数千人,衣服褴褛若乞儿。我心里很惊讶说:"哪里来的这些贫民!"随即命人编练,先使他们换服装。此时岐山招旧友王丹青来,丹青见此,大不以为然,说:"招这些讨吃的来做甚么?"其实革命时代,随时募兵,这种情形,是必不可免的,所以各省民军,都有这样情形。陕军破运城,据一当铺,分取衣服,穿妇人衣的很多,令人想见汉赤眉军。此时只论精神,不论形式,我赞成岐山多招人,以壮声势。只是一件,就令服装整齐,也是空手队,因为革命军最缺乏的是军器。先是李阁臣君南下,招集夏县、曲沃一带会党,最著者,为钟仁义、王进魁。钟见我于襄陵,大有儒者气象,不类江湖派,而坚强有骨气,能得人死心,乡里服其侠义,皆乐道之,是郭解之流也,我命见岐山。王进魁为人粗豪,一望知为好汉派。阁臣领他到襄陵见我,共计所部,不上百人,然皆敢死的勇士,倒还有些军器。崇友儿亦在此队中,是年十岁余,背一短枪,穿十三太保军服,能驰马临敌,我见之大喜曰:"真吾儿也!"编于拔城队中。一夕誓师,与岐山约,合攻平阳,士气百倍。及渡河,岐山忽命人传令,曰:"可缓攻!"我心里好不快活!但岐山既不主急攻,此一队绝不济事,且军依令转,大家听见此令,都主张归襄陵再作计划。然我以此举为"攻平阳不下"之兆!

革命中一段韵话

提起军器来,却想起一段韵话,在千军万马中,忽夹写一篇柔情文字,是中国小说家的惯技,我乃于无意中得之。可惜的是要写的人物,还在世上,不便将真名姓露出,伤坏人家的体面,只好藏头露尾,大概记出,阅者莫怪!

一天正在公事房中闷坐,筹思攻城计划,有人来报,说:"有逃官家眷,暗携军器,隐藏某官僚家。逃官是旗人,其眷属带有家人某,曾密送军械于某城,请捕来拷问便知!"我一听旗人逃官,这里边很有文章,种族主义且放过，但这个"官"字，在革命党手下，是放不过去的。既有军械，恐尚带些资财，刮来的地皮都应取来"充公"——充公二字甚好，克鲁泡特金讲的"收用"，就是把大家做成的物品，拿出来大家用，和充公略同。但现在官府的充公，全是充私了。立刻密派了几个壮士，前去逮捕逃官家小，前来听讯。壮士偕同报密人，奉命前去，不到半天，把所谓官眷全提到了。我吩咐带到衙门口旁边官厅内，待我亲自去问，一面吩咐下去，一面悬了那口七星宝剑在腰里，大模大样，到前面官厅内西房。进门瞧见一个年纪大的妇人，面无人色的躲在炕角，一个年轻妇女，虽面带凄惨，衣衫褴褛，而饶有丰姿，一望知为教坊中人。最有趣有两个天真烂漫年七岁的孩童，丝毫不知畏惧，手拿香火头，烧纸片作小孔，蹦着玩耍，向我嬉笑，面目很齐整。我心里道："这两个孩子，总算有造化，若遇见讲狭义种族主义的，怕早被杀了！"又爱他们大无畏的天真，比一切怕革命党的官僚强的多。我开口问他们从哪里来？有个家人甚精明的样子，向我请了一个安，禀道："我们从陕西过来，这是我的大太太（指炕角妇人），这是我的姨太太（指着年轻妇人），这是我的两个少爷！"我看他有在颠沛中不忘主仆礼节情形，知道是内家。接着问他们携带军器的话，他回道："没有携带甚么，出潼关时，虽有几根快枪，路过运城，因乱逃走，把那几支枪全遗失了！"我道："你要说实话，有军器快些交出。若有隐藏，你一人吃罪不起呵！"他慌忙道："大人！委实没有！"我看见他们的情形，知道是误传，但不好立刻发放。却对这位姨太太起了些好奇心，意思要从她身旁得些特别消息，并问明她的来历，试试我的眼光如何！别的野心，敢对大家讲一句："没有！"形迹上未免有些可疑，然一念于三军之行，有桑中之喜的故事，自己绝不肯失足步，着同志耻笑。可笑是当时老着脸儿，按着剑，对那位姨太太道："来！跟我到对面房屋中，我问你话！"那家人不惟不阻挡，且从旁逼着说："你跟大人去好哪！不要怕！"我心里笑道："这小子好坏，他要用姨太太解围。哪知道我早不计算他们的哩！"于是我领着这位姨太太，到对面房中，开口便问道："你从前在北京甚么班子里？"这姨太太不嫌唐突，面上稍微一红，便道："在桐花庄！"呵呀！桐花庄！这是庚戌腊月我在北京游勾拦的发足地点,连那个特别容易记忆的电话号头——南局四百八十四(拿南朝四百八十寺,射他)都存在心里。况且我的"摄政王"——董素仙发祥于此,提起来哪能不使人感慨呢?又问了他的名字、年纪、出院的年月,却不合,奚落了人家一句道:"当了两年阔太太,也罢了!"坏了!把这位先生说哭了!我连忙安慰道:"人生苦乐,原无一定,何用伤心?你放心,我给你们安置个好地方,事定后,好送你们回去,见你们主人!"他谢了我一谢,只和他一握手告别,甚么话,再莫问他们了。

体亭雪战死　赞乞儿

　　大家看到这里,一定要"替古人担忧",所以不能不交代明白。第二天,顾庵找我说他们老爷和他认识,请把他们交付他去安置,我自然答应,面子上还要说两句排场话:"他们是要犯,应该送到运城去,老哥讲情,暂且饶恕他们,由你带去好了!"顾庵把他们安置到友家,以后的事情,我再莫过问。因平阳未下,每日为前敌筹谋,听说子药不足,我亲自到尧庙见岐山,说:"闻军中子药不足,怎能应敌?我要到陕西借些子药回来,再到河东招些劲伍来帮你!"岐山赞成。那时营长韩体亭是一员勇将,我很敬服他。临走告别时,岐山说:"没有多的盘费给你!"我笑道:"到陕西,通是熟人,还带甚么盘费?一两银子也不要带,我到河东自有法!"体亭说:"子药是军中第二生命,请注意!"我说:"记下了!"当时偕同几个兵,骑了一匹好马,离了平阳府,连夜向运城进发。途中遇一场雨雪,在马上指点眼前风物,和护兵谈些雪的典故,自然提到狄青雪夜破昆仑的事,说要趁这场雪打平阳,或可得手,哪知适得其反!后来听说平阳谢镇派兵乘雪出城袭营,韩体亭奋勇迎击,城兵退却,但体亭亦中弹身亡,又失一大将,极可痛惜!正是我觇平阳那一天。此事亦因岐山率兵向韩候岭御敌,留守人未加防范所致。此是后话,暂且不表。一日天明登程,见路旁早有几个乞儿,跪在那里,喊叫:"行善的老爷!发财!"我戏对护兵说:"中国亡不了哪!你们看讨吃的都这样勤快!天不明就出来在这里要饭!"说的护兵笑起来。其实因为河东盐车夜行,他们习惯早起等候,并不是为等我们。可怜这些乞儿，全是残缺人，应该受社会公养，不应该叫他们路乞，我反笑他们，真罪过！

勿幕班师的动机　阎景相遇

回到运城，正遇见一件难解决的事情，就是虎臣在解州用我名义招兵，半月招集七八百人，实生派张士达去接营长，兵士不服，驱逐士达，坠马逃归运城，见实生说虎臣好多坏话。实生听我回运，请我商量这件事，并云："你的人乱闹，借你名义招兵，又把我派去的营长打回来了，现在领兵不知去向，你怎么办法？"我说："虎臣既假我名义招兵，我不能不担任一分沉重，我自然能找他回来，听候发落！"实生以我的话为满足。我告别了他，去见勿幕，勿幕曰："潼关战事愈急，我要班师回秦！"正说话时，参谋某君，忽张皇来对勿幕说："东兵已渡河，我们不能久留此地！"我心里笑道，这又是第二公孙！便对勿幕说："不要着慌，要班师，商议好再说！"勿幕悄告我说："客兵久扰河东，我心不安，乘此机会，全数退出，可免许多交涉。"我很承认勿幕这几句话，但说了一句，以后再见罢！我当时返回女学堂，见玉青，说实生要我截回虎臣，我连夜要走。玉青很埋怨虎臣，我劝了他几句，说："不要紧，虎臣就是回来，实生也不能怎么样的！"吃了晚饭，便同两个护兵，乘马趁月色出城，向猗氏方面进行。路过一村中，到一个窝铺内歇足。窝铺内边有两个村夫向火，他们是村中冬夜更夫，我和他们坐在一处谈话，很觉得亲和，随便问了他们一句："你们莫听说，有军队从这里过去么？"一个说："有的！听人说是有个阎大人，率兵到万泉去了！你们和他认识么？"我说："不错，是要赶他一同走的。"一个说："怕离此还不远，你们要赶，还能赶得上！"我听了很喜欢，立时呼护兵备马，又踏着月色走了。到第二天早晨，又过几个村庄，越打听越近了。最近有人指与我们道："就在前边阎景村驻扎！"我心里说："妙极！阎和景相会阎景村，真是预定的！"催马到阎景村，虎臣已晓得了，连忙排起队伍来，分向道旁成列站定，我在马上看见那些兵士，都是雄纠纠（赳赳）气昂昂的，有的举枪的，有的执长柄铡刀的。心里说："这是在河边羡慕铡刀队的结果！"虎臣亲到马首,举刀致敬,一直引我到一学堂门首下马,入内,坐定。怒责虎臣曰:"私招兵,逐营长,作事这样荒唐,还成么?即日将队伍编好,同我回运城领罪!"虎臣唯唯,辨别并无驱逐张士达事情,张自己不敢接收队伍,并道他意思领兵到平阳助阵,有人说梅九到运城,所以在此驻扎,派人去打听,刚才有人报告说梅九来了,他赶紧迎接。我的气早消了,便对虎臣说:"陕西要班师回秦,河防空虚,此队可以接防,明天回去,有我作主,不要紧!"说毕,我又带护兵,乘马回运,入城已经初更,我便没去见实生,在女学堂休息了。

老母的镇定 叱骑兵

第二早起,有人报道:"胡司令(子毅)、张观察(实生)全跑了!"我连日鞍马劳困,正在浓睡的时候,初听见报告,也没理会,等第二次报告到,玉青才唤我起来,说:"润轩来了,说他们当真都退出去了,风闻东兵已渡河,我们不能不移动了!"我道:"又和太原一样,全是跑将,哪里有这样急事?"当时润轩病了,我知道他走不动,乃命玉青载润轩到解州去,我乘马出城到安邑,使人打探,并无确实消息。有劝老父躲避村中去,老母独镇定,便道:"城中人向乡村逃,乡村人又向城里逃,逃来逃去,独乱人心,一动不如一静,我便不走!"我这时知道敌兵未渡河,一面差人去叫虎臣,一面听得岐山败下来,急欲到前敌看他去,乃偕数骑北上,到闻喜,路上遇见些解散的兵,都道敌人已入平阳,我军退下及到闻喜。在关外店房,遇见静庵、利臣诸人。我便假造了一种安人心的话,对他们说:"河东安静如常,实生误信谣言逃去,利臣可急归主持一切,第三镇兵南下是和民军议和来的,我到平阳一行。"大家赞成,我便向绛州进行。走到一个山洼,看见好多骑兵在那里休息,有个队官姓冯认识我,连忙请我下马,我下马开口便问他:"岐山在哪里?"他道:"听说还在蒙城史村一带!"我瞋目叱之曰:"岐山尚在前敌,你们为甚么跑得这样快?这算是马队的长处么?人家第三镇来和我们讲和的,你们怕甚么?好好跟我返回去,见岐山再说!"他们听我一说,定了主意,同我齐到绛州。绛州知州杨某见我,也拿敌军来

442

议和的话安定商民,和我主张一致。我很赞了他几句,立刻又向史村进行,这时只惦记一个岐山。

弱示之强　私访端溪

到蒙城,于某毡房见岐山。岐山甚喜曰:"他人皆舍我去,梅九独来,交情自有真也!"我笑曰:"马队乘马,所以跑的快,我把他们全截回来了!"岐山曰:"我整军退下,敌不敢轻追,霍山一战,曾毙敌营长一名,后敌从四面来,我军始退。战时吴汇之奋勇当先,一颗来弹落其帽,尤屹立不动,兵气因而不馁;李阁臣所乘马中八枪,仅以身免,皆不弱;惟惜体亭不备,死在尧庙,是为大损失!昨日敌派侦探到此,被我兵捕获,我即命斩决!"我赞道:"此兵法所谓'弱示之强',很是!但我昨在绛州,得阅最近《国风日报》,知道清帝,已决意退位,共和不日告成,敌来必不再逼我了!"岐山闻此消息,甚喜!和我同至史村前街一行。此时温静庵亦来。我听得平阳新来敌军,在关外抢劫村庄,很是不平!又想起端溪家离此间不远,不识他在家否?于是同着护兵二人,携枪乘马,瞒着岐山,私向郊外去寻。一直找到端溪村里,村中人看见我们来,很慌!后来听我们讲话,是本处人,我又下了马,便有几个人,到我跟前来。我问端溪家在何处?说我是他的好朋友,大家才领我到端溪家。端溪已避居他处,家中无人,只留一仆守家。我只留了一张纸条,说大局不久即定,见信速到河东,协商一切!我又问:"平阳新来队伍,有抢劫村庄的事情么?"他们说:"有的,昨天就在附近的某村抢了好几家,大车小辆,向平阳城东关运去了,都是红帽缘的兵!"我才知人言不假,便道:"大家不要慌,他们定不敢再抢!"说毕,便上马回史村,对岐山说明所闻见的事,岐山说:"你真胆大!这些贼兵,听说把赵城抢干净了!"我说:"非除灭这些东西不可!"

史村题壁　曲沃城头之感慨

我当打听第三镇兵的统兵官,姓卢,名永祥,字子嘉,是山东人。因拟一封书给他,大意是说:"顾亭林曾赋满人入关之暴虐,有云:'四人郊圻蹦齐鲁,破邑屠城不可数!'足下鲁人也,祖宗必受满人屠杀,今乃不思报复旧耻,乃以满人之待齐鲁者待三晋,所至命兵士抢掠人民,形同盗寇,诚为足下一羞之!"曾命某寄卢,某未敢呈。过一日,京师宣布共和,卢始送情于民军,并约联为一气,各守境界。我听了此信,并不以他们联军为意,但欢喜政治革命成功,改为民主,人民思想,定有一番进境,即成一律云:

国体忽传成共主,江山从此属中华。五千年史开新例,四百兆人忆故家。哲士魂萦平等梦,英雄血灌自由花。睡狮一吼今方醒,独立昆仑望正赊。

虽没意思,却写出当时快感来,便写在史村店壁上,作一纪念,然后和岐山商议回河东。此时已听得阎虎臣,率兵入河东,又招实生反运城。清兵未敢渡河,心中一宽。同着阎臣,到曲沃一游,曲沃此时县官唐某已逃。岐山派阎作栋接任,尚未到,所以我到了那里,只有曲沃绅士招待。我也没到衙门去,独和数人登城四望,想起春秋晋公子往事,为之感慨无限!又对阎臣说:"古今霸业都成尘土,且和百姓毫无关系,你看我们革命以来,到处奔忙,百姓安堵,莫名其妙。他们看我们像疯狂一般,再说到各处县官,逃走的很多,百姓也没见有甚么纷乱,要这些官有甚用处?可见无政府是能做到的!"阎臣听"无政府"三字和卫道卿一样,态度都有些惊疑,反问了一句,我只答应道:"不要强权,不要官,便是无政府,改日再给你细讲罢!"这是政治革命时期中,第三次提到"主义"。

台林一是何官　共和告成

共和宣布,清师与民军休战,并送子药若干于河东,表示成了一家的意思。我和岐山同归运城,报告清皇退位,民国成立,南北一家,五族共治。实生即据此出了一张告白,以安人心,百姓也不知甚么是共和,是民国,但听说不打了,真是喜欢到万分。这时有一件可笑的事,就是我到安邑,遇见几个村夫,都迎着我道:"听说天下太平,全是你的功劳,所以大家推你作'代理一','代理一'是甚么大官?"这句话把我蒙住了,我心

山西民初散记
SHANXIMINCHUSANJI

444

里说,怕是要推我作一代表,以讹传讹成了代理一。我便笑答说:"代理一是甚么?我不知道。"一个人说:"告示都出来了,你老官衔是台林一,不是代理一!"哈哈!我明白了!原来实生告示只说据台君林逸和我的报告,台君名守民,时充温静庵参谋,江苏人,河东人不认识他,所以听见人讲据台林逸、景梅九报告,把台林逸三字当作我的官衔了,又音转为代理一,你说可笑不可笑!这也是因为革命时,有些随便的官名,甚么招讨使哪,大统领哪,节度使哪,运粮都督哪,……好些不经见的玩意,把一般人弄糊涂了,所以才有好些笑话出来。却说我到运城,即往女学堂,见玉青,实生和子毅诸人,也同时到女学堂看我,我对大家宣言道:"我们乱七八糟闹了半年,才闹出这'共和告成'四个字来,也算有了结束,破坏已毕,建设开始,后边戏还长哩!"玉青说:"这叫'完了辛苦,成了盼望',不能不恭贺一番!"我笑玉青还未忘福音,便道:"辛苦还没完哩!我恐怕陕西民军,还不知道这种消息,我们须去报告他们才好!"大家很赞成我的话。

夜话虎臣守城始末　玉青中煤气

　　我发起到陕西报告和平消息,阁臣和刘育清都愿意去,玉青也要去。我说:"你去须改扮男装路上好行动点。"玉青说:"那容易!"于是裹起幞头,穿着长衣,登着皮靴,倒也像个男子,拣了两匹好马两人分骑上,偕同阁臣、育清,还有那台林逸,带着几骑护兵一齐起程。行至蒲州,玉青领大家到福音堂去歇。这时瑞典牧师和教友全逃避了,只留一个老李看门。当时天气尚冷,我命老李多买了些木炭,笼了一盆火,霎时将冷屋烤热,炕炉中也添了火,大家围火,夜话说起。虎臣由我从阎井(井景同音,所以误为阎景,后来才知道错拟)截回第二天,傍晚到运城东关,那些奴才绅士们误以为清兵到了,都靴帽袍褂,穿戴整齐,前去接迎,及到跟前,看见铡刀队,纷纷逃窜,把顶帽全扔到城壕里边去,真可笑!虎臣当时传令,命兵士进城,有些不肯的,虎臣怒拔腰刀,一声呵道:"有不随我进城,退一步者,斩!"兵士乃鼓勇进城。城内有土匪多名,假冒陕军名号,向虎臣要求一万元。虎臣不允,吩咐兵据守四城,当时道署火起,匪拟乘虎臣兵救火之际，大肆抢掠，虎臣窥破，传令城上各营，万勿移动，但命百姓救火，自率一队击走土匪出城，翌日请利臣入城，主持一切，并给玉青送信。就是实生归来，叫城，城兵以无阁大人命令不敢开答应。等了半天，虎臣才亲身出迎，实生还想责备虎臣，被利臣、翙之，把他弃城的罪举出来，请公判，实生才没话。阁臣说："虎臣来的真巧，当时清兵有一队渡河，听人说阁大人牵兵到运城，以为是严小泉（秦军名将），又翻回来了，他们大惊，于是又回身渡过河去。但那时他们即打到运城，也要被虎臣打回去，因虎臣所率的兵，气甚盛，且有主客的分别，定是胜仗无疑！"大家说毕，又谈了些闲话，才休息去。玉青睡到半夜，忽然叫道："我不得活哪！"把我从睡梦中惊起；便叫道："玉青你胡说甚么？……"她仍然说："我不得活哪！我不得活哪！"我只当中了甚么邪气，看她样子很糊涂，天未明，没法子想，等了好半天，玉青才说出一句清楚话来，道："我怕中了煤气了罢！"一句话，提醒了我。这时天色已亮，我连忙拖她起来，出户到院里，吸些空气，解一解煤气毒。又呼护兵，取些凉水来。却闹了一个笑话，那位护兵先生自作聪明，说："清早起来，那里有卖凉粉的？呵，怕错了罢！要吃蒲州城里甑糕哩？"（此地糯米甑糕最有名）于是跑到大街，买了一盘甑糕回来，我很奇怪，发怒道："谁叫你买甑糕！"他说："早晨没凉粉呀！"我止不住笑起来，却瞋道："是要凉水，不是要凉粉！"他却疑惑道："要凉水做甚么？"我说："不要哪，去吧！"因为我那时等不着他拿水来，亲自到厨房舀了一碗凉水，给玉青一喷一醒地把煤气已解除了，还要凉水做甚么？那位护兵先生到底莫名其妙。对旁人说："咱这大人，素来不发脾气，今天又要凉水，又不要，弄了我一身汗，真难伺候！"

大清关遇险　半渡而击

次早，大家向大清关进发，车马络绎道途，颇有点声势，及到河口唤渡，弄了一艘大盐船，人和车马共载，截满川碎冰，西渡黄河。离对岸不远，忽见有大队兵马，奔腾向河岸来，阁臣说："这是谁报告说咱们来了？教人家派队欢迎，很对不起！"我也说："是的，你看那旗帜飘扬，人马整齐,很像迎接贵客的情形!"台林一君说:"不像,不像!你看他们神色张皇,如同临敌一般,怎能说是欢迎?"不错,来的那些队伍,到河岸散布开,执枪瞄准,有"跪倒,预备,放"的样子,我心里说:"坏了,于兵法这叫做半渡而击,危险的很,大家都要葬鱼腹了!这才死的糊涂哩。"有些人慌忙向船底藏躲,我立即制止道"休藏,若他们真打起来,藏到河里都没用,大家只要静静的,站在船头,他们自然看出不是敌人来!"一面说,一面招呼了一只小船来。我对阁臣说:"咱两个乘小船上岸,和他们讲个明白才好!"阁臣道:"是!"两人遂上了小船,一面向岸摆动,一面向岸上队伍招呼道:"是自家人,莫误会!"他们看见两个人近岸,自然不肯乱开枪,一直等到我们上了岸,才有一个兵执枪对着我心口呵道:"做甚么来的!"我微微一笑,道:"笑话,我们是一家人,你这是干甚么?……"阁臣道:"这是景梅九先生,和你们井大人、严大人都相好,来报军情的!"有一个听了这话,连忙到我跟前鞠了一躬,殷勤问道:"你就是梅九先生么?我们失认了,得罪!"我说:"不要紧!"他一面对军队说明白我们是晋军代表,赶紧收队回城,一面请把大船靠近河岸,叫同行人马一齐登陆,他便领我们进朝邑,一路上见许多百姓乘车逃向乡村,状甚狼狈很可笑。

忧乐顿易　白面将军

　　到了朝邑县,有绅士迎大家到一所院中,有一姓刘的是临时知事,来见我,开口道:"前一刻工夫有探报说东兵派马队数十骑渡河,大家慌了,一面派兵一面计划守城,不防备才是自家人,叫百姓枉受了些虚惊!"我接着说:"怪道我们刚才看见许多车辆出城,好像避难似的,真对不起。"他又问南北和战消息,我对他说:"共和已告成,南北停战,我怕秦中消息不灵,所以特来送信,并探望老友。"他听了很欢喜,便道:"几乎错把喜信当凶信,霎时间忧乐变化如此,也是奇事,好极了,百姓可以安生了!"我问此地带兵官是谁,他说是严飞龙(即小泉,河东误严为阎,和误井为景同)之弟严锡龙。正说话中间,严打发人来,执红纸大名片,正是严锡龙三字,请大家到司令部吃饭,我同玉青、阁臣、林逸全去,原来是小学堂地址。大家见面，说了些客气话。我说："我同勿幕、小泉，都是老友，全是一家人，不要客气。"又问小泉何往？他说："常听人讲到先生，总没见过面，此间军队，全属勿幕部下，小泉兄向潼关迎敌去了！"我又夸赞他们弟兄的侠勇，又谈到小泉在河东的威德，严君喜甚，劝酒请菜，大家吃起来，把共和告成的话，也说了个大概。严君曰："我还想痛痛快快打几战，已经议和，就不讲了！"我甚喜他的爽直。饭毕，又谈了一阵，说我们还要到华阴去，调停战事，告辞便走，到门口上马时，听见有人问："马上白面将军是何人？"不知谁答应了一句，说："姓阎，刚才介绍过的！"便有人道："怕就是阎都督罢！"玉青也听见了，回来对我讲，并道："几乎叫我笑出来，这里人眼太拙了。"我道："莫怪人家眼拙，木兰从军谁知是女郎？"

同官遇旧　忍耐等候

　　第二天，到同官（同官和潼关音相似，土人叫做北同官）。城内有座盐店，友人张东生在里面主事，见大家来了，很欢迎。阁臣告他，我们盘费不足，他慨然答应筹备，先预备饭叫大家吃。我打听潼关消息，他说："前两天，还有一次恶战，互有胜负。现在潼关仍归毅军占领，陕军驻扎华阴，张襄初亲临前敌，陈伯生、张伯英也在此地，勿幕统军到醴泉方面，抵抗甘军，也有一场恶战，严小泉有阵亡消息，可惜失一员猛将！"我问他："知道共和告成消息么？"答："不知。"我道："我还得走一遭，对大家说知，能以速免战祸才好！"东生说："不忙，在此间休息半天再走！"玉青打听得此地有一福音堂，内有一薛牧师，是蒲州人。他在蒲州教会读书时，认得他，所以想见他一面。我便同玉青、刘某，俱到那福音堂，问守门的："薛牧师可在？"答应："在哩！请进去！"到里边看见一位老先生，在一张方桌旁边坐定，桌面上放几本《圣经》（《新旧约全书》）见我们来，连忙让座，却像不认识的样子。玉青笑说："牧师，不认得我了么？"一面说，一面卸去风帽露出女装，那牧师才恍然大悟说："你是阎大姑娘！这样装束起来，我不敢认了，你父亲好罢！"又指着我道："这位是景先生吧！"我点头，玉青谢问。转询老先生平安，并问他今年回家否？他说："我不能回去，因为外国牧师都

走了,把一切东西交我看管,其余的教友,都回家过年去了,我怎么能走的开唉?……唉!前天接家信,说我那女儿要出嫁,非我回家不能过门,我又不能回家,你们要回去过蒲州,给我家带一句口信,对我那女儿说,我暂时回不得家,教她忍耐等候!""忍耐等候"四字,把大家说的想笑不敢笑,老先生却很斟重的又讲了一次。刘某出门,对我们说:"我们对于共和,怕不能忍耐等候吧!"

秦川赛马　小小波澜

从同官起身,渡渭水,向东,将至华阴,却有一片平原,正好走马。我乃纵辔一鞭乘马(自然不是那匹太上皇),马向前飞奔,我在马上,非常快活。那马也望着鞭影即走,不须再加鞭策。正走的逸兴遄飞的,忽然后面一骑追来,好快呀!正掠我的马身,飞也似的过去,不是别人,正是玉青,我自然不肯让她先行,加鞭追上,到两马并驾齐驱的时节,却见玉青的马,好像站在我的马旁不动(正是现在相对论说的两物同向并行,速度相等,互若不动的道理)。我又紧加了一鞭赶过去,玉青也紧加一鞭赶上来,两个人居然是在郊外赛马。同行的人,看见这般光景,都喝了一声彩,哄笑起来。我才缓缓收疆,对玉青说:"算了罢!又是不抢头彩,徒费马力做甚么?我知道你能乘马就是了!"玉青说:"我也不是和你赛马,只试一试这马的快慢罢了!"走到华阴庙,打听翔初驻军华阴县城内,乃从城外树林穿过,在马上看见树梢挂着许多人头,想起《说文》的枭字和县字来,觉得很不雅观,猜这不是敌人头,便是不法的兵士头,没工夫研究他。大家同入城,寻到衙门,见了襄初,伯英也在座,他们让我和玉青坐下,我介绍玉青给他们,他们很像惊异的样子,谈了好些话。这时"共和告成"的消息,他们也知道了,正和毅军讲和休战。毅军将领在潼关,请他们会议。我说:"一定请毅军退出才好,听说醴泉有战事,近况如何?"翔初说:"醴泉那一边真是劲敌,这一边不算甚么,这面讲和,我即刻便要回去备战,因为升允这个老儿,他不管共和不共和,定要和我们打的。"我很赞成翔初议论。当时在司令部吃过饭,天色已晚,他命人给我们找了一所房院。这

附：罪案

时城中兵满，几无容身之地，勉勉强强的容下我们十几个人，都在那破坑烂席上，铺起褥被来，睡了一夜。鞍马劳困，梦入浓团，几不知身在万马军中。次早不辞而行，又经华阴庙，玉青道："在这里过了几次，未登三圣母楼，今天登楼一望，如何？"大家听了都赞成，一齐下马入庙，看见许多古柏、古碑，还有老子系牛的树根，苍老可玩，一直到后面，迳登三层楼上，对面正是华岳三峰，削成而四方，遥望仙人掌印石如画，心神为之一爽。玉青因上楼出汗卸却风帽被人看见惹出个小小波澜来。当我们下楼出庙乘马南行里许，忽后有数骑追来大声喝道："慢走！"我连忙勒住马回头一看，是几个当兵的骑在马上已到跟前，问我们："做甚么？"我道："我和你们大统领（张翔初称大统领）相好，前来探望他来的。"问："有公文否？"我嗔怒道："看朋友要甚公文。"他们道："不是这样讲，适才有人报道，你们带着满洲妇人！"护兵某，未等他讲完，便道："休胡说！这是我太太！"他们道："这样乱世还带家眷么？回去见我大人再讲！"我乃大发起怒气的说："胡道！甚么乱世，共和告成，南北停战，你们还不知道么？岂有此理？把你大人叫来见我！"他们见我一发怒，知道错了，赶紧回话，并护送了一程。

吊桥遇旧　渭水寒风感兴

当时走到一个小镇上，张翔初亦乘马来，带着几个护兵。他是骑兵出身，所以能骑无鞍马，上下自如，好像不知有马的样子。他对我讲："潼关数得数失，我来便胜敌，这次若不议和，我又定要打胜仗！"说时，指顾河山间，布置的军队，意气甚盛。我很羡慕他的马术，又夸奖秦军善战，名著全国，将来在革命战史上，当独占一席。又说了些闲话，即往前走，曾遇见伯生诸人，从潼关会议回来，说："毅军必退！"我没和他多讲话，一行至吊桥，却遇见清军一排人在那里，占据一家铺户。有个连长，说他姓殷，一脸麻子，见了大家很客气，说："现在都是一家人了，回想前日打仗，很无味了！"我喜欢他爽直，和他谈起山西革命来，他说："我先在第六镇，记得在石家庄还见过大人，以后第六镇又开到这里，我也跟来了！"我说："不要

客气,我很纪念六镇兵,不知他们却到了此地!"说时,很有些感慨!阁臣说:"潼关方面,我们可以不去了!仍绕道大清关回河东为是。"我说:"我们过潼关,没有可办的事,还要费许多周折应酬,不如绕道。"于是大家折回向渭河进发。

及到河边,寒风四起,我们到一船户厨房避风。船户妇人,见大家有些恐怕,玉青安慰了他几句。大家饿了,时正阴历年底,船户蒸馍献神,我们把人家的馍瓜分了,给了人家一个小元宝,船户欢喜不尽。阁臣笑说:"这真是回宫降吉祥!"我望见渭水东流,风催浪起,回忆来时渡渭后赛马情状,得"华阴西去萧萧马,渭水东来籁籁风"两句。颇能写出当时往来气势和兴致。

几随波浪去 游秦失败

渡渭水后,直趋大清关。因连日寒风,冰块满河,呼来一只大船,截冰东渡。因避冰洲,绕行河右,中流水急,有席大冰块直打船头,船将随流向右急转直下,好一个船长(俗名船户头),指挥各船夫,努力扳掉,自己举锚,连抛三下,船始回头,逆流而走,直趋对岸。这时几疑他是神人,他的身体本然高大,力量也不小,若不是他一人回流之力,不知大家随波逐流,要到甚么地方了!黄河不比长江,有时因急流下转,远远数百里之外,才能近岸,所以河东人视黄河为畏途,有"一辈子不过河,不见官,便是活神仙"的谚语。怕河和怕官等,可见官和河,都是危险东西了!闲话少讲。我当时很夸奖这位船长几句,他只微笑,似不承认,好像说这是他的应尽能力,不要奖励。那这看来,《梦游理想乡》的小说中,写一人入梦,乘舟达彼岸,拿钱给船夫,船夫大笑说:"我尽我的能力驾船,要钱作甚?"这样时代,是容易出现,可惜这次革命,只做了个虚梢,此后当更努力于社会革命。我对玉青讲过,虽不十分彻底,也说甚么不要钱才好,可见人有同心了。过河到蒲州,遇韩拱北,他守风陵渡,正对潼关,和敌隔岸的对垒,很受了些辛苦。我约他到河东,解决后事,他答应了。我们返河东,玉青因受风寒,发烧,不能乘马,共坐一轿车,到解州,在他家将她的病看好,才回运城。见了大家，自说游秦失败：第一是未能见勿幕；第二是几经危险，结果只是使秦人知潼关真不是敌人，可以专心对付西面，和那升允对抗一事，算办到了；其余全无意识，可笑，也算是"天下无事，庸人自扰"！

不要位置　大受严训

返到河东，和同人商议结局事体。最好办的，是岐山乘平阳收军的时节，以每人百文铜钱，解散了数千兵士，所剩不过一旅多人。当时有人提议全行解散的，我戏对实生诸人说："现在还不到乌尽弓藏，兔死狗煮，杀功臣、解兵权的时节，岐山对革命出了死力，不能下毒手对待他！"虽是戏言，却出以严厉态度。翔之说："大家好好商量，不必动气！"于是议定仍以温静庵为副都督，以实生为观察使，以岐山为旅长，以豹卿为团长，我面上渐形和悦。翔之说："说到梅九意思上了，事情好解决哪！"我便请岐山认可，岐山说："就是没法位置梅九！"我笑道："我甚么位置都不要，休替我操心！"但那时暗地里却有了派别。最可笑的，硬指某某诸营长为"梅派"，我连影儿也不知道，真是怪事！可见政治这种东西，断惹不得，你就想作一个大公无私的人，人家也不让你呵！我对于这些全不计较，他们推我的兄弟敬之为潞盐官运局总办，以为酬劳敬之清介自持，我很放心，也没加可否。因为另有一般作事的人助理他。我虽不占位置，人自然算到革命有功的分子数内。我因之也有点骄态，在运城作了好些放肆的事情，家父听了此话，大不以为然，来信严加教训，大略说："革命本无功可言，即云有功，亦在死者，奈何自矜？汝与汝妻，从此均须收敛！"我读了很是惭愧！大悔在会馆辱骂郭宝臣一段故事！不能不对大家忏悔一番，且容我缓一口气，再讲罢！

庆祝共和　大骂郭宝臣

共和告城，战争一息，大家兴高采烈的，要庆祝一番。适逢着阴历正月，人民都安闲无事，借着游乐，尝他们一年的辛苦，自然是热闹中更加热闹。于是发起在运城西门外会馆唱戏，把河东的有名的角色全调来了。

蒲州梆子腔,本来很有价值,成套的大本戏——有在通都大邑,看不到的。那时郭宝臣,适由京回里,他是猗氏人,在北京唱戏多年,人推为秦腔泰斗。那年选剧界八杰,他独占一位,评者拟之龙门史调,其声宏朗苍凉,有黄河远上的派头。《国风日报》称赞他到十分了。因他父亲叫老元元红,所以称他为小元元红。有说他不及其父的,也有说他比其父强的,这且不管,但他的技艺,总算是超越寻常的了。所以北京老听戏者,以郭比皮簧派中谭鑫培(小叫天),尚谓"空城计"、"火烧连营"诸剧,谭远不及郭。有不喜秦腔的人,一听郭唱,没有不移情满意的。真不愧剧中一杰!况他为人极孝,且性慈善,同辈中皆极推重。忽然在河东得遇着他,心里自然高兴,所以早早的便偕同几个友人,到那会馆里去看。就在台的正面,占定一张桌子。戏已经开了,李天五在台上招待郭,商定唱"杀院"。自然是好戏,只等他出场,天五忽然报告说,郭不唱了,要演说。我听大发嗔怒,想他受西后的宠爱,出入宫禁,有了官架子了,大家请他唱戏,他都不喜欢,却要演说。想到这里,我猛然拍桌大呵道:"他演说甚么?他是甚么东西?他配演说,教我们听!"不好了!我这一动怒,把那些小兄弟们都激起来,几乎要登台去杀郭。天五连忙辩护,说他是要讲戏,不是演说别的。有人拉我说:"实生叫你!"我正感怒未息,给了那人一个无趣。以后他们请玉青来,我的气已消了,反在那里按小兄弟们的怒。玉青乘机替我收了场,并叫郭第二天非唱不可。因当时郭吓的跑了,对人说:"听人说'灶爷'没脾气,脾气还不小哩!"到了第二天,他同百顺(有名青衣)唱了一回"三疑计",我自然给他叫了几个好。其实他的调高,丝弦跟不上,差不多是干唱,但宏朗之音,自使人意满。

吓杀乔漪亭　斩字下添了个日字

革命时,纯注意破坏,并没想到建设上,且连破坏也不算破坏到底,自然没有甚么成绩可说。但是对于形式上的平等、自爱,大家稍微注意了一点。如提倡革除老爷、大人、太太等名号,撤去官吏出门的仪仗——伞扇,且议决不许坐轿,因用人抬人为非人道,这是近于社会主义的。革去班房胥吏,提倡改良刑律,这是张、李亲身受过的野蛮黑暗的牢狱苦处,所以提到了。请邵竹青出来,担任这事体。竹青本是同盟会员,革命时,却因在河南路上遇土匪,被刀砍伤了两足,在家养病,不能和大家共事。共和告成,大家请他出来,他勉强抱病来运,对司法事业,很有建白。但我们因为一时的高兴,往往恣肆不法,而实生也有轻用权力的地方,这是革命时代易生的弊端。想起来很觉的有些愧色!

举一个例讲:当时曲沃有乔君漪亭者,因在侯马镇电报局,做过几天事,有人荐于实生。实生特电召之来,见了两面,把人家搁起来,不理会了。乔君一天送了一封信给实生,责备他失信于人,语涉激烈。实生大怒,当夜使人捕乔来,要诬以造谣生事的罪名,处以死刑。时有乔君同乡王老头闻信,半夜打女学堂门,很急迫。我知道一定有甚么凶事,命玉青开门问明。我方染病,不可以风,乃对玉青曰:"你快替我走一遭,救乔一命好了!"玉青连忙乘轿车前去,等了一阵,玉青回来报告说:"真危险!我出门王老头催车夫快赶,赶到察院门前即见多人拥出乔君,背手反缚,插一白旗,便是押斩情形。我也急,和唱戏一样,在车辕口用手招呼道,刀下留人,刀下留人!那些人才停住不走。我下了轿车,即命将乔押回,慌忙走入察院署内遇见豹卿。豹卿问我,你来此做甚?我反问道,你来此做甚?他说,我们来开会议事。我说,我来参观。我说着便走进房中,实生、翊之俱在那里,实生看见我带乔君回来,嗔问怎么押回来了?我道,我叫押回来的,梅九讲,不能随便杀人,他家有老母、少妇、孤儿,杀一人便是杀他全家。实生说,这些坏人不杀,总要捣乱的。我说,咱们的四儿(实生子)也不小了,杀人之子,人亦杀我子,积点阴德好了!实生听了这两句话,似乎动意,说改成永远监禁罢!我说,永远监禁还不如杀了好!实生说十五年监禁,明天见梅九再说。我说十五天监禁,可以的。实生没听清楚,答应下来了。明天见你,咱们定说是十五天好了。"我很喜欢玉青能办事。第二天实生果来见我,问饶恕乔某是我的意思不是?我说,自然是我的意思。实生说:"已经改判十五年监禁。"玉青插口说:"是十五天监禁,你答应了的。"实生笑说:"'灶奶'当面说谎,谁说十五天?"玉青却郑重其辞道:"明

山西民初散记

SHANXIMINCHUSANJI

明十五天,咱叫乔某来,当面问!"我又从旁替乔解释了几句。实生没法,允十五天开释。乔君开释后,急忙还家,连玉青都没敢见。这是实生未出走以前的事。直至共和告成,乔君才到运城见我和玉青,谢救命之恩,并云:"当开释的那一天,我还吃了一大惊,几乎吓死!"我说:"开释还有甚么可怕的事!"他说:"当时实生叫我到公事房中,我看他亲自正在那里写条子,提起笔来,向纸条上写了五个字,乔漪亭着斩!这斩字刚写毕,把我魂魄都吓走了,几乎要失声。幸亏实生没看见我的吃惊情形,他不住笔在斩下添了一个日字,成'暂'字,我的魂魄才转回来。他接续写成一句,'着暂行开释',我心里谢天谢地,知道死不了哪!出署后,听人说我的老母,听得我的凶信,惊痛欲死,所以我赶紧回家,连你们都没拜谢!"我道:"不要谢了,总算你有命,若'灶奶'迟去一刻,恐怕已成刀头鬼,不能说不危险!"说起这事来,真是革命污点,且最可恨的是那时革命派人,也有利用"刑乱世用重典"这一句废话。乱杀无辜的事情,却对于民贼的官吏,全放松一步,实在是颠到错乱,罪过不小!

附：罪案

病了 生日死日

我当时注意到妇女解放的问题,命长女清贤(时年十二)习乘马。玉青妹卓漪,比清贤年岁稍长,都没有寻常女子的态度,也喜乘马,为河东妇女界破天荒的开放。一面即积极提倡天足,曾和岐山商议,从女子教育上,作根本工夫。岐山在乡间,毁了些大仙(狐仙)等淫祠,改办学校,颇受俗人反对,也有些过火处。因村庙有时可作人民聚会及过客休息的地方,不能一概全毁。我正要劝岐山,分别办理,一日忽受风寒,发热昏迷,不省人事,病下了!回想当革命时,星夜奔走,也未曾为风寒所侵,且自觉得精神无限。一旦革命告了个小小结束,精神一松懈,即蒙外感,几乎不起,始信安逸能坏人筋骨!玉青大慌起来,一面请医生调治,一面派人伺候。我每日只觉得疲倦不堪,昏昏欲睡,把女学堂作了我的病室。有几个小女孩(十四五岁的),帮着玉青看护我,都是玉青的学生兼义女,自然听玉青吩咐,不敢躲懒。过了几天,我觉得病症毫无起色。一天,玉青忽对我说:"梅九！明天是你的生日，你知道么？"不错，阴历正月二十六日，我这时却有点清楚，忽然想起一件事情来，笑对玉青说："生日！怕是死日吧！"玉青惊询何故？我道："老人家（指父亲）常说，怕我过不了三十岁，明天是三十一初度，如何过得去？"说着自己觉得心灰意懒，不能再往下讲。玉青说："不要瞎想，大家都要给你上寿哩！"上寿，笑话，三十岁是甚么寿？我心里很不高兴，但是连一句反抗的话，也怕说了！心里只记着老人家那一句话，等死！

做了一回腐败事　打灶是骂题文章

说也奇怪，第二天过生日，我自己觉得病有转机似的，居然想吃些面食。那几个小女孩自然欢喜，对玉青说："我爸要吃面哩！病要好了！"但是我还觉得疲倦，不想见客。那天来的男女客不少，把女学堂要挤满，大家嚷嚷着给"灶爷"过寿。真是乱来，叫了一班唱戏的，在后院锣鼓梆弦，唱起来了。这时"生米煮成了熟饭"，我也没法反对，由他们张罗铺排去，但心里终觉不安。玉青跑前跑后，忙个不了，还喜欢地对我说："虎臣送了一桌菜来了，我又订了几桌菜，不防备惊动了这些人！"又问我："刚才吃了面怎么样？"我说："吃了半碗，觉得有点精神似的！"又笑道："这没有一染禳（河东迷信鬼神，遇病或办此喜事，叫染禳。禳字是不错的，染字或是由双声带过来，如悉蟀的悉，黾勉的黾，也不一定，待考）或者真有些效验，能把这三十岁撞过去，也说不定！"但当时心里也自己笑自己贪生怕死，总觉还有些事要办的，这革命不算完场。

却说那天朋友来的，我虽没见面，却知道他们是趁火赶热的主意，在这里乱闹一场罢了。不防备从陕西过来几位同志，一个是直隶刘君，我记得他是陆军大学出身，曾到太原对军事有所建议，后来听说走了陕西，没有下落，所以听说他来，连忙破例，请他进病室，勉强抬身，和他谈话。他说他还要入陆军大学，并谓袁世凯不是真心倾向共和，大家事情还多哩！我对他说："满清几百年的根基，我们已经打倒了他，袁氏有甚么利害？他要乱来，我们还是革命！"刘君颇以我话为然。他却不客气，问我道："听说今日你祝寿,你怎么还做这腐败事体?"这一句把我问哑了!我只微笑道:"我病了,大家随便闹着玩的,祝甚么寿,差不多是活受哩!"刘君他急欲回保定,没停留,便走了。到晚间,实生来,自拉自唱了一回梆子腔。还有弹三线子的,唱了一回"打灶"。我笑对人说:"一回'打灶',把今天喜庆一笔勾销,太得骂题了罢!"

辞家北上　广胜寺感怀

这时阎伯川已回省,利臣充了省议会副议长,有电召我入太原。我偕同数十人前往,到家拜别了父母。玉青被翙之留住,同他续办女学堂,不能偕行。姚太素携眷(便是玉青的女弟子)和我一路。走到赵城,张博士君邀至其家,并谓离他家不远,有个名胜地方,叫做广胜寺,可以游玩。我很赞成他的话,便和同人驾车乘马到那边去。这时正是二月春和天气,郊外生机满目,心中非常畅快。寺在一个土山上,山下有一分水亭,石桥分七洞,三洞一大股,四洞一大股,分流至赵城、洪洞。看碑文,知道两县人民,因争水曾相讼斗,后来才商定三四股的分开。我想这是不共产的弊病。若大家把田地化为共有,都成了一家人,自然不至于纷争。乘马登山,直到上头,寺中地方虽不大,却有一座琉璃宝塔,玲珑可观。塔高共十三层,每层八面俱有琉璃花草人物,异常生动,为生平所未睹的美观,不觉赞扬一句:"好!"塔上人物,有堕地的,有被人偷去的,都不甚完全。寺后有几座土穴,博士说:"从前同志多人,曾在此处聚会,还有在此间住过的。"颇使我想起长安城外雁塔密议的往事,很动了一番感慨。对此踌躇,独徘徊松树下面,不忍远行。却看见了个牧羊小童,和群羊逍遥山坡,不知他对着我们这般行人,又作何想念?但他的笑容,已经同着春风,惠赐于我了,所以我回到张君家中,做成一首诗,纪念此游。题《游广胜寺感怀》,诗云:

远郊日暖暖,近郊草离离。驱车出门去,踟蹰霍山陲。涧鸣林逾静,道险马能迟!(太素看到此句,说好个能迟!这时我的心事,不愿猛进于仕途,知道前路危险,只好迟迟吾行,有避祸意,却早被太素窥破。)——忘两句——松声闻飒沓,塔影落差池。此意谁能会?只有牧羊儿！

看灵石　祁家遇女丈夫

路过霍州，阁臣说他的战马曾中八枪未死，还托人养在此间。此马尚识故主，看见他来，昂首奋鬐，若欲跳跃的样，可惜被伤过重，未能恢复原状，只作一个老马养着罢了！经霍山中某店房，见有供某营营长的木牌位，阁臣说："就是第一战打死了的敌军营长！"过灵石至李耕斋家中一谈，说起灵石城下的危险，耕斋说："那时只怕你们受伤，很对不起！我竟无力阻止他们！"我又说了几句闲话，却想灵石县的怪石来，说："在灵石过了好多次，总没见那块石头，今日定要看一看。"耕斋即领大家去看，在城外一座庙里，那块石头，有一人多高，很奇古，非石非铁，一定是陨星。据碑文，说是汉武帝时，从汾河里发现此石，移于此地，改县为灵石，就是因此，也算是一件古董品。英雄奇遇处，仍未暇往观，便起身走了。一路经过介休、平遥，都没有特别事可记，及至祁县，渠家差人请大家到他宅中吃饭，自然是资本家的派头。但请我们的这一位，却是读书人，山西所谓太原府十县，为前清票号出产地，商人很多，有二百余年的老财主。他们的房院，修盖的最伟大最坚固，惟多积藏金银于地下，成了不动产。在平阳府则以洪洞刘家为第一户，相传第三镇兵过洪洞时，因为他们是洪洞大槐树下人（此事未详考，但直隶、山东人的家谱上，常注这一句话，一定有来历的），未曾抢劫。但听见刘家财富，到其家掘地一看，见银销融成巨块，推移不动，真所谓"银成没奈何，只得空手回去"！惜过洪洞时，到刘家未问此事！今到渠家看见院屋，和刘宅差不多，才想起来。吃饭后，渠君唤出他家请的教师，和大家见面。这教师有个女儿，十六岁，也学下一身武艺，对着大家，在灯月下打了一回拳，还不错。只这位教师，江湖气太重，当时跟我的护兵，有几个拳术家，几乎要和他比武。崇友儿素喜拳棒，也跃跃欲试，我全压抑住。给了那女子几两银子，因为我正提倡女子解放，对于无脂粉气的女子，自然是另眼看待。

痛哭弼臣　稽勋局局长

到了太原,张老衡先同几个人来见我。我想起他给卢永祥铸的铁像来,说:"你把老卢挖苦透了,顽铁也真冤!"老衡说:"还有人替他运动取消的,我没答应。现在对于《老丁去思碑》,又要作一篇文字,去字上添一撇,成了丢字,结曰:呜呼!可以丢矣!"没等他说完,我便道:"有趣极了!我要看看!"他知道我才来很忙,没多坐就走了。我休息半天,第二天去见阎伯川,先遇见赵次陇先生。我想起王弼臣来,他在怀仁秀女村战死,是一个最热烈男子,和我最投契。记得向怀仁去时,路过太原,听得续西峰君已绕过雁门,他急思北行,伯川要给他名义,他说:"我们但革命,要名义作甚!"遂掉头不顾而去!那一幅慷慨面容,永远印在我的脑里。如今回到太原,诸人全在,只不能见这一个好朋友,不由得一阵心酸,落下泪来!次陇问故,我说:"我们都没有死,独死了弼臣,因何不恸?……"次陇也为之感叹不置,见了伯川,谈别后情况。又提到湖北王家驹君,和孔文掀征北,死于刀石村,很是可惜!又说到刘越西、何叙甫两位,听人言,他们尚在,自然欢喜。此时翼若为督署秘书长,事情很紧。他要独立办事,我说大家可以再议。于是过了两天,把翼若调为司法筹备处处长;老衡充财政厅长;我举荐仇燕天给他作科长,很得力;南佩兰充巡警道。大家要替我筹位置。我不要,且笑谓佩兰曰:"无政府党作了道台,也算奇事!"佩兰只说道:"我们不算作官!"过了几天,有人说各省设立稽勋局,此事只有我相宜,于是推定我为山西稽勋局局长。我自以为这不是实官,且借此可以表扬已死的同志,所以答应了。本着严父教训"革命本无功,有功亦在死者"的话,专门调查死难的人,把未死的人,全没注意。曾作了一篇宣言,重北轻南,惹了一些反响,其实我是出于无心的,老衡却有一绝曰:

　　　　入门下马气如虹,酒肆茶楼说战功。娘子关前失败后,风尘到处是英雄。

可谓骂倒一切,能使当时争功者,汗颜无地!

重来燕市　小杜责言

一个稽勋局，把我携带的一行人等，全安置到里面去了。又拉了一个李小峰作总务科科长，李耕斋作总编辑，我便一切事不管。但立了一个大主义，派了几个调查员，周耀武君、李阁臣君，都担了调查责任。部署略定，我到北京走了一趟，自然是为看《国风》旧友。《国风》为北方革命元勋，那时各方都有大款接济，已经由南柳巷迁徙到顺治门大街了。我便到那里会见子青、莲三、楚香诸人，喜跃欲狂，都说一句："还没有死！"我因一时的感触，提起笔来，作了一篇《重来燕市之感》，起以"幻耶？真耶？其信然耶？其梦耶？"的惊喜感叹词句。中间叙革命之经过，以及北京报纸言论之变迁，有"帝国日报削去帝号，保皇党人提倡共和"诸语，并悼惟一知己的《刍言小报》之短折（此报在辛亥年，屡指摘本报为革命党机关，挑眼挑的很在行，常戏呼为知己。自是皇派机关，不能存在于民国了）且哭直隶王虎臣（投稿员）、山东王赓雅（发行人）之死难，是一篇悲喜交感的文字。这时景太昭已由南京归来（因南京政府解散，临时阁员俱北上，太昭曾充教育次长）也在报馆，相见极喜，并道其鼓吹《国风》的手腕，对他说我在河东曾接到他一封信，赞扬我和玉青赛马情形，甚么"'灶爷'骑马前边走，'灶奶'骑马后边追"不如我的"华阴西走萧萧马"一联雅致，相与大笑绝倒。他又笑说见了崇文，可谓："有马白颠！"（文儿额发有白毛一块）公孙长子亦见崇文，却对我说："君家白额虎我看见了！"我比较两个批语，真有趣！因公孙猛气如虎，便想起白额虎来，而太昭天马行空，便想到白颠马，所谓主观的客观。又见阁臣，说仲伏从东三省到京，很是欢喜，即与见面，他笑责我道："听说你认好多干女，真是'子女玉帛'的派头！"我笑说："子女则有之，玉帛则未也。无政府党不至爱钱！"他说："无政府党早不要咱们了！"我对此很有愧色！

厌弃政治　捣乱党

记得袁世凯作大总统宣誓中有"荡除专制之瑕秽，发扬共和之精神"

460

两语。我以为革命后,报纸之责任,就在这两句上边,所以当时对于各报言论,加以指摘。有某报记者,称大总统为元首,我以为元首这个名辞,是对君主惯用了的,可以不必用它,单称总统就好了。于是打起笔墨官司来,他有来言,我又去语,闹了几天,我同仲伏回太原,楚香接着打下去,算赢了。但这不过是国际上惯用名词,本不要紧,却因那时心里不容专制君主的影儿存在,所以和人家"打起架来"。又见保皇机关报纸,提倡"革命党只能破坏,不能建设"的言论,预备独揽政权,便对于民党政治家加以攻击,极力称赞汪精卫不作官吏的宣言。我窥破奴才们的用意,便作一个短评,说:"政治本是一桩恶浊东西,我们民党人,大可以洁身而去,与精卫等远瞩高蹈,超然物外,让一般奴才混账去,也好!"虽是愤激的话,却也从无政府主义来的。那时会听人说,无政府主义者,在上海立道德会,有"六不条约",有甚么"不食肉、不赌博、不吸烟、不纳妾,不作官、不作议员"的话,我也记不清楚。我对仲伏说:"这几个消极条件,只有不作官、不作议员两条,有'无政府党的精神'。因为社会主义,还不反对议会政策。听说稚辉、溥泉都在里边,一定有道理。但我却不愿受此约束,作精神赞助罢了!"仲伏说:"听说还有个刘师复,主张无政府很激烈,不让咱们革命时代的热度。将来许能提倡起来,我们乘这机会也宣传些,然后再预备从西北切实下手。"我当时却说了两句该打的话,就是:"无政府主义,有人提倡,我们就不必去加热闹,还是干实在的罢!"虽然说干实在的,并没个下手处,乃轻轻地先卸却宣传责任,岂不该打?后来知道打算的错了,所以和仲伏在太原办起《山西民报》来,时时说些社会革命的道理,因为没人注意,便懒说了。乃拟作了一篇捣乱党小说,专写政治黑幕,想教一般人厌倦政治生涯,转而作彻底改革的事情。不知者以为我怕反对党捣乱了共和,才创造此篇(纯用书翰体),其实还有深意呵!

文章欠不通　大觉哈哈

捣乱党的小说,自然是揭破捣乱派的黑幕,教人人明白捣乱的情况和手腕,都对人欲施行捣乱而不得。如著骗术奇谈的人,不是教人学骗,是使人都明白了骗术,便不至于受骗。如奸商不欺内行,不是不想欺,是欺他不得。天下皆知欺之为欺,斯不欺矣,天下皆知捣乱之为捣乱,斯不捣乱矣。这是我作捣乱党小说的宗旨,曾对大家解释过。但每天描写捣乱的情事,有时把自己脑髓系都捣乱了。这时有一家小报馆,上边有好些不通文字,我拿他对仲伏说:"这些文字,可以作捣乱党材料,现在我写到捣乱党发宣言书了,我便要用他的笔法,甚么'倘或、偶尔、一旦、仓猝之间、遇着、假令、设若、如果、若使之事……'"云云,叠架起来,岂不甚妙?仲伏说:"好罢,你试作一篇!"我又向荆大觉君,征求了些接头的虚字,如于是、然而、若夫、且夫、夫如是、犹之乎、总之、然则、何则,等等,弄了一大片,便作成一篇宣言,教仲伏瞧。仲伏看了大笑说:"好是好,只欠'不通'些!"这话很妙,因正经文字怕"欠通",而捣乱文字,却怕"欠不通",所以《水浒传》上"难说难言"那一句不通话,金圣叹很加叹赏。我虽拟作不通的文字,而仍不免有通处,且断续中间,很有些似不通而通的妙语。我因对仲伏说:"我能画鬼,不能画屎。鬼虽古怪,尚有奇趣,看罗两峰的《鬼趣图》,反使人起美感。若画屎,便使人掩鼻不及了。彼报之文屎也,我所拟之文鬼也,我们可以骇人目,不可以臭人鼻,这和卫生很有关系,你说对不对?"仲伏拍手道:"好!"我要补注荆大觉的来历了:大觉当《国风》危迫时,每日聋聩不闻外警,我已经叙过了。革命告成后,他不聋了,却因脾气古怪,和傍人合不来,所以我请他到《山西民报》里边作总编辑,纯尽义务;又给他弄了个公报编辑名目,每月支几个钱,维持生活。好在他并不计较这些,很安心的住在报馆。但他有一样毛病,白昼睡一天,到电灯一亮,他醒来了,一个人坐在编辑室,编阅交换来的报,每遇奇闻,便独自个哈哈大笑起来,也是怪物!

八十八扯　勋位

《山西民报》,虽是一隅的民党言论机关,而鼓吹真理,主持正义,亦颇能邀一时读者的欣感,又对于所谓大人先生的过举,特肆攻击,毫不客气,如张振武、方维被杀一案,舆论哗然,都以为黎元洪氏主谋,于是作

《黎元洪八十八扯》，以为讽刺。头一折，记得有几句道白，唱句中有："可恨张方太不贤，不该在报上胡多言；显他英雄灭却，俺元洪岂容这一端？叫一声秘书没怠慢，快把张方罪状编；大罪状编上千千万，小罪状编上万万千；执事官儿快打电，管教他二人丧黄泉！"这还不要紧。第二折更有几句不好听的唱句，便是："张振武，大烈性，强逼咱家反大清，……都督官儿中何用？一无有红顶二无有花翎。糊里糊涂大局定，共和政体又告成（当时小杜和翼若，看到这两句，非常赞好。说糊里糊涂大局定，不但是某一人莫名其妙，就是我们民党人，也有此感，总算你描写得出来）。众百姓举咱作副总统，他言说就是第二个朝廷（这两句也笑人，俗称天子为朝廷）……"还有好几折，我都不记忆。听说黎民还电责山西巡警道，意思教干涉报馆，那时佩兰尚未交卸，哪里把这些阔人看在眼里？直接反抗回去了，最可笑有个人，到山西来，自谓奉了黎氏密命，对我要求不再因此事攻击黎氏，黎氏当给我请勋位呵，勋位！真怕人！我当时忙对那人讲："勋位！比骂人还利害的多！我们这样地交换好了，他不给我请勋位，我也再不骂他。"奇怪！到后来，他依然给我请勋位，牵连好多少良民，溥泉、稚辉，都在内。他们在报上，把不受勋位的理由，讲出来，并有些挖苦话。我莫理这事，怕的是在报上再露一回字故，幸亏他请勋位时，正值老袁忌恨民党，所以全没有发表出来，可以讲我是幸而免了！

吴绶卿追悼会 《国风》价值

是年春，曾为吴绶卿开一追悼会。凡战死于革命一役的，都在追悼之列。那一天绶卿夫人，偕子女俱来，丧服哭拜灵前，与祭的无不洒泪！观礼的不下万人，也算是盛会了。当时有数百幅挽联，中间很有些出色的，惟刘越西君大笔直书："出师未捷身先死，长使英雄泪满襟！"两成句，以为挽辞，最合题，而且感人。我的挽联，以"伯仲之间见华拿，指挥若定失彭韩"为注脚，全辞已忘。挽弼臣有"平生肝胆映人，公真健者"语，颇能道出故人热烈。是岁作过挽联很多，都不记忆，惟小峰有一天为我言贾君英字国华者，为同志中热血男子，惜已死，请作一挽联。我就贾君姓字一想，即挥笔写道："热血铸成中华民国,永传不朽姓贾名英。"小峰说:"太现成了!"我说:"别人还套用不上哩!"闲话少说。当吴绥卿追悼会后,颇忆晋南北旧友,同人已南召温静庵回省,仍处以副都督名义,后命充军政司司长,不受;又北请续西峰来省,佩兰以巡警道让之。是时有同志段亚夫,曾因炸弹案,逃至太原,说伯川,创办了一个精武社,招致许多拳师,演习武术。小儿崇友,送入此社。弓君富魁字海亭者,从续君入太原,亲到此社,把玩德国造的铁炸弹,若嗜古家之摩挲古器状,不忍释手。亚夫常告我以为笑乐,是海亭的英雄本色处。海亭曾到《山西民报》社见我,实一雄伟丈夫,不异所闻。西峰虽作巡警道,懒于应酬。我曾为《国风日报》事,对他讲款项不足。西峰讲的好:"《国风》是西北革命精魄,大家应该维持,民党犹当扶助他才是!"我常说:"《国风》价值,由西峰品题而定。"最可怪,是民党对《国风》冷落,我仍然求助于老友李协和与西峰诸人,蒙他们的维持力很大,居然自办起一个印刷厂来。买了一副德国印字机,价值五千元,阔极了! 其实并未筹下牢固根基,这便是民党唯一弱点,所以北京到后来,连一家民党报都没存在。虽说是受袁氏催拆,而自己根基不固,也算一种原因。若有根基,万不至于一蹶几不振,非另待机会,不能恢复言论机关。此是后话。然当时党人,也有贪多不专的毛病,北京《国风》根基未固,又在天津办了个分馆,这是我们自己的不是。

夏期讲演会　社会主义概说

暑假中,有人发起夏期讲演会,约省城所谓"学人"担任讲演。这也算山西教育界破天荒的事件。那时解子仁君为教育司司长,极力主持,并派员招待,以山西大学大公堂为讲演所。时谷芙堂老先生为民政长,大家约他讲演,老先生答应讲《孟子》;又约张老衡,老衡答应讲《老子》;回头来约我,我不防备约到我这里来。但忽然触起一件心事,便答应讲演社会主义。还有别人讲演,我不记得了。我听老衡讲《老子》,讲到"和其光,同其尘"两句,他说:"人都把这两句说成老子圆滑应世了,大不然;这是老子要将光明幸福,使大家共享,便是'和其光';要将尘污祸患,使大家同受,便是'同其尘'；挑明讲，就是天下一家，有福同享，有祸同受，不能教社会上，有甲光乙尘，此富彼贫的光景。"我听了很惊讶他从那里得来的"共产"学说。隔天，又听芙师讲《孟子》。老先生挑出《牛山章》和《养气章》并讲，握得几个要点，尽情发挥，辩才无碍，庄谐并出，听者忘倦。又于其间指授解经门径，如"以史解经，不如以经解经，以群经解一经，不如以本经解本经；推而至于字句原意；如日夜之所息的'息'字，有休息和生息两意，但休而不生，平旦之气何来？"等妙谛。又讲《养气章》至尾，提出："'公孙丑敢问其所以异？'翻过来却问'然则有同欤？'真是奇问！譬如现在各政党，甚么统一党、国民党、共和党，各有政纲，是其所以异，然也有个同一之点，就是'以国家为前提。'"说得人都笑起来，奚落各政党，不露迹痕。我曾略记先生讲演大意于《山西民报》。第二天，开茶话会于劝业场，当面就正，芙师笑对人说："没有错，昨天为梅九来听，特别卖了点气力，但这还是谭鑫培，若是汪大头，便不肯出台了！"把大家又说得哄笑一阵。我讲社会主义：一半是在东京听来的；一半取材于靳克天从日本携来几本社会主义的书，编成一篇社会主义概说，一直讲到无政府主义，自然是归结无政府共产方面。原文如左：

(1)总论

"社会主义，虽发生阐著于近世，而以吾人眼光观之，则自有人类以来，即有此等主义潜孕其间。盖自由、平等、博爱，实宇宙自然之大法，而彻古彻今，颠扑不破之真理也。无如人类智识进化，道德退化，时违叛三大真理，于焉强凌弱，众暴寡，智欺愚，而后发生尊卑、贵贱、贫富种种阶级制度，以酿成世界无数革命流血之惨剧！试展近代东西历史观之，尤足证明吾人所言之不谬。自法兰西大革命起，以至吾国此次大革命止，细究其因缘，无非起于种族上、政治上、经济上诸类之阶级冲突，显言之，即社会上不自由、不平等、不博爱之自然发生之现象也。

"法自革命以后，人民稍得政治上、法律上之自由平等，乃进而于经济上求生存竞争之自由平等；惟一时博爱之精神，未能普遍于社会,其中点者,遂利用平等自由之制,于经济方面增进富力,愚者竞争失败,陷于贫困不堪之境界;由是贫富日形悬隔,人民于政治上获得自由平等,复于经济上失去自由平等,有识者忧之;乃倡导社会主义,意在铲除人间阶级制度,欲以博爱精神,拥护自由平等之大法也。论者有谓社会主义为法国政治革命之副产物,洵非诳语。

"曩者,吾国革命家,树民族、民权、民生之标帜,以号召国民,使之趋响于其下;所谓民生主义,即社会主义也。迄于今日,五族共和,胡越一家,四民平等,民族、民权两问题,似已达到目的矣,而民生主义,仅露端倪;未形发展者,其原因有二:其一,因中国生产事业未发达,贫富悬隔,不如欧美各国之甚;其二,因中国学者,多留心于政治改革方面,而于社会经济方面,多不注意故也。

"鄙人对社会主义,本门外汉,不足发挥其精髓,仅能就所知大略,讲演一番,以供诸君研究此项主义之资料而已。至于使社会主义不为此次革命副产物,则在政府能利用社会政策为之早计也。(按此尚有许多周旋话,讲演时,却全略了去,用极纯正的主张,讲说一切,较这底稿,要长三分之二。总论费一点钟,以下各篇皆然;且我故意择最后钟点,为延长讲演计,很得法。)

(2)社会主义之起源

"自社会主义,注重于经济方面,而论者遂推本于十八世纪产业之变动,亦略其一面之真理者也。盖十八世纪产业之革命,实有足以左右全球之势;而德之蒸气机关,影响及于产业界者尤钜;其结果,资本家多利用新发明之机器,从事产业之扩张,日以增进富力为事,设大工厂,立大公司,垄断一切交通机关、运动机关,以活动其经济势力,而令无数之劳动平民,蜷伏呻吟于资本制度之下,其悲惨状况,有甚于古代农奴及近世黑奴者,何自由平等之与有耶?加以一般崇拜资本之奴学者,设为种种学说,为资本家作辩护,甚且目为神圣不可侵犯,其思想卑陋,不值一噱! 故社会主义,亦多注重于资本之研究;其说法生于十八世纪之末,而倡明于十九世纪之中叶。最著名者,为马克斯氏《资本论》,社会党人奉为圣书;且推其人为社会主义之路德。社会主义,由理论变为事实之运动,说开始于马克斯氏。一八四七年,公布于世界之《共产党宣言书》,诚社会主义集会结社之发端也。由是社会革命之风潮,渐普遍于欧美,其势颇盛,继乃波及日本,今且欲渡中国矣。推其本原,则社会主义,起源于贫富之悬隔,贫富之悬隔,起源于资本之专利,资本家之专利,又起源于产业之革命,是产业革命,为社会主义之间接原因,不得谓为直接原因也。如当时欧美资本家,不垄断诸先哲发明之机器,而公其厚利于社会,则贫富阶级,自不至于悬殊过甚,如是而社会主义,虽不发生可也。故社会主义之直接原因,终起于社会道德之不进化。所谓无博爱精神,而遂违反自由平等之大法也。非然者,则奉社会主义者,将倒行逆施,归罪于产业之革命,而以破坏诸文明机关为事,殊与进化学说,多所抵格,此吾人之不得不注意者也。

(3)社会主义之进步

"近世之社会主义者,多溯原于法兰西:一因法人富于革命经验;一因法人富于高尚理想也。法国政治革命后,拿破仑重行帝制,蹂躏民权,虽其后放流荒岛,而王政未除,于是有复古时代之黑暗社会,现种种破裂之怪象。经济界之不平,尤其甚焉者也。社会主义创始者,乃应时诞生于法土,最著者为圣西门、傅立业。

"圣西门,生于一七六○年,家本贵族,幼抱异志,十九岁时,曾渡美助独立之战争,成功后,飘然归故里,年二十三岁耳。复为法国军人,旋辞去,专致力于学问一途,阴察社会之疾苦,有救世志,精勤自励,远过常人,自弃其爵位,而投身于平民之中,尝为政府陷于狱,凡十一日。于狱中研究改良社会之策,颇有心得。出狱后,又精研哲学十余年,乃发明无限真理,破产为学,穷困几欲自杀!然自一八○三年至一八二五年,二十二年之间,不屈不挠,倡导社会主义,坚苦卓绝,得未曾有!尝著一书曰《职业制度》,略谓:"现社会之组织,曰怠,曰骄,曰穷,悖逆大道,此后必有一新社会出现,劳逸应度,报

467

酬适宜。"又著《新耶稣教》，以阐明四海同胞之真理。其社会主义大纲，约有六端：(一)欲得学术技艺工业超群之人，组织政府；(二)组织团体，互相扶助；(三)增进智识，研究智力之应用；(四)废除阶级，量功为报；(五)罢止财产世袭，遗产归公；(六)提倡国家教育，助长事业。其徒亦颇众多，有野列兹，独成宗教一派，其运动终于失败，然圣西门之学说，至今尚传播于法国社会也。

"傅立业生于一七七二年，为富家子，五岁丧父，遗十万法郎之财产，尝为布商，后独立经营，归于失败，遂至丧产。尝从军，受长官知遇，旋因病辞去，再营商业，傍研性理，尤嗜物理学。傅氏最富于理想，勤于著术，行于世者，一为四种运动原则(一八〇八)说明动物、社会、无机、物质四界之法则。二为世界调和原理，叙宇宙始末之状况，涉于空想。三为工业及社会上新世界(一八二九)议论稍近于实际；然其发明性情引力之说，实为精审。其说性情作用，分三种：一娱乐；二群聚；三社会。由是三者，又分为十二种情：由娱乐生者，为视欲、听欲、感欲、味欲、嗅欲；由群聚生者，为恋爱、亲族、名誉、交友；由社会生者，为变化、竞争、社交。又细别为八百十种之多，其意谓欲社会之调和，必先整顿其秩序，以改造社会，以求适合各种之性情。于是有共同家屋之计划，亦未能实行，然而共产学说，实发生于此。论者，推圣西门与傅立业为法国社会主义二大明星，良非夸语。就历史论，亦可称为理想的社会主义也。

(4)社会主义之进步

"自圣西门、傅立业之徒，对于社会种种运动，既归失败之后，有路易布郎者，复提倡以国家之力，改造当时争竞之制度，然其计划，亦随一八四〇年革命之漩涡俱去。直至一八六〇年之顷，社会主义，一时颇现沉静之态度。一八六〇年法人某记者，曾于《政治学》全书中，著社会主义论一篇，末附数语，略谓：'社会主义，既已死灭；然就历史研究论，尚不失为最趣之问题；则予之著此论也，或不为无益'云云。而德国新闻(报)纸则谓：'社会主义，在德绝无立足之地；盖是等主义,只能投彼轻佻法人之心,而不足动我富于忍耐性德人之念也。'孰意此等议论未终,而德国社会主义倡首者,拉萨尔之名,已轰传欧洲各国矣!

"拉萨尔一八二五年,生于犹太人之家,及长,气概俊逸,顾盼生姿,与诗人哈依来最善,为当时有名雄辩家,声望隆隆,压倒一世。洪波尔特称为麒麟儿,铁血宰相卑斯曼,亦为倾心也。唱国家社会主义,受一般士女之欢迎。为德国全国劳动协会会长。时挥灵笔,奋妙舌叫绝革命,自一八六二年至一八六四年之间,为社会主义勇斗至死,亦伟矣哉!乃拉萨尔盖棺后,抔土未干,德人已冷评其所抱国家社会政策,为御用社会主义;于是马克斯氏一派,乃蹶然继兴,为社会主义创造新福音,即所谓《资本论》也。

"马克斯氏生于一八一八年,父为政治大家,氏长入伯林大学,深服黑格尔学说。后为新闻记者,奋其雄笔,攻击政府,遂至停刊。乃远游巴黎,从事经济研究,后与英格尔斯相善,共组共产党于英之伦敦,发表《共产党宣言书》。《资本论》为一代大著作,阅十年乃成。书刊于一八八二年。没世之后,其中最足倾动一世人心者,为剩余价值说。其说遂为资本家与劳动者争竞之本位;故论者谓氏资本论之价值,遥在达尔文进化论之上。虽近世社会主义之新理想家,日有所发明,而氏学说犹不失为主脑。故吾人论社会主义,不得不以氏为首途也。

"与马克斯同时,有巴枯宁者,生于俄之贵族,因革命流亡于欧洲,遇马克斯,议论不合,独喜蒲鲁东之无政府主义。唱自由自治学说,为《国家与上帝》一篇,推倒政法与宗教。于经济学说,主共产;但因马克斯氏用共产名义,遂氏改用集产名义,实乃互相颠倒;惟氏之踪迹所至,必起革命,即敌党亦佩服其过人之精魄。曾由西伯利亚脱狱,经日本而游美,后没于法。而社会主义,至氏始现一奇异之进步。

(5)社会主义之极端

"巴枯宁后,无政府党,有克鲁泡特金者,本俄国贵族,袭公爵,

附:罪案

目睹贵贱之不平，遂认社会革命为必要。俄皇专制，达于极端，氏乃主张破坏一切，以达无政府之目的。一八七二年，由西伯利亚归俄京，精研地理学，一八七二年，遇巴枯宁于白耳义，共议设无政府党，复归俄，从事革命运动，为政府捕囚，以病移入陆军病院，乃遁至英。一八七七年，又赴瑞士，著革命文一纸，震惊欧土。又游法兰西不合，终归英伦，创立无政府党机关报，命名曰《自由》，至今尚存。氏之著术最多，行于世者，为《面包略取》、《谋反者之话》、《新时代》、《牢狱》、《无政府之道德》、《谋反之精神》……数种。氏之主张，最为激烈，以暗杀为正当手段，尝有言：'暗杀者，社会主义之结果也！'最近总同盟罢工学说，亦为氏所主持。

"同盟罢工，本社会革命唯一之利器，其种类甚多，而以总同盟罢工为最伟大。近德、法、英、美各国，已屡见诸实行，其势足以使世界大政治家恐怖，大资本家战栗也。推厥起原，在于近世之奉社会主义者，取议会政策，其结果虽得议会之多数，而无大补益于劳动团体；且其策行之法甚迂远；于是乃主张总同盟罢工，不用丝毫暴力，仅一纸令下，使全市或全国劳动者相率休职，归家高卧，不出数日，已足陷没资本家之城垒。论者亦名此等主义，为'直接行动'，即反对议会间接行动之结果也。

"方今百尺竿头，更进一步，唱国际总同盟罢工，以爱国心，唤起世界劳动者为一致之行动，绝非难事。法兰西女杰梭尔古夫人，尝宣言国际运输业者之同盟，现今已达四十团体之组合，会员遍十八国，共一百万人，一度由本部下命令，二十四时间内，可使一齐罢业，可见其势力之浩大矣！气吞宇内之德帝，唱黄祸说以劝动欧美政治家之耳目者，近则唱赤祸说，而有萧墙之忧患矣。识者谓现在欧洲，所谓文明国家之大问题，不在政治，不在军队，而在社会问题，良非虚语。独是总同盟罢工，恒失其常调，迫中立劳动者，加入交战团。以薄资本家之坚壁，颇招世人之反对；然亦无可奈何事也。今葡萄牙之新宪法，明订除官吏外，人民皆有罢工之权利，各国虽无承认之条文，而亦不能为绝对之防御；此同盟罢工之声，所以每日不绝于吾人之耳也；亦可以窥见文明国家内幕之惨淡矣。

"英、德、法、美各国之政府，汲汲于工厂改良，限制资本，优待劳动，保障职业，奖励慈善等问题，在社会主义家视之，不过姑息弥缝之政策，绝不认为根本之解决。美前大统领罗斯福氏，欲以法律之力，抑制'托拉斯主义'，曾招社会党人之非笑；谓其威权甚微弱，不足以捐资本家毫末，且不及一度总同盟罢工之伟力也。在法国则同盟罢工主义，渐及于军界，故非军队主义之运动，颇形激烈，亦著效力。法政治家，动以非爱国者，痛骂社会主义党人，是独招社会党人之冷笑而已。盖极端社会主义者，以世间一家为理想，何尝置国家芥蒂于胸中耶？无政府主义者之言曰：'国家者，聚一国中少数野心家，制定收租条例，以诈取金钱于多数人民，以图扰乱世界和平而已！'其语虽近于激烈，然亦足为帝国主义之恶魔痛下砭针矣。

"俄国有托尔斯泰者，恶欧美之假文明，尝致书中国人，主张重农学派，谓：'欧美文明，为自灭之道！'唱个人无政府学说，著有《人道主义》、《和平与战争》、《俄国革命之真意》等书，皆发明政治之罪恶，反对英美工商主义。尝推论英国工厂将遍全国，聚多数农人于工厂，皆弃其本业，所产谷物，不足供给其人民之生活，则以种种不正当之手段，对于亚西（细）亚、亚非利加诸国，每年输入鸦片、酒精、奢侈品及害人之武器等，以交易食物。否则以兵力强夺诸弱国之土地财产，以供其吞咽，列强且群相仿效，诚不知何所底止云！氏于日俄战役唱，'非战论'，亦消极无政府主义之健者也，附志于此，以供诸君之研究焉。

（6）结论

"吾人就社会主义原起，推至于极端，既已说其概略矣；而其深奥之学理，完备之组织，则非今日所能尽述也。要其归结，在进求世界之真正和平，满足社会之真正幸福，理想之高尚，主义之纯洁，无过是者。世人每与宗教家，相提并论者，盖奉行社会主义之人，往往坚苦卓绝，不顾俗子之非笑，其精神有似乎宗教家。而两者之异点，在宗教有迷信、有仪式，而社会主义，无有也；且宗教家希望极乐园在天空，而社会主义者，则欲创造理想国于地上也；宗教家之目的，在不可知之来世，而社会主义家之实行，则在目睹之现代也。然而政治界、经济界上，有帝王、总统与平民，资本家与劳动者阶级横互欧亚，皆足为平等自由之障害。社会主义家，乃欲一扫而空之。吾人虽知其难行，而不能不服其魄力也。

"中国古代是种学说，颇为彰著，孔子礼运之言，尤近于极端。所谓：'大道之行也，天下为公，选贤与能，讲信修睦，故人不独亲其亲，不独子其子，使老有所终，壮有所用，幼有所长，矜寡孤独废疾者皆有所养，男有分，女有归；货恶其弃于地也，不必藏于心，力恶其不出于身也，不必为己；是故谋闭而不与，盗窃乱贼而不作，故外事而不闭，是谓大同'云云是也。许行所谓：'古之贤者，与民并耕而食，饔飧而治，无仓廪府库者'亦极端之论。其他如墨子之非攻，老子之辟圣，庄子之齐物，张子之西铭，其说多与西哲符合，东海西海，心同理同，洵不诬矣。

"近世在西欧，则瑞士、法兰西多见诸实行，而东亚则太平天国，琉球岛，亦有实例可寻；世人不察，乃目为邪说，惊为怪谭，见骆驼，谓马背肿，殊可哂也！至于社会主义之实行，或在最近之将来，或在最远之将来，吾人诚不能预测。哲学家之言曰：'过去黄金也，现在瓦砾也，将来金钢（刚）石也。'叶马逊氏，亦谓：'金钢（刚）石假数千万年而后化成老子，亦曰大器晚成，殆谓是欤？'虽然世界方以生存竞争为真理，弱肉强食，惨无人理，设再无奉行社会主义者维持其间，以导战胜帝国主义之怪魔，世界于和平恺悌之途径，则不出百年，人类或几乎息矣！急起图之，是全世界生人之责任也！"

当时听讲的，倒有好些人，我没注意，谁能够作同志，但有宣传无联络，这是当时大错误处。别人也没大批评，倒是阎伯川在一个讲演会上对众人说："梅九讲的社会主义，是亡国主义！"我对人说："伯川还懂得些，社会主义本然是无国家、无政治、无法律、无宗教、无家庭,岂但没有甚么国?……"我所讲的,不过主义者的略末,以及学说的分派,自己没加入主见;惟对自由、平等、博爱的分析,稍有特别说到处。我说不自由,因于不平等。如富欺贫,贫者不自由,贵凌贱,贱者不自由,长压幼,幼者不自由;而不平等,因于不博爱,富不爱贫,故欺贫,贵不爱贱,故凌贱,长不爱幼,乃压幼;若博爱,便无富、无贫、无贵、无贱、无长、无幼,全立于平等地位上,各尽其"人"的天职,互相亲爱,平等自由的真际,立时可见了。有人反问我说:"无富贵贫贱,是能够的,还能无长幼么?"我说:"孔子说的'以吾一日长乎尔,毋吾以也'便是无长幼说法。所谓听到曾皙讲到'冠者五六人,童子六七人,浴乎沂,风乎舞雩,咏而归'那一种无长无幼,同浴春化的光景——无政府时代的人类状况——自然赞道:'吾与点也。'非无长幼之年,乃无长幼之节耳。"闻者乃悟。这是我当时得意的言论,也算是接续主义的一个线牵。

陈心女士　思高身长之创说

说起讲演来,还有特别可纪念的事情。那时正提倡社会主义,对于男女平等问题,也很注意,可惜太原妇女,有智识的太少,真是无从说起!忽一天听人说,由北京来了几个女子,其中有一个名陈心的,年纪不过十六七岁,谈锋甚利,态度尤其落落大方,无寻常女子气,到处演说女权,惊动人不少。我因对仲伏商量,乘此提出妇女问题。李阁臣君,听得"妇女问题"四字,以为很新鲜,不知世界各国人士,讨论多年了。中国人听过这名辞的还很少,阁臣尚如此,他人可知。于是和陈心女士见面,果如人言,因约在劝业场讲演,我帮助说几句话。女士颇嗔太原人浅薄,好像没见过女子似的,走到哪里,便有许多人跟尾着,指顾评论,真乃可笑可怜!我说:"这也不能纯怨他们,因为从来女子,总是躲在所谓深闺里,不肯见生人,今女士忽露面于广众之前,大声疾呼,高唱女权,怎能不骇怪呢?"所以那一天,陈女士讲演后,我就妇女解放,说了几句。要紧处,就是说:"妇女几千年,在家庭监狱里,活受罪!现在我们第一要务,就是打开这无数狱门,放一般囚犯式的妇女出来，和男子立在一条地面线上，共通担任改良社会的责任。"至于自由恋爱的问题，还莫提到。最重的，是先提高女子知识，因此又在报上，发表了一篇《思高身长说》。思高身长，自是创语，确从"德润身"句化来。意思是说："思想如高，则身量自然长起来，身不满七尺，心雄万夫，便是这样说法。因为妇女思想卑下，所以柔声下气，伏首事人，自觉比男子低一头，如欲男女平等，非使两方思想平等不可！"我这时已经创办起一个太原第一女工厂，以为女子职业独立计。但那时知此意的很少，各方没有大帮助。总算是办起来了，请了几个女教员，买了十几架缝纫机。陈心女士，曾到厂内谈到工厂利益分配，我说出："从前社会主义者，劳力五，才力四，资本家三的分配法。在金钱未废除时代，这样分配，可说是尊重劳动。"女士只一笑，不知她是笑办不到，还是笑我好说社会主义？如今还疑惑在！

欢迎中山入晋　挂羊误画羊

这一年，中山曾到太原一次，自然是同盟会极盛时代。未到以先，同志推我到石家庄去欢迎。太昭、溥泉、平刚、程韵荪、丁季衡、程仲渔……诸人，全跟着来了。我在火车上见了中山，多年不见，觉得生疏了。于是一同改乘正太狭轨铁道的列车，向太原进发。这时候中山正计划全国铁道，很注意这条道路的建筑，坐在最后一辆头等车上，细看路线。我和溥泉谈到民政长谷芙塘先生的政治文学，他很惊异。及到太原，接迎的人，不用问，是很多的。男女学生及市民，排立道旁，鹄立等候，差不多望眼欲穿的样子。当时中山坐的马车太快了，许多人没看清楚，很觉失望。到第二天，中山亲到海子边劝业场楼上，凭栏演说，万人欢仰，才算满足了崇拜伟人的欲望。各界都致欢迎词，独某机关人的欢迎词内，有两句好笑的话，就是："一生不愿作高官，但愿一识孙逸仙！"真使人胡卢不置！中山又到各学校演说，很称赞山西同志的革命精神，因山西起义，早于广东故。又提倡以平定煤，铸太行铁，将来可操全国实业界的牛耳。又到同盟会山西分部，游览照像，以为纪念。整整热闹了两天，临行时，在太原车站上，鸣炮致敬,如待大总统礼。我又送中山到石家庄,并拿所记演说稿求改正,中山亲笔改正几处,回来登在《山西民报》上面。两天没管报纸,我的捣乱党小说,被仲伏接续了两篇,把捣乱党小说,都捣乱了,也是趣话。最歉怀的是忙乱中,未能招待老友韵荪和季衡!我但给韵荪说清和园的"头脑",是傅青主的遗传食品,可以领略一下,因为韵荪最爱青主为人。这却弄出一个笑话来,后来听季衡对我说:"韵荪约我找清和园,说梅九告诉我门口画许多羊。于是两人在那道街中,找来找去,总不见画羊,以后见一家门口挂许多羊,贸然进去一问,有'头脑',才觉悟是把'挂'字,听作'画'字了。最可笑我早说怕是那一家,他总道梅九讲的有画羊。"

玉青来　四时之气

八月十五,玉青携着小女清秀来到太原,赶了个团圆节。还是旧习惯利害,我见玉青因病稍瘦了好些,秀儿时方十一岁,仍然那样伶俐,我引着几个义女,和他玩耍,他不说话,见人单是一痴笑,所以大家都欢喜他。这时女工厂已办成,姚君纪华管理一切,罗女士、陆女士、李女士(大家呼为三嫂)、袁女士,充女教员。招了二十几个女生,意思在妇女解放,所以不设重重防范及限制。形迹间未免过于放荡些,颇招一般俗人非笑。幸这几个女士,都落落大方,无世间妇女羞面见人的态状,而陆女士,尤能文,且抱着自由恋爱主义,不能自制,竟和某君密订婚约。我嘱咐姚君等人,对于这一对自由男女,应加以特别敬意,不得少露讪笑意。大家倒能真意的原谅他们,他们对大家也不躲闪,真不容易!随后从上海聘来绣花教员周女士和体操教员陶女士。陶女士名斌,老友佩三先生女公子。佩三虽是浙江人,在山西农校作教员多年,颇为同人爱敬,又和我为特别相知。这年到太原,听说我办女工厂,极力帮助,周教员是他举荐。老友陈汉阁,出身农校,和佩三亦很投契,深知佩三女公子的聪明才力,高人数等,劝我同时招致到太原,同人和学生,都很欢迎。陶斌以我为其父执,视之犹父,予亦视之犹女,时才十五岁,然已无儿童形态,举动似老成人,且气度和蔼如春。我尝对友人说:"女工厂虽狭小,而四时之气皆备,陶如春、陆如夏、李如秋、袁如冬。"因陆奔放,李清瘦,袁冷落,故人皆以为定评。我颇思用此说品题一时之男女,惧人有所误会不果。这虽是时代限人,我也太弱了,并因我定例太细,大别为:"春之春,春之夏,春之秋,春之冬;夏之春,夏之夏,夏之秋,夏之冬;秋之春,秋之夏,秋之秋,秋之冬;冬之春,冬之夏,冬之秋,冬之冬。"而以兼备诸气为完人,偏备各气者为奇人,不形诸气者为至人,乱形诸气者为常人,又细别之为无数差别,简直要写到捣乱党小说中了。怎么能成功?录此以警戒妄用心思的同人。

新剧团　怕老婆

"灶奶"——玉青一来,自有许多人来问她河东女学堂革命一案。玉青虽因久病不似从前健爽,但提起往事来,尚色飞眉舞,慷慨而谭。她在妇女交际界上,还不失为一特别人。老衡时主财政,最怕玉青寻他的麻烦,因为玉青见他,不是荐人,便是要钱(为报馆、稽勋局、女工厂三处经费),绝没有空跑的。凡熟朋友地方,常有玉青足迹。最爱看戏,时续君西峰,组织一戏园,意在改良戏曲。我想提倡新剧,曾和朋友,弄了个新剧团,奈注意此事者太少!我自家对于戏剧,又是个外行,所以没有大成功。西峰的戏园中,能唱彭烈士家珍,炸良弼的一本戏,我和玉青看过几回。这本戏怕是刘任秋编的,里面写出《国风日报》和彭烈士关系的事(那颗炸弹,在报馆藏过,彭烈士和《国风》同人都有来往),自然新鲜,而精彩处也不少。惟是新旧合演,尚未到恰好程度,但也就不容易了。西峰知道玉青爱看戏,吩咐戏园,给他留下特别座位。另外更有一戏园,我和玉青也看过几回。有一天唱"打灶",我两人在正楼上,到台上的灶爷出来时,楼下坐客,一齐回首看楼上,满场哄笑起来。玉青笑说:"这戏里边没有我!"我也笑说:"这是编戏的错处了!"玉青说:"这却错的好。若不错,岂不连'灶奶'都打起来?"呵呵!玉青怕打!叙到这里,我想起玉青打小儿崇友的事。友儿时不过十二岁,在精武社上课,好乱用钱买东西,被玉青知道了,一天我不在家,玉青把友儿呼来,责打了几下,却把一个义女,惊骇地也跪倒给友儿求情,唱了一回"大娘教子"。我听说了,从报馆回来,戏责

玉青说："你太利害了,几乎把我儿打死,女吓(山西人读呼夏反,音如瞎,去声)死!"玉青说："你不知道,还有一个笑话哩!友儿回到精武社,他先生问他,你怕你娘么?他说:'咳!我怕!连我爸爸都怕!'是刚才亚夫来对我说的。"我笑说:"坏了!这一下子,把'灶爷'怕老婆的名,扬出去了!"

零碎事件　革命纪念

这一年,很有些零碎可纪念的事情,也记不清楚了。仿那篇捣乱党的写法,乱记一些如左:

张博士打倒丁宝铨的丢思碑(后张君因此受祸,故当纪念)。我和仲伏、子毅、太素,在那倒碑旁,照了一张短服旅行野坐的像片,我曾填了一首浪淘沙词,题他。实在是笑话!上阕结以:"破袜芒鞋何处去?为国奔忙!"下阕结以:"南北东西谁管得?四个流氓!"标曰:"东西南北之人也。"

有青年曰赵铸之,和仲伏认识,呼以四弟,很热烈。他到太原,遇见红帷轿车便要打。我借杨笺甫的轿车,却是红帷,我怕这小兄弟,真在路上把我拉下来,故意的不坐它,大家以为笑谈。大觉听见了,却说:"唯梅九,可以坐红帷轿车!"我不知他又是甚么道理?

十月十日,曾开一游行庆祝会,颇表示人民的狂热。但我那时已窥破袁世凯野心,所以夜间在劝业场楼上演说,略谓:"中华民国,产生了个共和孩儿,自然是一件喜事,应该祝贺,但现在很有阴谋家,将不利于孺子,这还没既作产婆,又当保姆的革命党和革命军人,好好地保护他,养育他才是!"楼下欢呼,刘越西君用其雷吼狮子声,三呼中华民国万岁!共和万岁!楼下数万人同声响应,震地惊天地喊起来,真是盛事。我却特别另有一桩纪念事,就是我同玉青携带秀女坐车,随大家游行到都督署门前,遇见同志杨麻子,很喜欢。因为晋民军中,能和死友王弼臣比肩的,只有他。他带一朵电灯花,赠与了秀女,秀女很欢谢(次年杨君死,我很伤感,而电花已灭息,秀女亦夭;又弼臣死于秀女村,我因以此女,永记两友)。

堕马　缝合伤口

有一天,乘马到同盟会,和大家谈话完,听人说玉青到松鹤园(就是西峰组织的)看戏,今天戏不错,我便偕同全某,一齐乘马,向松鹤园去。从一个夹道中通过,中有几个紧转弯,马跑的太快了,刚转一湾时,觉右腿要触着一角墙,必然要受重伤,连忙将身子向左一倾,不好!跌下马来了!脑筋只一震,便不省人事,也不觉痛楚。那时全某着慌,将我背起来,行到街上,我少微醒过来了,心里但觉好笑,尚不知痛。背到《民报》馆,我心里知道是坠马伤脑,便想起齐召南的事。若是脑子跌出来,另用甚么动物脑髓来补,便坏了!又想脑髓一定没有跌出,若是出来,哪能够想?试再想昨天事,呵!是了!昨天给《山西民报》,作了下篇论文,题目《俄罗斯革命近状》,曾叙到虚无党革命历史。心里又笑说:"没得革俄国命,反革了自己命啰!"他们用甚么烟叶,撮到我的头上,为止血,我才知脑盖受巨创,但还不觉痛,一直送到一个教会医院里,我才觉得痛起来。这时玉青以及许多朋友都来医院瞧我,几乎把人家看病室挤破。有个医生,似乎恼这些人,又没法排出,只注意看我头上,说:"非洗净,用铜线缝合不可。"这时只得由他,他却用剃刀剃伤口的头发,真奇痛钻心!我只咬着牙忍受下去,一声也不哼!自是装劲汉!却令傍观看的人,看的痛愤起来,差不多要打那医生。我说:"不要紧!大家莫怕!"一时他洗净伤口,用铜线缝起来。缝时尚不大痛苦,缝完了,用叶棉花一盖,又用绷带包起来,疼痛止了好些,再回到自己寓中将养,约医生每日到宅中,换绷带,看伤状,医生说:"半月就好了!"一时惊动了许多人,前来看我,竹青曾说:"他颈瘤割破亦缝合,观沧坠沟颐下裂伤亦缝合,后到取铜线时,有些痛。"我便不想早取铜线。过了半月,医生来割取铜线,毫不觉痛,可知头皮结实了(曾作《坠马记》,详叙始末,文载《山西民报》)。

衣食住行　置身局外

堕后伤脑后,把《山西民报》完全交与大觉去办。这时仲伏已经被协和邀到江西去了。不久他从江西来了一封信,说:"协和狠想见老朋友,商议些特别要务,你能同'灶奶'南游一次,广广见闻也好!"我同玉青说了,又和阁臣研究了一回,阁臣也没特别事故,愿意相随去一遭。我们于是离了太原,先到北京,报上把携眷来京,登作携眷革命,登时传为笑谭。大家"言笑晏晏"地快活了几天。这时候袁氏对于民党,已露出些排除的恶意。但因民党占据天下之半,未敢轻下手,借军民分治题目,向民党所据有的省份,乱放民政长。江西放了个姓汪的,协和虽没拒绝,但不满意。过了几天,协和打来一电,请我速到南昌。我当时即筹定盘费,偕玉青、阁臣一齐南下,乘京汉火车,天气晴和,心中甚爽,在火车中和阁臣谈起社会主义来,说:"将来社会问题第一要解决的,就是经济问题。人生衣食住三要素,现在俱用金钱可以自由得到,且分出等等不平的现象。譬如同一个人,有钱的,好吃好穿,住的是高楼大厦;没钱的,粗衣粗食,住的又是茅屋草舍;还有我们现坐的这火车,也分头二三等车,头等车,铺垫房饭都特别好,二等次之,三等又次之。这也是拿钱作分别,有钱的屁股就怕冷板,没钱的就不怕么?实在没道理!且没钱连上来都不能,应了'无钱寸步难行'那句话了。所以我于三要素外,再添一样'行'才满足,因舟车不能叫做住的东西,衣食住行,四者满足,便是幸福。若要人人平等享受此四种要素,先要废除金钱,实行无政府共产!"阁臣听的很有兴趣,极力赞成。车行过黄河,天落雨,及到汉口降雪,一日之间,气候三变,因戏占一绝,云:

风起云扬海内平,北胡南越任君行。

飞车直下三千里,哪管人间雪雨晴!

大有置身时局变化之外的意思。阁臣颇会意赞曰:"好!"

湖口朝吟　江西马似驴

此时,一心向南昌,到汉口也没工夫去考查冯国璋火烧汉口街市的遗迹,也没工夫再登黄鹤楼遗迹,便改乘江轮,直到九江。望见庐山,好似初见面的好友,不言共喻。宿一晚,次早,即换小轮,向南昌进发。一日夜始到湖口,天将明,我一人悄出船舱,仰观鱼鳞云片,层布晨空,微风拂水成纹,波浪不兴。最好看的是江中有数峰,青霭逼目,意态沉默,口占一绝云:

　　日出云初破,风轻浪欲平。

　　数峰湖上立,无语看人行!

　　将近南昌,挽舟逆上,大费人力。予时闲问舟人,李都督好否?曰:"好都督,能办事,鸦片都禁完了,并没费事!把土匪也打的一干二净!"我很叹协和有本事。及到南昌城外,停舟登岸,街道窄小,泥水径滑,我送一信到城里,对协和说,我同玉青、阁臣到此。不多时,派来护兵二名,牵马两匹。阁臣一看,大笑起来,曰:"南船北马,一点也不错!大哥!你看这马不像驴么?"我心里想到"果下马"。只说了一句:"马太小了!"护兵欲劝阁臣上马,阁臣更笑起来,说:"牵去罢,我们怕骑死了他们。"于是呼了三乘轿,护兵骑马引导我们至电灯公司。此公司在百花洲上,为南昌城中第一名胜之地。时姚维藩君,充协和的参谋长,住在这公司里,所以安置我们到那里去住。革命后,尚未见姚君,乃在此间相晤,其乐可知!仲伏也来了,异常高兴。笑谭了一阵,约明日再去见协和。仲伏说:"协和有病,现请来了日本医生一名,并日本看护妇两名,给他割鼻子,就在都督署里边。但他神气还和在东京时一样爽快,见面就知道了!"

西北垦殖的提议　听了一个笑话

　　次日见协和,由仲伏引导,自然免却传达手续(生平最怕上衙门拜见人就为此),一直到里边。协和异常欢迎,仍呼之曰:"奥而梭。"谈了半天,他提到中山来南昌,曾举行阅兵式礼,先生很高兴,他也对兵士演说了一番,说毕更自笑道:"我的演说,很有进步!"我便笑道:"还想做雄辩家么?"又提袁氏不怀好意,协和大激越,说:"姓汪的,我已拒绝了,面子上并不得罪他,我想移都督署于九江,以便控制长江上游!"仲伏赞之。我说出免不了二次革命话来,因道:"将来再举革命,仍要南响北应,才能成功。我和仲伏计划,筹一笔大款,向西北开垦,暗寓兵制于其中,名曰护田队,若练成劲旅,可以直拊北京之背,是为要著,别的人全靠不住!"协和问须款若干?我答曰:"非百万不办!"(其实百万还少,未肯多说,不欲徒苦江西)协和说:"百万也不难,我给筹措就是了!"我说:"若力不足,可以求广东担任一半。"协和说:"好!我可以给汉民打电报,由你们拟稿。"我把此事,推给仲伏了,于是告辞。协和约在署中吃晚饭,我答应了,向晚重来。记得请客甚多,系洋餐式,我坐在主位旁。同席有绅士某,在席上说了一个笑话,讲:"上海有人拾舍弃的半截卷烟,另制造成一番,变成原形,装在匣里。匣子也是拾的,也有向人乞求来的,做成了,居然同原烟卷一般无二,现在已经大发财了!"我听了很奇怪,这算什么经济学?我也没说甚么话,但偶然提到同盟会,在北方近状,以及袁氏野心。协和暗中以足阻止,我明白了!有非同志在桌面上,便截然而止,变了话头,随即收住。席毕,协和说:"此间异党人甚多,他们中间有些有声望的,不能不联络他们。"我说:"是的!我昨日看见一张报纸,像是异党机关,对我们的事很不满,我们自己也要办份报才好!"协和说:"我有此计划,这里人才太少,将来我想筹一笔巨款,教大家去上海办个大报。"我讲:"那更好了!"

滕王阁百花洲偏车之覆

到南昌,自然想到滕王阁。一日邀仲伏同去,阁在城外一角,大非昔比。惟"画栋朝飞南浦云,珠帘暮卷西山雨"两句中的"南浦"、"西山",依然在望,和黄鹤楼上所凭望的汉阳树、鹦鹉洲,都将眼前风景写尽,所以不能再继。秋水长天,落霞孤惊,尤次一着,因尚可以移用于他处故。阁前为停船场,江水横其前,场中立牌坊,匾额上有"檠戟遥临"四字。用王赋中都督阎公之雅望联中语。我曾戏谓若阁伯川来此,便恰合。归到百花洲与玉青谈及,玉青曰:"安见不是欢迎我?"我因想起朝邑故事来,为之大笑!再说百花洲,是宋南渡后,训练水师的地方。一日早起,忽见满天云飞,烟景迷离,依槛四望,凄然欲绝。洲上有渔舟一艇,依稀可认,乃因占一绝云:

> 风满高楼雪满湖,百花洲上客心孤。

宋时兵舰今安在？冷落江南旧钓徒！

次日天晴，踏洲边板桥雪而过，访同盟会地址，虽有人招待，而非重要会员，即觉兴尽而返。久不闻乐，仲伏云："距此不远，有一戏园，盍往观乎？"街上泥滑滑，行路难，有单轮直梁车，每边可坐一人，因谓仲伏曰："何不一尝此小车风味？"仲伏应之，因共乘一车，一左一右，推车问明目的地，即向前推行，也颇平稳。片刻间，已到戏园门，我便一跃下车，哈哈！坏了！车失平衡，翻倒仲伏于地上，仲伏笑起，嗔曰："你简直开玩笑，若被照到电影里，真是滑稽太王了！"呵！原来两人乘这车，定要同时并坐与并下，无意中又得了一种智识，可曰："偏车之覆！"至夜间入市，人人手执火把，以照路径，我因掉文曰："古人秉烛夜游，良有以也。"因北方无此俗，转觉新奇。

山东汾酒　景德磁

南昌街道窄小，不能容大车，和汉口、南京全一样（现汉口、南京已开辟马路，而旧街仍有存者）。协和有拆城辟马路之意，因九江到南昌的铁路快要修成，南昌必变为一个繁华市场，决不能不改旧观。我和仲伏、阁臣，有一天游街，实在气闷不过，说："非全烧了不可！"说话中间，看见一家酒店的墙壁上，写下四个斗方大字，就是"山东汾酒"。怪怪！汾酒怎能跑到山东去？大概是假冒招牌，他听见有一种汾酒，记不清是山东山西，随便把山东的帽子给戴上了，或者是把汾酒当作一种通用名词。于是从山东来的烧酒，拿汾酒粉饰起来，也未可知。因为北方呼绍兴酒为绍兴，凡于本地酿成之类似绍兴酒，即呼之曰"'本地绍兴'，或简称之曰"本绍"，同一可笑事（后来到广东，有汉口汾酒，即在汉口酿成者，乃知山东汾酒，亦是此类）。当时也没工夫去详细考查，最可惜的，就是对于江西景德磁器，全没注意，曾同玉青到协和自己病室中，见了好些磁器。协和有心赠与我些顶上磁瓶，我说："不要！"心里想到包拯在端溪作官，临行不携一砚的事，欲以此"鸣高"。其实那时虽携带几种异品以供清玩，也不要紧，未免太拘滞了！然也因我对于古董品是外行，不能判别真伪，自觉的无甚兴趣,故甘心一物不取。却曾想到南京博览会看过的康熙磁器,因和协和室中各器比较,似乎差的多。仲伏略知一二,但也不甚爱惜。惟江西人家所用磁器,自多上品,人几忘其贵重。尝到饭馆,看所有盘碗,多上品磁,皆他处罕见之物,因悟《考工记》"胡无弓也非无弓,夫人而能为弓也"诸句,真经验语。可以说:"江西无磁,非无磁也,夫人而能有磁也。"又江西饭馆,盘大能盖桌,叫几盘菜,桌上便容不下,可见江西人对磁,不但"夸多",而且"夸大",也算添了一种阅历!

别南昌　九江行两恶音

仲伏拟就垦殖筹款电,协和照发,并云:"已筹得四十万元,即寄上海存于某银行,听兑取。"我喜此行目的已达,即告辞。协和曰:"与我觅一好秘书,现在一切电报,须我亲笔改过,始能发,已习惯,不觉苦,究不如得一助手为佳!"予应之。归公司,与维藩话别。二十日的相聚,临歧不禁依依。因维藩夫妻,皆好客自喜,曾为种种娱乐,以散旅愁,不能尽述也。况又偕仲伏俱去,维藩亦动寂寞之感。江舟预备已好,就同玉青、仲伏、阁臣,于某晨登舟,别南昌。得一律曰:

　　鸿都犹在望,惜别天停桡。南浦云欲散,西山雪未消。

　　长天明远水,孤鹜弄轻潮。惯作他乡客,扁舟兴自豪!

南浦一联,尚属实况。这时心中,自有一片逸兴,故虽惜别,亦无甚苦愁。而南昌街道窘迫,游怀莫展,亦一原因,故戏谓仲伏曰:"设此地无协和,谁能郁郁久居乎?"是时水波不兴,顺流而下,越日即到九江。仲伏指庐山谓予曰:"此中大有佳境,吾曾游览一过,觉非笔墨能描写,且气象万千,写亦写不尽也,可惜无暇再游!"时在某旅馆后楼上,正望见庐山面。是日又遇某友人携一十岁少年,自庐山归来,与谈山景,历历如目睹,实一佳童。又纵谈古今,说宋江奸诈,我曾故意挫之。因等候江船无事,偶到阅报社。其中《山西民报》展阅之下,得一哀音,便是——"杨芳圃君(麻子)死于剿匪之役"是也。不禁悲慨无限!谓仲伏曰:"此君死,吾党失一健将!"仲伏又翻阅他报,发现河东岐山拘系南君佩兰事,谓将有性命

忧。我因大痛，谓阁臣曰："岐山竟胡闹至此，怕不是他的意思吧！杀佩兰还了得么？"因急拟一电曰：

　　岐山鉴：如杀佩兰，永勿与吾相见！

　　命阁臣即时发出，此时恨无双翅飞回河东救故人也！

失却了手表　沈橘掷烟

　　从九江登江轮时，弄了一个笑话，就是上轮后，忽觉体温，要脱外套，即有一个茶房，替我来脱。我当时手中还有个银表，也同时递到那个茶房手里，转眼间茶房不见了，我也没留心是怎么样个人，回头大家点东西，仲伏问手表，我才想起来，是亲手给了傍人，笑说："教人家拿去了！"问："甚么人？"我自然说不知道。阁臣又问毡子，仲伏笑说："不用问了，你问他，他一定说还有毡子么？"这东西混账！我能糊涂到这步田地？但也差不多，我真不知有毡子，还是玉青救了急，说："毡子在这里来，别的东西全没失！"我心里说："甚么失不失，还不是世上的物，被世上人随便拿来拿去么？和这些糊涂人，说甚么？"江轮甚稳，几不觉动，心里反闷起来，因为有停舟江心的感觉，若不看窗外岸移，决不知脚下舟行。经过小孤山，想起彭郎夺小姑的故事，乃是江心一秀丽孤岛，异常爽目，其上似有一小庙，却看不见山径。仲伏偶有所感，把在江西买来的一篓南丰橘子，取出一个来，向江心抛去，呵！是浮李沈瓜的心理嗬！也颇有趣。他跟着又抛了几个，我虽然觉得有趣，但不敌爱橘的味觉，便不高兴了！这要想个报复法子，好了！他买下一大盒纸烟，这卷烟咱家是不爱吸的，便取出一小匣来，向江心抛去，也飘飘荡荡的和橘子流转江面一样好看。抛到三匣，仲伏受不住了！说："算了罢！橘子还剩下半篓哩！"他真明白，我便住手，却取剩下橘子吃，他们也取剩下的烟卷，吹起来了！这自然是狂妄举动，要不得！船到南京上岸，只有旅馆小停片刻，搭午间出发的沪宁火车，向上海进行。自然又听见"南京炒鸡蛋，五香豆腐干"的叫卖声了。车中无别事，只遇见一农夫，两腿湿疮，问之，是插秧踏水得来的，不禁叹"平民之苦"，便有怜心无憎心！

山西民初散记

SHANXIMINCHUSANJI

女流氓　小杜和扬州

车到上海,已经天晚。仲伏和我是到过此地的,不用说,在火车站上茫茫然不知何往的情形,是没有的了!大家出了车站,叫了四辆东洋车(上海叫黄包车),也没讲价,直命他们到四马路去。上海是不夜城,街上电灯辉煌,如同白昼。玉青在车上看见,自然有点稀罕惊异的样子。阁臣也很喜欢。车到四马路龙升旅馆门前下车(这旅馆是仲伏住过的,所以叫车拉在那里),检定一间大屋,同住在里边。第二天早起,便有几个女流氓,到房里来,向玉青劝捐,也不知假借的是什么名义。玉青初出门,哪里经验过这些事体(其实我也没甚经验)。见人家要求的也不多,拿出一元钱来给了人家,还写了个收条,玉青自己填了名字在上面。仲伏只是笑,因为他明白此中诈伪,也不好意思说出,等人家去了,才说出那些都是女骗子,再不要上当!玉青还不大相信,这也罢了。阁臣是个爽直疏放的人,到上海因为地生,不敢胡行乱走,一心要寻个伴当,忽然想起何子奇在此地,因到《民立报》馆,见了于君右任、邵君仲辉(时改号力子完全变了民党)。快谭往事,托他们在报上登了一个寻人启事,自己怕露真名,写了一个暗号。井勿幕君先看见了,他便晓得是我们,于是到旅馆来访,真是喜出望外!谈了好些话,他说:"我现在在此地学德文,预备到德国去,字也长进了!"他毫不客气,自夸了几句,问仲伏有何长进?我笑说:"他只学会了扬州曲。"我有诗为证,云:

小杜风流近若何? 当筵红粉白情多。

无端学得扬州曲,处处逢人处处歌!

勿暮道:"小杜总离不了扬州,记得陈汉园曾赠仲伏一绝,结云:'小杜有情能爱国,最伤心处是扬州。'暗用扬州十日记,甚妙!这番却大不相同了!"

杭州行　西湖腊月

"沪杭铁路成了,可以到西湖一游。"这是仲伏提议的,大家赞成。于

485

是四人同去，坐在那新净车中，心神一爽。到杭州住在旅馆。旅馆知道是游西湖的，冬天客人不多，招待的非常殷勤，让出一间优等房间，家具床褥，一切具足。我曾对仲伏、阁臣、玉青说："将来旅行，甚么行李，都可以不带，因为到处全要变成这种旅馆一般，连钱也不要带呵！"仲伏明白，说："还早哩！"旅馆的茶房，问明知我们是初来此地，说他负引导全责。第二日出了涌金门，便看见汪洋一片湖水。湖上山色苍翠，的确是名景，雇了一只小艇，直向湖心亭。仲伏说："人言西湖是香灰底，试搅一搅看！"从舟子借桡只一挑，香灰便飘上来了。原来西湖是人为的，本不甚深，越人信鬼，焚香于湖上者，率弃其灰于湖中，久之遂灰满湖底，也可以想见香火之盛。湖心亭，有九曲桥，颇雅致，亭外荷花只余枯茎如刺，丛立水面。又有所谓三潭印月，在亭外，遥望白堤疏柳枝权拂空，曾戏改古诗云：

毕竟西湖腊月中，风光不与四时同。

撑风疏柳枝枝白，映日残荷茎茎红！

我也没对他们说，曾听勿幕讲，此亭中有一叠字联，云：

翠翠红红处处莺莺燕燕；风风雨雨年年暮暮朝朝。

下联特胜，寻之果有。亭中有卖西湖藕粉者，一元钱可购十匣。想起"千里送鹅毛，礼轻人意重"的俗谚，打算多买些，带回太原送人。说明此意，大家都赞成，买了三圆钱的藕粉，又乘船到楼外楼饭馆去午餐。从湖里现捞鲜鱼烹治，很美味。此处望见雷峰塔，直如身披破袈裟打坐的僧人。原来西湖有两塔，一为保叔，亭亭玉立一高峰上，旧有"保叔如美人，雷峰如老衲"一联，可谓语言妙天下！午后又游了几个庄子——人家别墅——即归，约次日游岳墓。

岳墓　秋社

第二日游岳墓，墓前有通道两行，植柏，其枝皆向南，有伸长指北者亦必作曲肱状回向南方。拿科学讲，这事很可疑，或者说此处多北风故。拿杨柳千条尽向西句为比例，但柳条柔，且系一时被东风吹过的倾向。柏枝劲，又不是一时现象，这是甚么缘故？或曰地气，然而一般人，以及诗

人,总说"宰木南枝"是岳武穆精忠所感。入墓门后,有特别两棵大树,题曰"精忠柏",树叶又不像是柏叶。墓碑不少,有许多题句,都未暇一一阅过。墓旁有秦桧及其妻的跪倒铁像,游人恒小解于其上,因而臭气冲鼻,不可响迩,是乃种族主义的表现。记得在东京时,脑中曾拟一短篇小说,题为《岳王墓》,写一群少年革命党,在墓门开秘密会议,感慨古事,激发人心,未成。但所感想的岳王墓景况,也差不多。这且不表,四人议论了几句,便出了岳王墓,看见苏小坟,忽忆前人"苏小坟连岳王墓,英雄儿女各千秋"句,念六朝曾无一名士,与苏小小比肩者。又想到陈同甫"凿钱塘灌杭州,足使此地人民皆化鱼鳖"语,乃结联成一事,得:"六朝名士皆鱼鳖,合把湖山葬美人!"离苏小坟不远,有一新亭,题曰风雨亭,乃纪念鉴湖女侠秋瑾者(从秋风秋雨愁杀人句来)。亭傍又有一所楼院,门榜"秋社"二字,因进去参观,里面悬挂女士遗像,如见昔年。又四壁用玻璃笼罩女士当年起事的檄文、命令、军符……皆女士手书,足证明女士革命的方略和精神。玉青看了,自然想到河东革命,因笑说:"若当时我在河东被清吏杀死,也未必不成名?"可见"好名"的心,人人都有呵!秋瑾女士湖南人,闻湘中同志欲移葬女士遗骨于衡麓,但女士实因"徐案"牵起,今徐锡麟和陈马二烈士墓俱在西湖上,似不必移去。此间游人较多,可资观感。光复会著名党员陶成章墓亦在此,皆最新纪念。是日游苏堤、白堤,从图书馆及俞曲园的诂经学舍经过,亦系人思者。

西湖变态　江南两才子

西湖之美,随时变易,非久住湖上者,不能知。而风雨阴晴,无不奇妙。一朝游湖,才上船,忽有小雨来,而满湖风云变色,轻舟摇荡不安,遥望山色模糊,如在"雾帘"外!转眼云收雨息,风亦少停息,湖山如洗,另换一副美容,得"湖好山尤好,风奇雨更奇"句。是日游天竺,舟过孤山指点林逋隐居处,不知还有梅花否?无暇去看,直向天竺进行。登岸后,步行至飞来峰,望一线天,岩上刻像,石洞幽凉,峰势奇嵬,真有"天外飞来"的突兀态度!峰旁有泉,曰冷泉,上悬一联云:"泉自几时冷起,峰从何处飞来？"后人有作答语的，便悬一联云："泉自冷时冷起，峰从飞处飞来！"颇有禅意。将入天竺，曾过一竹林小寺，雨初过，寺前所铺花样砖石缝中，绿苔丛生，一望如茵，使人踟蹰不能步！西湖之冬，已露春意，毕竟和北方不同。正指顾间，忽见有两女子，从寺中出，一衣黑，一衣白，因笑谓玉青曰："此大似黑白二蛇精！"玉青笑应之。我自悔出语唐突，幸相隔尚远，未曾被人家听见，且思数日来游，未见他客，当然引此二女为同调，却别起感想，为此戏言，甚罪！听说灵隐寺最佳胜，因乘与到那里，果然是一座大寺，见了知客僧，引到寺里去游，到五百罗汉殿，阁臣和仲伏，戏数罗汉，总数不清。阁臣乃抱定一罗汉为起点记号，教我们数，总归数错了，才一笑罢休！中间特别立一龛，内塑济颠僧像，作疯魔扫地状，异常生动。济颠在西湖曾示灵异，后人附会成《济公传》，狠叙出些佛法来，有仗佛法均平社会的意思。当想摘出来作一篇评论，见此像不觉动念。出寺又向山后一游，仲伏谓此中佳境，不减庐山，是为无尽藏，因曰："庐山与西湖，乃江南两才子也！"我赞为妙评！

杭绸买不得　怕当选议员

玉青在杭州，看见杭绸，很想买几匹，却被仲伏阻止。他说的很妙，□讲："带着几匹绸，到一个关卡车站，都要报税，赶带到北京，比在那里买，还要贵些！且上税太麻烦，我们一时误了，罚钱更加倍！"这几句话，我真赞成，因为我行路，最怕的到处逢着关吏，检验行李，什么且不讲，那副脸子实在难看！好像对旅客嗔呵道："混账！怎么不带些上税东西！"你看可憎不可憎？工人做成东西，为什么给你们上税？但也不能怨他们，他们不过政府的走狗罢了！却说玉青听说要上税，自然也不喜欢带了。又想了一个法子，说："买些扯现成的衣料，还怕上税么？"我心里说："这一下子，没法子不教他买了！"哪知仲伏更妙，他攫了一个俗典，道："常言货到根头死！好材料都发庄卖出去了，剩下的都是些坏的，在这里出卖，千万不要上当，出好价钱买坏货！"玉青明知这是谎话，但没理由驳他，只好不买了！才携带几十匣湖心藕粉，离了杭州。

回到上海，子奇已经见报，到龙升访我们来了。阁臣得了伴侣，很喜！拿了些洋元，一同出去了！宁太一来见，爽朗如平昔，我忽然想起协和的嘱托，心里讲："这不是顶好的秘书么？"便同他商量，他很愿意。我和仲伏便电协和，请礼聘太一作秘书，一面又去访黄克强。时克强方病起，见面后，寒暄数语，便说到"河东事件"，我道："若我在河东，必无此事！"克强笑说："恐怕在河东，也要加入张李党吧！"我道："绝不至此！因我和两方都有特别交情，断不容他们闹意见，已电责岐山，不准杀佩兰！"克强见我说的斩截，自觉失言，改口道："能调和最好！"又说了些闲话，转回来。听说山西选议员，又电润轩云："千万休选我！我是不作议员的！"电发后，子奇同阁臣回来，子奇戏报告账目，一一指数出来，只剩十个铜子，买了两个广东大柚子回来，把大家说笑了，他总算是滑稽大家！

天上人间　冷人冷眼

协和电招太一，我和仲伏主张教子奇同去，子奇也愿意，惟子奇甚恋上海，仲伏亲送他上船，等船开了，然后从岸上回来。因他有一次上船临行又下来，以致误期，所以不能不监视。仲伏虽年少，大事不糊涂，且有刚断，子奇引为畏友，所以非他不能制子奇，也是趣事。

此时上海本有可恋的道理，就是谭叫天、龚云甫、朱素云，几个名角，方在沪演戏，又新辟楼外楼游戏场，规模虽不大，总算是创始的。入门设升降机，通达六层楼上。初乘此机，有直上青云的感觉。及到楼顶，则又以石子铺楼板，使人又有"天上人间"的感想，也算建筑人的一种灵腕。其上有说书场，并演艺坛，以及小花园。其一角有亭名"哈哈亭"，我们刚到亭口，已闻见一片哈哈笑声。入其中，则四壁悬挂凹凸镜，游客自照，皆现怪形，不觉自笑！因戏谓仲伏曰："若空气全变作此种镜面，则人人要变成乐天派了！"仲伏说："好是好，但笑的太过，也不是好事呵！"（楼外楼，现在已衰败下去）此楼在当时不过是一所瞭望台样子，而最能畅人游兴的，莫过于张园，其次为刘园。张园空阔，刘园雅致，各有长处，惟时值冬日，游人不多，到很娴静。我谓仲伏、阁臣曰："我辈冷人冷眼合来冷地，看冷景，尚惜此地无冷雪！"仲伏说："不错！南京去此不远，而气候便大不相同，听说那里已经下雪，你们到那里去看好了！"因仲伏要留沪与协和交涉垦殖巨款，一时不能北上，我又因河东案，急欲归去。所以仲伏讲出这话来，不觉动人离思，此时已在报端，看见我当选了众议员的消息，心里很不高兴！自己说："真要堕入政法地狱中么？不能！到北京再讲！"然上海同志，尚有不知我心的，乃对我说："此次国会议员中，同志很多，大家要努力，君责任尤为重要！"我不待其语毕，即摇头示不欲闻！

回忆金陵游　遇友

听说上海同盟会要欢迎我们。我最怕这事体，所以赶紧偕同玉青、阁臣别了仲伏离了上海，那时京津铁路已成，定准坐火车北上，先到南京。呵！来时节，曾在南京，游了一天，就忘了！那时先上北极阁，玉青累息，才到上面，那高阁顶，被炮打毁，说是张勋守南京，驻兵阁上，只一炮揭去阁顶，张勋便惊逃下去，尚看见战余痕迹。……只留方孝孺血染石一块，我们也没去看，只到孝陵一游，自是帝王坟墓，规模极宏大，中藏朱元璋遗像，偏坐，凹面长喙，如猪。史臣要恭维他是"天日之表"了。那一天曾遇一阴阳家，在陵上指顾，若望金陵王气者，他说："金陵龙盘虎踞，四山围绕，只此一角有空，故以陵寝补之。"看形势大致不错。又忆某僧"坏土当年谁敢盗？一朝伐尽孝陵松"句，果然没有松树，大是憾事！又游莫愁湖，此湖以莫愁女出名，湖上有一亭，悬挂此女遗像。又传言明太祖和徐达，曾在此亭对棋，自动人英雄儿女的感想！此回到南京，大不相同，雪花满地，寒气逼人，我因到城中，访章木良不遇，却遇见一个同学，就是贵州何培琛。在东京时，两人很投契，在此欢晤，是想不到的！他在这里住闲，我看他好像没钱的样子，便和玉青商议，计算够我们到北京的盘费，其余全送给何君。玉青算了算，可以省出六十元来，我送于何君曰："休嫌少！我没多带些来给你！"他说："这就不容易了！我也不谢哪！"我笑道："谢什么？又不是我的钱！"话别后，我们出城，在路上遥望狮子山，真成了一个雪狮。城中人皆闭门不出，景况萧条，心里说："这才真是冷人冷境哩！"宿了一夜,次早过浦口,搭津浦新车到天津,计算盘费,刚能够三个人坐头等车到北京,戏谓阁臣曰:"何妨阔一下子?都买个头等车坐!"阁臣赞成,照办了,也是笑话!

男女握手　女权运动的萌芽

回到北京,看到楚香、冥鸿、太昭、汉园、子钦好多的老友,开宴欢待我们,这时真算一种狂喜。太昭说:"他在上海,和季刚诸人,联句成今日良宴会五古一首,中有兴高而采烈句,大足表这时欢晤景况。"最可笑,是仇冥鸿,于某日欢宴(太昭未与)后,见太昭说:"我昨日还和'灶奶'握手去哩!"可见这时虽已唱男女平等自由,而男女交际间,尚没有十分习惯,几以握手为希罕。其实在同盟时代,男女同志,早一一握过手了。我甚希望男女握手,进行革命!

但那时却弄出一个笑话,《国风》报上,载我携眷来京,误排为携眷革命,倒把相偕入秦关的往事影照起来。一日游园邀玉青,同车赴女子什么参政会去与会,玉青回来说:"那些妇女们中,如唐群英、王昌国,完全是男子气象,言谈也很爽利,沈佩贞比较还像个女子,但是也很激烈的。惟他们主张女子参政,我看还讲不到,讲到了也没意思。他们虽然给我戴了几顶高帽,我一一还给他们了,从此再不和他们来往哪!"我虽对玉青说过议员不可干,却未曾驳过女子参政,玉青竟能悟到这里,或者有别的见解?我也没深考究。因为中国女权运动才开头,当然有些淆乱的主张,嘲笑不得,讽刺不得,纠正也不得。听他们经过了一个热心政治时期,自己知道没甚意思,再好提醒他们。这是我当时的心理,所以看某名士,戏咏《女子北伐队》的七律,以为辱没女性太甚。常对友人说:"那样诗绝要不得,奴才们还洋洋自得,登在杂志和报纸上,该打!该死!女子北伐,虽没实力,但总算女子参与革命的事迹,其志可嘉!(辛亥革命,各处民军,皆带一种冒险性质,并无真正武力,可以总评一句,其志可嘉,这是勿幕讲的)不宜一笔抹杀!况当革命时,秘密运输炸弹入京,多亏了一个女同志,他的成功还远在男子之上呵!"

打消辞议员意　提出主张

　　此时河东第一区众议员当选者,为刘芙若、狄观沧、景太昭和我。我对友人说到辞议员一层,友人说:"你万不可辞。因为候补第一名,是张之仲,当选举时,他就大运动,说你不当议员。你若辞去,即挨他补,那还成话么?"这几句话很动我意,因张系我最不喜欢的一人,于是打消辞意,立志作一个议院的旁观者,不令一语落于记事录中。这自然是张的不幸,也是我的不幸,和我的宗旨大相背谬故。狄君从河东来,曾对我说:"故乡父老,见我们的题名单,指点着说,这几个人都是给我们办好事的,天下事全仗他们做了!"我心里很可怜这父老,他哪知议员并不能替人民作好事呵!但是这第一届议员,从金钱运动来的最少,且多数系同盟会人,讲无政府主义。当选议员的,直隶为张溥泉,山西便是我。这时同志刘师复,对此很怀不满,曾在《民声报》上,和吴稚晖君讨论这件事,自然是不好回护。师复攻张,不及我,因我讲主义未露名,且未入所谓"六不会"故。但看见师复的文,不觉动念,便不能忘无政府三字了!

　　一日在某君欢迎宴上,谈起主义来,我便提出一个主张,说:"无政府党巴古宁,曾主张由一国人民造成无数小自治村,联成大自治区,并由各国大自治区,联成欧洲全体自治区。我以为亚洲也当照巴氏提议干去,自小自治区,联成大自治区,再和朝鲜、日本、安南、印度,联成亚洲全体自治区。美、澳、非各洲亦然。然后由五洲各全体自治区,联成一世界一统自治区,自然达到大同主义!"某君恭维我两句,说:"梅九的话虽简单,规模甚大,不从平民起手,世界主义,是讲不到的!"但巴氏自治,决不是由什么议会订出些自治章程,强迫人民去干,乃是由人民自由合意的组织,自己干起来,不要官府监督干涉。这自然是大革命后的事,不是单办几个新村,就是感化成功的。巴氏死后,其友人在法国的,曾有共产村组织,很有自治的精神,但是革命精神,不及巴氏远甚,因巴氏足迹所至,必搅起革命故。

千金报漂母　翊初妙语

　　陕友张季鸾,一日到解梁会馆寻我,说张翊初现困京中,请我向太昭借百元。我便道:"我自有钱,不必问太昭!"回头即取出百元,付之。季鸾惊喜道:"何慷爽乃尔!"我笑道:"这还不满我意……你见了翊初,自明白了!"季鸾也没再讲甚么,便去了。太素闻此事,来问故,我道:"别人不知,你还不知么? 我们革命的事业,起于《国风日报》,《国风日报》起于《岁华旬记》,《旬记》完全是翊初拿出钱来办的。若当日无翊初,即无《旬记》,无《旬记》,即无《国风》,无《国风》,我们革命必不能那样进行顺行,所以我对于维持《国风》的诸友,永远不忘,而对于助成《旬记》的翊初,更有韩信遇漂母的感想。如今是我们千金报漂母的时候了,可惜没有这力量,所以尽他的要求,给了他,这何能满意?"太素不觉点头。(去岁归里,为老母贺七十,稍微铺张了些,不但惊动了安邑人,把河东及陕西、上海、北京友人,全惊动了! 借安邑关帝庙,陈列寿品处,叫戏两台,分火神庙一台,意在博老母生前一笑,但自觉的太阔绰点。曾撰一联云:"酌乎礼,准乎情,都说这一番举动不为过;礼从宜,事从俗,总教有些个驳弹也何妨?"老母倒很喜欢,对人说:"过日子不得不仔细,遇事不得不风光!"其实是恐人弹驳我的缘故,仍出于爱子心。这时,太素从临晋远来观礼,招待在某友家,我往与快谈,太素笑曰:"民国二年,是千金报漂母,现在民国十一年是衣锦归故乡了!"哈哈! 事隔十年,他还记得,我只笑答了一句:"都不称!"若道一句戏白,便是:"你在这里等我哩!"真笑话了!)

　　我又听见翊初病,探望了一次,他很说了些特别妙语,最痛快是驳女子节操的话,他说:"若以男女交为失节操,只好同讲孤身主义,不然真把握手也叫做失节操了!"

河东案始末记

　　南游归来,最伤心是"河东案"! 佩兰虽未死,而岐山、实生卒以河东独立的罪名,适中袁氏锄诛民党的心事,把他二人革职调京,拘留在陆军宪兵处待质。这时河东人全体向政府递过保状，无效。而为此事最尽力者为太昭。我只于某纪念日，为《十忆二哀》一文。十忆，是忆为革命死去诸友——有王建基（弼臣）、常子发、王赓雅、王家驹（王君死于晋北），是和孔文轩同去的，郭唯一曾与共事，到京见我，盛称王君之勇烈，有"风击刀石，雪打阴山"的壮语。刀石地名，王君即死难于是！刘汉卿、韩体亭、王虎臣诸人。二哀，自然是哀张、李，说二人功过足相抵，不应置之法网。

曾到宪兵处探望两君，却在那里习字看书，面上毫无苦痛。实生说："我已经看见你给我们作的文章了！就是你的非仕论我不懂，为什么不教人作官？"我心里说："这真是官迷！"口里说："你们不是上了作官当了么？"我责岐山不应虐待佩兰，他道："佩兰也有逼人太甚处！过去事不讲了，我总认他是朋友！"我安慰了他们两句出来，曾见佩兰，为之解释。佩兰后来到法厅上，没多攻击两人，真不容易。为此事托人不少，最得力的，有安徽贾仲官。此君曾在山西武备学堂充过德文教员，为人极慷爽。革命后，由友人介绍成相知，他和陆军方面的人，都能说上话，又因为后来张、李案，改由军警执法处与陆写部混合裁判，时陆建章为执法处处长，贾君与陆有旧，曾向陆为张、李解脱。陆戏贾君曰："受了人家多少贿？"贾君笑曰："我只吃了人家二斤河东枣！"真是趣语！此事一直到民国三年才解决，都系后话。我为略记此案本末，故摘要先提叙几句，详情到后边再表。

游颐和园　真是滑油山

是年春，趁着议会未开会，很有些闲工夫，欲尽漫游归来的余兴，和太昭发起游颐和园。太昭和几个人乘汽车，我和玉青坐马车，先后到园外。先是守门官儿不准入园，太昭又打了一回电话，还不行，后来又来了一个游园的，像是有甚么势力人，守门不敢挡，并怕我们说闲话，送了个人情，准一同进园。后来者是广东人，我偶然想起同学广东陈君的一句话，便不觉说出来，道："我地（即我们）都系（读害）冬（同也）昂（乡）！"那守门惊问道："先生也是广东人！我在广东住过多年，懂得广东话！"我漫应之。其实我只会讲这一句，只笑说道："我也到北边多年了！"这一句截住广东话,混过去了,好笑! 却说园中凿一大湖,湖边有石船一艘,好似一座楼房,里边有桌椅等,全是石造。听说这一只石船,费逾十万。原来这园,是甲午后清后拉那氏造成的,传言是把李鸿章筹得重兴海军一笔经费,都拿来修了颐和园,所以有人戏呼这园为"海军衙门"。我想世界海军,也是儿戏,这石船也是玩具,和战舰差不多,大可一例看待,湖边叠起假山石洞,山上有一方铜屋,庚子联军入京,将铜屋所悬的铜牌及铜对联,一齐取去,惟此屋太重,奈何不得,也算一个纪念品。山上有亭,题"画中游"三字,俗讹传为"滑油山",以讽刺那拉氏作恶太多,活受地狱之苦,是日微雨浴尘,径苔滑步,真有滑油之感。里边有戏园,有秘殿。太昭说像寺庙,因重阁叠屋,红墙黄瓦,所谓金碧辉煌,气象峥嵘,与寺庙无异故。最可笑是园中立一石碑,上刻御制诗,语句间有爱惜民力之意,真骗人! 惜民力,尚且这样的大兴土木! 若不惜民力,又当怎样?

书癖　题咏南枝集

鄙人于游癖外,还有书癖。趁着手里有几个钱,买了些书,第一想起在长安翊初家中,和勿幕看过的《粤雅堂丛书》,有一部缺四集,要五十元钱,在我心里已为很便宜,照原价付人,没争论。玉青问故?我讲:"我还想多给他几块哩!"这也传成笑话了。又买了一部《守山阁丛书》以及《词律》等,算够翻的了。一日接太原友人函,教我回去,我即偕玉青并带着《粤雅堂丛书》反晋,分送西湖藕粉于诸友,结了南游债。时越南友人阮鼎南君到太原,我迎他住在庙中,痛谈往事。他携有所著《南枝集》,全系诗篇,写着一片复国心事,教我题句,并云:"不要太悲伤语!"因他赋性豪迈故。我正学填词,阅《西河调》,有《满江红》的句式,因成一首云:

　　君奇士,生平慷慨如此,唾壶击缺剑横磨,壮怀未已,步兵长啸,叹英雄,眼中更无余子?何苦说? 天下事,傍人哪解卿意?过江休效女儿悲,新亭揾泪,酒酣为我唱南枝,余音激越天地!

　　登高纵眼望越水,隔中原犹八千里,写尽雄心谁寄? 待从头收舍河山起,复楚包胥归来矣!

君览此词甚喜，尝以示诸知友。在敝寓久，与往来客渐熟悉，寓中人，或戏呼君为"外国人"，便发怒曰："我们同是一家人，奈何外我！"此后人皆称之曰："一家。"君亦漫应之。一日君戏为诗谈，使大家猜，如例押铜钱，一赔三的赌法。取《粤雅堂丛书》中不经见之诗集为底本，别填四字，往往胜原句，因而押者多输与君。君遂以余钱，买饼食之，予乃咏一绝调之曰：

> 挑灯裁纸作诗谈，谁道先生命运悭？
>
> 赢得铜钱三五十，买来糖饼自家餐！

仍寓君胜敌后，自享幸福意。君读之笑曰："末句，大有怨望意。"

总理民元视察太原追忆

梁上栋①

民国元年八月初,总理赴北京与袁世凯谋面,商谈兴筑全国铁路计划。其时总理建国方略尚未完成,但总理主张全国须兴筑二十万里之铁路,国家才能富强。袁世凯表面上力赞其说,但并无诚意,仅以全国铁路督办名义给总理,并请其全权筹划。除给少数开办费外,并不予以协助,至"二次革命"发生遂全部停顿。

辛亥年武昌起义成功,全国次第响应。山西对革命运动,早有准备,遂于九月八日仓猝举事。推阎锡山为都督,温寿泉副之,不一朝而成功,巡抚陆锺琦亦被杀。后因燕晋联军计划失败,吴禄贞在石家庄军次被刺,袁世凯入京,乃命第三镇之卢永祥入晋。阎都督乃率部退晋西北,转战绥西。

上海和会开始时,袁世凯借口阎都督已离晋,山西革命军已失败,不得作为起义省份。其时笔者甫由欧洲回国,与南桂馨君,在上海与我方代表时常接触,力主应将山西作为起义省份。总理回国后,更令坚持,袁氏乃最后让步。于民国元年二月,三镇兵乃撤出山西,阎氏方回到太原。

八月间闻总理已到北京,山西全省人民,莫不引领希望总理来晋一行,各界函电邀恳,并派代表恳切陈词,总理乃允于离京后来晋一行。国民党山西支部(甫由同盟会改组,笔者亦被选为理事之一)、阎都督及国

①梁上栋(1888~1957),字次湄,山西五台县人,清寒立宪派头目梁善济之子。后长期在阎锡山属下任要职。

497

民公会(其时为咨议局及省议会过渡时代之全省民意机关),推派笔者及谷思慎君赴京迎迓,总理于九月十七日离京,十八日下午到达太原。

其时负华北党务责任者,为张溥泉先生,由同盟会以至改组国民党,多为张先生所主持,且与山西同志均熟悉,所以总理邀其同行,随从秘书为吴铁城先生,交通部所派沿途照料者为叶恭绰氏,另有山西籍曾任南京临时政府教育部次长之景耀月氏,澳国人端纳亦随同赴晋。

旅途在正太路车中,总理与笔者用英语谈话:

总理问:"你是学工程的,你对于正太路用窄轨,有何意见?"

答:"除非万不得已,仍是用标准轨为宜。"

问:"你对于我的建筑铁路计划,有何意见?"

答:"我还不很清楚先生的计划。"

总理乃略述其十年建筑二十万里的铁路计划称:

"我国版图广阔,物藏丰富,非求开发,不足以言富强。开发之道,舍兴筑铁路而莫属。若以十人筑路一年,可成一里,则二十万人,一年可成两万里,二百万人,一年可成二十万里,以我国人口论,用二百万人筑路,当无问题,若期以十年更无论矣。唯需款约六十万万元。当兹革命初期,民穷财困,何堪肩负如此巨任? 倘能利用外资外力,实乃唯一成功之捷径也。次就国防军事而言,兴筑铁路,尤感迫不及待。譬如我国有二百万兵,分布二十余省,平均每省不过十万,敌人以三十万兵,即可制我而有余,盖敌人三十万兵敌我十万,非敌我二百万也,其制胜可断言。故名为二百万兵,因交通运输不便,实与无兵何异! 反之,若助以铁路之输运,有兵百万即足矣。"

车抵阳泉站,总理见路旁煤块堆积如山,乃详询山西燃铁开采情形,并对山西与英商福公司,因煤矿区争执,及山西用巨款收回自办,及保晋公司办理等情形。总理意以货恶其弃于地也,不必藏于己之道理,主张应尽量开采,对于外人投资,似不必十分排斥。又说我所拟的铁路计划,如不利用外资,将永远不会成功。

总理继询及山西军政情形,笔者将当时实况报告如下:

"三镇兵奉袁命入晋后，阎都督率所部退晋西北，后转战绥西，三镇兵又派一部分南下占据临汾（当时之平阳府）。晋北有续桐溪、弓富魁等成立忻代宁公团，乘隙占领大同；晋南有李鸣风、张土秀等占领运城。元年阎都督回太原，三镇兵已撤退，但晋北、晋南两部分起义部队，编制问题，迄未圆满解决，续桐溪虽已就巡警道（当时仍用旧官名），而其部队仍在晋北一带，晋南方面有李、张，太原更无法遥制。"

总理闻后，颇觉焦虑，当时对笔者及在旁之张溥泉先生说："你们应想法子劝他们，内部先统一，然后同心努力革命，现在既已公认阎为都督，就应该支持他，倘若内部再发生事故，岂不又给袁氏可乘之机？"

到太原后，溥泉先生，曾与续桐溪切谈，笔者未曾参加，不知其详。不过一月以后，笔者经再三考虑后，大胆地向续及阎提议解散忻代宁公团，居然得到双方同意，而此一关系山西大局安危的一件大事，竟得顺利完成，迄今思之，诚乃总理的伟大启示和感召之所致也。

车抵寿阳及榆次两镇，就看到黑压压的人海在摇旗欢呼，及抵太原，站内站外，一直到新南门内大街，都挤得水泄不通，均以一睹此世界伟人、民族救星之风采，为终身荣耀之事。

总理在太原赴欢迎会及会客，吴铁城先生与笔者十之八九均在其侧，兹将记忆最清晰者略述于次：

十八日晚间总理与阎锡山都督谈话大要：

总理说："你原与我约革命军到河南后，山西出兵接应，你提早在太原起义，对革命之影响很大。"

阎说："我早动作，是出于不得已。山西巡抚陆锺琦之子亮臣，为我日本同学，陆巡抚有感革命势力之威胁，调其子亮臣来晋，对我说：'山西不要早有举动，大势需要赞成革命时，可整个赞成。'但不数日陆巡抚命令山西新军两标（相当团），一标开平阳府（临汾），二标开代州，调巡防队七营接太原防务。并令黄国樑的一标先开拔，我的二标后开，我认为这是反革命的布置，开拔之日，不得不于一标弹药到手之后，即冒险发动。"

总理说："我与清廷议和时，最后争执的，就是山西问题，我坚持一定要将山西包括在起义省份之内,和议几陷僵局,但因我必争执此点,最后他们不得不同意我的主张。"

　　总理对吴禄贞被刺深为惋惜,向阎询问其详。阎乃详述与吴商组燕晋联军,共阻袁世凯入京经过。阎说:"其时吴为第六镇统制驻兵石家庄,我于太原起义不久,即接吴来函,祝贺山西起义成功。次述及如不能阻止袁世凯的北上,则整个革命前途必受阻滞,因袁氏入京,无论忠清与自谋,均不利于革命。约我相晤,共商阻袁。我复函约晤于娘子关,决定共组燕晋联军。不幸晋军第一列火车开抵石家庄,吴即遇刺。"总理听了很叹息地说:"倘若那件事得以成功,当然是另一个局面了!"

　　十九日上午山西军政各机关人员,在山西大学大礼堂开欢迎会。总理即席讲演:

　　"……山西之起义,断绝南北之交通,为我革命得以迅速成功的一大关键。今者革命初成,建设工作,千头万绪,惟首在各省先内部统一,然后再相互联络一气,不避险阻,不争意见,不尚权利,不以畛域而同舟共济,始克达到吾人革命之目的。须知现在局势,尚在危险时代,如各自为谋,不以国家为前提,即被外人瓜分之祸,仍迫在眉睫。纵人不我谋,我亦无成。希望大家仍本革命牺牲精神,努力前进,勿谓破坏时代须牺牲性命、权利,建设时代即可不必。……"

　　十九日下午全省农工商学各界在劝工陈列所开欢迎会,总理讲演:

　　"……天下事往往破坏容易建设难,今日最重要之事,乃各省消灭意见,联合为一,不为奸人从中拨弄而加利用。晋省于民军起义之际,既有如此好榜样,今后于中国重新建立之事业,亦当为各省模范,牺牲目前私利,统一团结,以求将来之幸福也。……"

　　二十日总理因连日劳顿,小有不适。除赴党部对于国会选举,有所指示外,余时均在行辕休息,接见来谒之各界人士多人。

　　二十一日离晋,由行辕到新南门以至车站一带,欢送人民较十八日欢迎时有过之无不及,总理深为感动,在火车中再三地说:"山西以素称闭塞的省份,革命竟能如此神速,今所见者都是新气象,且有天赋之煤铁

富源,山西前途诚不可限量。"

　　抵石家庄后,笔者向总理拜别,总理说:"你如要再去英国深造,我可以送你去。"又说:"你是学工程的,倘若建筑铁路计划,能以顺利进行,我就叫你去帮忙。"至今谆谆之言,犹在耳际,然一回首,已四十四年矣。

附:总理民元视察太原追忆